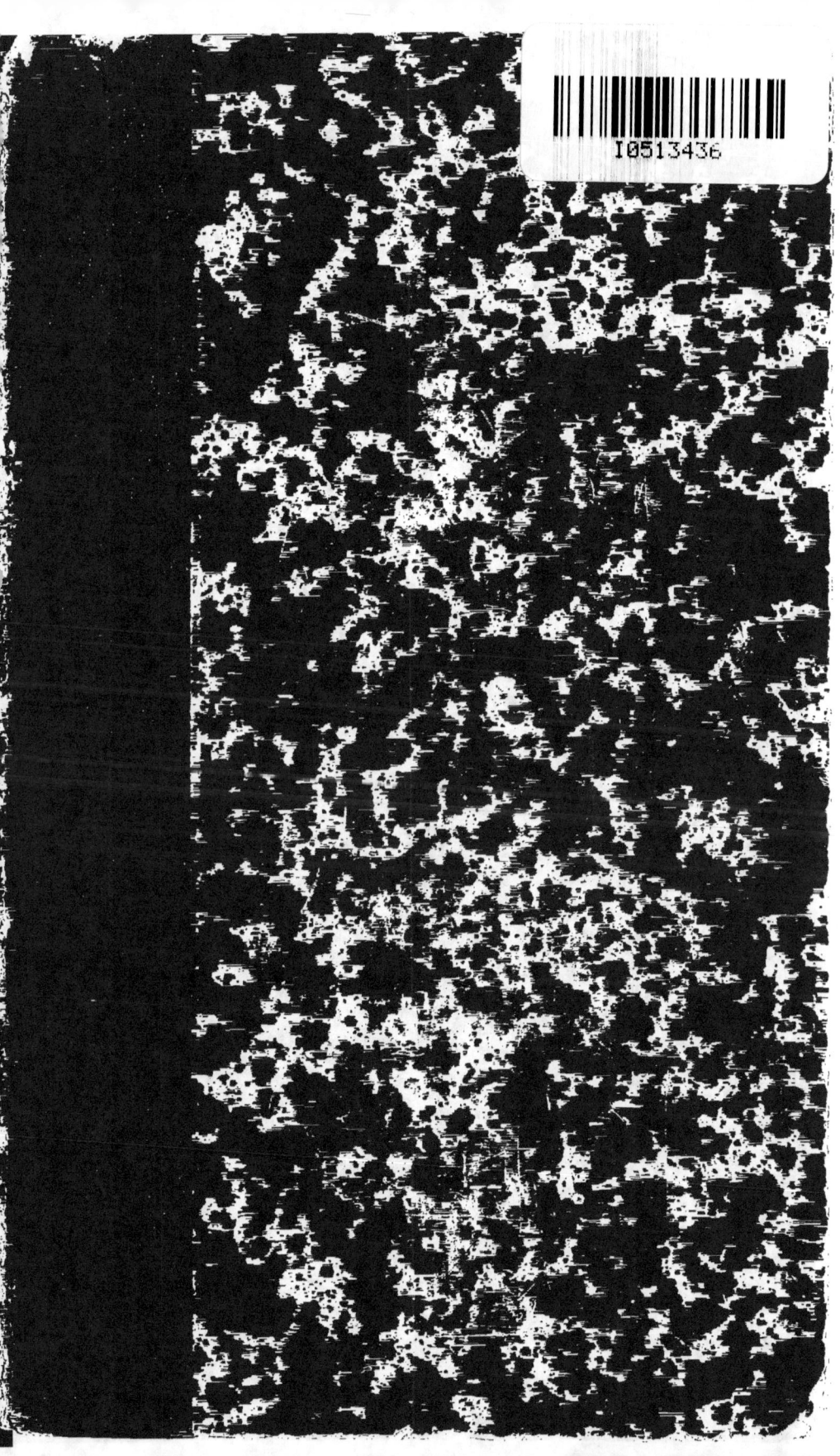

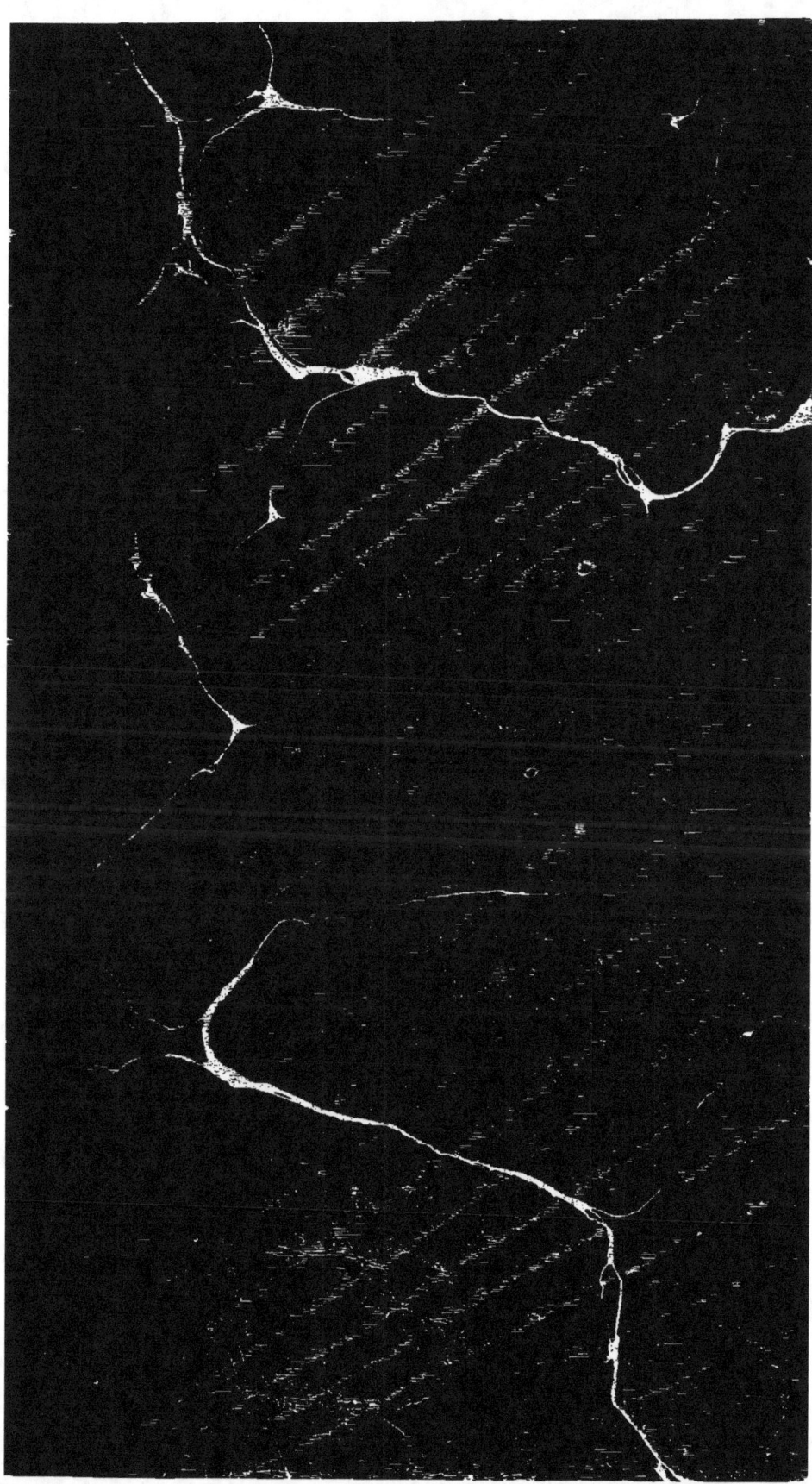

13960

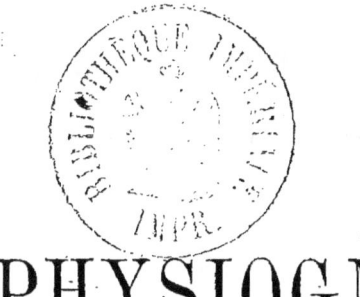

PHYSIOGNOMONIE

OUVRAGES DU MÊME AUTEUR

ÉTUDES DES PASSIONS APPLIQUÉES AUX BEAUX-ARTS

TROISIÈME ÉDITION

SOUS PRESSE : LA DEUXIÈME ÉDITION

DE

GROS, SA VIE ET SES OUVRAGES

Augmentée d'un grand nombre de fac-simile, de croquis et de projets inédits du maître.

PARIS. — TYPOGRAPHIE HENNUYER ET FILS, RUE DU BOULEVARD, 7.

DE LA

PHYSIOGNOMONIE

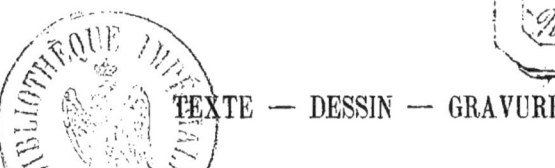

TEXTE — DESSIN — GRAVURE

PAR J.-B. DELESTRE

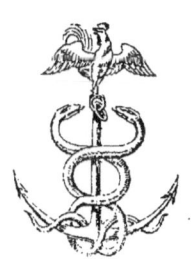

PARIS

Vᵉ JULES RENOUARD, LIBRAIRE-ÉDITEUR

6 — RUE DE TOURNON — 6

M DCCC LXVI

Droits de traduction et de reproduction réservés

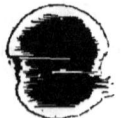

INTRODUCTION

Tout être vivant est doué d'une conformation appropriée à ses besoins. Ces deux termes, *besoins* et *conformation*, sont connexes ; la cause et l'effet se confondent dans le résultat. Les besoins ont pour intermédiaire un organe particulier ou commun ; il aboutit à la surface corporelle de l'animal, et le met en communication avec les éléments nécessaires à sa vie, à sa conservation et à la perpétuité de son espèce. Deux stimulants, le désir et la crainte, tiennent en éveil l'intéressé. Ils l'incitent à chercher un contact profitable avec l'objet, ou bien à l'éviter s'il est nuisible. Le plaisir ou la douleur viennent ensuite affirmer ou démentir la prévision instinctive. La question se décide au centre cérébro-spinal, où convergent les sensations ; elles sont simples ou multiples ; elles sont perçues par les sens, dont la finesse est plus grande quand la répartition des soins à prendre incombe à un nombre plus restreint de ces agents entremetteurs. A l'appui de ce précepte, nous demanderons à nos lecteurs la permission de leur présenter notre petit chien Hope (fig. 1).

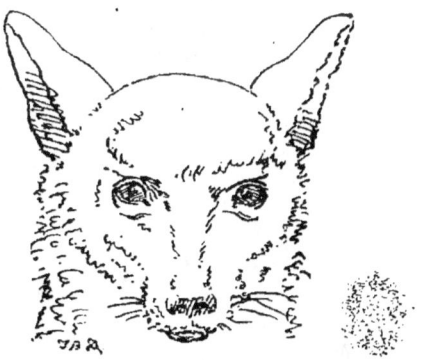

Fig. 1.

Il n'est pas précisément surexcité par l'honneur d'attirer l'attention ; il convoite un gâteau placé devant ses yeux, comme un point de mire. Dans ce moment, Hope a le regard brillant ; ses oreilles sont érigées; sa narine ouverte prélève un à-compte sur le prix réservé à son obéissance : il ne doit pas bouger, il pose.

L'aspect change (fig. 2). Le maître gronde. La physionomie de

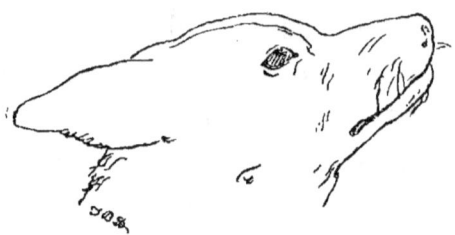

Fig. 2.

Hope prend le caractère de la concentration. Sa tête se détourne avec inquiétude; l'œil a perdu sa vivacité; les oreilles s'abaissent; il a peur.

Depuis le premier vagissement du nouveau-né jusqu'à la der-

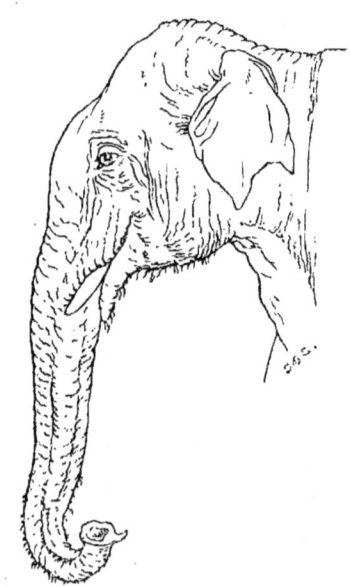

Fig. 3.

nière convulsion du vieillard, à l'agonie, l'être humain tend à utiliser ses facultés physiques et morales. Il a besoin de se faire place dans la vie et de s'y maintenir; ses moyens sont plus ou moins bien compris et mis en œuvre. L'animal erre moins en sui-

INTRODUCTION. 3

vant son instinct pour guide, sans avoir à tenir compte du milieu social dont l'homme est partie intégrante.

L'enfant, ayant conscience de sa force relative, égratigne et mord. Le petit souffreteux invoque une protection interventive avec des pleurs ou des sourires. L'adulte incivilisé se sert de sa puissance corporelle. L'esprit lutte contre la matière. La ruse ou la résignation sont la ressource du faible. Il reste toujours de l'enfant chez la femme ; elle attaque ou se défend avec des larmes et la fascination du regard imprégné de son cœur.

Plus le système organique approche de la perfection, plus les facultés perceptives de l'animal sont susceptibles de développement. L'éléphant réunit dans sa trompe les avantages de la main et du nez, au bout d'un bras flexible et fort (fig. 3). Ce lourd quadrupède se distingue par la supériorité de son intelligence.

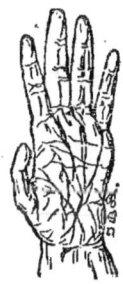 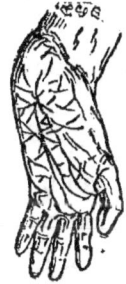

Fig. 4. Fig. 5.

Les quatre mains du singe (fig. 4 et 5) expliquent son adresse. Son agilité tient à la souplesse de ses articulations. La mobilité de sa face répond à ses impressions vives et spontanées. La patte

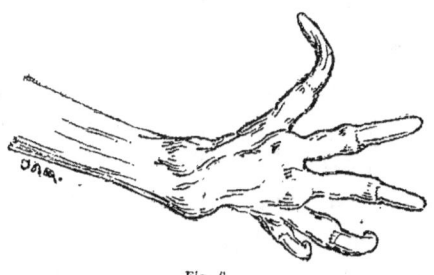

Fig. 6.

antérieure du kanguroo (fig. 6) est l'appendice de la poche abdominale où ses petits vont se nourrir et se cacher.

Les qualités des animaux correspondent aux exigences de leur condition. Le chameau possède la sobriété indispensable aux habitants du désert; son estomac est un réservoir et un garde-manger contenant de l'eau et des vivres, pour plusieurs jours de marche, à travers des plaines arides, sans brin d'herbe ni ruisseau.

Le chat est patient : il attend, immobile, l'apparition de la souris hors du trou, dans lequel il ne pourrait la joindre. L'araignée tisse, avec un art admirable, un filet à peine visible, où va se prendre le moucheron insaisissable dans son vol capricieux.

Le grand dominateur de tout ce qui a vie, l'homme, est redevable de sa puissance à son merveilleux organisme, affranchissant ses extrémités supérieures des nécessités de la locomotion et comportant une masse cérébrale relativement considérable.

Les animaux ont un milieu déterminé. L'homme tend à rendre le sien plus vaste. Le monopole de l'exploitation du monde est dévolu à l'homme. Améliorer sa position est sa loi suprême. Il a commencé par assurer sa subsistance; il s'est construit un abri; il s'est débarrassé des animaux dangereux; il s'est entouré de ceux dont il pouvait tirer parti.

A mesure que l'intelligence de l'homme a grandi, il ne s'est plus contenté du service de ses propres organes, il s'est adjoint des forces étrangères. Il a dompté le chameau, le cheval, le renne. Ces moyens de transport deviennent insuffisants; la vapeur rapproche les distances par la rapidité de sa course, et entraîne avec elle les plus lourds fardeaux. L'eau manque au niveau du sol, un tube la fait jaillir des courants souterrains.

Le progrès ouvre des voies inespérées aux relations intellectuelles. L'écriture a remplacé les hiéroglyphes et fixé la parole fugitive; la presse en a multiplié les échos. Aujourd'hui, la télégraphie électrique transmet instantanément la pensée à des distances prodigieuses. On a mis à contribution un fluide ambiant dans l'immensité, pour en faire un messager prompt comme l'éclair : l'espace disparaît, les continents se touchent.

Il est impossible de changer de milieu sans subir les modifications apportées par la différence des éléments assimilables. « Dis-moi qui tu hantes, je dirai qui tu es. » Brillat-Savarin n'a pas fait une parodie, mais une application de ce proverbe du moraliste, en écrivant : « Dis-moi ce que tu manges, je te dirai qui tu es. » On produit une diversion salutaire à de grandes infortunes, en soustrayant le malheureux à son triste entourage. On reconforte un malade en le plaçant dans de meilleures conditions hygiéniques ; l'existence normale consiste dans la satisfaction régulière des besoins.

Chaque série d'animaux a une manière uniforme d'agir ; l'espèce humaine suit aussi des lois génériques, mais leur mise à exécution se modifie en raison des particularités organiques de l'individu ; ce mode constitue son caractère personnel. Le mécamisme de la vie animale se met ainsi d'accord avec ses moteurs.

Les animaux timides ont l'ouïe très-fine et le pied léger : l'alimentation ne leur coûte aucun combat ; ceux qui sont obligés de conquérir leur nourriture sont armés pour l'attaque et la lutte.

Le lièvre (fig. 7) a des oreilles allongées et recueillant les

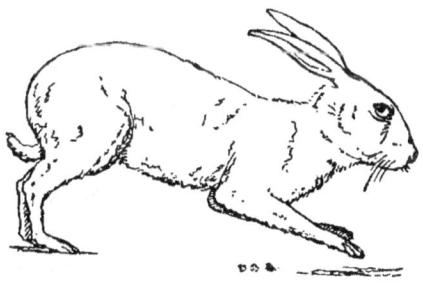

Fig. 7.

moindres vibrations des ondes sonores. La différence de longueur des pattes, plus courtes antérieurement, donne au peureux la facilité d'échapper au danger, par des bonds pleins de souplesse et d'élasticité. Le lièvre broute l'herbe et le serpolet; son gîte est caché sous le sol, creusé en galerie.

Le lion (fig. 8) dispose de deux mâchoires garnies de dents formidables, broyant les chairs et les os des victimes, que ses griffes (fig. 9) ont saisies et retenues en les déchirant. L'anatomie de cette jambe postérieure écorchée (fig. 10) explique l'élan impé-

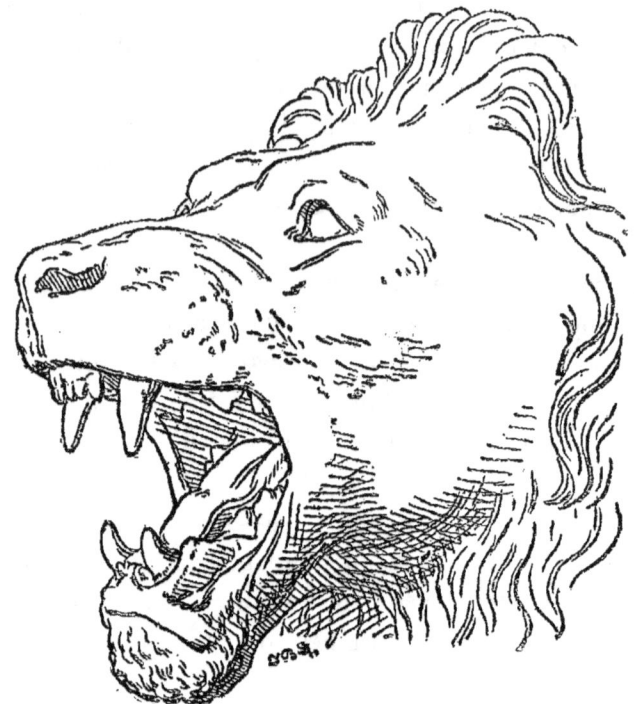

Fig 8.

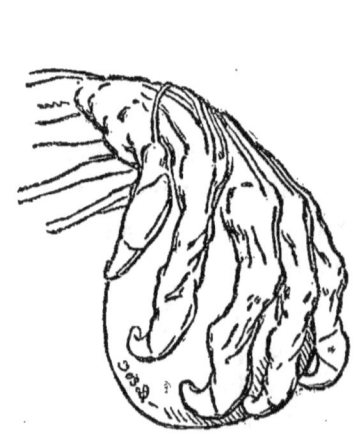

Fig. 9.

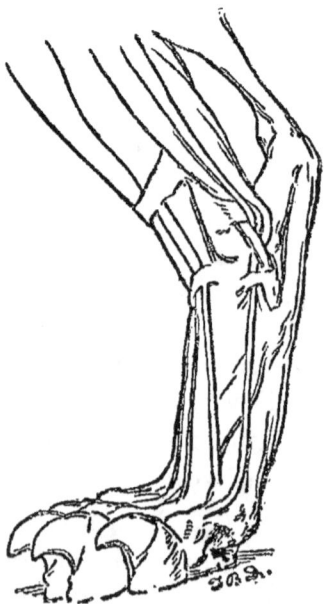

Fig. 10.

tueux et irrésistible du carnassier, poussé par l'audace et le courage. Un antre abrupte est sa tanière.

Les serres et le bec de l'épervier sont façonnés en instruments de guerre (fig. 11).

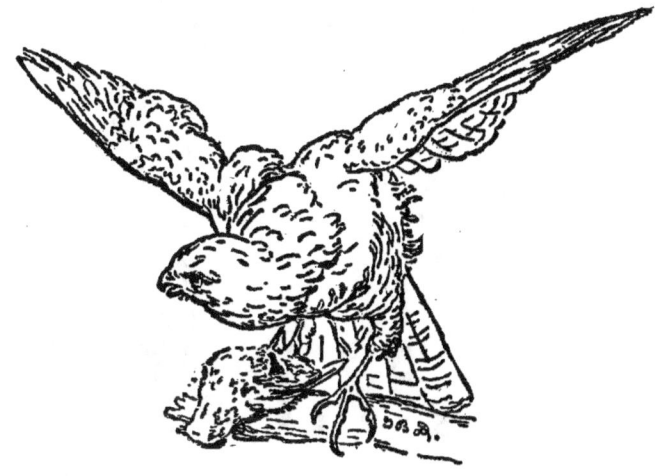

Fig. 11.

La forme du bec du dronte (fig. 12) l'exclut des rangs des carnassiers.

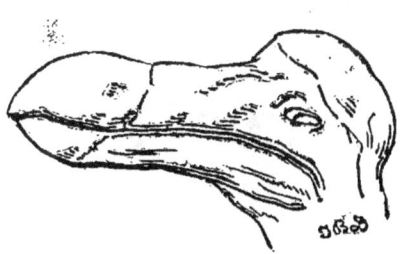

Fig. 12.

Les herbivores n'ont pas à recourir à des moyens violents pour se procurer leur nourriture. Elle est toujours prête et à leur portée. Leurs extrémités sont dénuées de harpons incisifs, une substance cornée les consolide et leur permet de fouler à terre l'ennemi abattu.

Le pied (fig. 13), soutenant le poids considérable du buffle, s'affermit sur une base résistante. Même système, mais avec plus de divisions chez le tapir, moins lourd (fig. 14). Cependant les animaux paisibles ont à défendre leur existence et celle de leur

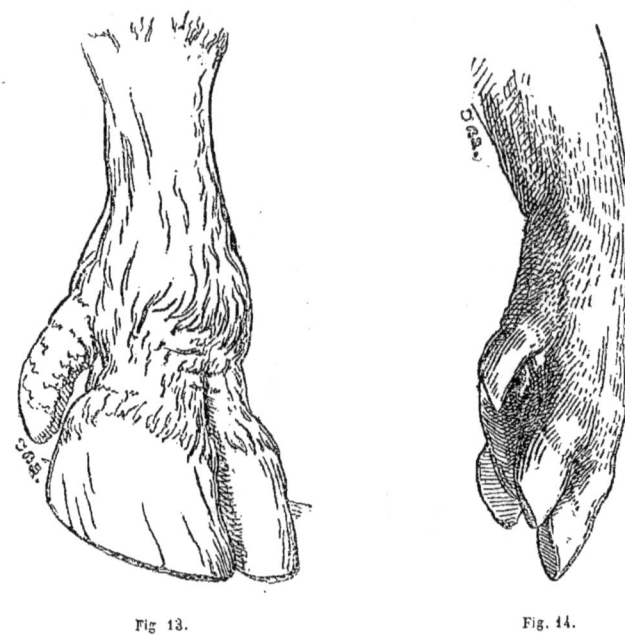

Fig. 13.   Fig. 14.

progéniture; plusieurs possèdent des armes défensives redoutables. A défaut de dents, le taureau a des cornes dont les coups

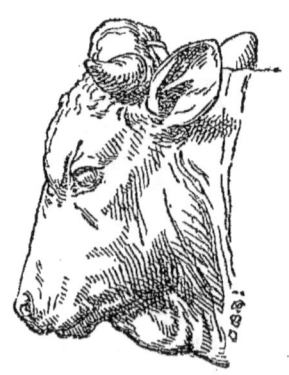

Fig. 15.

sont meurtriers (fig. 15). Le cheval lance des ruades et frappe de ses sabots. Le daim, si timide, acculé contre un obstacle infranchissable (fig. 16), se retourne et croise sa ramure, comme un faisceau de baïonnettes, en face de l'assaillant.

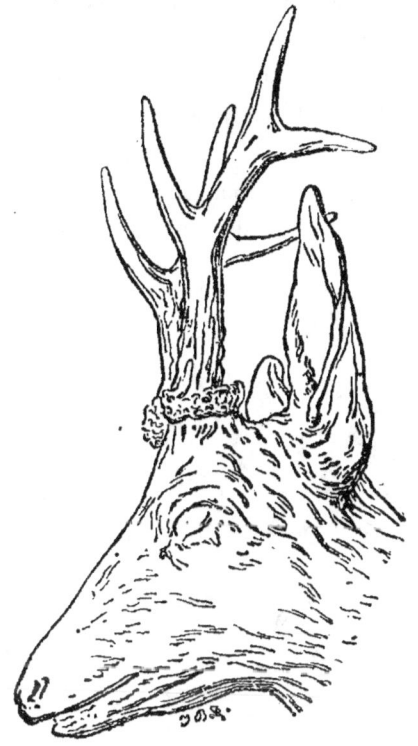

Fig. 16.

En général, la défense des animaux dépend des ressources dont ils sont pourvus. Les carnivores ont un arsenal plus

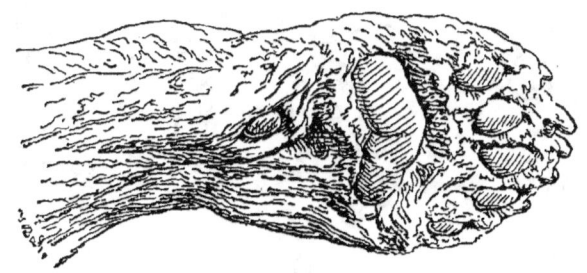

Fig. 17.

complet, celui dont ils se servent pour l'attaque : les griffes et les dents. L'ours (fig. 17) déchire avec des ongles contractés par des muscles vigoureux. Le chien mord. Le chat égratigne.

Les moins hardis ont des procédés bien simples. Le hérisson se tient coi, sous la forêt de piques érigées sur son corps, ramassé en boule. La tortue se retire sous sa carapace. L'huître se clôt entre ses deux écailles. La peur concourt au salut des plus débiles, en déterminant chez eux des déjections fétides et repoussantes.

La suzeraineté des plaines de l'air se partage entre les oiseaux de proie, hiérarchisés de par leur bec, leurs serres et l'envergure de leurs ailes. Là aussi, le genre et la puissance des engins d'attaque

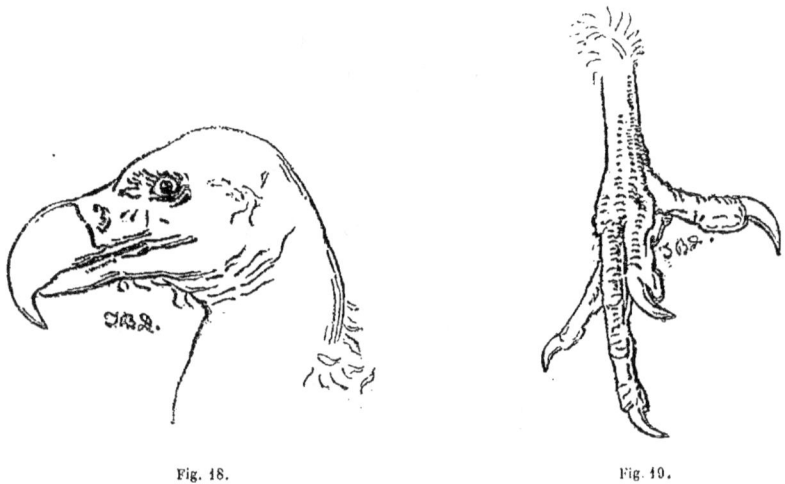

Fig. 18.   Fig. 19.

et de défense sont appropriés à leur usage. Voici la tête du vautour oricon du nord-est de l'Afrique (fig. 18). Cet appareil de des-

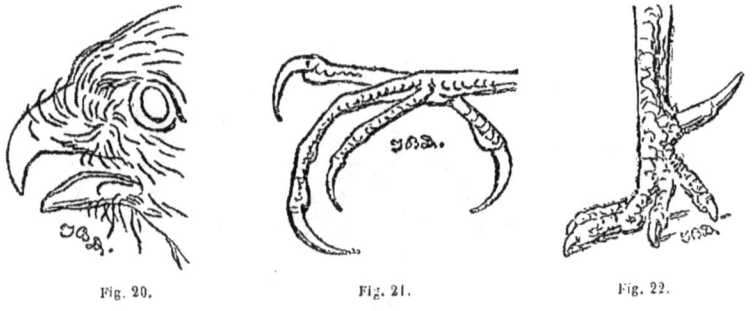

Fig. 20.   Fig. 21.   Fig. 22.

truction se complète par une patte formidablement unguiculée (fig. 19). Le bec de l'épervier (fig. 20) achève de mettre hors de

INTRODUCTION.

combat le gibier saisi par des ongles longs, courbes et pénétrants (fig. 21). L'argot du coq russe (fig. 22) ouvre et laboure les flancs de son adversaire.

Dans la famille des oiseaux, comme ailleurs, il y a des impuissants ; ils se tiennent à l'écart, à l'abri des guerroyeurs. La colombe se plaît sous un toit de branches ; son bec délicat donne et reçoit des baisers ; sa patte est le frêle appui d'un corps gracieux.

Les insectes ont, pour échapper à la destruction, la fuite, la ruse et des armes.

Les abeilles et les guêpes piquent de leur aiguillon envenimé les chairs des animaux les plus grands. D'autres insectes ont des pattes terminées par des tenailles ; ils possèdent des mandibules, des pinces; la variété des moyens est aussi nombreuse que les espèces. Nous nous bornerons aux trois figures suivantes :

La libellule mante, vulgairement demoiselle (fig. 23).

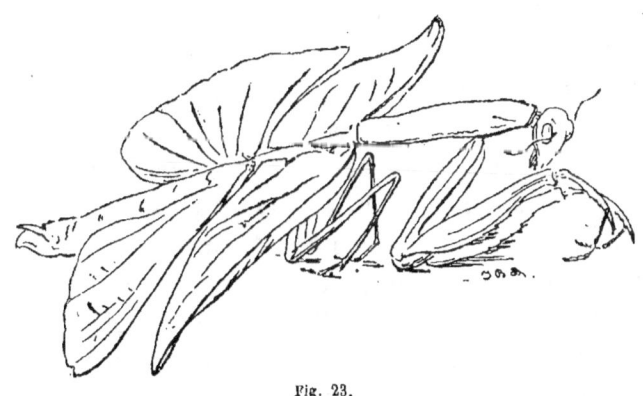

Fig. 23.

Le scarabée gédéon (fig. 24).

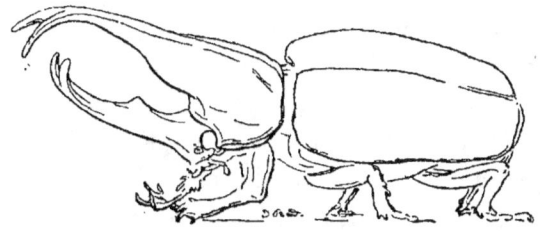

Fig. 24.

Le lucane, cerf-volant (fig. 25).

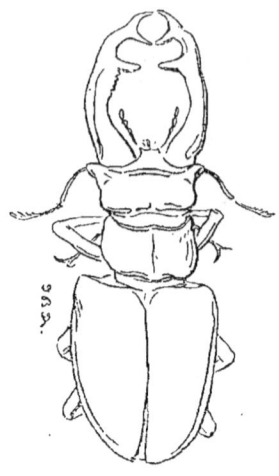

Fig. 25.

La piqûre de beaucoup de ces petits êtres est mortelle.

La généralité des animaux s'aide en outre de la colère : elle augmente leur énergie en les aveuglant sur le péril.

La nature a étendu sa protection sur les plantes. Les unes résistent par leur essence vigoureuse; d'autres amortissent, par leur flexibilité, les efforts de la tempête. Les plus cassantes sont hérissées de pointes et blessent la main qui les touche.

La loi suprême de perpétuité des espèces se manifeste dans la rémunération sensuelle offerte à l'individu. Cette loi a sa sanction pénale dans la souffrance attachée à son inobservation.

La race destinée à servir de pâture est fatalement prolifique et incapable de résistance. Elle est à l'état passif. Un peu de laine sépare la chair de l'agneau de la dent du loup.

Les harengs se reproduisent par millions, pour aller s'engloutir dans les flancs monstrueux de la baleine.

Au temps des amours, l'exubérance de la vie invite à l'escompter en plaisirs. On désire, on cherche une compagne; on se sent sollicité par elle; l'extériorité des signes en avertit les deux intéressés.

Par une belle nuit d'été, sondez du regard le dessous de la haie, au bord du chemin ; si vous apercevez un point lumineux circulant dans l'herbe, c'est la luciole appelant au rendez-vous l'époux qui attend.

Les animaux ont en eux, et près d'eux, ce qu'il faut pour préparer un toit commode à leur progéniture, la protéger et la nourrir, jusqu'au moment où elle sera d'âge à se suffire à elle-même.

Une sollicitude sagace préside au choix de l'emplacement et de l'édification du premier asile de la jeune famille. Les soins maternels sont à la hauteur des difficultés de la mise au jour et de l'éducation. Les nids des oiseaux sont de petits chefs-d'œuvre. On ne se lasse pas d'admirer la coque où la chenille doit trouver d'abord une tombe et plus tard un berceau. L'ichneumon creuse avec sa tarière, un trou pour son œuf, dans celui d'un papillon dont la substance ne discontinuera pas de vivre, en nourrissant le parasite à mesure qu'il grandira. Il en est ainsi du ver rongeant le fruit dans lequel il est né.

A la fin de la gestation, la sécrétion du lait commence chez les mammifères; elle se prolonge ou s'arrête avec les besoins des petits. La naissance coïncide avec l'abondance des ressources alimentaires. Les œufs des oiseaux, des poissons et des insectes éclosent dans ces conditions.

Les plantes accomplissent aussi les mystères de l'amour. Si l'impossibilité de la locomotion est un obstacle, des messagers officieux, une mouche amie, le souffle de la brise, transmettent le germe d'un sexe à l'autre. La fleur devient mère de graines reproductrices; les unes se sèment sur place; d'autres ont des ailes et vont fonder des colonies loin d'un sol natal trop restreint.

Tout est prévu : avec l'obligation de s'entretenir, se rencontrent l'instrument et la matière de l'assimilation. L'outil est admirablement approprié à l'usage; il est invariable chez l'animal improgressif. L'homme invente des procédés nouveaux pour contenter de nouveaux désirs issus de ses aspirations à la perfectibilité.

S'il résulte de cette tendance une plus grande difficulté de définir le caractère de l'individualité humaine, les sources d'investigation augmentent dans des proportions semblables.

Plus les peuples se civilisent, plus leur physionomie acquiert d'expression dans les détails. Le progrès pourrait se mesurer au degré de finesse du jeu des muscles du visage. La tête d'un Hottentot diffère peu de celle de ses compatriotes ; il existe, au contraire, des nuances délicates entre les hommes intelligents du même pays. L'air de famille subsiste, mais il se modifie en raison des particularités de la position sociale. La même loi régit les animaux : les sauvages se ressemblent plus entre eux que leurs frères réduits à l'état de domesticité ; on distingue, même parmi ces derniers, les hôtes des villes de ceux des campagnes : les premiers ont des allures aristocratiques, les seconds ont des dehors empreints de rudesse. Les serviteurs empruntent quelque chose au maître ; ils reflètent plus ou moins leur entourage. Des habitudes paisibles atténuent les mauvais instincts de l'animal ; il devient méchant sous l'influence d'un propriétaire brutal. Le chien élevé sous un toit hospitalier est l'ami joyeux de l'enfance ; on voit avec répulsion l'exécuteur des ordres impitoyables du conducteur de bestiaux.

S'il est impossible d'établir une fenêtre au-devant du cœur, on peut y appliquer l'oreille et la main. A défaut d'une ouverture pour regarder dans l'intérieur d'une maison, l'on écoute à la porte ; des silhouettes glissant sur des rideaux fermés, la fréquence des allées et venues, le diapazon des voix des interlocuteurs, mille accessoires servent de fils conducteurs. Cette pratique est familière aux personnages anonymes faisant profession officielle de confesseurs officieux. Or, nous le demandons bien bas, par le temps qui court, la méthode employée en vue d'un ignoble trafic, ne peut-elle pas fournir des notions au profit désintéressé de la science ?

J'ai souvent remarqué par quelle succession d'aperçus éminemment logiques, une simple portière parvient à la perpétration d'un fait obscur, en allant d'une base certaine à la solution d'un problème ardu.

Le physiognomoniste marche dans une voie expérimentale identique ; il a sous les yeux les formes natives du sujet et ses formes acquises. Il s'agit alors de procéder comme le géomètre qui, connaissant deux points écartés d'une ligne droite, en suit la prolongation illimitée. Les formes natives rappellent le point de départ, les formes acquises constatent l'état actuel ; le courant des mouvements passionnés se déduit du trajet déjà parcouru.

Si le temps manque pour une étude suivie, il faut employer la surexcitation. Toute agitation profonde fait apparaître la passion sur le visage, comme l'eau, remuée dans ses profondeurs, laisse monter à la surface ce qu'elle recélait au fond.

Beaucoup de gens font de la physiognomonie, comme M. Jourdain faisait de la prose, sans le savoir. La sympathie ou l'antipathie, à première vue, atteste combien le sentiment de la corrélation du moral et du physique est vivace en nous. Les exemples abondent. Le coupable est sobre de gestes ; il détourne ses yeux du regard investigateur qui les épie. La pudeur impose à la jeune fille un silence et une immobilité systématiques ; une intonation indiscrète, un tressaillement involontaire équivaudraient au doux aveu déjà formulé dans le cœur, et que deux lèvres virginales compriment encore. On voile la figure avec les mains pour cacher le trouble de l'âme. L'aspect glacial du puissant atterre le solliciteur ; un sourire indulgent l'enhardit. La loi force le témoin à comparaître la face découverte, afin que le magistrat établisse sa conviction, en scrutant l'expression de celui dont la parole va peser dans la balance de la justice. Enfin, l'hypocrisie est une preuve de plus en faveur de cette thèse : on contrefait ses gestes pour déguiser sa pensée.

L'homme vrai n'apporte aucune réticence dans ses communications ; il y a complète harmonie entre son langage et son attitude.

L'habitude n'apprend-elle pas au gourmet à juger de la saveur d'un fruit à son aspect seul ? La poire acide n'a pas les dehors de celle qui est fondante et sucrée ; le fruit est inerte cependant. Si le sens de la vision n'offre pas assez de certitude, les autres sens s'y associent ; ils en corroborent ou corrigent l'appréciation. On ne choisira pas une noix sans la peser. La pression du doigt constatera l'état de maturité de la pulpe charnue. La médecine des enfants, l'art vétérinaire sont basés sur l'extériorité du malade. Dans un autre ordre d'idées, un filon décèle le gisement de la mine.

L'homme est essentiellement impressionnable ; maître ou esclave de ses organes, il conserve l'empreinte de leur jeu mécanique. Cette empreinte est faible si l'acte est accidentel et passager ;

il laisse une marque durable si les mêmes mouvements se sont répétés souvent. En se rendant compte de la trace des passions sur

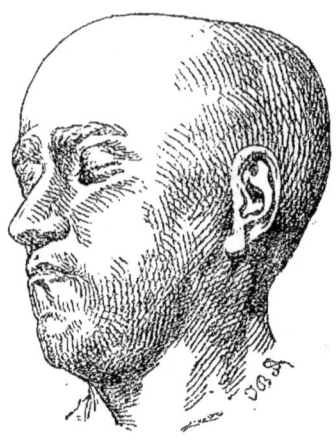

Fig. 26.

l'économie entière ou sur des régions organiques, on remonte à la cause correspondante du signe visible, on en déduit ainsi le ca-

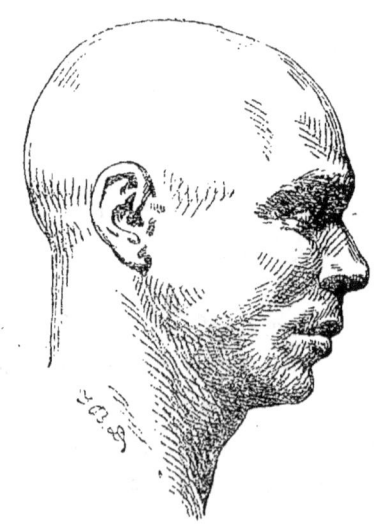

Fig. 27.

ractère personnel; il est, en effet, la résultante de toutes les impulsions qui ont agité l'individu. Au bagne, le vice transsude et dépose sa vase impure sur les traits du criminel et les rend sinistres. Le front de l'homme de bien a la sérénité de sa conscience. Ces deux ex-pensionnaires (fig. 26 et 27) de la prison de Melun font tache auprès de Franklin (fig. 28).

Une étude suivie montre quels muscles du visage vibrent plus fortement sous telle émotion connue ; quels membres, quelles extrémités ont ressenti ou secondé, plus ostensiblement, l'entraînement passionnel, quel est le rôle du tronc, provocateur ou complice, dans un cas déterminé. Ainsi, la profondeur et la disposition des plis d'une étoffe en indiquent l'emploi journalier.

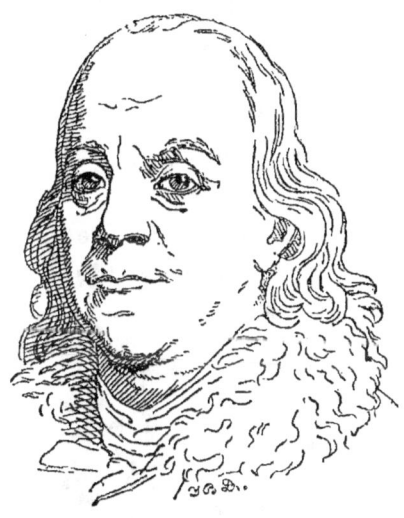

Fig. 28.

Il faut s'appliquer sans cesse à comparer les effets physiques aux causes morales, en opérant d'homme à homme, de l'homme à lui-même et, par analogie, à ses inférieurs, dans l'ordre des races existantes.

Le chien sait interroger avec promptitude la face et la tenue de son maître et en saisir immédiatement la signification ; et l'homme qui peut se prendre pour unité de comparaison, serait inhabile à se rendre compte des mobiles intérieurs de ses semblables, après y avoir mûrement réfléchi ?

Terminons par une observation fondamentale. La vie est une

série de fonctions organiques dont la mort est le terme. Comment fonctionne l'organisme humain ? Le premier acte de l'entrée en possession de la vie individuelle est la respiration ; sa cessation marque le dernier moment de l'existence. Elle s'entretient par l'alimentation. Le lait de la mère est la première nourriture de l'enfant ; peu à peu ses dents se forment ; elles triturent les substances solides ; la langue recueille le produit de la mastication et le fait tomber dans l'œsophage. Il en résulte un bol pâteux qui parcourt la voie intestinale ; la digestion transforme cette pâte en chyme que l'absorption fluidifie et fait circuler à l'état de chyle. Ce chyle uni à la lymphe s'introduit dans le sang veineux, affluant au poumon. Au sortir de cet organe, le fluide circulatoire est vermeil ; il est artérialisé et propre à la nutrition de toutes les parties corporelles qu'il atteint.

— L'air est attiré par l'aspiration, tel que l'atmosphère le livre ; l'expiration en rejette la partie inutilisable ; c'est une espèce de digestion.

Les grands mangeurs ne sont pas ceux à qui l'alimentation profite davantage, témoin la femme Denise (fig. 29), dont le docteur Descuret nous a raconté l'histoire.

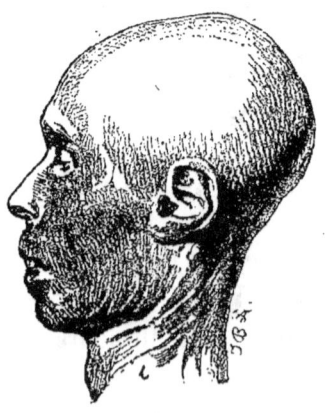

Fig. 29.

Cette malheureuse dévorait souvent huit kilos de pain dans une journée. En moins d'une heure, elle en *grignotait* deux kilos. Avoir de quoi manger était sa préoccupation constante. Denise s'identifiait avec l'objet de sa voracité ; « le pain n'a pas faim, » disait-elle, quand l'appétit lui faisait défaut. Sa maigreur était excessive.

Nous aurons l'occasion de revenir sur les effets physiognomoniques de la circulation, de la respiration et du système alimentaire.

Nous n'avons pas la prétention d'enseigner à lire couramment sur un visage dépourvu d'accent ; mais, en rapprochant toutes les données corporelles, nous croyons possible de mettre l'observateur à même de reconstituer assez de mots de la phrase physiognomonique pour en traduire le sens et en tirer des conclusions profitables. Une mère ne consulte pas en vain les traits de son enfant ; deux fils chargés d'électricité n'échangent pas plus rapidement une pensée que deux regards saturés d'amour.

L'ancienne physiognomonie nous apparaît avec deux béquilles vermoulues, l'astrologie et l'art devinatoire ; notre jeune science physiognomonique s'appuie sur l'observation des lois éternelles de la nature.

Nous ajouterons : Il n'entre pas dans notre esprit et dans notre cœur de fournir une occasion de scandale à la malignité des oisifs. Nous jugeons utile d'appeler l'attention sur l'étude de l'homme. « Connais-toi toi même, » a dit la philosophie antique, en considérant cette connaissance comme indispensable au bonheur de tous et de chacun en particulier.

Humble manœuvre, nous posons de simples jalons sur une route dont on pourra successivement agrandir la voie et reculer l'horizon. Nous essayons de substituer les avantages constants et progressifs de la science à l'art personnel, mourant avec l'artiste et ne survivant que dans ses œuvres. Il n'appartient à aucun de reprendre l'art à la limite abandonnée et de le pousser plus loin, sans solution de continuité. La science acquise ne s'arrête pas devant une tombe. Un héritier surgit ; l'anneau brisé se ressoude ; il se relie avec le nouveau ; la chaîne rétablie se prolonge indéfiniment ; la science reste la somme des efforts accumulés de tous. Le crayon de Raphaël et le pinceau de Rubens ne se transmettent pas. De tels instruments ne sont féconds que sous l'impulsion exclusive du génie exceptionnel du maître. L'art est à recommencer pour le disciple. L'adepte de la science s'assimile les acquisitions de ses prédécesseurs.

Introduire la physiognomonie dans le domaine des sciences ; la débarrasser des vieux langes du passé ; lui donner la valeur réelle d'un travail sérieux, au lieu d'en faire un motif de curiosité stérile, tel est notre but.

Les rapports du moral et du physique de l'homme ont été cherchés par beaucoup de savants ; tous ont présenté leurs observations propres ou celles de leurs prédécesseurs comme des règles absolues. Aucun n'a basé ses assertions sur les lois de la physiologie. S'il se rencontre quelques vérités dans leurs écrits, elles sont enfouies sous des systèmes dus au hasard, ou bien aux appréciations arbitraires de l'auteur : la physiognomonie est pour eux un art conventionnel et divinatoire. Plus récemment Lavater lui-même en a fait une question de sentiment. A l'exemple de ses devanciers, il erre à l'aventure, signalant çà et là des aperçus nouveaux et ingénieux, sans les coordonner. Il n'a pas de point de départ rationnel, ni d'unité de comparaison prise dans la nature ; il se montre souvent artiste, plein d'âme et d'intelligence, mais ce tact, dont il s'éclaire dans ses investigations minutieuses, n'est pas un flambeau transmissible à d'autres mains. Lavater a senti vivement, il a reproduit ses impressions avec chaleur et conviction, il ne les justifie pas ; c'est un juré prononçant un verdict sans l'appuyer sur des considérants légaux. Il ne se pose pas en juge obligé de motiver sa sentence. La lecture des œuvres de Lavater est attrayante, on n'y trouve pas un guide pour qui veut suivre une route parallèle ; ce guide est nécessaire pour ne pas se fourvoyer. Nous désirons remplir cette condition indispensable du progrès ; déjà nous avons essayé d'ouvrir cette voie dans les ÉTUDES DES PASSIONS APPLIQUÉES AUX BEAUX-ARTS. Ce livre est la préface de notre Physiognomonie ; dans cet ouvrage-ci comme dans le précédent, nous avons interrogé les faits avant tout. Loin de nous retrancher dans le cercle des autorités sans preuves, nous avons constaté la raison d'être des signes dont se compose notre alphabet de l'expression corporelle ; nous avons relégué dans la catégorie des hypothèses ce qui, sortant des règles de l'organisme, est purement conjectural.

Nous avons noté, pas à pas, le développement simultané des signes extérieurs et du caractère chez les êtres vivants. L'histoire sous les yeux et le crayon à la main, nous avons comparé entre elles les œuvres des plus grands portraitistes anciens et modernes. Nous avons exploré la belle collection des têtes historiques gravées de la Bibliothèque Sainte-Geneviève. L'École de médecine nous a ouvert ses riches vitrines. Nous avons trouvé réunies au Muséum d'histoire naturelle, toutes les subdivisions de la famille humaine. Nos relations sociales nous ont mis à même de recueillir de précieuses indications. La photographie nous a permis plus tard de réviser avantageusement les résultats de cet ensemble d'études.

Nous soumettons ces documents physiognomoniques à l'appréciation du public, qui nous en a fourni les meilleurs et les plus nombreux modèles. Nous commençons par exposer brièvement les errements antérieurs à la fin du dernier siècle. Ce sont les *Olim* du procès entre la manière de procéder des empiriques et la nôtre.

NOTICE HISTORIQUE

L'attrait du merveilleux et le désir de sonder les mystères de la vie ont donné naissance à beaucoup de systèmes ; leurs auteurs ont eu la prétention de pénétrer le grand arcane et d'en révéler les secrets.

Les rapports de l'homme avec l'universalité des mondes et des êtres ont fixé d'abord l'attention du penseur ; puis il s'est cherché dans lui-même. Les sciences occultes sont le résultat des premières investigations ; la physiognomonie est venue répondre à la question personnelle.

Nous allons jeter un coup d'œil rapide sur la route suivie par les anciens explorateurs. Elle est des plus obscures à son point de départ ; elle se dégage péniblement des ténèbres en se rapprochant de l'époque où la lumière a surgi de l'émancipation de l'intelligence humaine.

Nous conserverons l'ordre chronologique de la publication dans nos extraits des ouvrages les plus intéressants. Ces indications permettront de juger les tentatives d'un autre âge, tout en constituant un faisceau de ces brins épars. D'ailleurs, il est bon de mesurer la distance parcourue, afin de mieux apprécier le but atteint.

Il faut ranger parmi les incunables le petit volume, sans date, en tête duquel nous lisons :

« L'art de chyromance de excellent et trés exercite et prouve maistre Maistre Andrieu Corum : utile et nécessaire à tous ceulx qui exerciter vouldront lart de cirurgie et de medecine. Pource que la dicte science traicte de la complexion de plusieurs hommes et pronostications des signes et caracteres imprimees en nature es mains apparaissans translatee de latin en francois. Par maistre Jehan de Verdellay selon la sentence de Aristote. »

Voici comment l'auteur trace et nomme les principales lignes et monts de la main (fig. 30).

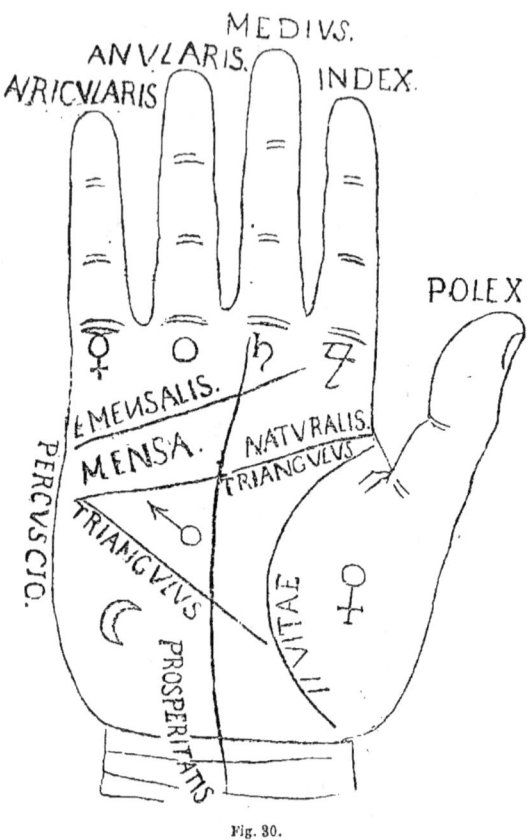

Fig. 30.

Nous verrons plus loin l'application de ces bases de la chiromancie. Pour en donner un avant-goût, nous prendrons au hasard dans le traité de maître Andrieu deux exemples de questions mixtes de pronostication et de médecine.

« Si vous voyés en la ligne mensale qui traverse la main deux croyx ainsi qu'il appert en cette main, l'une en droit du plus grant doy et l'autre le droit du petit doy (fig. 31). Ce nous signifie l'homme dedans lespace dung an mourir ou estre en dangier de mort par maladie. »

« Quant cette ligne tortue passera par la ligne qui ce nomme le cercle du bras qui devise le bras davec la main, ainsi comme vous voyes en cette main tendant vers la ligne de vie (fig. 32).

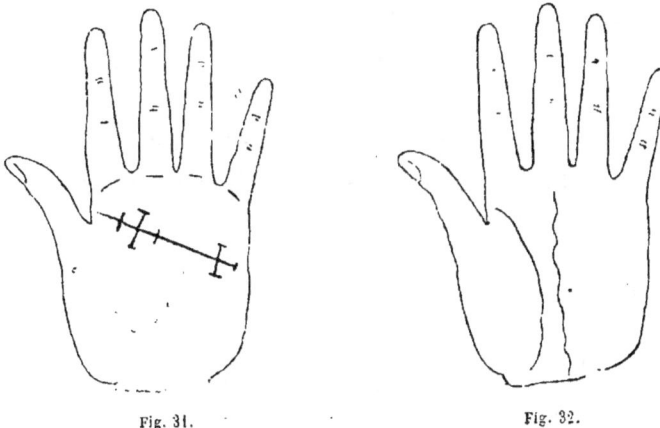

Fig. 31. Fig. 32.

Ce nous signifie prochaine maladie quant elle ce monstrera quasi noire, et si elle est palle, elle signifie la maladie estre passée ou advenir quand elle aura en sa palleur une nigreur ou noirseur. »

Deux fois heureux le prêtre doué du signe suivant :

« Si la ligne mensale fait deux rameaulx, lung tendant vers le mont du doy demonstratif et lautre vers le mont du poulce, ainsi qu'il appert en ceste main (fig. 33). Ce nous signifie lhomme toute

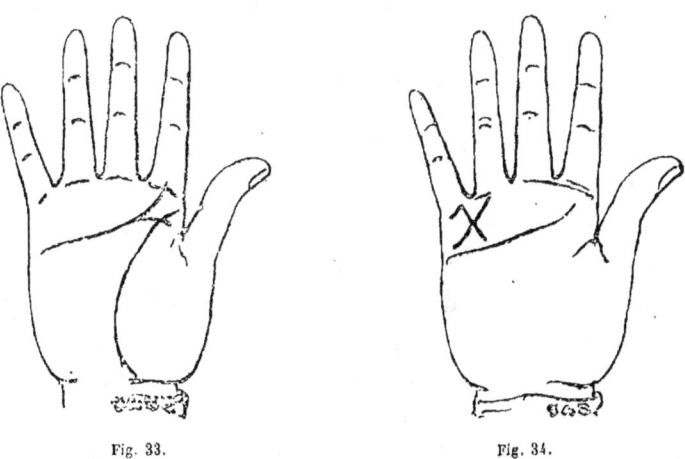

Fig. 33. Fig. 34.

sa vie estre bon ecclesiasticque, lequel aura beaucoup de biens à cause de sa clergie. »

Cet autre signe est encore heureux :

« Quant, sus le mont de mercure verres ung tel signe comme il pert en ceste main (fig. 34). »

« Ce nous signifie que l'homme a ou aura amys : s'il est interseque des aultres lignes ; tant comme de lignes intersequeront autant de amys aura. »

Michel Scot, né en Écosse, vers l'an 1210, est mort en 1290. Il est l'auteur d'un petit Traité de physiognomie, dont la plus ancienne édition connue porte le millésime de 1508.

On lit :

« Phisionomia magistri Michaelis Scoti. Si prudentiam — si
« cautellam — si sanitatem — si fiduciam — si denique hominum
« mores ac domesticorum animalium naturas scire cupis, Mi-
« chaelem Scotum legito. »

Scot s'occupe d'abord des rapports de l'homme avec la femme et de leurs conséquences physiologiques. Il énumère les différentes complexions du corps et en décrit brièvement les signes ; puis il indique l'enseignement à tirer des songes, des augures, de l'éternument. Il arrive à la physiognomie ; il passe en revue les traits du visage et les parties du corps humain dans son ensemble, depuis les cheveux jusqu'aux ongles du pied. Il termine par quelques mots sur la marche, le mouvement, la stature de l'homme.

Le ton dogmatique du maître ne laisse aucun doute sur la constitution de la science, dont les astrologues faisaient le pivot de leurs prédictions. Il faut compulser cet opuscule latin ; il est l'origine des publications subséquentes, comme il est le résumé des notions consacrées antérieurement dans les écoles.

En 1519, paraît un traité de chiromancie, sous ce titre : « Opera
« nova de maestro Andrea Corvo da carpi habita a la Mirandola
« Tratta de la Chiromantia stampata con gratia. »

L'auteur aborde immédiatement son sujet. Il examine les lignes résultant de la flexion des doigts et du jeu musculaire de la paume de la main. Il attribue à chacune de ces lignes une signification propre, en raison de la force de l'empreinte et de la coloration, en tenant compte, toutefois, des modifications apportées par les autres signes. Environ cent soixante figures élucident le texte, conforme aux idées reçues dans la science chiromantique, sauf de légères différences.

Nous avons devant nous un opuscule latin avec ce titre : « Enchiridion physiognomiæ. » Il est daté de Cracovie, 1532.

Le professeur décrit les formes variées des traits du visage, il en donne la signification ainsi que celle de l'ensemble facial. Vient ensuite une revue des autres parties du corps humain, terminée par des considérations astrologiques sur les différentes complexions. Le tout est illustré de gravures sur bois d'une naïveté essentiellement primitive.

Nous connaissons deux éditions italiennes de la chyromancie de Tricasse ; celle de 1534 a pour titre : « Chyromantia del Tri-
« casso da Ceresari Mantuano, al magnifico et Veneto patricio do-
« minico di Aloisio Georgio. Novamente revista et con somma di-
« ligentia corretta et stampata. » Elle contient 49 figures de la paume de la main, avec une série correspondante de signes. Elle a été traduite en français et publiée en 1552. La seconde édition porte la date de 1538 ; elle compte 29 figures manuelles de plus, en tout 78. Elle est dédiée à l'illustre et magnifique seigneur comte Joan Baptista *di* Affaytati Cremonense.

Nous extrayons de cet ouvrage un abrégé des principes fondamentaux de la chiromancie.

Chiromancie se compose de deux mots grecs, *cheir* main,—*manteia*, devination. Cette science enseigne à juger par les lignes apparentes aux mains et à connaître la complexion et nature des hommes, ainsi que les biens et maux qui doivent leur advenir.

Tricasse divise la main en trois parties ; il appelle la première *rascette*. Elle commence à la jointure du bras et comprend la région du poignet. La seconde s'étend de la *rascette* à la base des doigts, on la nomme *paulme* ; la troisième division se compose des doigts. Le doigt le plus rapproché du bras, est le *poulce*. Le suivant est *l'enseigneur* ; celui qui occupe le milieu en tire son nom, le *mitoyen* ; *l'annelier* se place à côté ; et en dernier lieu le *grat'oreille*. Chaque doigt a trois jointures, dont la première sert de limite à la *paulme* et est spécialement désignée par la dénomination de *racine*. La deuxième jointure se présente immédiatement après; la troisième est la plus proche de l'extrémité digitale; le pouce a deux jointures seulement.

On remarque quatre lignes principales dans la paulme : l'une part d'entre le poulce et l'enseigneur, contourne le mont du poulce et descend toucher la *rascette*, c'est la *ligne de vie*. En se reportant au point de la naissance de cette ligne, il s'en élève une autre commune à son origine, et traversant la paulme en biais, de façon à la partager à peu près en deux parties; cette seconde ligne est appelée *naturelle*. A l'endroit où la *ligne de vie* se confond avec la *rascette*, surgit une troisième ligne aboutissant à la terminaison de la ligne *naturelle;* cette troisième ligne est celle du *foie*. La quatrième va de la base du mont du *grat'oreille*, par une courbure légère, remonter entre l'*enseigneur* et le *mitoyen*, dont elle enserre le mont. On désigne cette quatrième ligne sous le nom de *mensale*. Ces quatre lignes principales servent de délimitation aux grandes fractions de la main.

La jointure et le mont prennent le nom du doigt auquel ils se rattachent.

Le *triangle* est l'espace compris entre les lignes de *vie*, *naturelle* et du *foie*. Les trois angles dont il se compose sont le *droit*, à la jonction des lignes de *vie* et du *foie;* le *gauche*, à la rencontre des lignes du *foie* et *naturelle;* le *supérieur* est formé par la *naturelle* et la *vitale*. La partie palmaire, entre la ligne *du foie* et *la rascette* vers la *mensale,* sur la fin de la *naturelle*, s'appelle *mont de la main*. La portion touchant l'*enseigneur* et le *poulce* est dite *supérieure; l'inférieure* est située du côté du *grat'oreille* et du *mont de la main*. On a également dénommé *inférieure* la partie vers la *rascette*, et *supérieure* celle près de la racine des doigts. L'autre portion de la main, regardant la partie inférieure, se dit *percussion;* elle se trouve entre la *rascette* et la *mensale*. Le *quadrangle* commence à la *percussion* pour se limiter entre la *mensale* et la *naturelle*. Le *dos* de la main est la face opposée à la paulme. Nous résumons cette première topographie manuelle dans la figure suivante (fig. 35) :

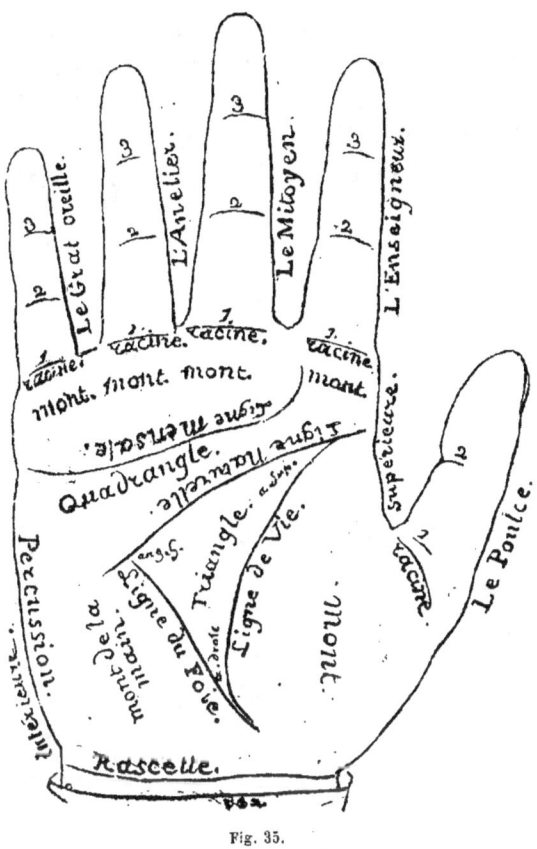

Fig. 35.

« DE L'ASSIETE DES PLANÈTES »

Les sept planètes régissent chacune une localité particulière de la main. *Jupiter* est assis au *mont* de l'*enseigneur*, où se voient les signes des honneurs, dignités et blessures du chef. *Saturne* régit le *mont* du *mitoyen*, siège des marques d'heur et malheur, afflictions et choses fâcheuses. Le *Soleil* occupe le mont de l'*annelier*, où se connaissent l'amitié, inimitié, ruine, trouble d'esprit et d'entendement. *Mercure* est au mont du *grat'oreille*, où l'on voit apparaître la sollicitude et la sagacité de l'homme pour les sciences, arts et exercices, et aussi la subtilité d'esprit à mal faire, sans oublier les ruses et malices de Vénus. La *Lune* possède l'espace comprenant le *mont* de la *main* et le *quadrangle*, où se lit la fortune ou l'infortune de choses meubles, tant maritimes que par pérégrinations, et aussi voyages lointains. L'on a consacré à *Vénus* le *mont* du *poulce*, servant à constater ce qui ressort de la luxure et des mariages. L'on a réservé à *Mars* le *triangle*. Il rend compte des effets et exercices guerriers et de la force du corps. Voici les subdivisions planétaires de la main (fig. 36).

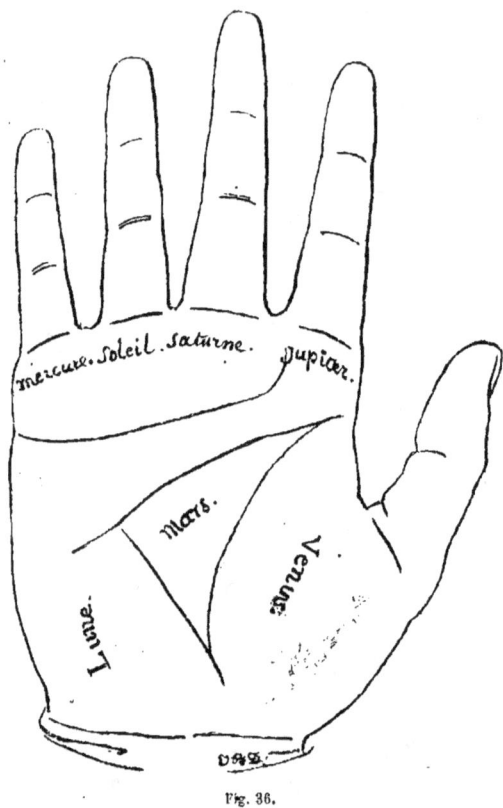

Fig. 36.

Nous devons noter trois autres lignes auxquelles Tricasse attache beaucoup d'importance. La ligne *lactée*, partant de la *rascette*, coupant la paulme de la main au tiers de sa largeur et se terminant vers la *racine* de l'*annelier* et du *grat'oreille*. Cette ligne indique la légèreté de la tête en matière de basses démarches, et plus elle est découpée et mal continuée, *tant pis vaut*, dit le chiromancien.

La *saturnine* naissant de la *rascette* et partageant la paulme de la main à peu près en deux parts égales, pour se rendre vers le milieu de la *racine* du *mitoyen*. Cette ligne s'applique à l'examen des choses heureuses ou fatales.

La *ceinture de Vénus* est une courbe se terminant d'un côté, entre la *racine* du *grat'oreille* et celle de l'*annelier*, et de l'autre au point où les *racines* du *mitoyen* et de l'*enseigneur* se touchent. Sa signification se rapporte aux plaisirs placés sous l'invocation de la déesse de la beauté et aux désordres causés par des excès dangereux. Ces trois lignes sont tracées dans cette figure (fig. 37).

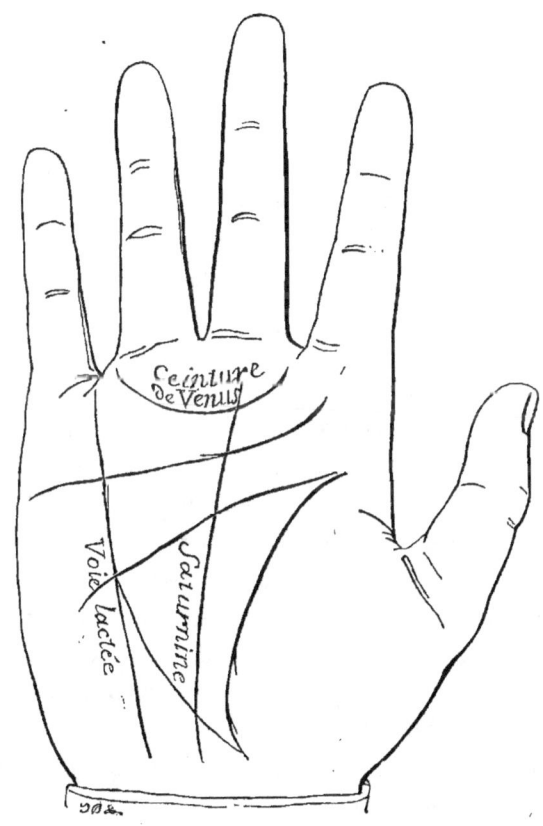

Fig. 37.

Les particularités des différentes lignes, soit comme netteté, découpure, plissement, longueur, profondeur, coloration, sont autant d'indices. Les lignes doubles ou *sœurs* renforcent ou corrigent les indications des autres. Il en est de même des monts et des surfaces; leur élévation, leur planité, leur concavité, fournissent autant de données au chiromancien. De plus, il existe un nombre considérable de lignes complémentaires, répandues dans toutes les subdivisions et dont l'énumération serait fatigante. Nous terminerons ce simple exposé par quelques extraits de la traduction française de 1552. Nous lisons, page 9 : « La *rascette*, première partie de la main, qui est indivisible, doit estre nette, sans rides et lignes crespelues : et lors signifie bonne complexion; et quand elle est au contraire, elle signifie le contraire. La ligne *vitale* se doibt estendre jusques à la *rascette*, faisant un bout de la concavité de la main et environnant le *mont* du poulce, compètemment large et profonde; et lors signifie longue vie, entendement asseuré et bonne nature : et quand elle est au contraire, démontre le contraire, et que ceux qui l'ont telle, jamais (ou peu souvent) ne mettent chose aucune à effect. S'elle est grosse vers la *naturele*, c'est à savoir environ le milieu, elle signifie bon entendement, et homme magnanime et libéral; si rouge, homme cruel; et principalement entre le *poulce* et l'*enseigneur*, car alors elle signifie meurdre : et quand sur le commencement elle est enflée comme une éponge mouillée, elle dénote bastardie : et quand elle est tortue, signifie homme inique et plain de fraudes. La *naturele doibt* estre longue et large compètemment, de sorte qu'elle ne passe du tout le *mont* de la main : et lors signifie audace et longue vie. Quand elle ne passe point la concavité de la main, elle signifie homme avaricieux, craintif et peu loyal, et qui se repent incontinent après sa promesse faicte ; et quand elle ne passe pas l'endroict du doigt *mitoyen*, signifie homme de très-mauvaise vie, et qui doibt mourir jeune; et quand elle ne s'entretient point, elle dénote que celui qui l'a, doibt faire beaucoup de *larrecins* et assez d'aultres telles méchancetés. »

Voici maintenant une appréciation chiromantique sur le *mont* de l'*enseigneur* et celui du *mitoyen*. Nous suivons le texte :

« Le *mont* de l'*index* doibt estre net et bien eslevé, et lors signifie homme juste, fidèle et de conversation louable : et s'il est au contraire, dénote le contraire. Quand il est eslevé avec aucunes lignes de long ou de travers, ou bien s'il a quelques estoilles ou rayons, il signifie richesses, ou prélatures, ou bénéfices : toutesfois notez que ceci s'entend quand telles estoilles ou rayons sont bien disposez, car bien souvent apparoissent là quelques croix, ou estoilles longues et larges, et mal formées, par lesquelles plusieurs sont abusez, pensans qu'elles signifient dignités et prélatures, et à la vérité ne dénotent que peines et travaux, et quelque honneur en l'art et exercice duquel on se mesle, toutesfois à grand malaise. Encore faut-il noter que ceste croix ou estoille qui signifient les dignités, doibt être petite et bien formée. Quand ce *mont* ou sa *motte* est aucunement eslevé, il dénote homme ingénieux en choses grandes et en spéculations. Le *mont* du *doigt mitoyen*, sans aucunes lignes, dénote vie paisible. Quand il est eslevé, il signifie homme heureux au labeur des champs, et en choses de mesnage, et pour amasser du bien. Quand il est abattu, il dénote fâscheries, peines et travaux assez, et perte de biens. »

Nous ferons une dernière citation sur les lettres divines, lisibles dans la main, selon notre auteur, A B C D E F G, correspondantes aux sept planètes. C'est une explication sur les variantes de la lettre A (page 12).

« Premièrement donc, quand ceste letre A se rencontre au *lieu* de *Juppiter*, elle signifie richesses, homme réal et amy de grands seigneurs; au *lieu* du *Soleil*, elle dénote bonne fortune; au *lieu* de *Mercure*, c'est signe d'homme studieux et curieux de toute science, et qui, par curiosité, doibt enchéoir en quelque péril; au *lieu* de *Vénus*, elle signifie homme infidèle, et qui doit aimer femmes *paoures* et de peu d'estime; au *lieu* de *Mars*, homme inique et cruel; au *lieu* de la *Lune*, c'est signe d'homme qui *despend* tout son bien et qui détruit son propre corps. »

Les précautions à prendre pour bien juger les indications manuelles sont détaillées par Tricasse. Il recommande, en outre, de ne pas négliger les lignes du front et certains traits du visage.

Avec un pareil système, il est difficile de prendre le chiromancien en défaut, tant les combinaisons et les modifications sont nombreuses. Au milieu de niaiseries inconcevables, on recueille çà et là des explications judicieuses; elles peuvent éclairer la science, mais à quel prix? Il faut les exhumer d'un ramassis d'absurdités. Il est bon de les parcourir, cependant, pour savoir jusqu'où peut s'égarer l'esprit humain.

Nous transcrivons le titre sans analyser l'œuvre :

« *Della Geomantia* di Pietro d'Abano, dal latino nella volgar
« lingua tradotta per il Tricasso, parte prima, novamente dall'
« l'eccell. M. Sylvano Musio da Capoa ricorsa; qual dalli errori
« espurgandola, l'ha fedelmente alla sua integrita ridotta.

« In Vinegia, per Curtio Troiano di navo. MDXLVI. »

Le même éditeur reproduit, en MDXLIX, cette traduction ainsi désignée : « *Della Geomantia* di Pietro d'Abano, di latino nella
« volgar lingua tradotta per il Tricasso Mantoano. »

Voici un petit livre : « DE DIVERSA HOMINUM NATURA, prout a vete-
« ribus philosophis ex corporum speciebus reperta est, cognoscenda
« liber, Antonii Molinii Matisconensis diligentia nunc primum in
« lucem emergens. »

Antonius Molinius prend pour sous-titre : De *Physiognomiæ* ratione. Il résume les observations du médecin Loxus, du philosophe Aristote et de Polémon. Nous ne sommes plus en pleine astrologie : des remarques fort justes, quelques données physiologiques jettent de l'intérêt sur ce travail, publié en 1549. Molinius examine les différentes parties du corps humain; il en déduit les conséquences physiognomiques. Il en est de rationelles; plus d'une est conjecturale; d'autres sont tout à fait arbitraires et ne se justifient par aucune démonstration.

Nous nous bornerons à consigner les titres des quatre traités suivants :

« *La Geomantia* di Bartolomeo Cocle, filosofo integerrimo : no-
« vissimamente tradotta et anco data in luce. MDL.

« *La Geomantia* di Bartholomeo Cocle filosofo, integerrimo ; nuovissimamente tradotta, e data in luce. Con il privilegio. MDL.

« Opera del' antica et honorata scienza di *Nomandia*, specchio
« d'infiniti beni et mali, che sotto il cerchio della luna possono
« alli viventi introvenire,

« Per l'excellen. astrologo, geomante, chiromante, et fisionomo
« M. Annibale Raimondo Veronese, ridotta insieme, aggiontovi,
« et castigata. Con privilegio, MDLI.

« *De la Geomantia* del l'eccel. filosofo Gioanni Geber : parte
« prima con una brevissima chiromantica phisionomia. Nova-
« mente, dal nobil huomo M. Gnosio Piceno, Ascolano, tradotti :
« e pur hora dati in luce. MDLII. »

Antiochus Tibertus a publié trois livres en latin sur la chiromancie. Ce travail, mis en ordre par Jean Dryander, médecin, sort des presses de Schœffer, dans l'année 1561.

L'auteur débute par une discussion sur la chiromancie ; il réfute les arguments de ses adversaires et conclut à considérer comme utile la science de la main, qu'il nomme l'*organe des organes*.

La nature et l'action des planètes, la signification des lignes manuelles sont expliquées d'après les traités antérieurs, sauf de légères dissidences.

Des figures intercalées dans le texte élucident les descriptions techniques, servant à juger de l'état présent de la personne et à prédire sa destinée future.

Dans l'année 1565, on imprima un opuscule français intitulé :

« *Nouvelle invention* pour incontinent juger du naturel d'un chacun par l'inspection du front et de ses parties, dicte en grec Métoposcopie ; le tout extraict du latin de M. Thaddée Hagèce, excellent médecin et mathématicien au royaume de Bohême. »

La physiologie s'infiltre un peu, dans ce travail, entre les anciens errements touchant l'influence planétaire.

Nous croyons devoir citer le passage suivant de la traduction :

« Le front est comme une tour et fortresse dressée pour la tuition et sauvegarde des nerfs qui descendent du cerveau, et sont distribuez aux parties du visaige et organes dudict cerveau, pour faire et ordonner quelque propre sentiment à un chascun d'iceux, et sous la concavité dudict front se dispersent les nerfs députez pour les cinq sentiments extérieurs, par l'ayde desquels tout ce qui se présente à un chascun sens est rapporté soubdain au cabinet de raison, pour là estre examiné, discouru et arresté. »

Une deuxième édition du texte latin a été faite à Francfort en 1584. Elle est illustrée de quarante-neuf têtes portant au front un signe relatif à la destinée de l'individu. Tel plissement désigne une qualité, tel autre est un pronostic heureux ou malheureux.

Si l'on rejette la partie divinatoire, on est frappé de la justesse de certaines observations sur la mobilité du front et sa forme particulière.

Le traité de l'inspection de la main, par Antonius Picciolus, fut édité l'an 1587, il est écrit en latin.

L'auteur fait la liste de ses devanciers : Almadal Arabs, Pythagoras Samius, Pharaotes Indus, Alchindus, Zopyrus, Aristoteles, Galenus, Maternus, Polémon, Constantinus, Aphricanus, et parmi les principaux romains, Lucius Scilla et le dictateur César : puis Michael Savonarolla, Antonius Cremisonus, Petrus de Arca, Joannes de Indagine, Franciscus Asculanus. Enfin Philémon, Morbeth, Formica, Antiochus, Ptolomæus, Albertus Magnus, Petrus Apponensis, Gulielmus Nurice, Hieronymus de Manfredis Bononiensis, Alpharibius, Blasiusque de Parma, Helenus Priami, Leophritus, Rasis, Andreas Corvus, Tricassus, Cocles. Il n'a pas oublié Plato, Averroes, Avicenna, et le plus ancien, Hermes.

Picciolus reconnaît quatre grandes lignes, *la vitale*, celle du *foie*, du *cerveau* et la *mensale*. Il admet les dénominations antérieures en ce qui concerne les autres subdivisions ; seulement il substitue au nom d'*annulaire* celui de *medicus* pour le quatrième doigt de la main. Il s'occupe exclusivement de la partie chiromantique résumée dans une figure manuelle de grandeur de nature. Des signes particuliers insérés dans le texte le complètent à l'occasion. Le savant réfute certaines opinions, mais, en général, il s'en tient aux données classiques.

« *La Fisionomia del Rizzacasa,*

« Non meno utile che dilettevole, si in morale che in naturale « Filosofia. In dua parti divisa. » Cet in-8 porte la date de 1588, il est dédié à la reine d'Angleterre Elisabeth.

L'auteur emploie le ton dogmatique pour répandre les préceptes de la science ; il interroge les particularités de chaque fraction du corps.

Cette répétition des règles admises est dans un ordre méthodique, ayant au moins le mérite d'être facile à suivre et à retenir.

Le permis d'imprimer est basé sur l'observation scrupuleuse des exigences de la sainte Église catholique.

Nous signalons un traité vraiment remarquable :

« DE HUMANA PHYSIOGNOMONIA Jonnis-Baptistae PORTAE Nea-
« politani libri IV. Qui ab extimis, quæ in hominum corporibus
« conspiciuntur signis, ita eorum naturas, mores et consilia
« (egregiis ad vivum expressis iconibus) demonstrant, ut intimos
« animi recessus penetrare videantur. Omnibus omnium ordinum
« studiosis lectu utiles, maximeque jucundi. Nunc ab innumeris
« mendis, quibus passim Neopolitana scatebat editio, emendati,
« primumque in Germania in lucem editi. Vrsellis, MDCI (fig. 38). »

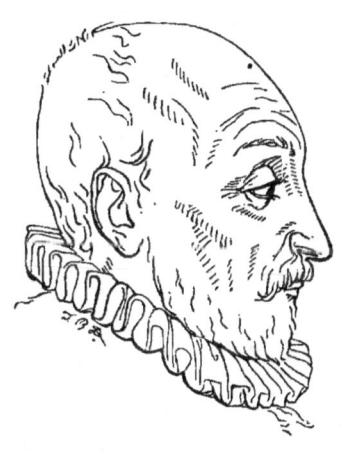

Fig. 38.

Porta n'a négligé aucunes parties du corps humain. Il déduit de la forme, de la voix, de la démarche, le caractère individuel, en s'appuyant de l'opinion des plus accrédités de ses prédécesseurs. Aristote, Polémon, Adamantius, Thalès, Melampus, Conciliator, Galenus, sont ses principales autorités. Il les cite souvent avec respect, même en relevant leurs contradictions. Il nie, au besoin, des assertions fausses ou controuvées. De l'analyse il arrive à la synthèse, en ajoutant ses propres acquisitions à celles de ses maîtres.

On trouvera, dans cette œuvre pleine d'intérêt, des remarques fines et judicieuses, des portraits bien tracés et des comparaisons graphiques de l'homme aux animaux. On ne peut pas résumer l'écrit de Porta; il doit être lu. Nous lui prendrons seulement quatre de ses meilleurs dessins comparatifs. L'homme en regard du corbeau (fig. 39),

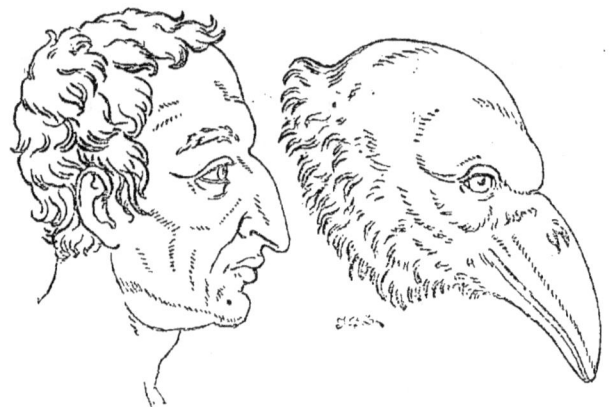

Fig. 39.

du lion (fig. 40),

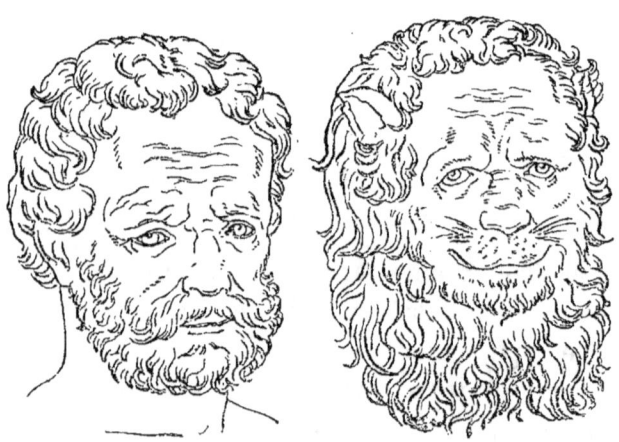

Fig. 40.

du bœuf (fig. 41),

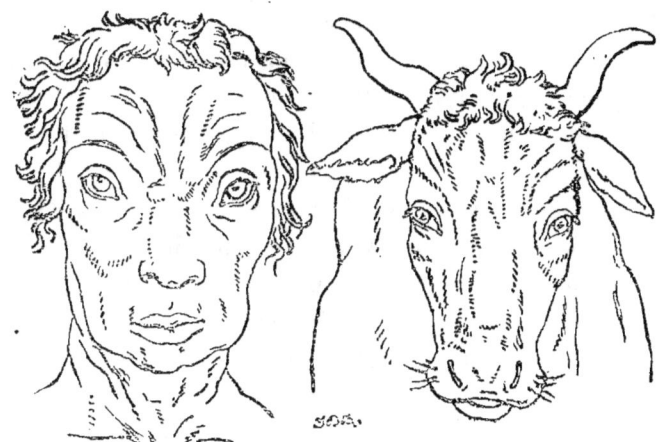

Fig. 41.

et du bélier (fig. 42).

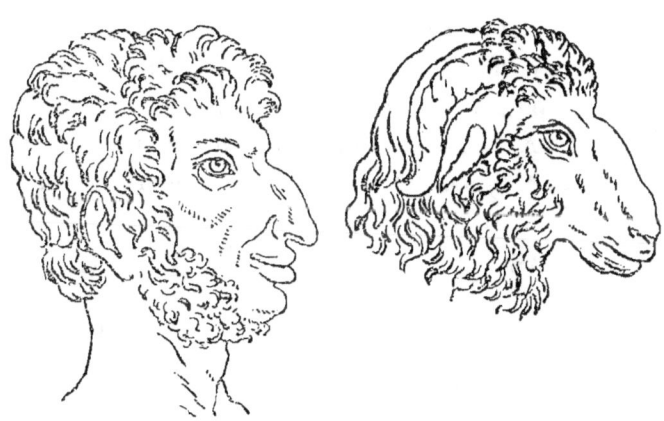

Fig. 42.

Nous reproduirons la ressemblance de l'homme avec le porc et l'âne dans l'article de Fuchsius.

« *Georgii Ragusei* mathematicarum epistolarum liber secundus. »

« *Georgio Gennaro* Brixiensi, I. V, doctori *epistola I*, de chiro-
« mantia. » MDCXVIII.

Epistola II, de physiognomia. MDCVII. Le titre courant est
« De devinatione. »

En 1607, s'imprime à Milan :

« *Fisionomia naturale* di monsig. Giovanni Ingegneri Vescòvo

« di Capo d'Istria. Nella quale con ragioni tolte dalla filosofia, dalla
« medicina, et dall' anatomia si demostra, come dalle parti del
« corpo humano, per la sua naturale complessione, si possa age-
« volmente conietturare quali sieno l'inclinationi, et gli affetti dell'
« animo altrui. »

Ingegneri donne l'explication de la forme des parties du corps humain, et fait suivre ses préceptes d'une démonstration raisonnée, où la physiologie se fait jour, au milieu d'assertions plus ou moins hasardées et souvent spécieuses.

Ce petit in-octavo contient 128 pages; il est à consulter.

Dans son traité latin de Métoposcopie et d'Opthalmoscopie, 1615, Samuel Fuchsius s'attache d'abord à la forme du front et reproduit les subdivisions planétaires frontales admises. En laissant de côté la partie astrologique, on retirera quelques fruits de ses observations. Les extraits des poëtes latins cités par Fuchsius, sont généralement bien appropriés à son thème. Des têtes intercalées dans le texte ont de l'importance comme portraits, ou comme établissant des points de ressemblance entre le front humain et celui de plusieurs animaux. Nous reproduisons ici le simulacre du porc (fig. 43). Cette tête et la suivante sont empruntées à Porta.

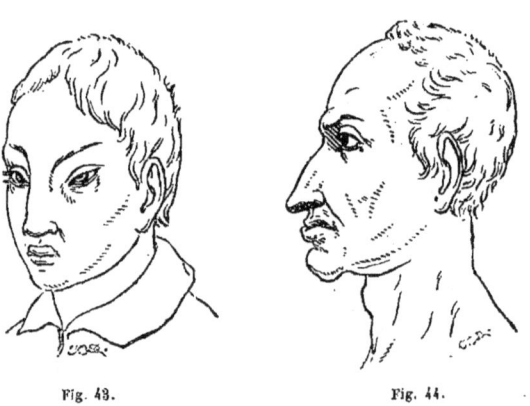

Fig. 43.   Fig. 44.

Voici le rapprochement avec l'âne (fig. 44).

Nous préférons les chapitres consacrés à l'opthalmoscopie, ils sont plus d'accord avec les résultats donnés par la nature.

Sous ce titre : *De devinatione, libri duo Georgii Raguseii Veneti*, nous avons vingt-neuf épîtres latines adressées à divers personnages, et traitant de tout ce qui se rapporte à la divination : astrologie, chiromancie, physionomie, métoposcopie, géomancie, nécromancie, pyromancie, hydromancie, nomancie, cabale, magie, augures, songes, fureur des sibylles. L'auteur analyse et discute les opinions émises sur ces matières; il donne la nomenclature des écrivains qui s'en sont occupés. 1623.

Picus Mirandulanus a écrit longuement et savamment sur l'astrologie. Les chiromanciens sont : Hermès, Alchyndus, Pythagore, Pharaotes, Zopirus, Hélénus, Ptolomeus, Alpharabius, Galénus, Avicenna, Rasis, Julianus, Maternus, Loxius, Philémon, parmi les anciens. Les modernes se nomment Petrus Aponensis, Albertus, M. Scotus, Savonarola, Cermisonus, Corvus, Petrus de Artha, Taisnier, Tibertus, Achillinus.

Georgius établit l'ancienneté de la chiromancie en citant la lettre d'Aristote à son royal élève Alexandre; un extrait du livre de Job : « Qui in manu hominum signat, ut noverint singuli opera « sua. » Puis Moïse disant à son peuple : « Eritque tibi insi- « gnum super manum tuam, et memoria inter oculos tuos. »

L'examen des travaux sur la chiromancie conduit Georgius à ces conclusions : Dans l'impossibilité de trouver parmi cent mille hommes deux mains semblables, il faut s'attacher seulement aux lignes résultant de la contraction musculaire, presque toujours la même chez tous, et négliger les particularités accidentelles, dont la signification ne peut être obtenue par l'expérience.

La seconde épître du deuxième livre est consacrée à la physionomie. L'érudition de Georgius y brille. A l'appui de ses dissertations, il énumère les auteurs consultés : Hippocrates, Polémon, Loxius, Philémon, Aristoteles, Galénus, Avicenna, Rasis, Conciliator, Magnus Albertus, Savonarola, Michaël Scotus, Zaccarias, Hieronymus de Manfredis, Antonius Cermisonus, Indagine, Taisnier, Coclès, Joannes Baptista à Porta.

Georgius fait deux parts dans la physionomie, l'une relative à l'astrologie et l'autre aux faits naturels. Celle-ci a son approbation; il repousse la première.

La raison humaine commence à poindre dans la manière dont Georgius pose et juge la question. Il sait s'affranchir des formules scolastiques ; il ramène le lecteur au véritable point de vue, d'où l'on doit envisager l'étude des signes corporels. C'est un abrégé de doctrines à compulser.

La liste des géomanciens se compose de Petrus Aponensis, Coclès, Geber, Agrippa, Bartholomeus Parmensis, Gerardus Cremonensis, Annibal Raimondus Veronensis, Oliverius Malmesburius, Gaspard Peucerus. Il ne parle pas de ceux qui ont été condamnés par le siége apostolique.

Annibal Raimondus Veronensis, Fontana Vicentinus, Alcandrus, Merlinus, Ionicus, Gamalieles ont répandu la Nomancie.

Joannes Picus Mirandulanus s'est livré à des recherches sur la cabale.

Les principaux professeurs de magie furent Apollonius Tyanæus, Cornelius Agrippa, Petrus Aponensis, Paracelsus, Rogerius Bachonus, Geber, Raimondus Lullus, Arnoldus Villanovanus, puis plus tard, Cardan, Mizaldus, Joannes Baptista à Porta.

Nous ne pousserons pas plus loin ces citations ; nous renvoyons le lecteur au texte original.

« *Opus geomantiæ completum*, in libros tres divisum quorum
« Primus universam geomanticam Theoriam,
« Secundus Praxim, Tertius a diversis authoribus decerptas
« questiones continet.
« Curiosis dedicatum et consecratum a Medico quodam Neote-
« rico anonymo.
« Lugduni, apud Danielem Chavanon, MDCXXV, cum privilegio
« Caesareo et Francorum regis. »

Voici un tout petit volume avec le chiffre de 1627 et ce titre :
« *Enchiridion de la physionomie utile à toutes personnes et fort*
« *récréative*, par P. IVVERNAY, théologien. Superciliis frigidis et
« naso bilioso. »

Le proême contient une discussion sur les tempéraments bilieux, sanguin, pituiteux, mélancolique et sur leurs combinaisons entre eux.

Son système se résume dans l'extrait suivant de l'article premier intitulé : « De la nature et complexion des quatre humeurs en particulier, et des signes et propriétez d'icelles. »

« La bile est chaude et seiche comme le feu, le sang chaud et humide comme l'air, la pituite froide et humide comme l'eau, la mélancholie froide et seiche comme la terre.

« La bile, à cause qu'elle est chaude, rend les parties pointues, parce que la propriété de la chaleur est de monter en haut en forme pyramidale, comme il appert au feu. C'est pourquoi ceux qui sont bilieux ont les membres longs et gresles, le corps maigre et fort velu, etc.

« La pituite rend les parties obtuses, parce que la propriété de l'humeur lorsqu'elle se raréfie et résoult en vapeur est de bouffer et enfler, comme il appert en une partie lorsqu'il y tombe quelques fluxions. C'est pourquoi ceux qui sont pituiteux ont la face fort grasse et blanche, le corps charnu, le poil mol et délié, etc.

« Le sang rend les parties droictes, parce que la propriété de l'air est de se couler et glisser. Or le sang tient de la nature de l'air. C'est pourquoi les sanguins sont bien composez, ont les membres longs et droicts, la chair molle et délicate, la couleur vermeille, sont musculeux, ont le poil tendre et douillet à cause de l'humidité aërée, etc.

« La mélancholie rend les parties courbées, parce que la propriété du sec est de retirer, comme il appert en un parchemin lequel se retire et recorbile devant le feu à cause de la seicheresse. C'est pourquoi les mélancholiques ont ordinairement le corps courbé, la face panchée en bas, le poil noir et dur, etc. »

Après avoir décrit les qualités physiques des bilieux, des sanguins, des pituiteux et des mélancoliques, l'auteur termine ainsi ce chapitre :

« Outre-plus les sanguins ayment robbe de haute couleur ; les pituiteux de couleur verte ; les mélancholiques de couleur noire ; les bilieux de toute couleur. »

Le reste est une appréciation physiognomonique des régions du corps humain. Les faits sont souvent exacts ; mais les explications, toujours ramenées aux données premières, sont, dans le plus grand nombre de cas, complétement illusoires. Néanmoins on y rencontre des annotations logiques.

Il y a eu plusieurs éditions du petit livre de Ludovicus Septalius : « De Nœvis. » Celle d'Eberhard Zetzner est à la date de 1629.

Il s'agit de ces petites taches lenticulaires de couleur brune, apparaissant sur la peau humaine à des places indéterminées.

Selon Septalius, chaque lentille du visage a un correspondant dans une autre partie du corps, à des endroits fixes. Il est tels de ces signes faciaux singulièrement compromettants pour la pudeur des femmes ; elles en tirent vanité sans connaître les conséquences de ces grains de beauté, comme elles les nomment. Nous nous abstiendrons même de citer le texte latin. Le lecteur curieux, mais non pas *candide*, pourra consulter ces feuillets.

Les taches étaient en insigne faveur dans le dernier siècle. Les dames les simulaient avec des ronds de taffetas noir, portant une désignation spéciale, en raison du point recouvert et de l'effet à produire. La Fontaine a dit :

> Et la dernière main que met à sa beauté
> Une femme allant en conquête,
> C'est un ajustement des mouches emprunté.

Il est inutile d'ajouter : le hasard seul a fait coïncider la double indication des localités signalées par les taches, dans de bien rares circonstances.

Une érudition, souvent remarquable, sert de trame à ce tissu d'absurdités, où brillent çà et là des observations physiologiques. Comme tous les écrivains sur cette matière, l'auteur ajoute plusieurs brins au faisceau de la science, mais en partant du même point de départ pour aboutir à un résultat commun.

Du reste, l'œuvre de Ludovicus Septalius se réduit à un petit nombre de pages, c'est un avantage sur ses devanciers.

Philippe Phinella a publié, en trois parties, un Traité des taches en latin. Ce livre est de 1632. L'auteur fonde un système de divination sur la position occupée, sur le visage et le col, par ces signes noirâtres, semés dans le tissu du derme. Il subdivise le front en sept zones rangées sous l'influence des planètes. Il assigne à chacune de ces localités une signification absolue. La physiologie est complétement étrangère aux déterminations du pronostiqueur.

Les lignes de démarcation commencent à partir de la base frontale. La première ligne est consacrée à la LUNE; la seconde, à MERCURE; la troisième, à VÉNUS; la quatrième, au SOLEIL. MARS est en possession de la cinquième; la sixième est régie par JUPITER, et la septième est sous l'action planétaire de SATURNE.

Ces signes ou taches peuvent se trouver au milieu, à droite ou à la gauche du front; cette disposition amende l'influence spéciale de la région.

Phinella explique la valeur de chacun des signes faciaux, et désigne, conséquemment, la place de leur congénère dans un autre point du corps. Ces rapprochements font le sujet du troisième livre. Voici un extrait du premier; nous traduisons :

« *Des taches apparaissant dans les signes du front;* ch. I (fig. 45). »

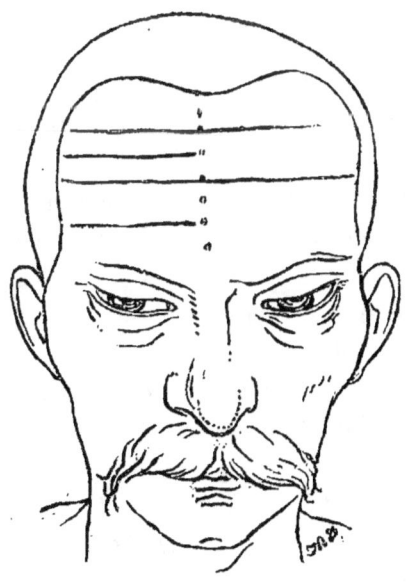

Fig. 45.

« A l'homme ou à la femme ayant une tache sur la première ligne du front, dans la situation de la Lune, partie droite, comme on le voit dans la figure ci-dessus, signifie félicité dans le mariage et bonne fortune. Cette tache ressort de Jupiter et de Mars ; elle est attribuée au grand Chien, étoile de première grandeur. »

Ce portrait de Phinella peut être considéré comme le commentaire de son œuvre (fig. 46).

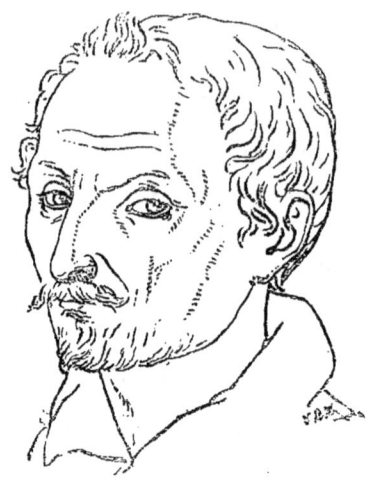

Fig. 46.

Un petit in-18 italien, de 91 pages, résume la Métoposcopie. Le chevalier Ciro Spontini en est l'auteur. Ce sommaire porte la date de 1637.

En 1654, Spontini réédite son travail et le fait suivre : 1° d'un discours sur l'influence du mois de la naissance de l'homme et de la femme ; 2° de notes sur la Physionomie, d'après les anciens traités ; 3° du moyen de connaître, à l'inspection des lignes du front, la durée de la vie du sujet.

Des gravures, fort incorrectes, sont répandues, pour la clarté du texte, dans cet opuscule de 96 pages.

Tricasse réapparaît :

La Chiromance de Patrice Tricasse des Ceresars, Mantoüan, traduicte d'italien en françois, revue et corrigée nouvellement. Paris, MDCXLI. Réimprimée d'après l'édition française de 1552.

En 1648, Philippe Phinella offre au public ses longues recherches sur un point de la divination. Trois livres forment un total de 375 pages, ornées de figures explicatives ; ils renferment un traité complet. Il a ce titre : « Philippi Finella de Methoposcopia, seu « Methoposcopia naturali. Antverpiæ. »

Philippe Phinella s'applique dans ce nouvel ouvrage à la signification des lignes tracées sur le front par le plissement de la peau. Leur place, leur direction, leurs sinuosités ou brisures sont autant d'indices à ses yeux.

Nous retrouvons ici les sept zones astronomiques ayant servi pour le classement des taches frontales ; ces zones sont indiquées figure 1, et notées par les lettres de A à G inclusivement (fig. 47). Elles

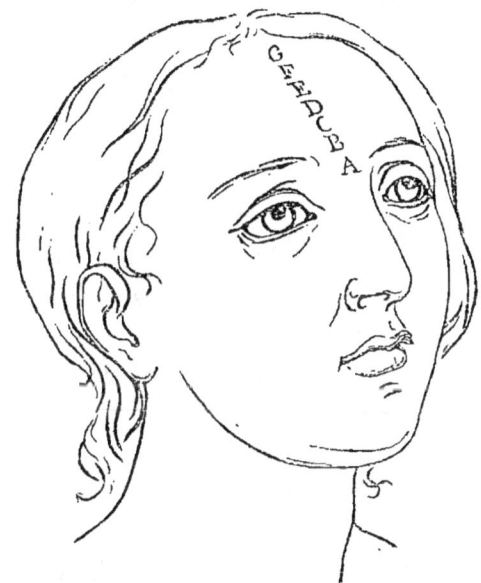

Fig. 47.

localisent, dans le même ordre, la domination de chaque planète. La Lune gouverne A ; B ressort de Mercure ; C est attribué à Vénus ; le Soleil domine la situation D ; Mars possède la ligne E ; F est sous l'influence de Jupiter ; Saturne a la subdivision G pour domaine.

Phinella considère aussi l'étendue en largeur du front. Il le divise en trois parties : une médiane B, une droite A, une gauche C (fig. 48), de manière à déterminer le plus ou moins de longueur de la ligne, et la fraction frontale plus spécialement occupée.

Plus de trois cents figures reproduisent les combinaisons des lignes entre elles et les singularités de leurs positions relatives.

48   PHYSIOGNOMONIE.

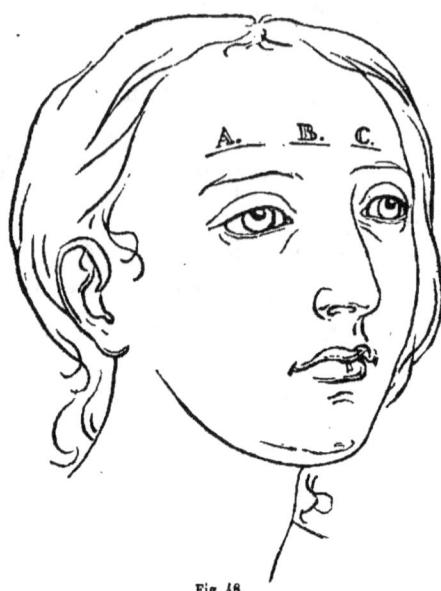

Fig. 48.

Avec la copie de la figure 90 du livre premier, nous transcrivons le texte latin de la légende, afin de ne pas jeter l'effroi dans un trop grand nombre de ménages, à la vue de ce redoutable signe féminin, si l'on en connaissait les conséquences (fig. 49) :

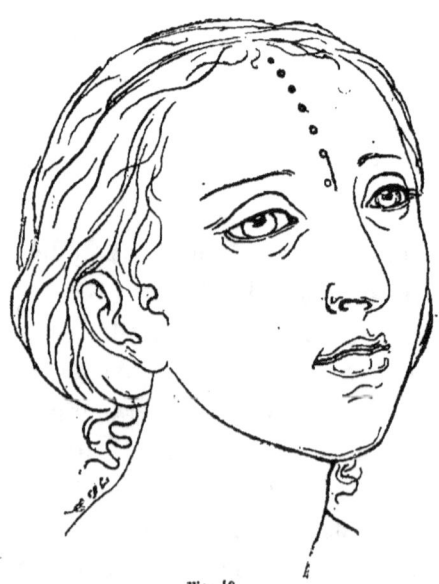

Fig. 49.

« Lunaris profunda et perpendicularis in initio nasi, ut in
« figura 90, nefandæ natum insimulat libidinis; et mariti torum
« mulierem violatricem. »

L'esprit se lasse de suivre les leçons du professeur. On se perd dans ce labyrinthe. Le résultat le moins contestable de cette multiplicité de conditions est de réserver des arguments à la défense de la métoposcopie, en lui ouvrant des échappatoires faciles.

Jacob Gaffari imprime, en 1649, « De quatuor signis, quæ appa-
« rent in unguibus manuum, auctore Philippo Finella. »

L'auteur explique les indications fournies par les taches apparaissant dans l'ongle du pouce, situation de *Vénus*· dans le doigt indicateur, situation de *Jupiter*, et ainsi des autres : médius, consacré à *Saturne*; annulaire, ressortissant du *Soleil*; auriculaire, sous l'influence de *Mercure*. Il s'agit jusqu'ici de la teinte blanche. Des inductions modificatrices se tirent des nuances noires, rouges, cendrées.

P.-F. de Benoît a traité dans 24 pages, en très-gros caractère, des taches sur les ongles, sous ce titre :

« *Physiognomicæ observationes*, præsertim in unguium maculis,
« ad infortunia, seu infirmitates prævidendas, et fortunam capil-
« latam capiendam. »

Le tout est écrit en langue latine. Il en existe une traduction française, sans désignation d'auteur, ni date, et dont les têtes de chapitres sont en latin, ainsi que l'intitulé :

« *Medicæ physicæ* et *astrologicæ* totius microcosmi observa-
« tiones. »

Le système des taches sur les ongles est indiqué dans ces lignes :

« Ces taches ne sont autre chose que des excrémens du cœur, provenans de l'excez et superfluité des parties génitales : sur quoi faut observer ce qui s'ensuit pour en tirer quelques conjectures, scavoir le lieu, si elles se voient en haut, en bas, ou au milieu; si c'est à la main droite ou à la gauche, et en quel des doigts; car toutes ces choses en changent et diversifient le jugement; en second lieu, leur qualité, si la tache est blanche, noire, cendrée ou rouge ; si elle est apparente ou obscure, petite ou grande.

« Les blanches ne présagent ordinairement que du bien, et les noires du mal; les apparentes, des événements imminents; les obscures, des accidents incertains; et les plus pénétrantes, des choses de plus grande concéquence. En troisième lieu, les taches de la main gauche ne signifient que des cas fortuits, et celles de la droicte, que des choses dépendantes de notre industrie. Il faut encore prendre garde à leur forme, si elles sont rondes, angulaires, ou simplement lignes; les rondes sont meilleures et de meilleur augure que les angulaires, et cellesici que les dernières. Il faut scavoir, en dernier lieu, que chaque planète domine particulièrement sur quelqu'un des doigts; la partie antérieure du poulce tirant vers le doigt indice, appartient à Vénus, et l'extérieure à Mars; à Jupiter l'indice; à Saturne la partie du doigt metoyen, approchante de l'indice; à la Lune, l'approchant du doigt annulaire; le doigt annulaire au Soleil, et l'auriculaire à Mercure. »

L'auteur indique ensuite les particularités de chaque doigt, applicables à l'ensemble des conditions nécessaires pour asseoir un jugement. Il termine par cette recommandation : « Or, il faut prendre garde que, lorsque les événements sont proches, elles (les taches) sont rougeâtres; l'effet étant passé, sont cendrées et à peu s'évanouissent. »

Nous avons cru devoir copier simplement la traduction française dans toute sa naïveté.

« *Philippi Phinellae de Methoposcopia astronomica* de duodecim
« signis celestibus.

« Antverpia ex officina plantiviana, apud Baldassarem Morenum,
« 1650. »

Ce livre contient un grand nombre de figures suppléant le laconisme du texte. L'auteur pose en principe les modifications apportées aux influences de chaque planète, en raison de la présence du Soleil dans l'une de ses maisons zodiacales.

Nous citons :

« Dans le second signe, le Soleil distribue la splendeur, la magnificence, les richesses;

« La Lune, aussi les richesses;

« Saturne, les avarices;

« Jupiter, les biens d'une immense fortune;

« Mars, les infortunes et la pauvreté ;

« Vénus, les richesses ;

« Mercure, acquisition de bien par intelligence.

« Le Soleil, étant entré dans sa septième demeure, attire les inimitiés des grands ;

« La Lune, des biens par les femmes ;

« Saturne, des ennemis publics ;

« Jupiter, des biens par le fait des femmes ;

« Mars, des bruits notables par le fait d'épouses ;

« Vénus, une longue vieillesse ;

« Mercure, des procès. »

Le Soleil fait un pas de plus ; il est dans la huitième subdivision.

« Il dispense les héritages ;

« La Lune, les richesses et une vie longue ;

« Saturne, de longues infirmités ;

« Jupiter, une longue vie ;

« Mars, une mort violente ;

« Vénus, héritages et richesses ;

« Mercure, discussions et inimitiés. »

Phinella nous fait ainsi parcourir tout le zodiaque, en notant les résultats de la présence du Soleil dans chacun de ses douze compartiments. Nous donnerons une idée de l'ensemble en lui empruntant quelques exemples ; nous substituons le français au latin, comme au-dessus (fig. 50).

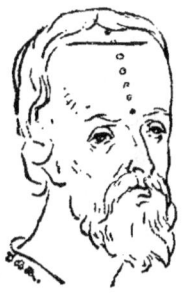 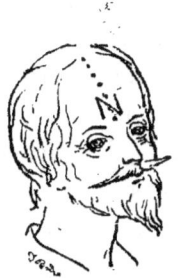

Fig. 50.   Fig. 51.

« Celui qui aura une ligne droite dans la situation de Jupiter, conformément à la description de la figure 39, possédera des richesses. » Le Soleil est alors dans sa deuxième maison, comme dans le cas suivant de la figure 66 de Phinella (fig. 51).

« Celui qui a trois lignes, à l'instar d'un N, dans la situation de Vénus, comme on le voit dans la figure 66, se réjouira des plus grands biens. »

Le Soleil occupe sa septième maison pour la tête ci-après (fig. 52) :

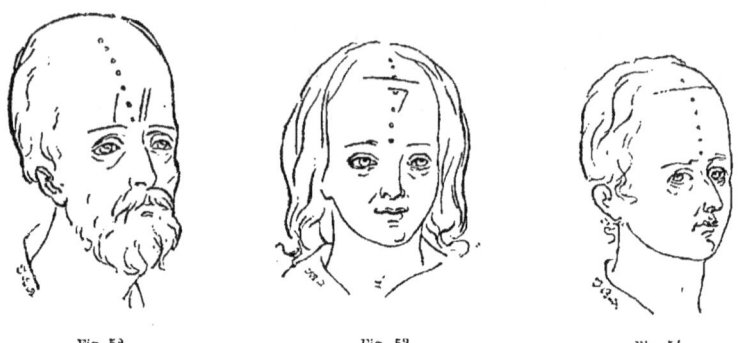

Fig. 52. Fig. 53. Fig. 54.

« Qui aura, dans la situation de Mercure, trois lignes obliques qui descendent à la situation de la Lune, comme dans la figure 174, s'alliera à trois épouses. » Le Soleil passe dans sa huitième maison (fig. 53) :

« Celui qui a deux lignes, l'une courte et droite, dans la situation de Mars, et l'autre dans la situation du Soleil, comme > qui descende à la situation de Mercure sans la dépasser, comme dans la figure 227, sera blessé de plusieurs coups à la ête »

« Le possesseur d'une ligne droite, dans la situation de Jupiter, avec un petit rameau qui la sépare, comme dans la figure 266, sortira de cette vie par la place des exécutions patibulaires. »(fig. 54).

Nous appelons l'attention du lecteur sur ce volume :

« *H. Cardani medici Mediolanensis Metoposcopia* libris tredecim,
« et octogentis faciei humanæ ciconibus complexa : cui accessit
« Melampodis de nævis corporis Tractatus, græce et latine nunc
« primum editus ; interprete Claudio-Martino Lavrenderio, doc-
« tore medico parisiensi.

« T. I. *Lutetiæ Parisiorum*, MDCLVIII. Cum privilegio regis chris-
« tianissimi. »

Cette publication est dédiée à Nicolas Fouquet, surintendant des finances.

Cardanus est né à Pavie, en 1501. Il professa les mathématiques et la médecine. Il visita l'Écosse, l'Angleterre, la France, et vint à Rome, où il mourut, pensionnaire du pape, en 1576. Il a laissé de nombreux écrits, parmi lesquels est la Métoposcopie dont nous allons nous occuper.

L'éditeur a choisi l'in-folio pour développer un travail où l'image occupe une grande place.

L'auteur pose brièvement les règles, les aphorismes et les principes fondamentaux de son art. Il n'innove point; il méthodise ses observations. La topographie astrologique du front nous est connue : chaque région reçoit une signification des lignes qui s'y rencontrent et de leurs variétés notables.

Les deux premiers livres contiennent les dispositions générales. Les sept livres suivants comprennent les signes localisés dans les situations planétaires. La dixième partie est consacrée aux lignes traversant plusieurs subdivisions frontales. Les lignes mixtes font le sujet du onzième fascicule. Le douzième traite exclusivement des lignes frontales féminines. C'est une collection de cent quatre têtes où les signes favorables sont l'exception; le reste peut passer pour une satire propre à effaroucher les plus ardents partisans du mariage.

Aux soins pris pour dissimuler les moindres plis du front, on croirait que nos dames ont lu ce terrible chapitre et redoutent ses perfides révélations.

Lisez, au bas de la figure 34, le texte original dont voici la traduction (fig. 55) :

« Celle qui possède ces lignes aimera les procès et les discordes. »

Il y a de quoi hésiter à établir des relations suivies avec une personne aussi mal dotée.

Voici pis encore (fig. 76) (fig. 56) :

« Mais celle qui a ces grandes lignes sera la cause de la mort de « son époux. » Point de prétendant possible.

Nous conseillons à la malheureuse affligée d'un tel signe (fig. 78) de rester toujours fille :

L'oracle est ainsi conçu (fig. 57) :

« La femme qui a au front une ligne sous forme de croix sera tuée par son mari. »

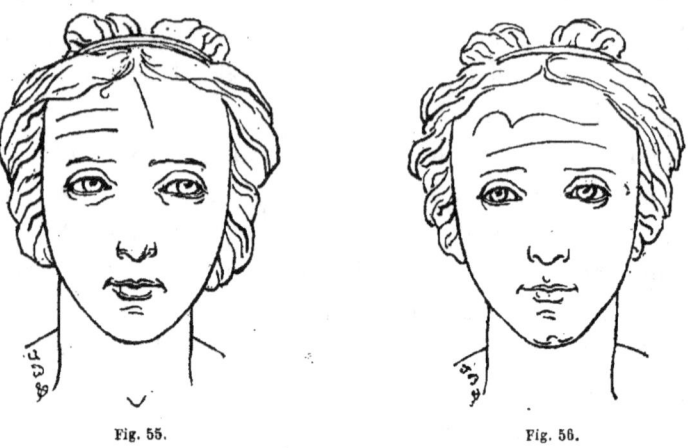

Fig. 55.   Fig. 56.

La figure 94 du XIIe livre montre des signes funestes (fig. 58) : « mais la femme qui porte ces signes mourra d'une mort horrible et ignominieuse. »

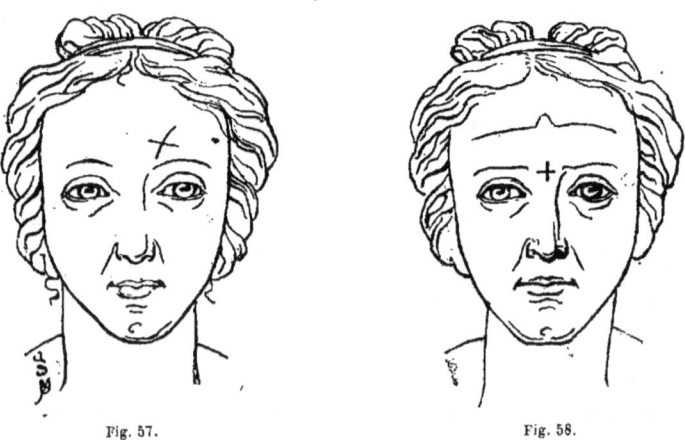

Fig. 57.   Fig. 58.

A deux numéros de distance de la figure précédente, se trouve celle-ci (fig. 59) :

« Sera fortunée et aura deux maris, la femme qui est marquée de ces deux lignes. » C'est bon.

Cependant une réflexion se présente à notre esprit sceptique. D'abord est-ce un avantage d'avoir deux maris, l'un après l'autre, bien entendu? puis, si l'épouse a été heureuse avec le premier, sa perte a dû causer une profonde douleur à la veuve. Or, comment concilier le bonheur promis avec la séparation cruelle permettant seule de renouer la chaîne fortunée avec le successeur du défunt? Pour être logique, il faut considérer l'épithète *fortunata*, du texte latin, comme relative aux biens matériels et non aux trésors du cœur.

Point d'ambiguïté dans la figure suivante, portant le numéro 99, la signification est absolue (fig. 60):

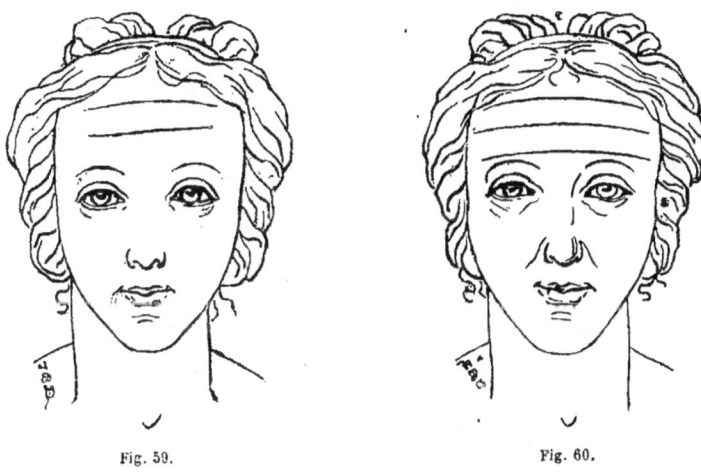

Fig. 59.   Fig. 60.

« Sera favorisée de la fortune et sera élevée à de grandes dignités, la femme qui possède au front des lignes droites de cette sorte. »

Trois sillons semblables, mais c'est affreux! Ne serait-ce pas faire payer trop cher à une coquette la position sociale réservée à cette disposition disgracieuse et peu encourageante?

Le stigmate imprimé sur le front de la figure 103, est déjà repoussant par son aspect; il se complique de cette prédiction (fig. 61):

« La femme marquée de cette façon sera empoisonneuse, elle fera tort à ses proches et tuera son enfant, dans son propre sein, pour cacher ses méfaits. »

Comme exemple de la combinaison des lignes entre elles,

voici trois têtes, dont le signe principal est un N, placé à la base du front, entre les sourcils.

La légende de la figure 46, liv. II, est ainsi conçue (fig. 62) :

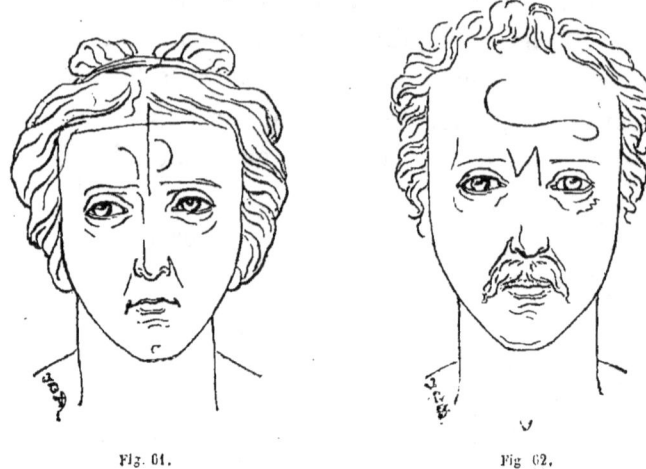

Fig. 61.   Fig. 62.

« Il aura de mauvaises habitudes ; en voyage, il sera accablé de soins, de tribulations et d'affaires. »

« Quant à la femme, elle fera le métier d'entremetteuse, et subira de grandes vexations. »

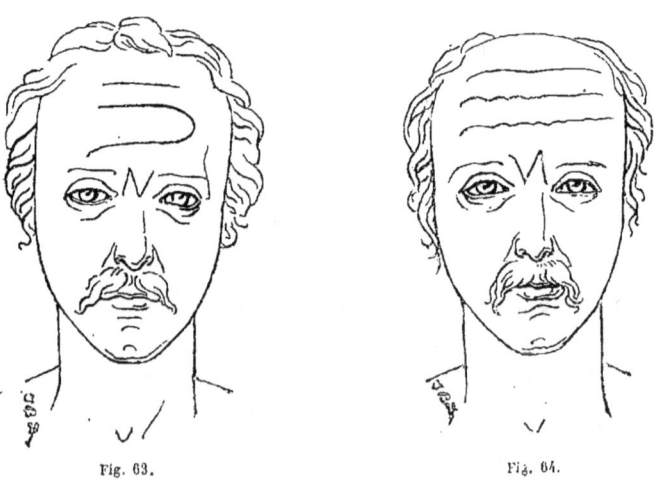

Fig. 63.   Fig. 64.

La figure 116 du II° livre est accompagnée de cette explication (fig. 63) :

« Il courra de grands dangers ; il s'exilera, il sera malheureux et mourra blessé. »

« Mais la femme n'aura pas de chance ; elle sera malhonnête, débauchée et tombera dans beaucoup de périls. »

Nous empruntons au livre x la figure 170, avec cette prophétie (fig. 64) :

« Mais l'homme doté de ces lignes mourra d'un calcul de la vessie. »

Le livre XIII et dernier, est un opuscule sur les signes placés sur le visage, et leurs relations avec les autres parties corporelles.

C'est une suite d'affirmations, sans l'appui d'aucune considération physiologique. Cette prétendue science avait anciennement beaucoup d'adeptes, nous aurons l'occasion d'y revenir.

Dans l'année 1665, Philippe-Henri Treuchses traduit de l'allemand en français, et publie à la Haye, « LA CHIROMANCIE médicinale de Philippe May, accompagnée d'un traité de la physionomie, et d'un autre des marques qui paraissent sur les ongles des doigts. »

Ici le cas devient grave, il y a une question d'humanité dans l'application d'un pareil enseignement à l'art de guérir ; à cette époque la médecine rationnelle avait fait peu de progrès. On en pourra juger par cet échantillon :

« Comme il est nécessaire pour la conservation de la santé, et pour son recouvrement, lorsqu'on en est privé, qu'il y ait des médecins ; aussy est-il nécessaire que le médecin sçache que tous les jours ne sont pas également fortunés pour entreprendre un malade, mais qu'il y en a de plus favorables les uns que les autres, et auxquels il le pourra plus tost guérir. Bref, l'expérience journalière nous assure que souvent les médecins ont guéri des maladies qui semblaient les plus dangereuses et désespérées en un jour fortuné, tandis, au contraire, qu'ils n'ont peu, je ne diray pas guérir, mais même apporter le moindre soulagement à une petite maladie dans un jour malheureux. Afin donc qu'un médecin puisse sçavoir s'il sera heureux ou malheureux en sa pratique, je luy conseille de considérer l'ongle de son pouce et de prendre garde s'il y a quelque signe heureux ou infortuné, et suivant la nature de celuy qu'il y rencontrera, il pourra juger du succez de son entreprise; car Mars, qui a l'intandance sur les médecins, a aussi son siége dans le pouce ; et la raison pour laquelle Mars et Vénus régissent ensemble le pouce, c'est parce que ces deux planètes sont amies. »

De nos jours, beaucoup d'étudiants de quinzième année seraient plus à leur aise devant le jury d'admission, s'ils avaient à subir un pareil examen pour conquérir le bonnet de docteur. Heureusement pour nos malades contemporains, la Faculté de médecine actuelle ne se contente pas des procédés de Philippe May.

Ce qui passe toute croyance, le chiromancien ne consulte pas seulement les signes personnels de son client, il va plus loin; laissons-le parler :

« Lorsque les signes sont rompus ou partagés, comme montre la lettre A, dans la troisième figure (fig. 65), ils font un petit effect, soit qu'ils soient bons ou mauvais. Pareillement, si un signe prend son cours au costé de l'ongle, comme indique la lettre B, et qu'il soit bon, il promettra quelque peu de bonheur ou de profit ; et s'il est mauvais, un peu de tristesse ou de dommage. Toutefois il peut bien arriver qu'une personne se pourroit procurer la mort à elle-même, si dans le même jour auquel le signe fait son effect, et dans lequel elle est triste et mélancolique, elle venait à user de médicamens, et principalement purgatifs, qui ne serviraient qu'à débiliter son corps davantage qu'il n'estoit auparavant, ou si elle se négligoit elle-même ; car durant ce jour-là, il ne faut pas irriter, ni travailler la nature par des remèdes purgatifs, mais plutôt l'aider par des confortatifs. Si donc il arrivait qu'une personne vînt à mourir pour avoir irrité la nature, ou s'estre négligée dans le temps qu'un signe médiocre produisait son effect ; dans ce rencontre, on trouvera sur les ongles et dans la main de la femme du deffunct, que son mari était véritablement malade ; mais que sa maladie n'estoit pas mortelle. Il en faut dire autant des enfants à l'égard d'un père ; des parents et alliez, des amys et domestiques, au regard d'un amy et d'un maître : car si un père ou un parent, un amy ou un maître vient à mourir pour s'estre négligé, ou pour avoir irrité la nature dans le temps qu'un signe médiocre produisait son effect, il est certain qu'on verra sur les ongles et dans les mains des enfants et des alliez, des amys et domestiques, que le père ou le parent, l'amy ou le maître étaient malades, mais qu'ils ne devaient pas mourir de cette maladie s'ils se fussent conservez; on reconnaîtra, dis-je, cela sur leurs mains, si tant est qu'il y ait eu entre eux quelque sympathie, en quoy la nature se montre admirable. Mais si le deffunct avait toujours maltraité sa femme, ou le père ses enfants, l'amy son amy, le maître ses domestiques; pour lors on trouvera

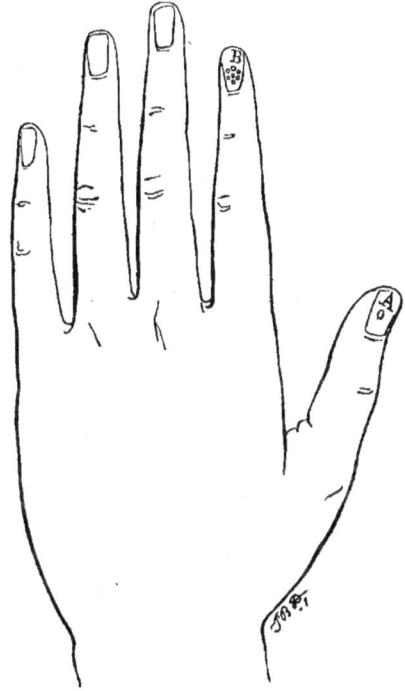

Fig. 65.

peu ou point de signes en iceux, ou il faudrait que toute la fortune de cette famille subsistât en la personne du deffunct. »

Un petit nombre de pages sur la physionomie médicinale terminent le livre de la chiromancie de Philippe May. Il ne s'agit pas ici des signes pathognomoniques, dont la science médicale s'est enrichie de nos jours.

Le chapitre premier traite *de l'influence des astres, et des verrues qui paraissent quelquefois sur le visage et autres endroits du corps.*

Le rapport des subdivisions du front avec les planètes, et quelques observations sur les divers tempéraments, viennent ensuite. L'auteur annonce, en terminant, une chiromancie *curieuse*. Selon lui, sa publication antérieure est un faible *échantillon de cette pièce incomparable qui doit suivre bientôt.*

Philippe May livrait à ses collègues cette application de la chiromancie et de l'astrologie en 1645. En 1673, Molière est mort. Avait-il tort de couvrir de ridicule le pathos médical de son époque? Le grand peintre de mœurs a-t-il chargé la caricature des docteurs du **Malade imaginaire** ?

Voici comment le traducteur de *la Chiromancie naturelle*, de Ronphile, appréciait, en 1665, dans la préface de son livre, l'opinion publique sur cette science :

« La chyromantie est maintenant décriée par tant de langues, et noircie de tant d'injures, qu'il n'est presque plus personne qui ose ouvertement, ny prendre son parti, ny défendre son honneur. Les hommes, même les plus sages, en ont été réduits à ces extrémitez, et par l'opinion du vulgaire qui ne sçaurait se figurer que l'on puisse connoistre, sans magie, quelque chose future, par les lignes des mains, et par l'ignorance des chyromantiens, qui n'ont pas sceu ce qu'ils pouvaient sçavoir, et ont voulu sçavoir ce qui ne pouvait pas tomber sous leur connaissance. D'où est venu que la chyromantie n'a plus rien prédit de vray ny de solide, mais qu'elle s'est amusée à débiter de bonne grâce des imaginations, des faussetez et des sottises.

« Toutesfois cette science ne perd rien pour cela de son estime dans l'esprit des personnes qui adjoustent un sçavoir éminent à une haute sagesse, parce que ces personnes-là, considérant les choses comme elles sont, et ne les mesurant que par elles-mesmes, ne se laissent pas emporter aux communs sentimens du peuple. Ils regardent donc la chyromantie dans elle-mesme, et, en mesme temps, la révèrent comme une science très-noble et très-utile. Noble, en ce qu'elle ressent en quelque façon sa prophétie ; utile, en ce qu'elle fait voir presque tout l'homme dépeint en abrégé dans un très-petit espace. »

L'œuvre de Ronphile est loin de remplir son but. Il est impossible de réhabiliter ce qui ne repose sur aucune base physiologique. Seulement le défenseur de la chyromancie se montre moins absolu dans ses allégations, il n'hésite pas à rejeter ce qui lui semble absurde, dans les énonciations de ses devanciers. C'est une amélioration dans la marche, mais le point de départ n'en est pas moins faux.

Cette édition parut à Paris en 1665. L'année suivante, une autre édition fut publiée à Lyon. L'auteur n'ajoute rien aux élucubrations de ses maîtres. Il faut lui savoir gré d'avoir été sobre dans ses narrations; il expose simplement les règles admises.

Son livre se divise en deux parties. Dans la première, il explique la nature et les causes des lignes de la main; il traite, dans la seconde moitié, de la divination ou des jugements à porter de ces lignes.

Il y a, de la *Chiromancie* de Ronphile, une édition antérieure en 1655.

Nous sommes en 1667. Un chiromancien galant s'adresse aux dames; il leur consacre des études spéciales et leur en fait l'application particulière. Ce savant sectateur du beau sexe est Adrian Sicler, médecin spagyrique. Cette compilation laborieuse est intitulée : « Chiromance royale et nouvelle, enrichie de figures, de moralitez, et des observations de la cabale avec les prognostics des chiromanciens, tant anciens que modernes. »

« Ouvrage très-utile, et particulier, pour les femmes de tous estats et conditions. »

Une presse lyonnaise a mis au jour ce curieux traité.

L'extrait suivant en montrera l'esprit et la portée.

« Illustres dames,

« Ayant commancé la chiromance des hommes par Saturne, qui est un astre masculin, j'ai jugé à propos de commancer la vôtre par la Lune, qui est un planette féminin, en sorte que ma plume se dispose à vous élever jusques au plus haut des cieux par les mêmes cercles et degrés qu'elle en a fait descendre les hommes. *Et, quoy que la médisance estime* que la Lune soit l'unique symbole de votre sexe, *je veux qu'elle sçache* que, pour tout certain, les hommes ne laissent pas d'en avoir leur bonne part; puisqu'il est constant, et même prouvé par toutes les règles de la physique, que leurs os, non plus que les vôtres, mesdames, n'auroient ny suc, ny moëlle, sans son irradiation, et les cerveaux de l'un et de l'autre genre seroient dans un continuel délire, si elle ne les humectait dans ses plainures, et l'expériance fait voir que la nuit n'auroit point de grâce ny de lumière sans sa clarté ; l'océan seroit privé de son flux et reflux sans ses influances ; les générations seroient stériles sans sa fécondité ; d'autant que c'est elle qui reçoit le précieux nectar de toutes les estoiles fixes du firmament pour le départir aux quatre éléments, et ceux-cy à tous les habitants de la terre. Estant encore vray de dire que c'est elle qui reçoit la sécheresse et la mélancholie de Saturne, la douceur et la débonnaireté de Jupiter, la cholère et la valeur de Mars, la lumière et la libéralité du Soleil, les unions amoureuses de Vénus, et la légèreté avec l'inconstance de Mercure. Tellement qu'estant comme elle est le point central de toutes les influances célestes, c'est avec beaucoup de raison qu'elle en est nommée *la Trésorière*, ce qui a fait que Platon et Aristote n'ont pas cru faillir en lui donnant une âme. »

La déclaration du fils de Diafoirus à Angélique est de cette école.

Adrian Sicler déploie dans son livre un luxe prodigieux de lignes et de petits plis, dont il affirme la signification empirique. Il cite avec complaisance, à l'appui de ses assertions, des faits authentiques et les opinions de ses devanciers. Il raconte des anecdotes intéressantes, et communique des secrets pour la guérison de plusieurs affections pathologiques. Par exemple : le camphre respiré est, d'après l'école de Salerne, un spécifique contre les dispositions histériques, — la mandragore appelle la fécondité. Les autres procédés sont plus contestables. Le médecin spagyrique propose à une fille ou à une veuve de porter une perle enchâssée dans de l'argent, au moment où la lune se renouvelle, afin de les guérir des maux de tête provenant de leur condition. Sicler attribue à ce moyen la mémoire extraordinaire du fameux jurisconsulte Durand.

Notre chiromancien explique par la présence d'un petit triangle dans la main de Mme la présidente Marbeuf, dans Rennes en Bretagne, sa maternité féconde. Cette dame eut trente-trois enfants, d'un seul mariage, dans l'espace de trente-trois ans. Sicler aurait pu en donner une meilleure raison.

Nous nous abstiendrons, de peur de glacer d'effroi nos lecteurs, de leur révéler les marques auxquelles Sicler reconnaît *l'indice d'avoir la tête tranchée ou le col serré dans une corde.*

Nous bornerons là notre examen, sommaire, si l'on considère l'étendue des recherches analysées, et trop long pour les hommes positifs. Il y a certainement de quoi hésiter à suivre les développements d'Adrian Sicler, en voyant surtout la main dessinée de grandeur naturelle, et servant de tableau synoptique à son système. Cette planche suit le dernier feuillet; placée en tête du volume, elle eût découragé le plus fervent adepte de la science.

Une traduction en italien du livre de Porta parut en 1677, sous ce titre :

« *Della Chirofisionomia overo* di quella parte della humana
« fisionomia, che si appartiene alla mano. Libri due del signor
« Gio.-Baptista della Porta, Napolitano, tradotti da un manos-
« critto latino, dal signor Pompeo Sarnelli dottor dell'una, e l'al-
« tra legge. Contro i Chiromanti impostori, che con vane osserva-
« tioni havevano sporcato questa scienza, la quale si mostra fon-
« data sopra naturali congetture. »

Douze pages seulement sont précédées de ce titre :

« *Chiromantiæ quamtum opus est medicis absoluta descriptio;*
« per generosum Rochum le Baillif, Edelphum medicum, ac Spa-
« gyricum Northmanum. Medicus non est, sed particularium
« rerum collector, qui Chiromantiam ignorat.

« Aut pax, aut nihil. »

On a souvent réimprimé un in-12 : *la Connaissance de la bonne et mauvaise fortune des hommes et des femmes.* L'auteur s'est exclusivement occupé de l'examen des lignes manuelles.

Enfin, la raison s'exerce à reprendre ses droits et sa puissance directrice. Avec les idées superstitieuses disparaissent les astrologues, les devins et les charlatans. On tend à remplacer des théories conjecturales par des études physiologiques. Une rénovation s'accomplit. On ne veut plus croire aveuglément; on demande des faits ; il faut des preuves. On interroge l'homme lui-même. L'expérimentation et l'anatomie sont appelées à fournir la solution du problème physiognomonique. Un savant plein de cœur, essentiellement honnête et fin observateur, Lavater, publie une suite d'impressions et de jugements sur les traits du visage et l'expression de l'ensemble humain. L'attention s'éveille sur une exploration à laquelle chacun peut s'associer en se prenant comme contrôle. Les sciences morales apportent leurs concours. Gall et Spurzheim ouvrent une voie nouvelle; plusieurs les suivent; Broussais adopte avec enthousiasme les bases de la phrénologie. A l'occasion de ces préceptes, on sonde l'humanité; la question physique suscite un examen approfondi des solutions morales; le prestige des vieilles écoles s'efface devant la réalité, la philosophie s'est éclairée d'une vive lumière.

Des considérations de temps et de convenances ne nous permettent pas d'analyser ici d'autres travaux, dignes d'éloges, d'auteurs contemporains.

PHYSIOGNOMONIE

DES RACES HUMAINES

Avant d'introduire le lecteur dans les coulisses, nous le placerons en face du théâtre du monde, et nous ferons passer sous ses yeux les principaux acteurs de la scène éternelle où l'humanité s'agite.

La description de la tête est le sommaire de l'étude physiognomonique du corps humain. La tête porte le sceau du pouvoir intellectuel. Elle distingue, entre elles, les variétés dont se compose la famille universelle. La tête établit la différence de l'homme à l'homme, en constituant son individualité.

Le type primordial de la nationalité a dû se modifier par les relations ouvertes entre les peuples. La forme native s'est conservée chez les Juifs, dont les ancêtres, de génération en génération, se sont alliés aux femmes de leurs tribus; elle est également demeurée pure dans les pays séparés des autres par des obstacles géographiques ou par l'isolement volontaire. Les nuances se fondront quand les intérêts, devenus communs, ne laisseront plus subsister de barrières politiques. Il existe un grand nombre de métis : l'abolition de l'esclavage amènera l'absorption des noirs par les blancs.

Une souche unique a-t-elle donné naissance aux branches de l'espèce humaine, ou chacune des plus vigoureuses a-t-elle une origine propre ? Il serait difficile d'affirmer l'unité du berceau des races blanche et noire. D'ailleurs, nous n'avons pas à résoudre un problème, mais à constater des faits. Les savants ne sont pas d'accord à cet égard.

Le célèbre professeur de Gœttingue, Blumenbach, comptait cinq races : la caucasienne, la mongole, la nègre, l'américaine et la malaise. Cuvier admettait les trois premières. Bory de Saint-Vincent en proposa dix-sept.

Il faut surtout considérer la charpente osseuse, moins sujette aux variations subies par les parties molles. Camper a donné un moyen

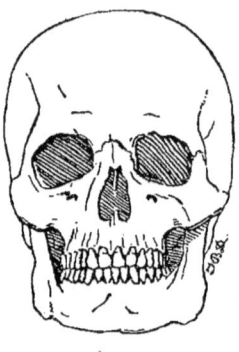
Fig. 66.

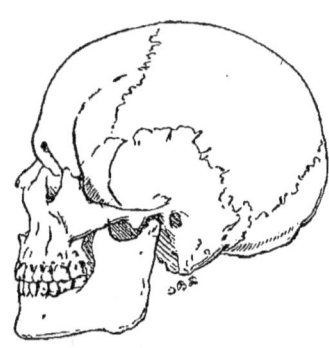
Fig. 67.

d'apprécier les différences d'aspect. Il mène une ligne du trou auditif au sommet de l'épine nasale inférieure. Il mesure l'angle formé par cette droite et une autre, tangente à la courbe du front et à la saillie alvéolaire de la mâchoire.

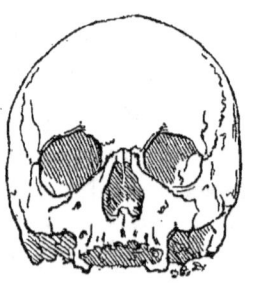
Fig. 68.

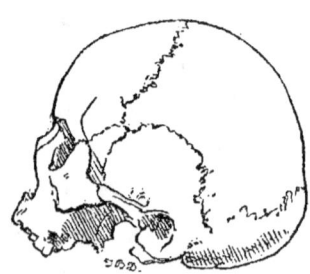
Fig. 69.

Pour s'éclairer sur la valeur des propositions des anthropologistes, il serait indispensable de procéder logiquement, en étudiant toutes les espèces une à une, et en comparant chacune avec les autres. Il existe une séparation évidente entre le nègre et le blanc. Nous n'hésitons pas à réduire à ces deux extrêmes les races humaines. Si le Mongol présente des dispositions spéciales, absentes chez les deux premiers, il n'en est pas de même des subdivisions au delà ; elles empruntent plus ou moins de traits à l'un de ces trois grands types. En voici des échantillons. Nous devons la communication des originaux à l'obligeance du docteur Prunner-

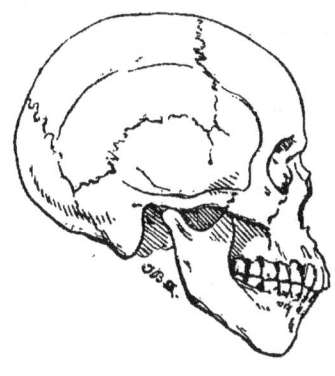
Fig. 70.

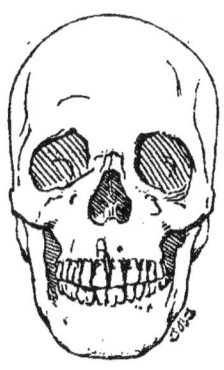
Fig. 71.

Bey, l'infatigable ethnographe. La face est mise en regard de son profil.

Cette tête d'un soldat Corse (fig. 66 et 67) est essentiellement caucásienne. C'est un beau spécimen de la race blanche ; il s'éloigne complétement de l'animalité.

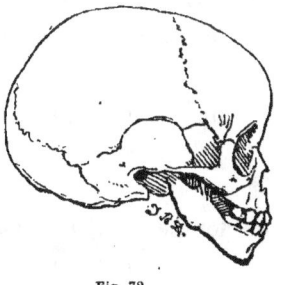
Fig. 72.

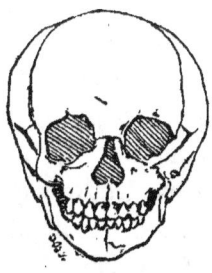
Fig. 73.

Le Mongol se reconnaît à la saillie de ses pommettes et à la courbure de son front (fig. 68 et 69). La mâchoire avancée et le crâne surbaissé du nègre le rapprochent du singe (fig. 70 et 71). Cette conformation originelle de la race noire se montre, chez l'enfant (fig. 72 et 73), à l'état rudimentaire et déjà parfaitement caractérisée.

Les huit dessins précédents ont été exécutés sur la même échelle. En les circonscrivant dans des parallélogrammes rectangles égaux, l'on en saisirait mieux encore la dissemblance.

La simplicité du procédé métrique de Camper ne paraît pas assez rigoureuse au chercheur obstiné; le docteur Prunner-Bey a multiplié les calculs et rendu plus certaines les divergences et les concordances de construction. Il compare entre elles les mesures des angles correspondants et la longueur de leurs côtés. Il obtient ainsi des résultats d'une précision mathématique pour la classification des identités d'origine.

Le signalement de chacune des subdivisions principales servira de passe-port aux étrangers, dont les portraits vont se classer dans notre galerie ; nous les avons dessinés d'après les originaux moulés sur nature, appartenant à la riche collection du Muséum d'histoire naturelle de Paris.

RACE BLANCHE

La race blanche ou caucasienne a la tête ovoïdale, un front développé en avant, des sourcils en arc, des yeux fendus et ouverts, un nez grand et droit, une bouche de moyenne dimension, des lèvres d'un modelé fin et peu saillant, des *dents verticales*, des cheveux épais, lisses et longs.

La plastique grecque nous fournit les proportions des traits de la tête caucasienne (fig. 74). Le nez est le quart de la hauteur de la tête, dont le milieu se trouve sur la ligne horizontale des yeux ; ceux-ci en occupent les deux cinquièmes, d'une tempe à l'autre, dans la position de face. L'oreille égale le nez en élévation; le front a la même mesure ; elle se retrouve encore entre l'implantation des cheveux et leur limite externe. La bouche se ferme sur la ligne séparant la première partie de la seconde, si l'on divise en trois l'intervalle compris entre la base nasale et le dessous du menton. Le diamètre vertical de la tête est la septième ou huitième fraction de la stature totale de l'adulte.

Les cheveux et les yeux noirs, les yeux bleus et gris, les cheve-

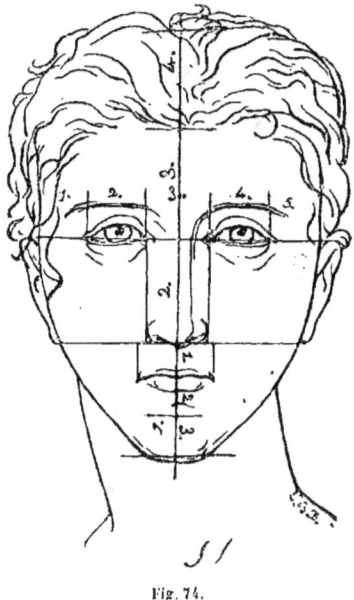

Fig. 74.

lures blondes et roussâtres sont répandus dans la race blanche. La

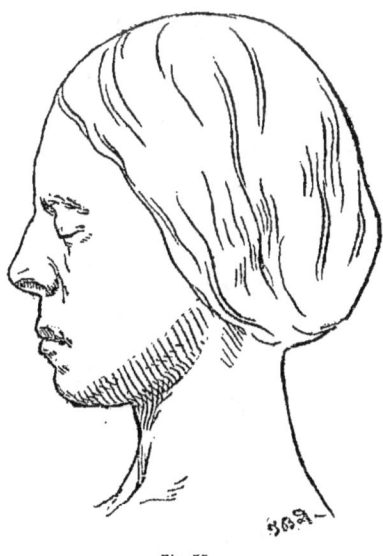

Fig. 75.

famille Teutonne marche en première ligne. Elle est suivie des

Grecs, des Allemands, des Scandinaves, des Anglais, des Français, des Latins, des Hispaniens, etc.

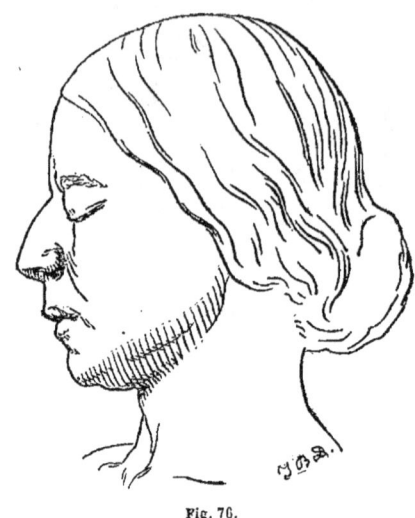

Fig. 76.

Nous aurons assez d'occasions de reproduire le type blanc dans

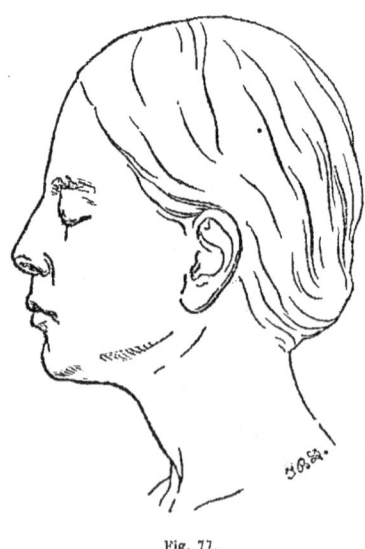

Fig. 77.

le courant de ce livre, pour nous borner à ces profils islandais, persan et algériens.

Thorn Arnadotter (fig. 75), vingt-quatre ans, née à Reykiawik. Sigridur Bjarnadotter (fig. 76); ces deux Islandaises ont le même

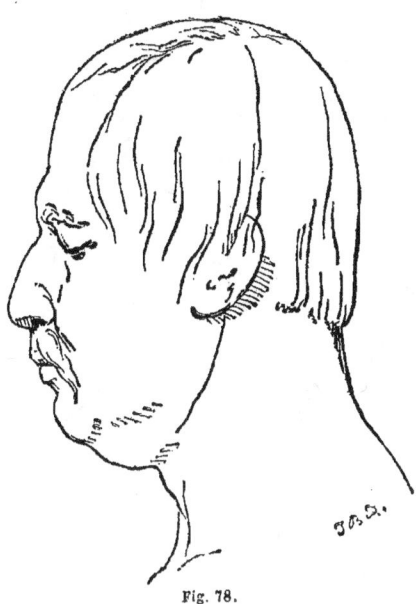

Fig. 78.

âge et le même lieu de naissance; elles étaient servantes comme

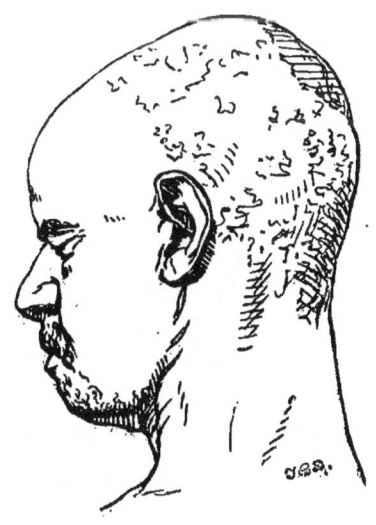

Fig. 79.

leur compatriote Ragnhéidur Olass Datter (fig. 77), née le 5 février 1838 à Auteost Gulbringasysset.

Mohammed Tagin (fig. 78), Persan, natif de Téheran ; il avait vingt-huit ans quand sa tête fut moulée, sur le vivant, en 1860.

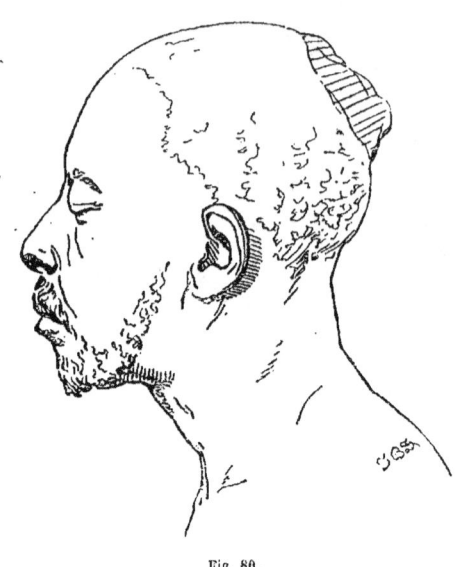

Fig. 80.

Voici le contingent algérien :
Salem Ben el Hadgy (fig. 79), et Ibrahim Nascer (fig. 80).

RACE JAUNE

Les Mongols se font remarquer, dans la race jaune, par la prédominance des pommettes et la petitesse du nez. Ils ont les yeux étroits et obliques, le visage plat, les cheveux droits, gros et noirs, peu de barbe et le teint d'un jaune olivâtre. Le tout s'encadre dans un losange dont les angles aigus sont en haut et en bas. Le célèbre Tchengiskan appartient à la famille mongole, à laquelle se rattachent les Chinois, les Japonais, les Lapons, les Samoïèdes, les Esquimaux, les Toungouses, les Mandchoux, etc.

Nous avons dessiné d'après nature le Chinois dont nous offrons ici le profil et le nom, écrit de la main du modèle, au bas de son image (fig. 81). Les missionnaires l'avaient nommé Simon sur les

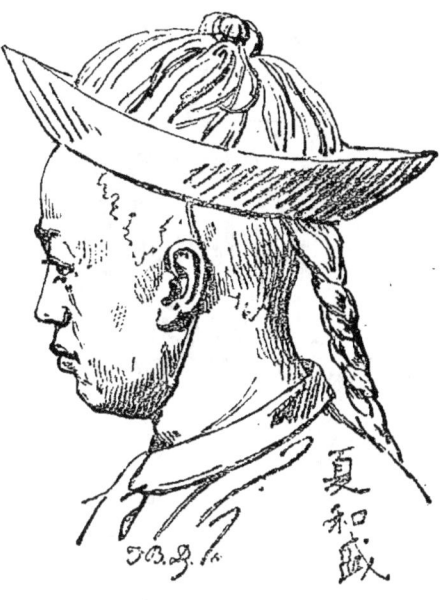

Fig. 81.

fonts de baptême; ils lui avaient enseigné le latin, à l'exclusion de

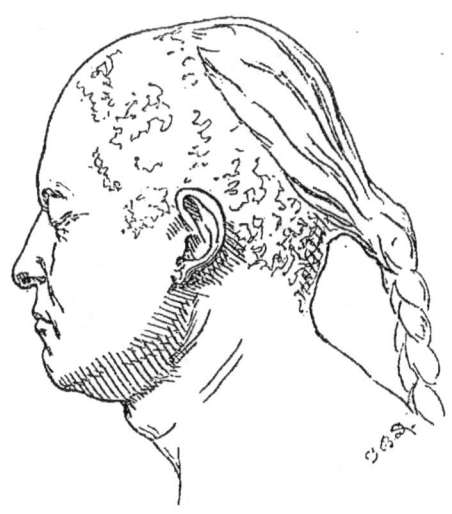

Fig. 82.

la langue française, dont Voltaire et Rousseau se sont servi pour combattre l'ignorance et ses préjugés.

Cet autre Chinois (fig. 82), est originaire de la province de Shanghaï.

Son nom est Aï hou, son âge trente-trois ans.

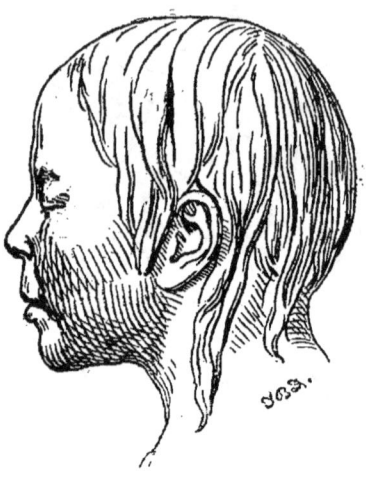

Fig. 83.

La Laponie a fourni les trois naturels suivants : Un jeune Lapon

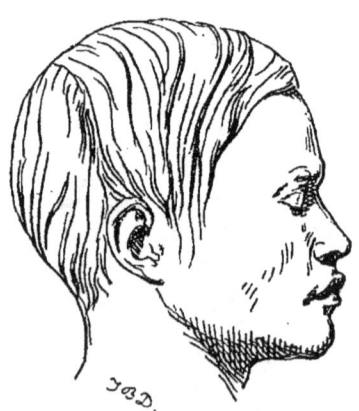

Fig. 84

(fig. 83), déjà reconnaissable à la forme osseuse, sur laquelle s'appuient des traits en train de s'accuser. Un Lapon adulte (fig. 84), au caractère fortement prononcé. Une femme laponne (fig. 85), dans tout l'éclat de la jeunesse et de son développement.

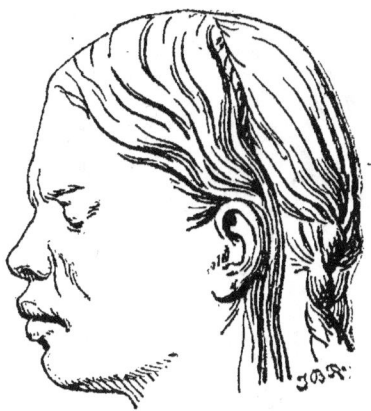

Fig. 85.

Nous représentons la famille eskimale par ce fils de la colonie de Frederickshaal (fig. 86), dans le Groenland.

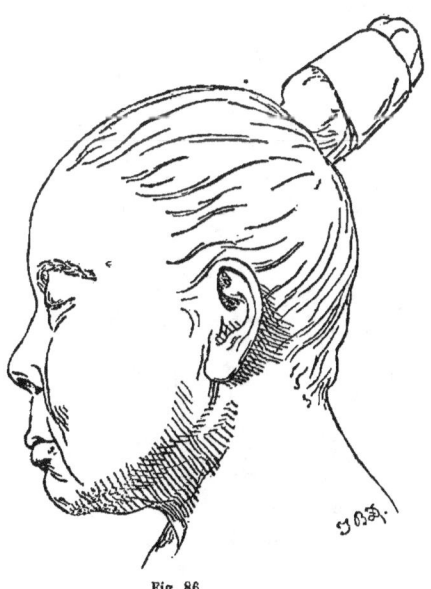

Fig. 86.

Pavia Johannes Sckem Bonsen (fig. 87), né à Julian Haall, vingt-sept ans. Julian Hall fait partie de la colonie de Frederickshaal, où est née aussi la femme Assenat Eleonora Elisabette (fig. 88) à

Granoën. Cette dame, âgée alors de vingt-sept ans, sera difficilement rangée dans la plus belle moitié du genre humain. Cette con-

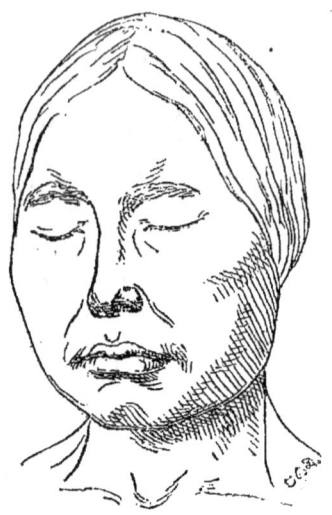

Fig. 87.

sidération n'a pas déterminé notre choix. Nous l'offrons comme un

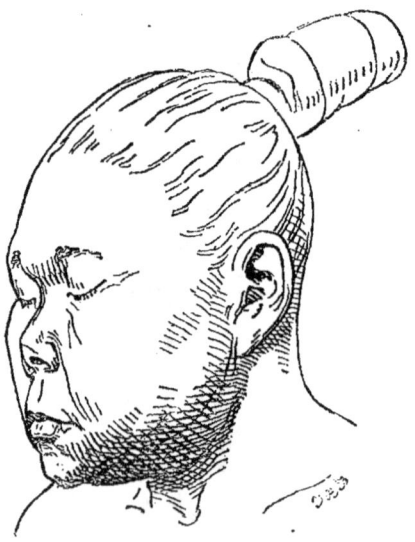

Fig. 88.

type peu flatteur il est vrai, mais incontestable de la conformation de sa race.

RACE ROUGE

Les peaux-rouges ont, en général, les cheveux noirs, rudes et gros. Leur barbe est peu fournie. Leur teint passe des nuances du jaune à celles du rouge cuivré. Leurs yeux ouverts et grands et leur nez en saillie, ressemblent beaucoup à ceux de la race blanche. Leur crâne est déprimé en avant et développé en arrière. Les Indiens de l'Amérique, les Charruas, les Botucudos, se trouvent dans cette nombreuse variété.

La peuplade des Charruas, de l'Amérique du Sud, est très-belli-

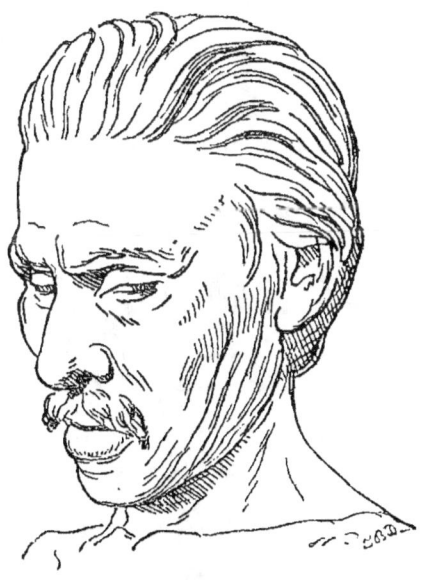

Fig. 89.

queuse. Son caractère est très-significatif. Le Charruas (fig. 89) résume dans sa structure les qualités physiques et morales de ses frères.

Le Botucudo, homme (fig. 90), porte au lobule de l'oreille le cylindre de bois, haute marque de distinction dans son pays. Cette étrange décoration distend énormément les tissus ; on l'appelle botoque. Les fashionables en placent également un sous la lèvre in-

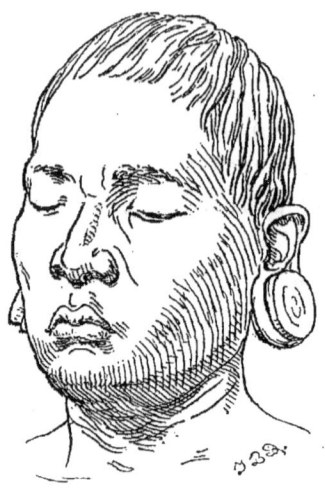

Fig 90.

férieure, largement incisée. Ils le retirent au besoin. M. Ferdinand Denis a bien voulu nous communiquer ces deux espèces d'orne-

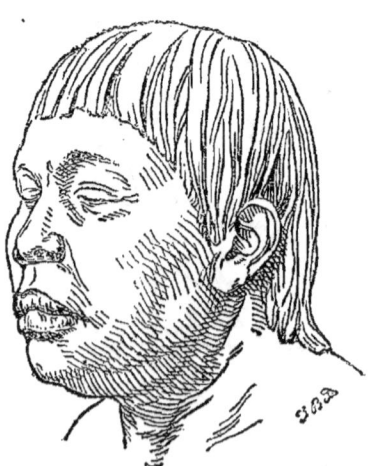

Fig. 91.

ments, recueillies par lui, sur les lieux mêmes. Le disque auriculaire avait 0,64 millimètres de diamètre sur 0,15 d'épaisseur. Le labial mesurait un diamètre de 0,53 et 0,25 de hauteur. Le poids du

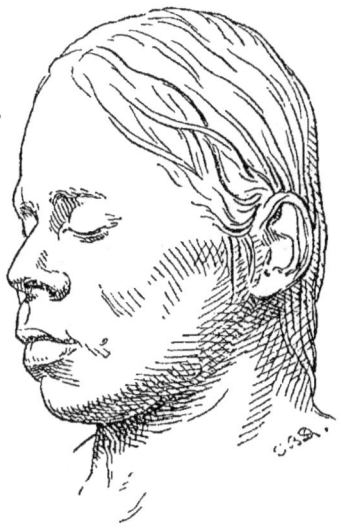

Fig 92.

premier était 4^g,90 : le second pesait 5^g,80 ; ils étaient plus gênants que lourds.

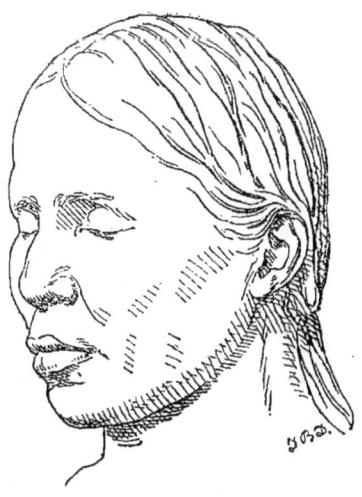

Fig. 93.

La femme Botucudo (fig. 91), n'a rien emprunté à la parure ; elle eût été bien pardonnable d'avoir recours, sans scrupule, à ce moyen artificiel, s'il eût pu l'embellir.

Homme Ioway (fig. 92) des montagnes Rocheuses, grande chaîne de l'Amérique septentrionale.

Femme Ioway (fig. 93).

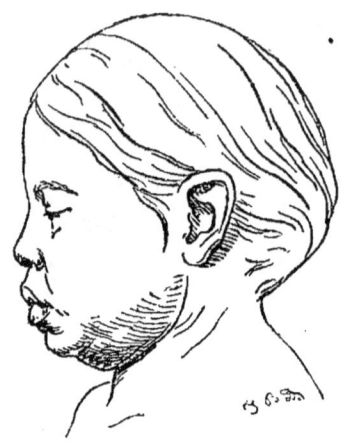

Fig. 94.

Marica (fig. 94), jeune indienne, âgée de onze ans, de Guayaquil, Quito, Equateur.

Elle se trouvait à Paris en 1851 ; M. Jules Boursier l'y avait amenée.

RACE BRUNE

La désignation de race brune est affectée aux peuples dont la coloration est au-dessous de la noire, et plus foncée que la jaune et la rouge. La subdivision brune paraît résulter de la combinaison de la noire avec les autres. On rencontre la teinte brune dans l'ancienne Ethiopie, l'Hindoustan, l'Indo-Chine, la Malaisie et les peuplades appelées Polynésiennes par Dumont-Durville.

La forme brune participe de la blanche et de la jaune. Certains rameaux ont le teint bronzé, les cheveux crépus, mais non laineux et parfois lisses peu ; de barbe, les yeux vifs, le visage ovale, le

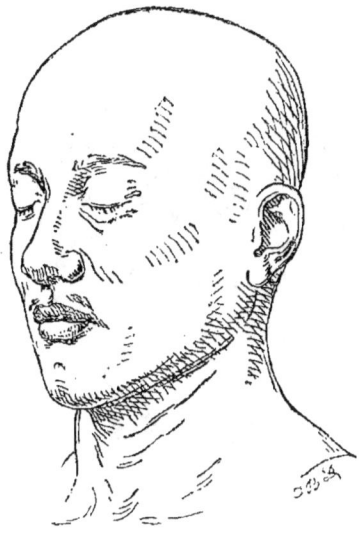

Fig. 95.

menton fuyant. On voit chez les Hindous un front élevé, des cheveux fins et d'un beau noir.

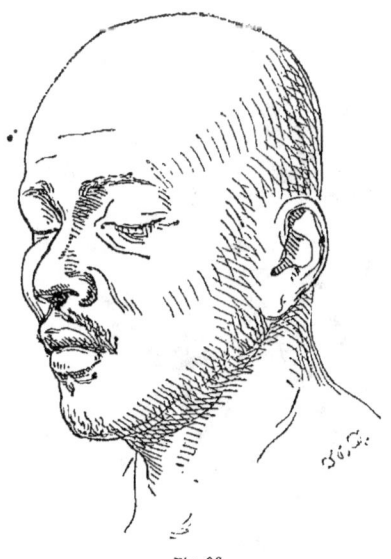

Fig. 96.

Les Malais ont la pommette plus saillante, les yeux bridés, le nez épaté, la barbe rare, les cheveux plats et lisses.

Les Polynésiens ont le front haut, de grands yeux noirs expres-

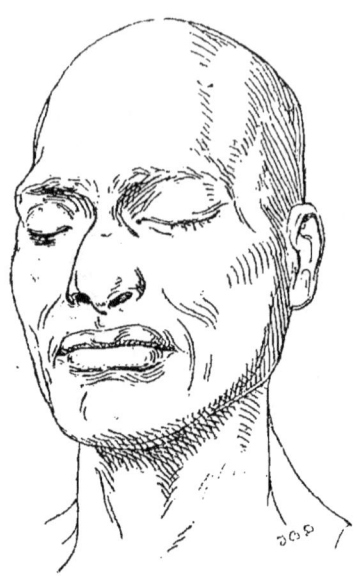

Fig. 97.

sifs, le nez aplati, la bouche bien faite, avec des lèvres un peü

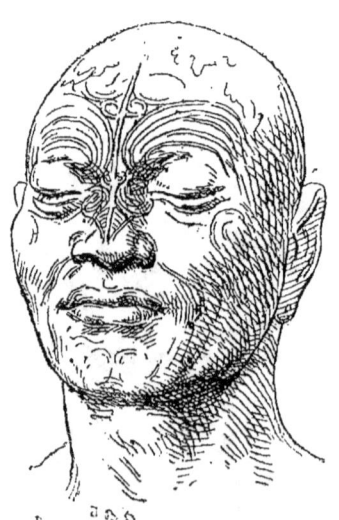

Fig. 98.

grosses, des dents magnifiques, des cheveux noirs, formant de larges boucles.

Laissons défiler ces membres de la famille brune; ils sont munis de leur acte de naissance.

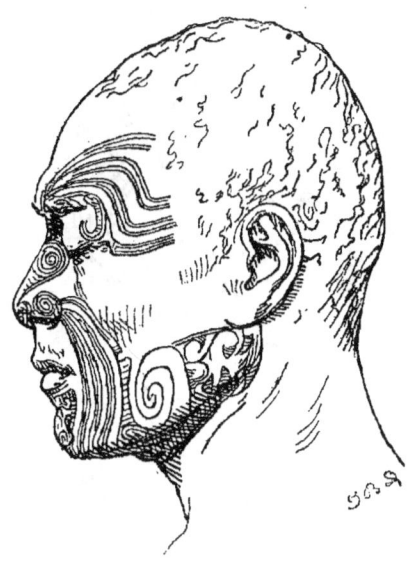

Fig 99.

Nezein (fig. 95), natif de l'île de Periadik, groupe Rouk ou Nougonord, archipel des Carolines.

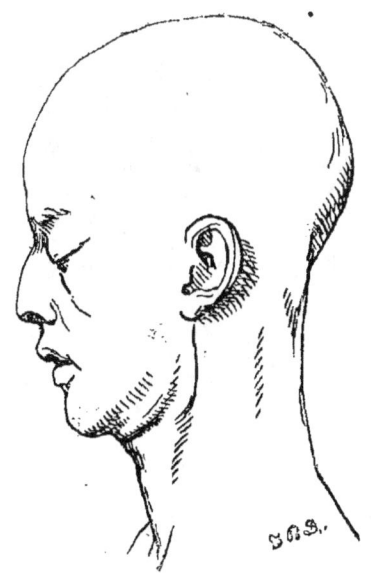

Fig 100.

Carlos Bahi (fig. 96), né dans l'île de Guaham, archipel des Mariannes.

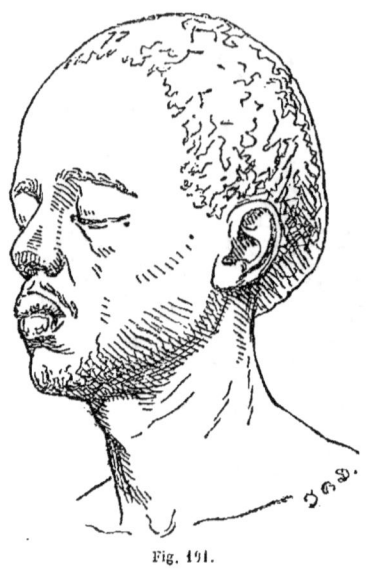

Fig. 101.

Poukalem (fig. 97), natif de Otago, île Tawaï-Pounamon, Nouvelle-Zélande.

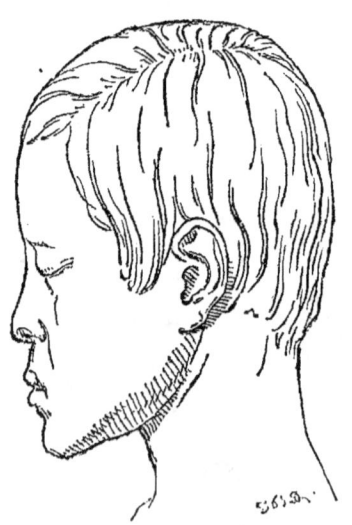

Fig. 102.

Matoua Tawaï (fig. 98), né à Korora-Reka, île Ika-na-mawi, Nouvelle-Zélande.

Autre insulaire (fig. 99), portant sur la face son certificat d'origine.

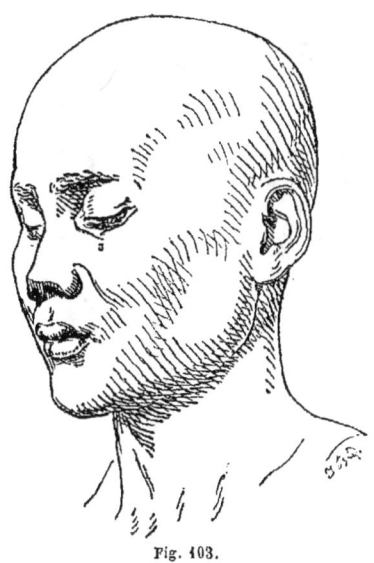

Fig. 103.

Jeune Abyssinien (fig. 100), mort à Paris.
Goubena Olegagues (fig. 101), né à Gondar, Abyssinie.

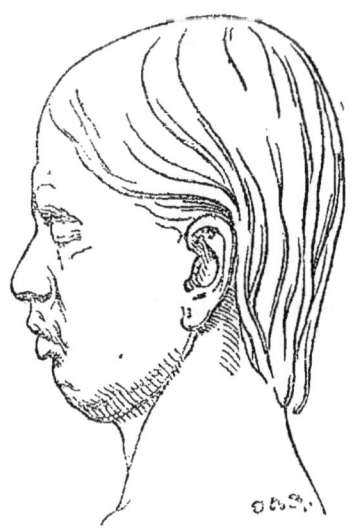

Fig. 104.

Pairaotoa (fig. 102), seize ans, né à Papeiti, île de Tahiti, d'origine noble.

Cette tête (fig. 103), est enregistrée sous le numéro 847 de la

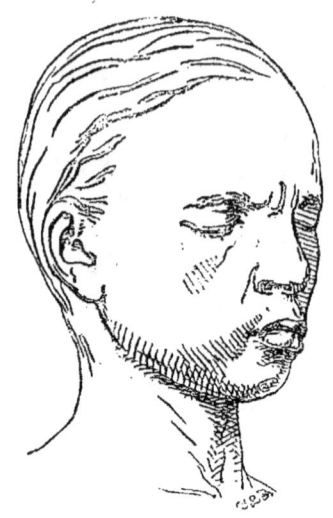

Fig. 105.

galerie anthropologique du muséum d'histoire naturelle.

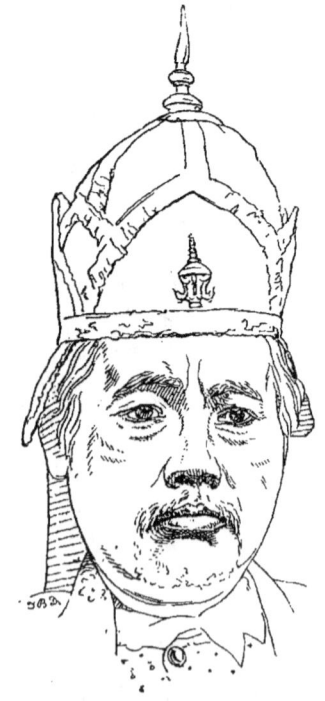

Fig. 106.

Abdaral (fig. 104), vingt-cinq ans, né à Sudarum, Indes orientales, Lascar.

Sabo (fig. 105), dix-sept ans, né à Balegand, Indes orientales, Lascar.

Kluang Indrmantry (fig. 106), quarante-six ans, officier au ser-

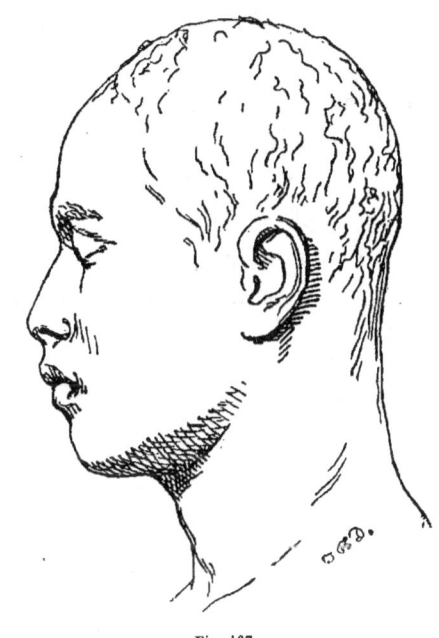

Fig. 107.

vice du roi de Siam, chargé des présents apportés en France par l'ambassade siamoise. Un esprit intelligent anime ce visage largement sculpté.

Ma-pou-ma wahi (fig. 107), beau profil, auquel il manque seulement un nez moins fin.

RACE NOIRE

La race noire est séparée de la blanche, non-seulement par la couleur, diamétralement opposée, mais par la conformation originelle de la tête. Les signes caractéristiques sont : compression du crâne, nez épaté, museau avancé, lèvres épaisses, *dents incisives obliques*, cheveux courts, crépus et laineux, barbe rare, peau fine, noire, luisante et souvent huileuse.

Le Soudan, la Sénégambie, la Guinée, le Congo sont peuplés de nègres. Après eux arrivent les Cafres; ceux-ci ont le teint moins foncé, le nez moins épaté. Leur chevelure est presque généralement laineuse.

Les Hottentots ont l'épiderme nuancé de jaune. Chez eux, l'épatement du nez, l'écartement des yeux peu ouverts, la largeur des joues et le menton rétréci, forment un tout disgracieux. Ajoutons : leurs cheveux sont laineux et peu abondants.

Faisons place au cortége nombreux des noirs. Nous leur servirons d'introducteurs, en les annonçant sous leurs noms propres et en désignant leur patrie.

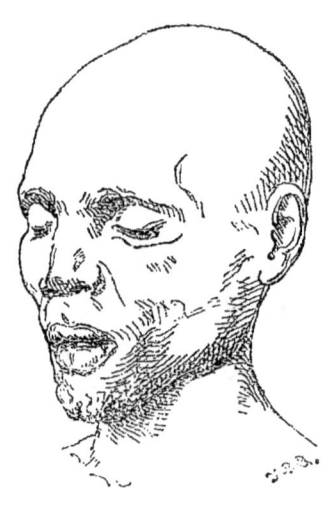

Fig. 108.

Valentin Makonia (fig. 108), de l'Afrique orientale, ainsi que le suivant :

Fortuné (fig. 109).

RACE NOIRE.

Menalaguena, né dans le comté de Glamorgan, terre de Van-

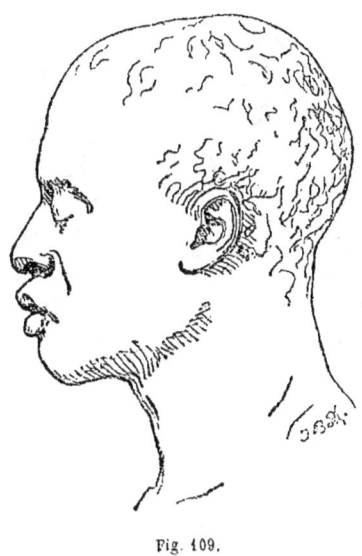

Fig. 109.

Diemen. Nous le montrons de face (fig. 110), et de profil (fig. 111).

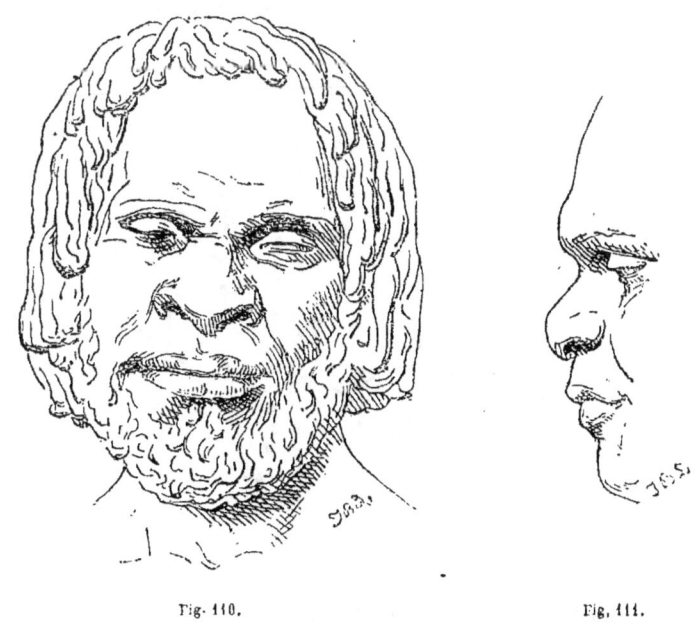

Fig. 110.   Fig. 111.

Genney (fig. 112), même contrée.

Papou (fig. 113), âgé de vingt ans, moulé sur nature après sa

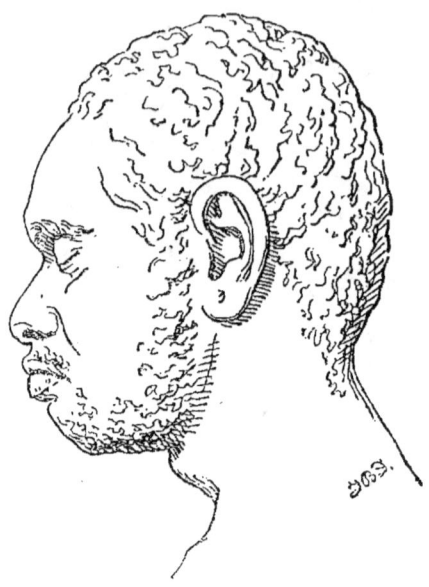

Fig. 112.

mort. Le visage a subi les ravages d'une longue et douloureuse

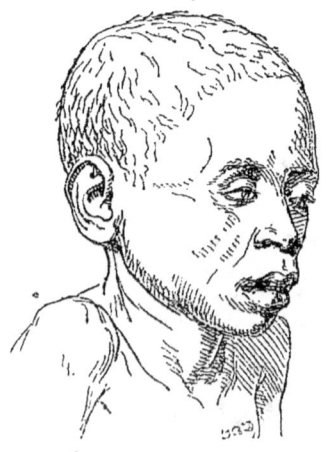

Fig. 113.

maladie; mais son ossature a conservé le caractère national.

Nègre (fig. 114), des côtes de Guinée.

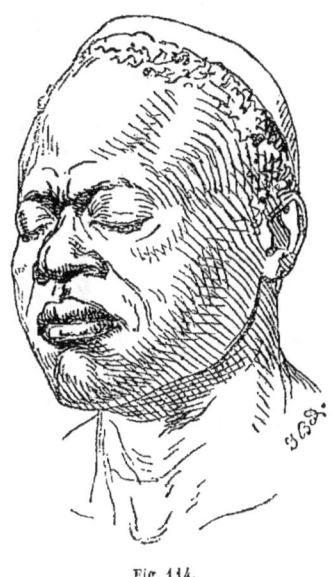

Fig. 114.

Arrigi Dunka (fig. 115), jeune nègre de douze ans, né au Nil blanc.

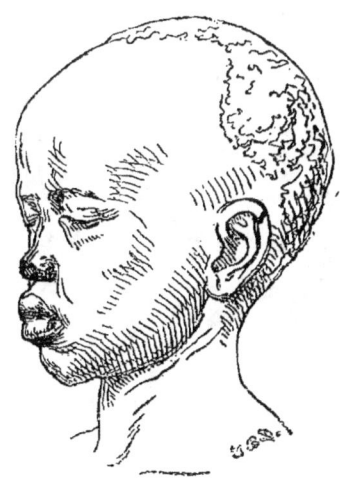

Fig. 115.

Ytinnée (fig. 116), femme Boschiman, âgée de trente ans, mariée à Yunka (fig. 117), son compatriote hottentot, de trente-cinq ans. Ymoon (fig. 118), Hottentot de cinquante-deux ans.

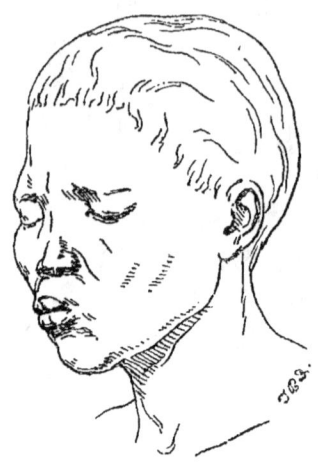

Fig. 116.

Sai (fig. 119), nègre du Soudan, né sur les bords du Niger.

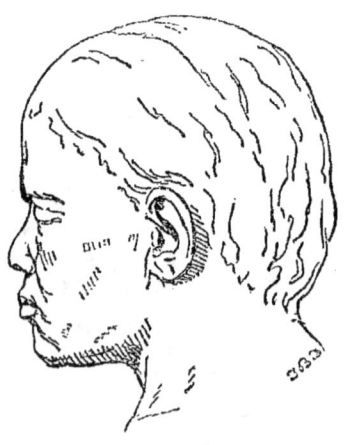

Fig. 117.

Mankanana (fig. 120), Cafre de la tribu des Zoulous, Afrique méridionale.

Simon Mera (fig. 121), quarante-cinq ans, centre de la Cafrerie.

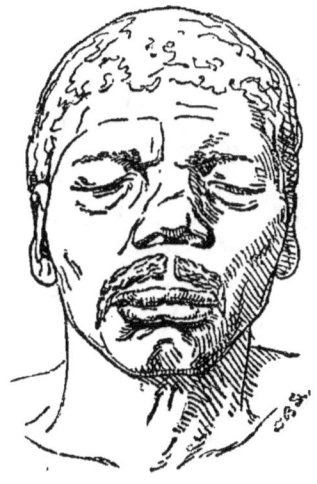

Fig. 118.

Nègre de onze à douze ans (fig. 122), amené en France par

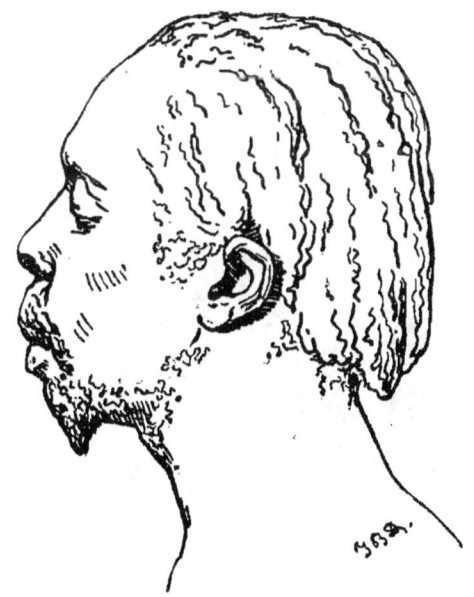

Fig. 119.

M. Senneval, lieutenant de vaisseau.

Auguste Langlois (fig. 123), nègre de vingt-trois ans, né à la

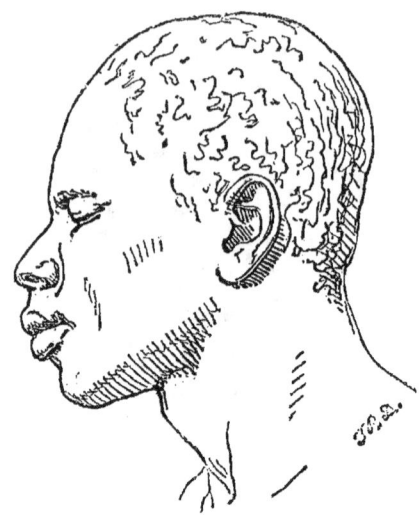

Fig. 120.

Basse-Terre, Guadeloupe.

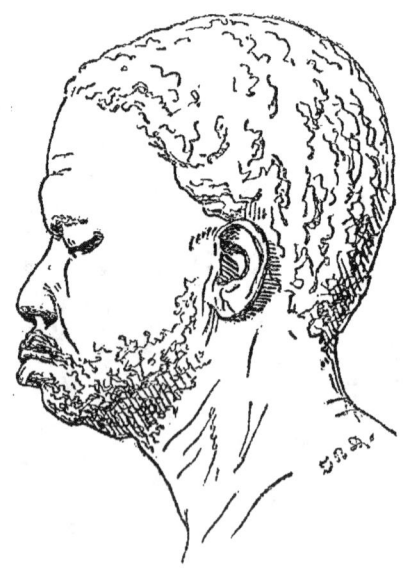

Fig. 121.

Sambo (fig. 124), natif de Opihi, archipel de Salomon.

Orion (fig. 125), arfour, de la Papouasie.

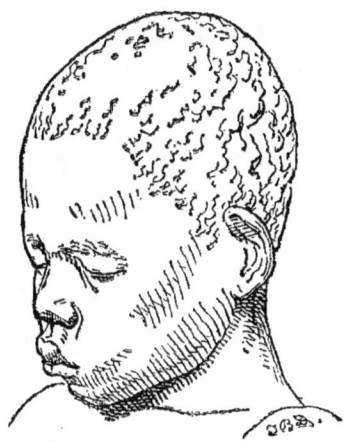

Fig. 122.

Bernardo Iota (fig. 126), nègre natif de Geba, colonie de Sierra-Leone, Afrique occidentale.

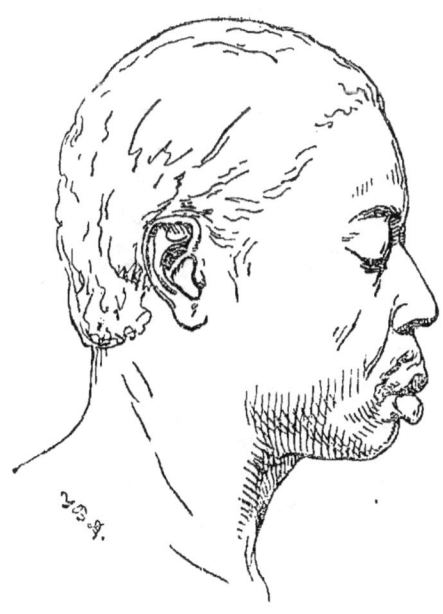

Fig. 123.

François (fig. 127); ce nègre a longtemps servi de modèle aux artistes parisiens.

Kaour (fig. 128), naturel de l'île Toud, détroit de Torres.

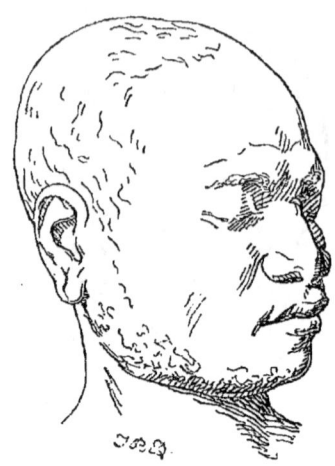

Fig 124.

Originaire de l'île Bourbon (fig. 129).

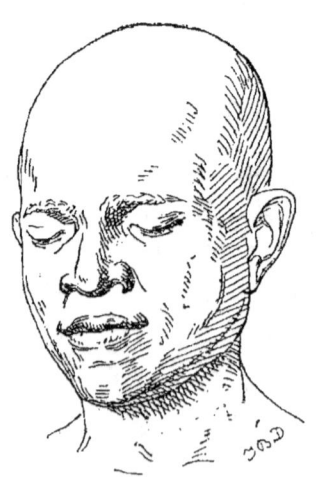

Fig 125.

Si l'on compare l'ensemble de la race noire à celui des autres familles, l'on constatera moins de divergences dans l'expression graphique des noirs entre eux. Il se rencontre parmi nos frères de

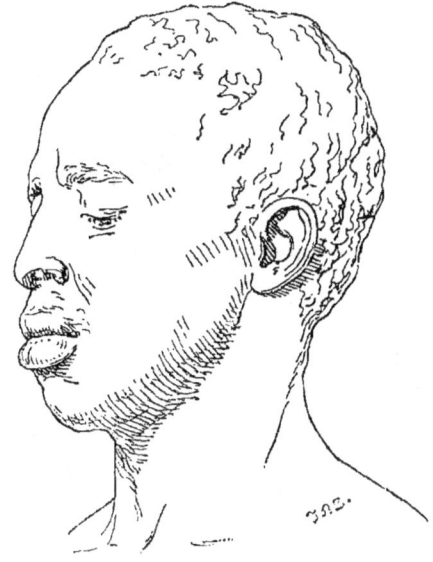

Fig. 126.

toute autre couleur, plus d'un rapprochement à faire avec certains

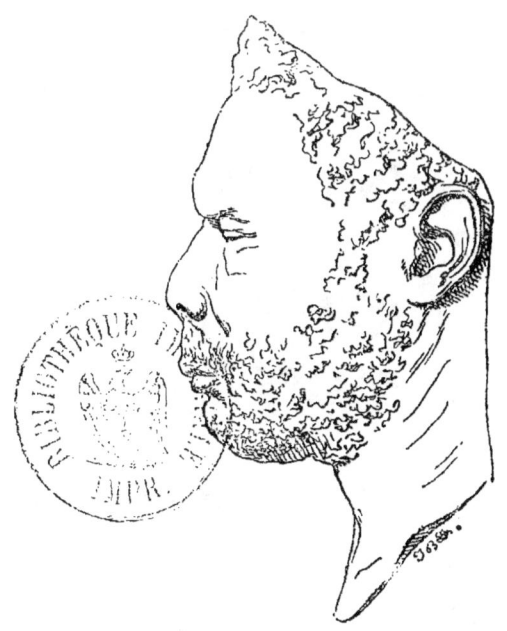

Fig. 127.

facies exotiques, peu favorisés au point de vue de la beauté plas-

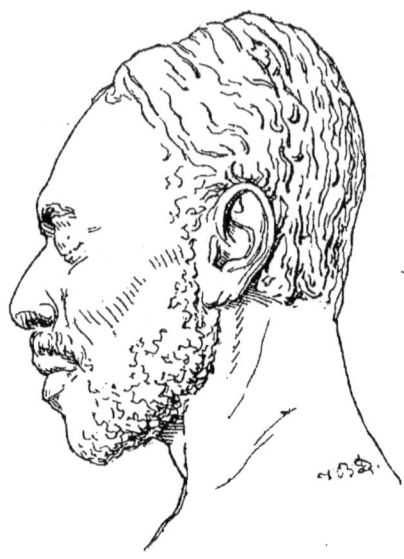

Fig. 128.

tique. Plus d'une tête française, il faut l'avouer, pourrait figurer

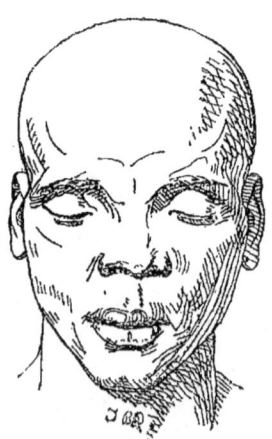

Fig. 129.

sur des épaules de Chinois ou de Lapons, par exemple, sans paraître trop hétérogène.

PROPORTIONS DU CORPS HUMAIN

Les proportions du corps varient avec le principe dominant dans chaque individu. Elles constituent la prestance.

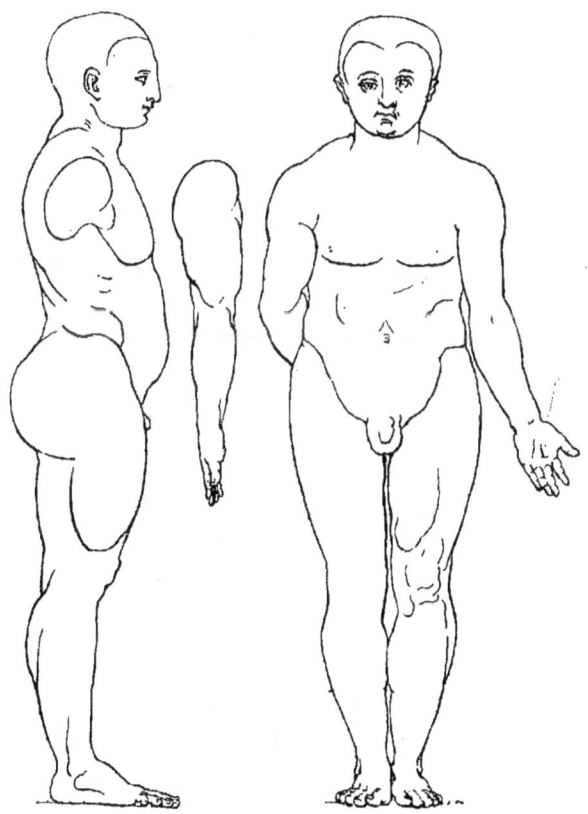

Fig. 130.

Il y a plusieurs dimensions transitoires à observer, en passant de la forme trapue à la forme élancée. Entre ces deux extrêmes est un terme moyen normal : les Grecs en ont extrait les canons de leurs admirables statues.

Chacune de ces natures est harmonique dans son ensemble et ses détails. Albert Durer a rendu cette loi évidente dans une série de dessins, où il a coté mathématiquement les mesures proportionnelles de ces variétés de l'espèce humaine dans les deux sexes,

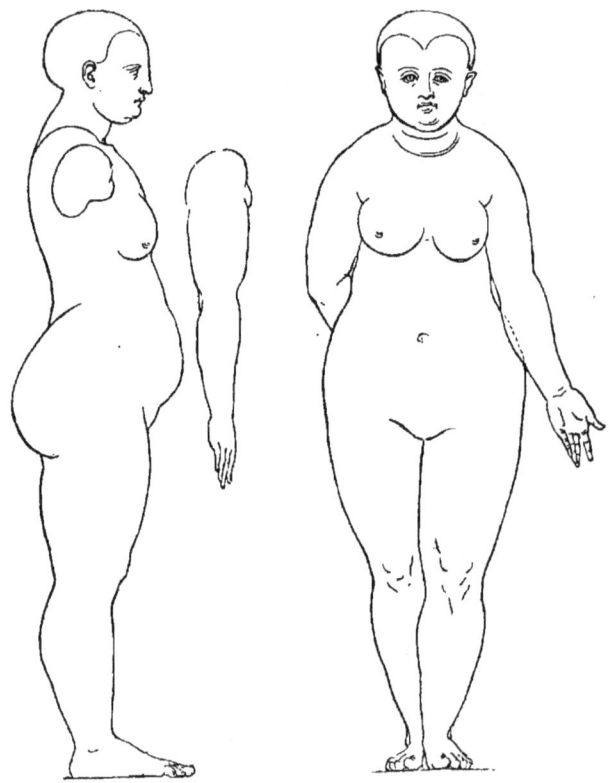

Fig. 131.

à l'âge adulte. L'enfance y est aussi représentée avec ses données graphiques déterminées par le calcul.

Nous empruntons au savant travail de l'artiste de Nuremberg ces exemples frappants de vérité. En les réduisant à une petite échelle, nous avons soigneusement respecté la naïveté des contours.

PROPORTIONS DU CORPS HUMAIN.   101

Ici (fig. 130), nous voyons le système charnu soulever le tissu graisseux de l'enveloppe d'un homme fortement sculpté.

La femme (fig. 131) conserve la même homogénéité dans sa corpulence exubérante.

La plume n'a pas de description à faire quand le crayon a tout dit. Nous ajouterons néanmoins cette observation importante :

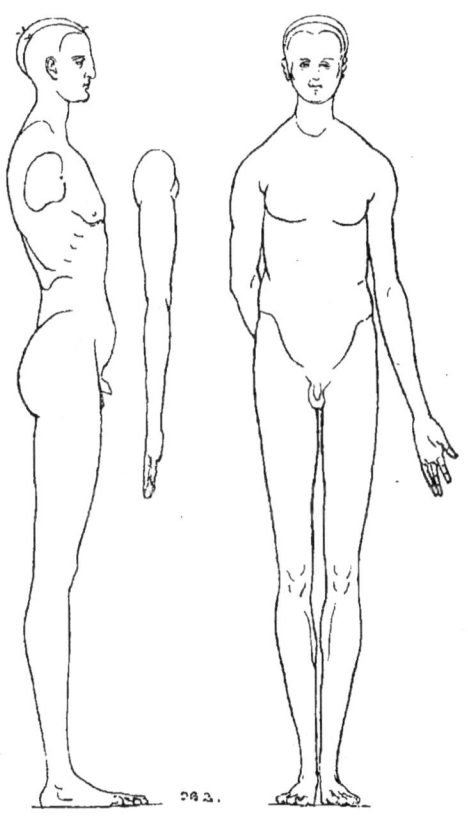

Fig. 132.

dans les figures solides et ramassées, la portion supérieure, à partir du bas du torse, est plus longue que celle descendant de ce point, jusqu'au-dessous des talons. Le contraire a lieu dans les statures élancées masculine (fig. 132) et féminine. Les courbures s'allongent. Les jambes montent plus haut, aux dépens du tronc amoindri. La matière s'étire. La vigueur des muscles s'éparpille ; l'être s'affaiblit par l'extension.

Cette déperdition de puissance est moins sensible chez la femme (fig. 133) ; l'on recherche avant tout en elle la grâce et la suavité des lignes. La faiblesse est dans son essence ; la forme oblongue

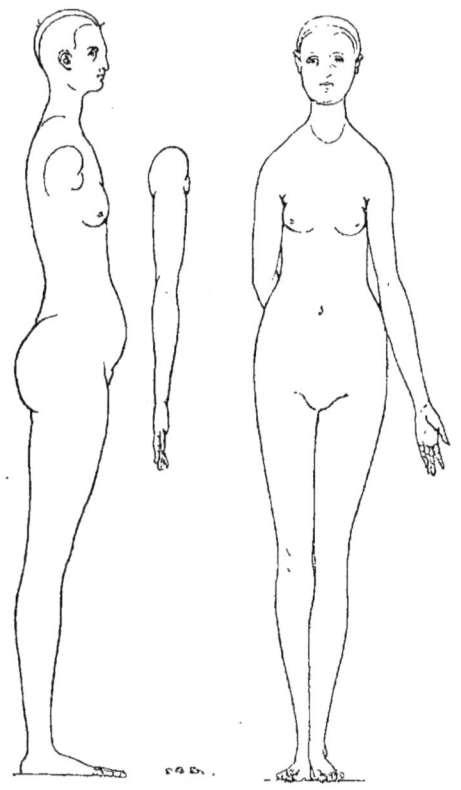

Fig. 133.

s'allie heureusement à la finesse, si elle s'arrête avant d'arriver à la maigreur, ce redoutable écueil.

Nous voyons les formes équilibrées dans cette proportion (fig. 134). Plus ou moins de saillie rapprocherait ce modèle de la vitalité de l'hercule ou de l'affaissement des facultés physiques. Cependant, si la charpente osseuse restait la même, on n'obtiendrait ni l'un ni l'autre de ces effets contraires. La disposition et la structure des os déterminent l'ensemble général.

Dans les mêmes conditions, le corps de la femme (fig. 135) offre la réunion de ravissants contrastes, harmonisés par un galbe resplendissant de vie et de santé.

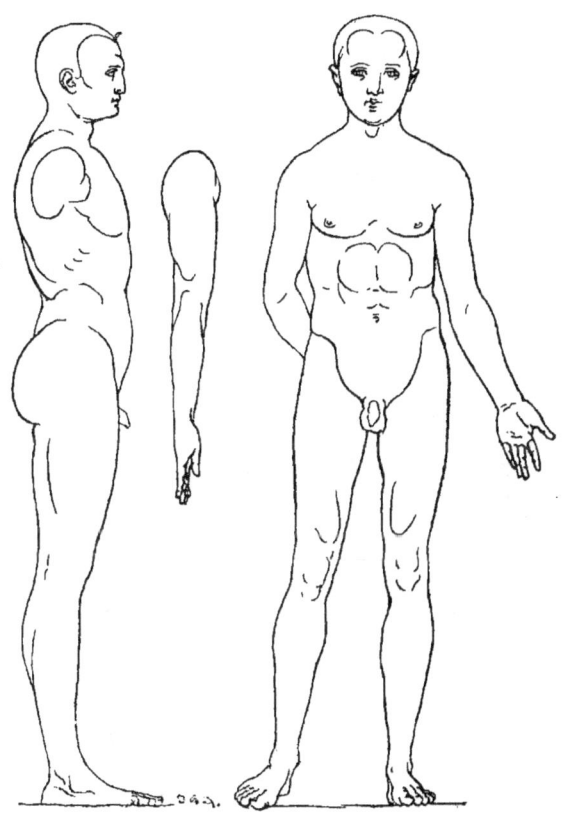

Fig. 134.

Dans ces trois modifications principales de la forme, la femme se montre toujours ; on la retrouve dans tous les linéaments corporels retracés par le dessinateur allemand.

Albert Durer a taillé son patron d'enfant (fig. 136) dans un style grandiose. Les morceaux sont largement rudimentaires. Ils contiennent l'étoffe de l'homme à venir.

Ici, les rapports des parties entre elles ont un autre aspect. La hauteur de la tête se répète seulement quatre fois dans la stature, dont le point milieu remonte au nombril. Le ventre et la tête dépassent le reste en développement. De dos, la petitesse relative des jambes est très-sensible.

Ce profil (fig. 137) permet de juger de l'étendue du diamètre

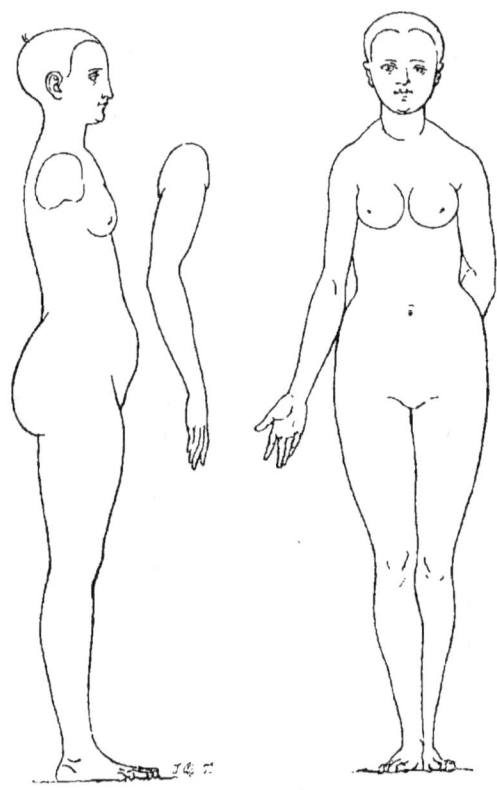

Fig. 135.

antéro-postérieur du crâne et de la saillie du tronc et des extrémités.

Albert Durer a consigné dans son livre les formules géométriques dont il s'est servi pour la construction de ses figures. On s'étonne de voir des dessins, offrant la spontanéité d'une inspiration, sur des pages noircies de chiffres, accusant le travail opiniâtre du calculateur. Nous renvoyons à l'œuvre originale le lecteur curieux de connaître les procédés du maître et leurs résultats.

Albert Durer ne s'est pas arrêté à ces trois grandes divisions. Il s'est occupé de plusieurs autres natures, dont il a tracé les ensembles avec le même soin. Peu de peintres d'histoire auraient le courage de s'astreindre à cette rigoureuse exactitude. Le statuaire y puiserait au moins des moyens de rectification ; la ronde-bosse

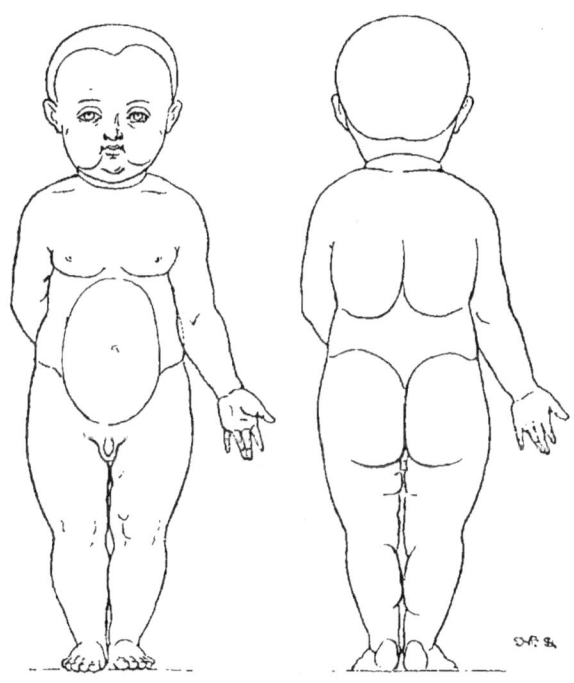

Fig. 136.

n'a pas de raccourcis. Le mouvement étant réussi, l'artiste peut, sans déroger, employer le compas à corriger les écarts de l'ébauchoir, avant que le ciseau n'ait rendu la faute irréparable sur le marbre ou l'airain. Notre grand sculpteur Rude recommandait l'usage de l'instrument de précision.

Les proportions normales généralement admises sont celles-ci : dans la station rectiligne, le pubis marque le point équidistant du sommet de la tête et du dessous du talon. La tête, servant de module, est contenue de huit à neuf fois dans la taille humaine. La jambe, comprise entre le sol et le milieu du genou, égale en élévation la cuisse à partir de la limite supérieure de la jambe jusqu'à l'attache du muscle couturier, vers l'épine antérieure de la crête de l'os du bassin. Ces deux longueurs, semblables l'une à l'autre, le sont chacune à la dimension du tronc, s'étendant du point cen-

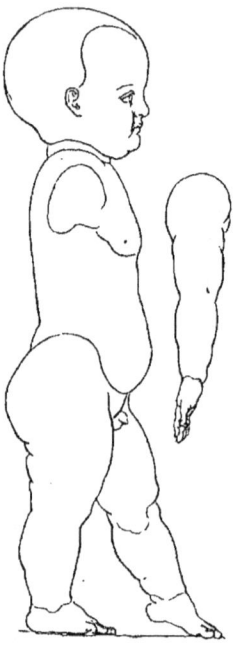

Fig. 137.

tral à la rencontre des clavicules avec le sternum. La mesure du col est très-variable; elle équivaut à un peu plus du quart de la tête. Il est court chez les trapus; il s'allonge avec une taille élancée. La largeur de la poitrine, vue de face, est de deux têtes; on en compte une et demie dans le bras; une dans l'avant-bras; trois quarts dans la main étendue. Le profil du pied est la moitié de la hauteur de la jambe.

L'utilité de ces canons est surtout dans la facilité de leur comparer les mesures correspondantes de chaque sujet. On constate plus aisément les différences existant chez tous les hommes en les soumettant isolément à la même unité métrique.

Gérard Audran a publié, en 1683, LES PROPORTIONS DU CORPS HUMAIN *mesurées sur les plus belles figures de l'antiquité.*

Le Laocoon père est vu sous quatre aspects ; il a 7 têtes, 2 parties, 3 minutes de hauteur ; celle de ses fils est de 7 têtes, 2 parties pour l'aîné, et de 7 têtes pour le second. L'Hercule de Farnèse est dessiné de trois côtés ; sa stature est de 7 têtes, 3 parties, 7 minutes. La grandeur de l'Antinoüs égale 7 têtes, 2 parties. La bergère grecque (Vénus Callipyge) a 7 têtes, 3 parties, 6 minutes. La Vénus de Médicis compte 7 têtes, 3 parties ; elle est représentée sous quatre points de vue. L'Apollon du Belvédère mesure 7 têtes, 3 parties, 6 minutes. Le Gladiateur mourant a 8 fois sa tête. Celle de l'enfant à l'urne est répétée 5 fois dans sa petite taille. Ce travail sur les marbres antiques est analogue à celui d'Albert Durer sur le vivant.

Gérard Audran a joint à sa collection une statue égyptienne de face et de profil. Il en a relevé les cotes de chaque partie, comme il l'a fait pour toutes les autres figures. Il lui a trouvé 7 têtes, 1 partie et 7 minutes. Les Égyptiens avaient établi des canons auxquels leurs artistes devaient se conformer. Deux de ces règles se sont conservées dans les monuments de l'Égypte. On peut les étudier dans les dessins exécutés sur place par M. Prisse d'Avennes, et gravés dans les livraisons déjà publiées de son consciencieux ouvrage : *Histoire de l'art égyptien.*

L'un des canons a été en usage depuis la cinquième jusqu'à la vingt-sixième dynastie ; l'autre a servi de type depuis Psammétik Ier jusqu'à Caracalla.

Le plus ancien canon comprenait 19 subdivisions pour les figures debout et 15 pour les figures assises. Dans la seconde période, la figure debout comptait 23 parties et la figure assise 19.

Ainsi, dans le premier cas, la tête, ayant 2 parties et demie, est avec la hauteur totale dans la proportion de 5 à 38. C'est un peu plus d'un septième.

Du temps de la domination romaine, la tête contient un peu moins de 3 parties sur 23. C'est presque le même résultat pour la figure debout de cette époque.

DE LA FORME EN GÉNÉRAL

La physiognomonie apprend à lire sur la forme corporelle le caractère moral, dont elle est l'enveloppe et l'agent. Comparer entre eux ces deux termes est la méthode la plus sûre pour trouver la signification corrélative. Nous allons d'abord considérer la forme sous son apparence générale.

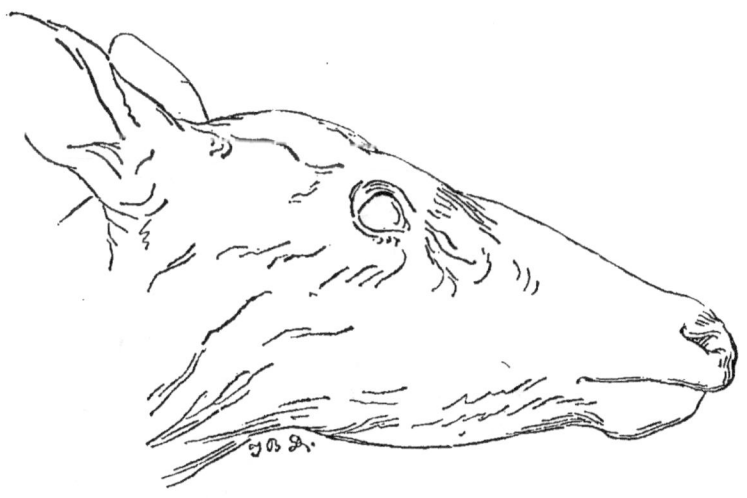

Fig. 133.

La forme a deux aspects typiques autour desquels ses modifications viennent se grouper : elle est ramassée ou oblongue. La première annonce l'énergie ; la seconde, l'élégance, aux dépens de la force. Le règne végétal nous offre une analogie de contours dans la pomme et la poire.

La musculature de l'Hercule de Farnèse est trapue. L'ensemble

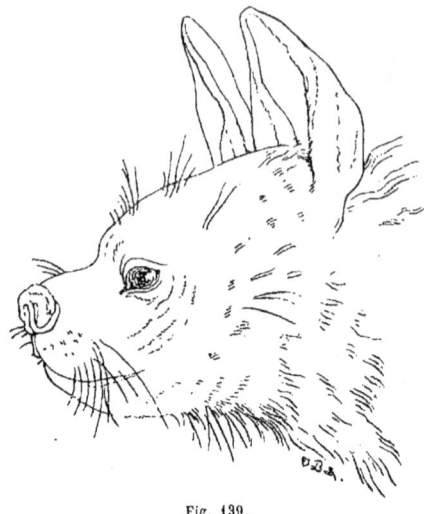

Fig. 139.

de l'Apolline est svelte et gracieux, il manque de virilité. La tête

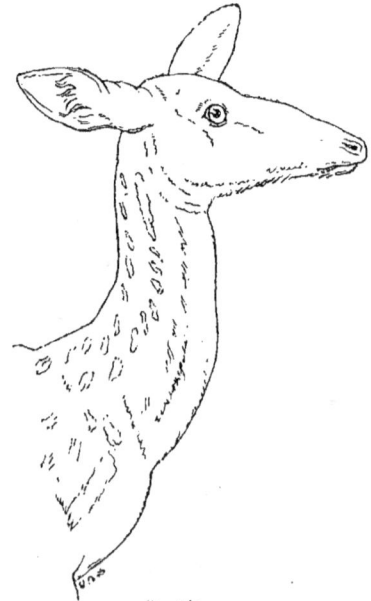

Fig. 140.

largement charpentée du Scythe accuse la rudesse; la tête ovale des Grecs indique des mœurs douces et faciles.

Le poing gros et court frappe brutalement; la main allongée se refuse au pugilat; elle a recours à la prière; elle est disposée à s'ouvrir et non à se crisper; elle est onduleuse et caressante.

On apprivoise aisément les animaux à tête longue. Nous citerons le mouton, la biche (fig. 138), le cheval, le chien. Le bouledogue ne fait pas exception à la règle : il la confirme. Ses mâchoires sont courtes et tenaces. Le chat a la tête ronde; il ne vit réellement pas à l'état de domesticité; ce sybarite s'approprie la maison et ne s'attache pas au maître. La race féline est indomptable. On s'applique

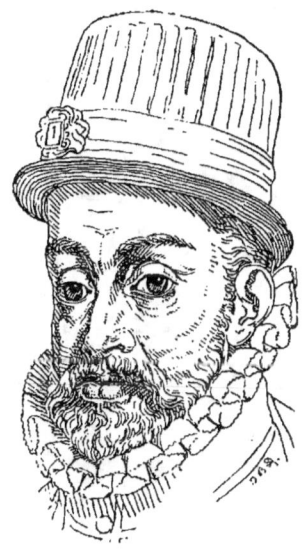

Fig. 141.

en vain à corriger son naturel : il réapparaît au plus léger réveil des appétits carnassiers. L'aspect de l'hyène (fig. 139) est rabougri.

L'axis (fig. 140) a des contours oblongs et une grâce remarquable.

Le grand protecteur de l'inquisition espagnole et son propagateur féroce, Philippe II (fig. 141), a les traits massés et antipathiques.

Une face étroite et dépourvue de caractère nous représente le dernier rejeton de la branche aînée d'Autriche, ce Charles II (fig. 142) toujours gouverné, sans gouverner jamais.

Comparons les têtes de ceux dont les travaux ou les actes sont empreints d'un esprit délicat à celles des hommes d'un caractère absolu de vigueur. Les premiers appartiennent à la catégorie des formes oblongues, où nous classons l'auteur du *Génie du christianisme* et d'*Atala*, Chateaubriand, et Lamartine, le poëte des

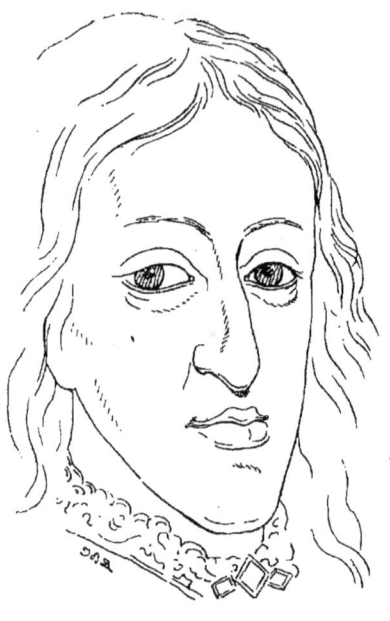

Fig. 142.

Méditations et de *Jocelyn*. Il faut ranger dans la seconde le grand Corneille et Descartes (fig. 143).

Jean de Muller (fig. 144), surnommé le Thucydide de la Suisse, a la tête ronde.

Même aspect dans celle d'un savant infatigable (fig. 145), dont la volonté sait triompher des obstacles apportés à ses nombreuses recherches par une santé faible, tenue en équilibre à force de ménagements.

Parmi les grands capitaines, nous ne connaissons pas de têtes

allongées. Celles de César et de Napoléon sont à citer entre toutes.

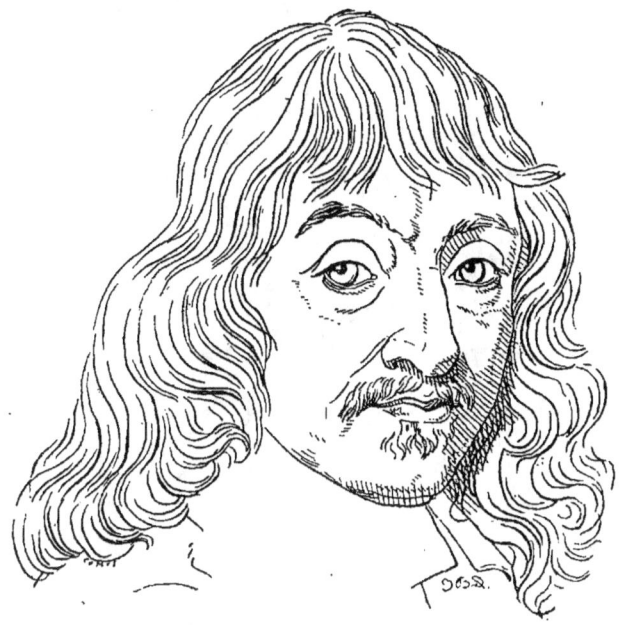

Fig. 143.

Faisons figurer Drake (fig. 146), le célèbre marin anglais. Il bat-

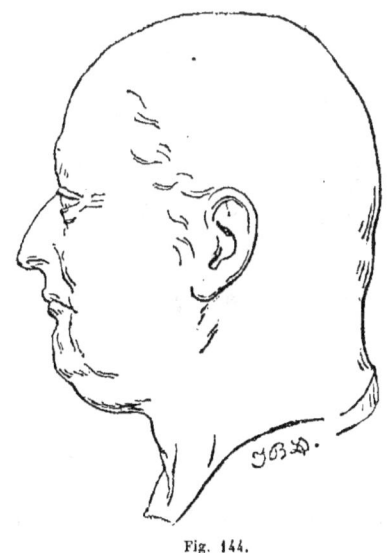

Fig. 144.

tit maintes fois les Espagnols; il fit un voyage autour du monde, sous les auspices de la reine Élisabeth; il coula à fond vingt-trois vaisseaux de la flotte espagnole dans le port de Cadix.

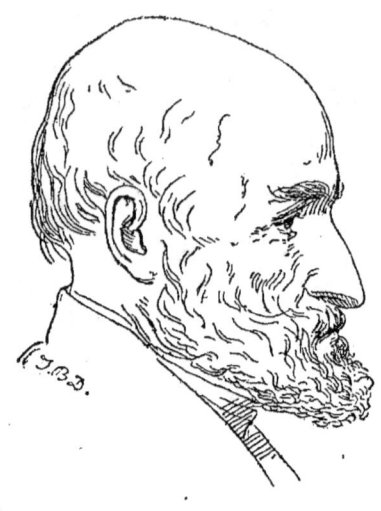

Fig. 145.

Notre marine française compte dans sa riche galerie un grand nombre de portraits où ce type est des plus saillants. Le crayon

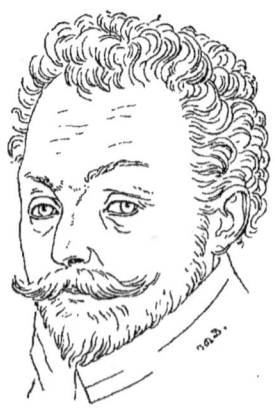

Fig. 146.

consciencieux de Maurin les a reproduits avec talent dans l'ouvrage intitulé : *Biographie maritime*, par M. Hennequin.

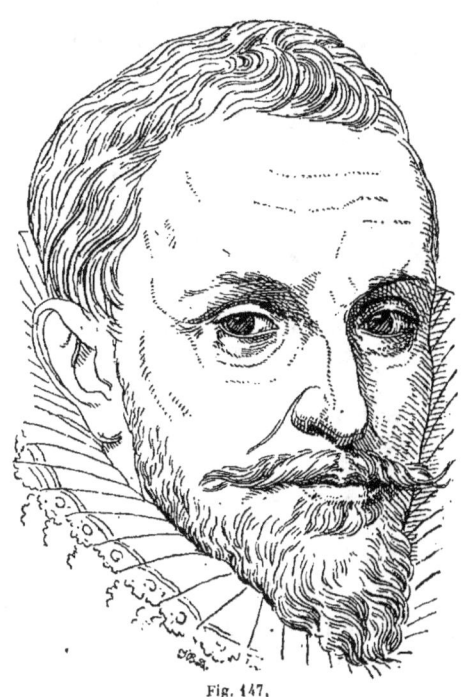

Fig. 147.

Ambroise Spinola (fig. 147), de Gênes, l'appui de l'Espagne dans les Pays-Bas.

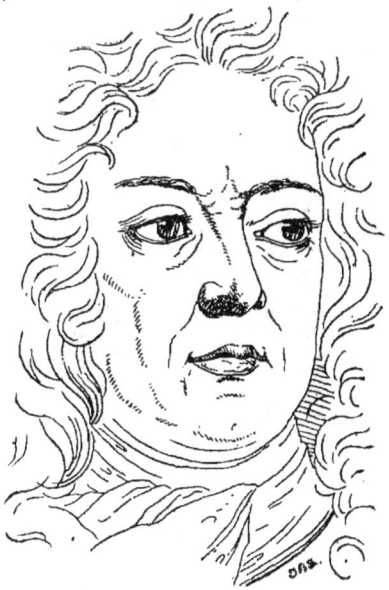

Fig. 148.

Marlborough (fig. 148), l'élève de Condé et de Turenne qui lui

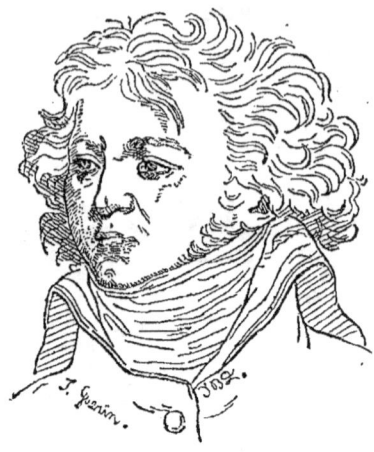

Fig 149.

apprirent à gagner la bataille de Malplaquet contre le maréchal de Villars.

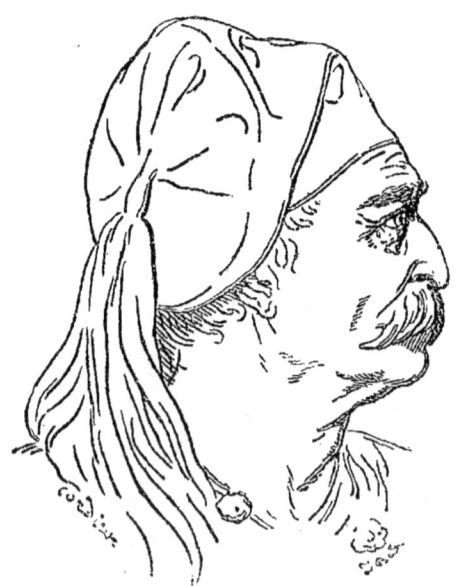

Fig. 150.

Le général Kléber (fig. 149), qui porta si haut la gloire française en Égypte.

Hadgi Petros (fig. 150), le soldat intrépide dont le statuaire Cordier a fait le médaillon.

La conformation de la tête d'Abd-el-Kader (fig. 151) n'est pas un argument contre ces principes. Elle n'a pas la concrétion des traits de l'homme de guerre; mais il ne l'a pas faite pour elle-même : il a combattu pour sa foi, pour la liberté de son pays et non dans un but personnel de domination ou de conquête. Il y a plus en lui du croyant que du soldat; il l'est devenu par l'obliga-

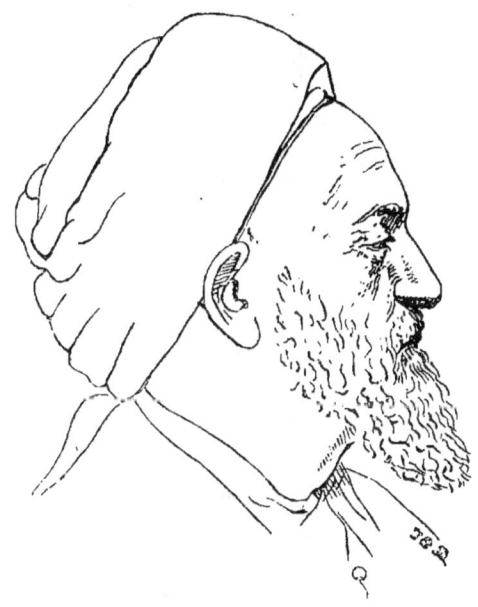

Fig. 151.

tion d'être conséquent avec ses idées religieuses. Il a succombé sous une stratégie habile, sous la discipline et la valeur de nos troupes; il s'est soumis à la fatalité.

La tête porte l'empreinte du caractère des ouvrages de l'homme de génie.

Les traits de Raphaël (fig. 152) respirent la suavié de son divin crayon. Ceux de Michel-Ange (fig. 153) ont la mâle âpreté de son pinceau grandiose et de son ciseau hardi.

Voici le peintre grand seigneur, à la palette brillante, à la brosse rapide, l'auteur de la *Galerie de Médicis* et de la *Descente*

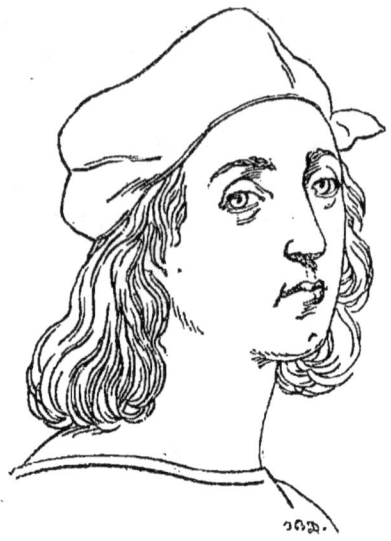

Fig. 152.

de croix, l'ambassadeur instruit, ami du faste et de la représentation, P.-P. Rubens (fig. 154).

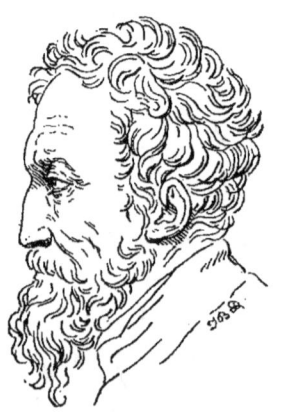

Fig. 153.

Le créateur des *Noces de Cana*, l'artiste fécond, ne trouvant pas de toiles assez vastes pour ses compositions gigantesques, Paul

Véronèse (fig. 155) se distingue, par l'ampleur de la forme, de

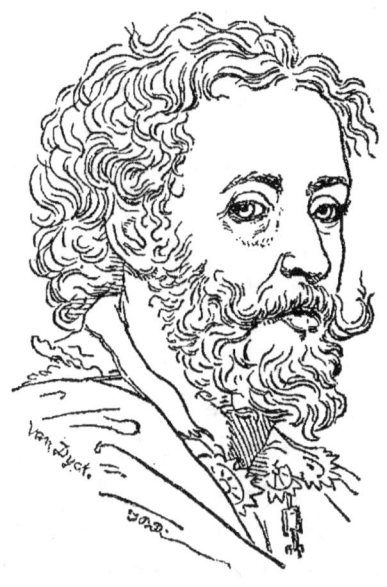

Fig. 154.

Rembrandt (fig. 156), au visage modelé de plans vigoureux et

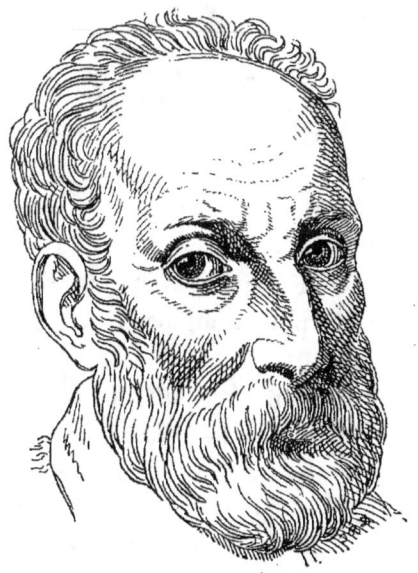

Fig. 155.

serrés, laissant percer l'intelligence, mais manquant de noblesse.

Si, des hautes régions de l'art, nous descendons dans la couche vaseuse de l'humanité, nous ferons des rapprochements analogues. Il existe, dans l'une des salles du Musée anatomique de l'École de médecine de Paris, une collection nombreuse de têtes tombées sur l'échafaud dressé par la vindicte publique au nom de la loi. Celles des assassins entreprenants et doués d'une certaine intelligence ont une dimension et une finesse comparatives au-dessus des autres, appartenant à des complices sans initiative, et surtout à des révélateurs timorés et lâches.

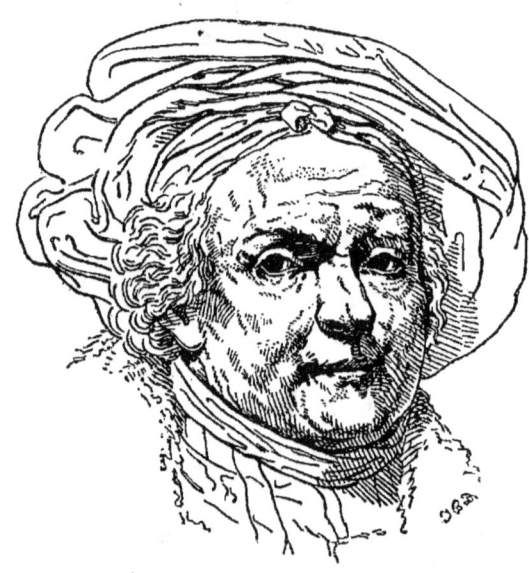

Fig. 156.

Même disposition se montre dans la configuration des apôtres de la vertu : les résignés ont plus d'oblong dans la physionomie que les militants.

Si l'on examine les portraits authentiques des saints inscrits au martyrologe catholique, on remarquera l'allongement de la face béate des sectateurs passifs, différents en cela des fidèles actifs ayant ajouté l'audace à la fermeté de leurs convictions religieuses.

Sur vingt disputes vidées dans la rue, dix-neuf ont été suscitées par des têtes rondes.

La face étroite est commune chez les dévots, observateurs scrupuleux de pratiques méticuleuses.

De l'un des trônes que nous avons vu crouler est tombé Charles X, dont le visage allongé reflétait la dévotion, bien connue, de ses dernières années.

Faire une mine longue est une locution proverbiale, exprimant le désappointement et l'absence d'impulsion réactive.

On devrait toujours enseigner l'histoire en présence des images

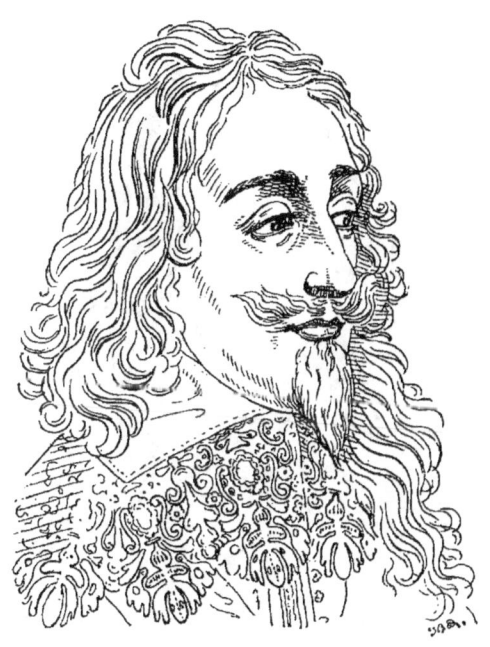

Fig. 157.

des acteurs principaux. Un conflit entre Jacques Ier (fig. 157) et Cromwell (fig. 158) devait se terminer par la victoire du second.

Il est fâcheux d'avoir affaire à un représentant de la force publique porteur d'un *facies* rabougri. Le gendarme par vocation innée a rarement une tête dans le genre de celle du mouton.

La forme est une dans l'ensemble et les parties d'un même individu. L'inspection d'un détail donne une idée du système complet. On ne verra pas une main courte avec un corps élancé. Une tête allongée surmonte un col long et termine une haute stature. Rien de ce qui vit n'est composé de pièces et de morceaux hétérogènes. L'être procède d'un jet unique, à moins de déformations accidentelles. Les monstruosités de naissance ont leurs règles de déviation dans un développement anormal. La puissance vitale agit logiquement. Dans ce qui semble des aberrations, la nature suit une marche rationnelle ; elle utilise les matériaux restés à sa disposition.

Quand la maigreur n'est pas le résultat d'une altération patho-

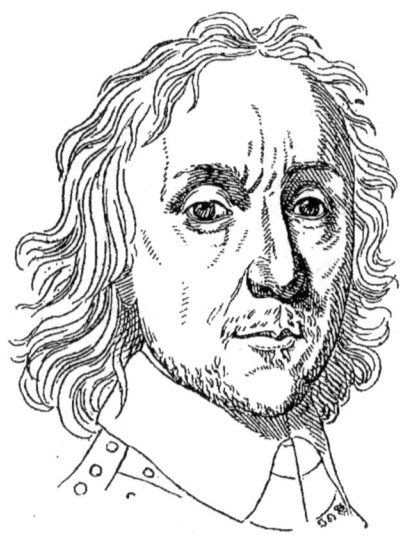

Fig. 158.

logique, elle indique la prédominance de l'esprit sur la chair. L'Église catholique amaigrit ses ouailles pour y semer l'ascétisme et la croyance à ses dogmes. Je doute un peu du renoncement aux choses de ce monde par ces hommes de paix dont le menton descend à triple étage sur un rabat bien blanc. Le diable ne mériterait pas sa réputation d'adresse, s'il ne trouvait moyen d'apposer sa griffe sur un endroit quelconque de cette masse exubérante de santé. La volonté ne doit pas avoir à vaincre l'insurrection des sens. Il faut les amortir pour s'en rendre maître. La maigreur des anciens cénobites explique leur persévérance à sacrifier les joies de la terre à la béatitude céleste. Il ne viendrait à l'idée de personne de juger possible la canonisation d'un religieux dont la dépouille mortelle pèserait plus de cent cinquante kilos. On inscrit, sans scrupule, un brevet de sainteté sur une peau humaine réduite à l'état de parchemin par le jeûne et les macérations. Les légendes des élus sont ajustées sur ce patron.

Les hommes pour qui vouloir c'est pouvoir, sont maigres. Les ambitieux, devant leur élévation à leur ténacité, étaient ainsi.

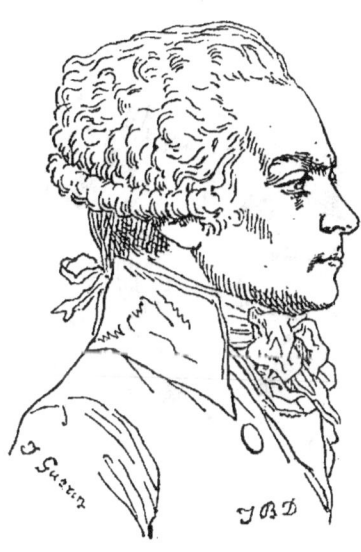

Fig. 159.

Bonaparte, général en chef, était mince et sobre. Dans une direction différente, un prêtre qui a confessé sa foi philosophique jusque sur son lit de mort, l'illustre Lamennais, était maigre et de petite stature.

Un grand agitateur dont les opinions n'ont jamais fléchi pendant la Révolution française, Robespierre (fig. 159), avait le corps sec et vivait de peu. Faites disparaître avec ses appétits charnels la corpulence de Mirabeau (fig. 160), vous aurez l'incomparable orateur, moins la conscience élastique du ventru.

Au malheur d'être roi dans des temps de régénération politique, Louis XVI joignit celui d'une nature trop soumise aux exigences de l'estomac, et par conséquent trop replète pour avoir l'énergie de résister à l'orage.

L'obésité est la fille de la gourmandise et la mère de la paresse. Il n'y a pas de place pour les soucis et les chagrins chez l'obèse. Il est, par excellence, l'homme du repos et du *far niente*, l'activité lui répugne : il mange, il dort. L'esprit et la matière sont constam-

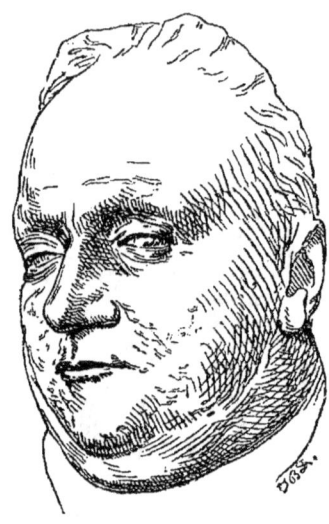

Fig. 160.

ment en lutte. Quand le cerveau travaille, l'organe de la digestion est mal à l'aise. Le mangeur songe peu. Le génie est sobre.

Certaines professions où l'imagination n'est pas obligatoire prédisposent à l'obésité. Celle des chanoines d'autrefois était proverbiale. Les hommes d'Église d'aujourd'hui sont plus remuants et moins gras. Les premiers se laissaient vivre dans un milieu tranquille, les seconds reçoivent le contre-coup de l'agitation de l'humanité qui progresse.

DE LA FORME APRÈS LA MORT

Les effets de l'impulsion morale demeurent dans le relief corporel, même après l'extinction de la force vitale qui l'a produit, comme la feuille métallique, repoussée en bosse, reste dans l'état où l'artiste l'a laissée.

Non-seulement le type du caractère ne s'efface pas avec l'exis-

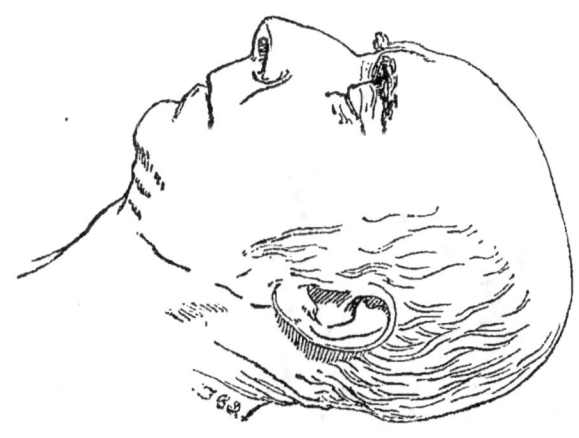

Fig. 161.

tence, mais la mort ajoute souvent sa majesté à l'expression subsistante sur un noble visage. Les traces du vice s'imprègnent de sa hideur. Les traits du juste, bouleversés par une cruelle agonie, se rassérénèrent quand elle a cessé.

Voici plusieurs masques recueillis sur une couche funèbre.

L'astronome illustre, le citoyen aux convictions fortes et généreuses, l'éloquent tribun du peuple, toujours désintéressé dans son dévouement à la chose publique, Arago (fig. 161), n'est pas

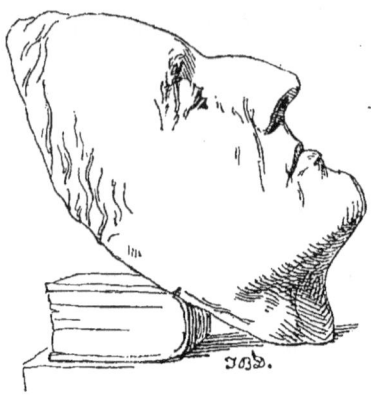

Fig. 162.

absent de ces restes qu'il nous a été permis de soustraire à la destruction.

Ce front a réalisé la reconstruction de races animales éteintes.

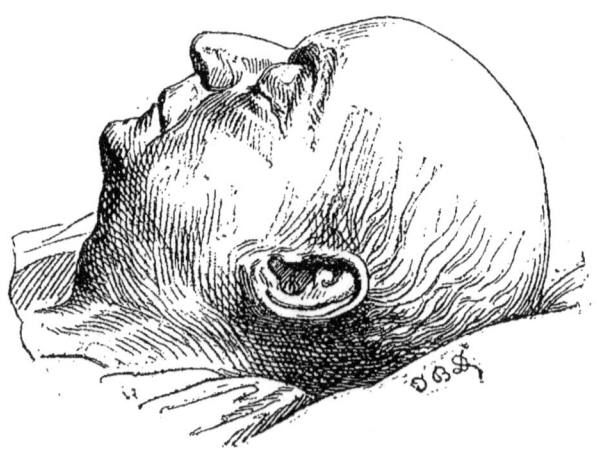

Fig. 163.

Ce nez aquilin rappelle la persévérance du grand chercheur. Cette bouche a été façonnée à l'art oratoire, elle s'est embellie en offrant et en faisant accepter un secours efficace à l'infortune. Cette organisation, habile à élucider les hautes questions administratives et les spéculations de la science, a été celle de Cuvier (fig. 162).

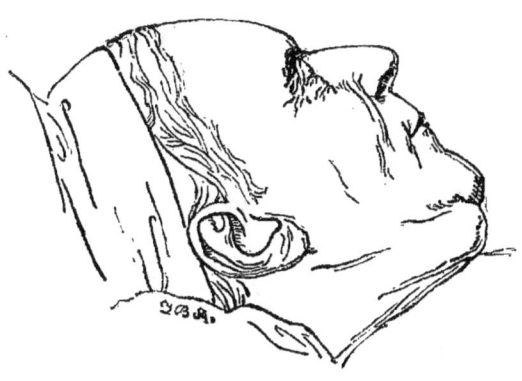

Fig. 164.

Ici (fig. 163), Béranger dort de son dernier sommeil, à l'écho des souvenirs de gloire évoqués par sa muse populaire en atté-

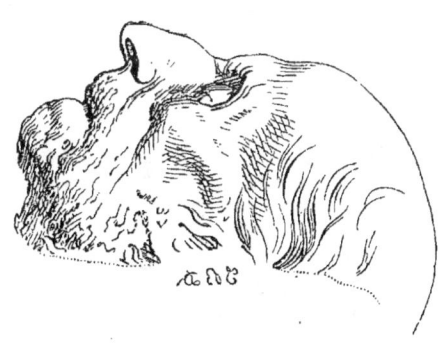

Fig. 165.

nuant le cri de la liberté. La chevelure de Lisette a laissé son parfum sur ce froid oreiller.

Cette tête s'est courbée, sous le poids du désespoir, dans les eaux de Meudon, sans perdre l'empreinte de la triple couronne d'Eylau, d'Aboukir et de Jaffa. Les traits de Gros (fig. 164) marquent le terme de la lutte suprême de l'artiste. Le sourire de

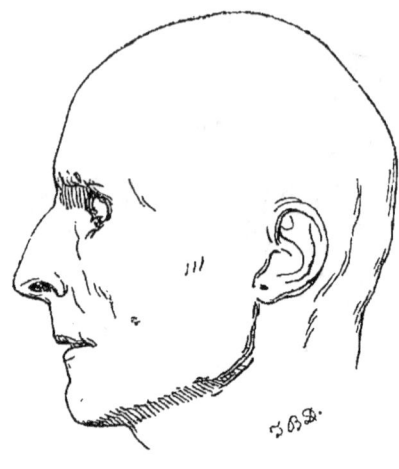

Fig. 166.

l'affranchi s'est figé sur ses lèvres, invoquant et recevant la mort. L'auteur des *Paroles d'un croyant,* Lamennais (fig. 165), se re-

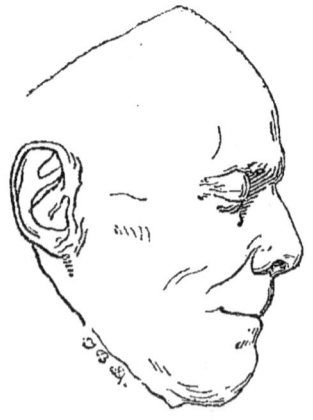

Fig. 167.

trouve dans ces plans anguleux, dans ces formes rigides, dans ce vaste laboratoire crânien d'où la pensée a pris un libre essor. Le corbillard du pauvre a transporté ces débris dans la fosse commune, d'après l'ordre du logicien inflexible, qui, prêt à quitter la vie, n'admit aucun intermédiaire entre lui et Dieu.

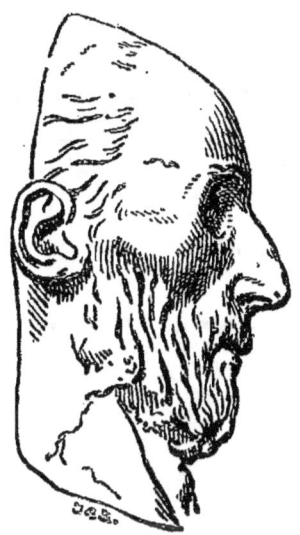

Fig. 168.

Casimir Périer (fig. 166) conserve après sa mort les traces d'un caractère irascible; son œil rétracté indique la maladie aiguë à

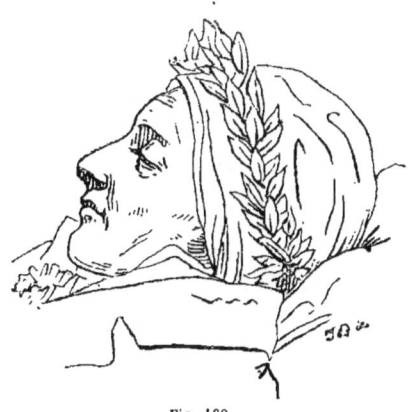

Fig. 169.

laquelle il a succombé, le choléra, foudroyant surtout ceux dont une inflammation intestinale surexcite le système nerveux.

Le masque de Dupré (fig. 167), le graveur de médailles, a retenu l'expression douce et bienveillante due à la disposition des muscles de la joue et à la grandeur de l'ouverture de la narine.

Cette ossature, perçant à travers la peau desséchée et l'atrophie musculaire, attire l'attention par l'énergie de la forme. C'est l'auteur de la page terrible et grandiose du naufrage de *la Méduse*, Géricault (fig. 168), au moment où il acheva de mourir, épuisé par une maladie cruelle, à l'âge de trente-trois ans.

Jacques Delille (fig. 169) vient de s'éteindre. Son visage calme reflète l'existence du traducteur des *Géorgiques*, du poëte ayant brillé surtout par un grand talent de versification. Ses contours n'ont pas le heurté de la fougue du génie inventif : ils sont coulants et doux. La couronne dont on avait orné le front du défunt témoigne de l'estime de ses admirateurs. C'est un préavis à la postérité, juge en dernier ressort.

CONCORDANCE DES TRAITS DU VISAGE

Quelle que soit la variété des traits faciaux, il existe entre eux une concordance harmonique; des causes accidentelles seules la détruisent.

Ainsi, la forme du front détermine celle du nez, dont la courbure est la conséquence de la ligne frontale.

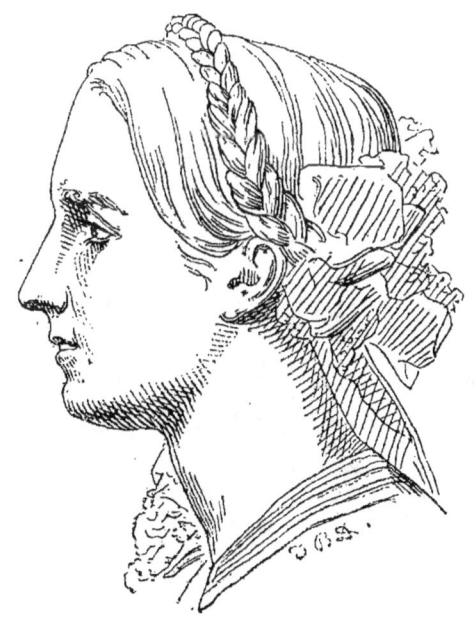

Fig. 170.

Le front droit (fig. 170) surmonte un nez de même genre.
Le nez s'aquilinise légèrement avec un front dont la courbure

supérieure sort un peu du plan vertical pour se porter en arrière (fig. 171).

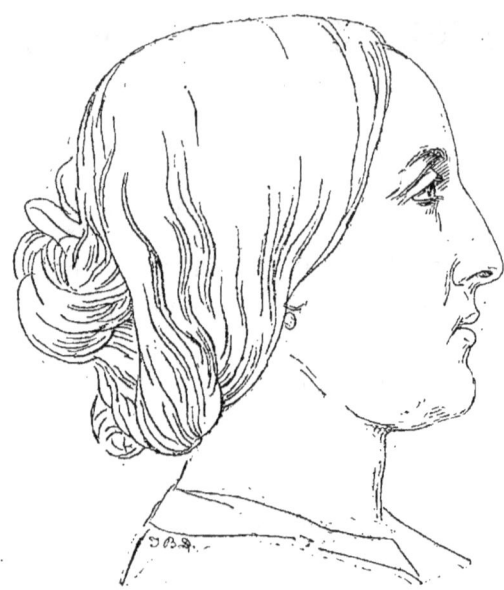

Fig. 171.

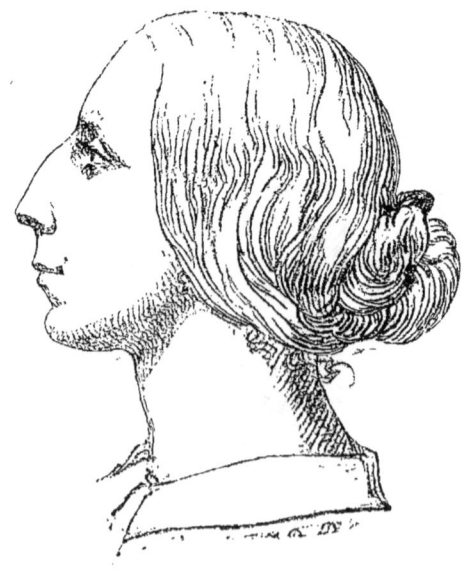

Fig. 172.

Le front fuyant a pour continuation un nez aquilin (fig. 172).

Le front dont le milieu est saillant s'harmonise avec un nez retroussé. Le profil de Mme de Pompadour (fig. 173) est dans ces conditions.

On ne verra pas un nez droit et long sur une face courte et rebondie (fig. 174).

Une figure effilée porte un nez mince, allongé et cartilagineux.

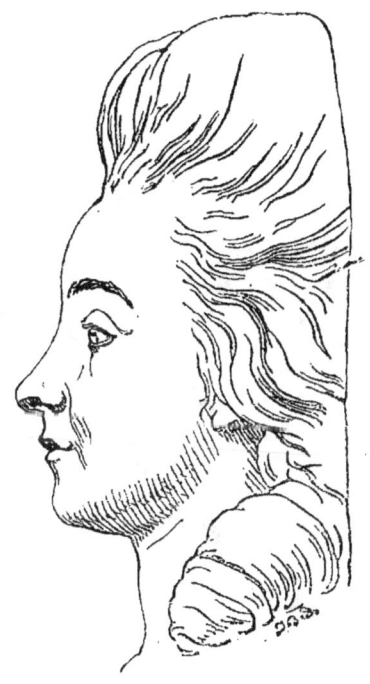

Fig. 173.

Cette tête est celle de Joseph Scaliger (fig. 175). Son front élevé rappelle la science et les nombreux travaux du savant célèbre.

Aucun changement ne survient dans une partie sans amener une transformation analogue dans les autres.

Les muscles des joues et leur revêtement graisseux ont pris un développement énorme avec la gourmandise de Vitellius; le nez s'est arrondi par le bout et s'est mis au diapason du bas du visage.

Gaspard Barleus est représenté ici (fig. 176), à l'âge de quarante et un ans. Nous allons voir ses traits s'épaissir avec l'accumulation des années. Il reste encore le fond de la physionomie de l'homme vert chez le vieillard (fig. 177); la construction osseuse s'y retrouve. Le tout s'éclaire de l'intelligence de l'éminent professeur; mais le bas de la face a pris de l'ampleur et s'est chargé de tissus mous et pesants.

Le physiognomoniste doit connaître ces lois de structure et de transmutations. Là se trouve le mot entier du caractère.

Il est une expérience facile et démonstrative ; elle consiste à rem-

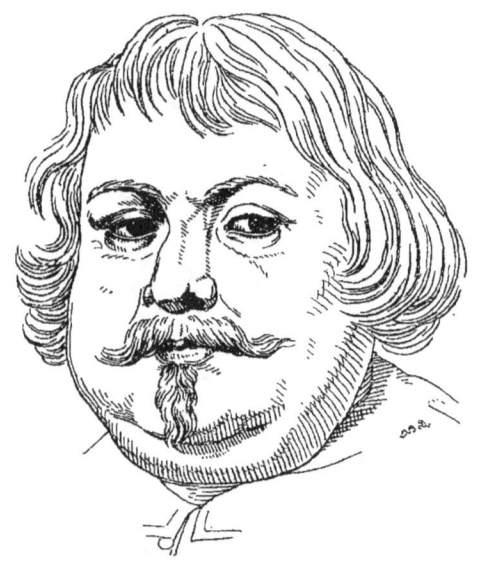

Fig. 174.

placer un trait important par un autre appartenant à une classification différente. Substituez à un nez camus un nez aquilin, il y aura une discordance saisissante. Des enfants s'amusent à se rendre méconnaissables en portant le bout du nez en haut, de façon à montrer l'ouverture des narines en pleine lumière. Il suffit de cacher un fragment du visage pour faire douter de son identité. De nombreux exemples confirmeront cette loi harmonique et universelle de création et d'accroissement.

Sans avoir jamais vu l'original, on affirme la ressemblance du portrait sur l'homogénéité des détails. On croit reconnaître le personnage, si l'on est frappé du caractère de vérité résultant de cet accord. Le moindre dérangement dans l'ordre naturel altère l'image; un rien suffit pour la compléter.

Ce profil (fig. 178) est défectueux : son expression est fausse; la partie inférieure est en désaccord avec le dessus; un menton carré

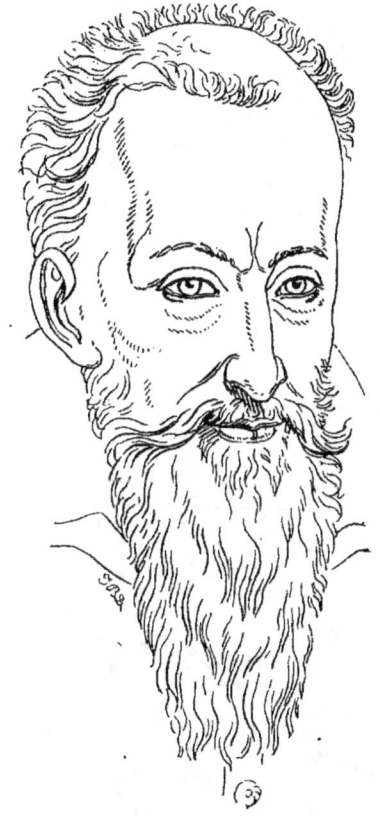

Fig. 175.

ne termine pas la tête commençant par un tel front. Nous sourions en entendant regretter sérieusement l'impossibilité de retoucher ce que l'on considère comme un défaut dans l'œuvre de la nature. Le remède serait pire que le mal. Il ne faudrait pas toucher à un point : le tout serait à refondre.

Prenez un portrait photographique; ajustez une pièce hétérogêne à cet ensemble complet, vous ne reconnaîtrez plus l'original.

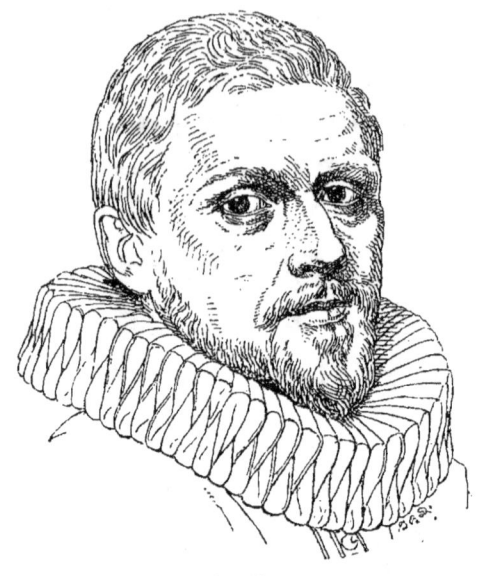

Fig 176.

C'est chose amusante et instructive de modifier un certain nombre

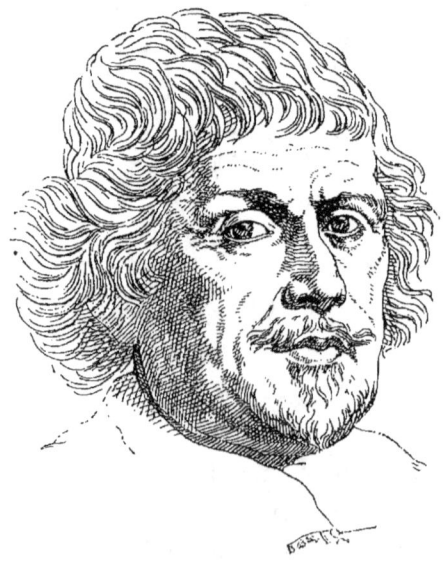

Fig. 177.

d'épreuves du même cliché, en changeant un trait différent à chacune d'elles; on peut se procurer cette récréation, la recette est peu dispendieuse.

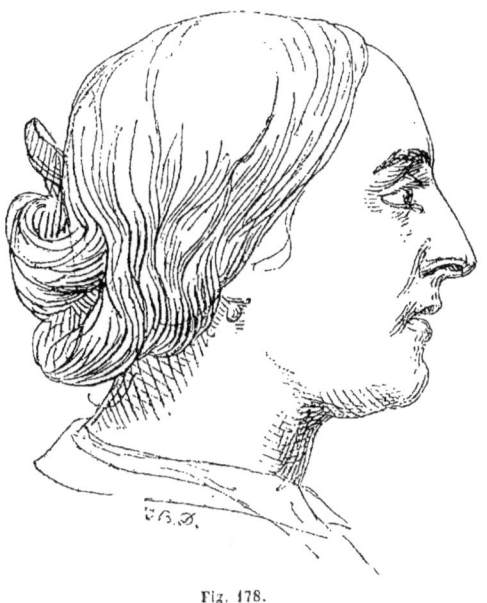

Fig. 178.

Albert Durer, cherchant les grandes lignes de concordance du visage, a tracé trois aspects fondamentaux du profil humain :

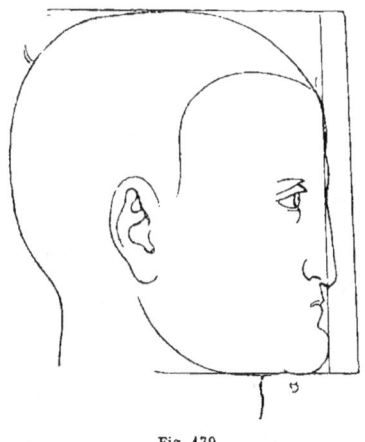

Fig 179.

Le droit (fig. 179), où les traits sont dans un plan vertical;
Le convexe (fig. 180), dont les saillies sont comprises dans une

courbe, allant du sommet de la tête au menton et de dedans en dehors, de façon que le front et la partie inférieure de la face sont en retraite et laissent le nez en avant;

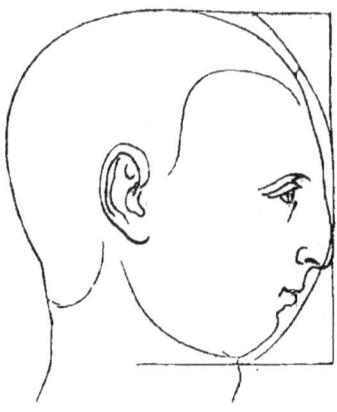

Fig. 180.

Le concave (fig. 181) offre une courbure rentrante ; elle déprime ainsi le nez, qui se trouve alors en dedans de la ligne courbée, tangente au front et au menton.

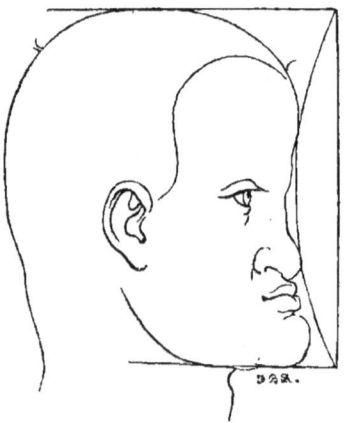

Fig. 181.

Autour de ces types précis et simples, les modifications viennent se classer. Ils deviennent un moyen de mnémotechnic en servant d'unité comparative.

Au commencement de ce siècle, un pauvre diable, exerçant le métier de peintre de portraits, avait imaginé un moyen expéditif pour ne pas fatiguer ses clients à poser. Dans ses moments de loisir, et il en avait beaucoup, il fabriquait d'avance des séries d'ébauches applicables à la confection du premier visage venu, offrant de l'analogie avec l'une d'elles. Il suffisait d'ajouter et de retrancher quelque chose au patron taillé déjà, pour l'adapter aux traits du modèle. Le principe n'était pas mauvais ; mais sa mise à exécution se trouvait souvent défectueuse. Alors l'artiste disait ingénument : « Eh bien ! je garderai cette tête, *cela* me servira pour une autre fois. » Un habile homme, n'ayant pas besoin de recourir à ce procédé, aurait pu s'en servir avec avantage. On juge mieux des dissemblances que des ressemblances.

RESSEMBLANCES DE FAMILLE

La communauté de signes généraux entre les naturels d'une vaste contrée apparaît dans le petit cercle du ménage avec plus de précision encore.

Beaucoup d'enfants ressemblent au père ou à la mère; souvent leur visage est un composé de traits partiels de l'un et de l'autre. Quelques enfants ont une ressemblance frappante entre eux sans rappeler aucun indice de filiation. Des frères et des sœurs, sans analogie les uns avec les autres ni avec leurs père et mère, reproduisent l'air et la tournure de l'un des aïeux de la jeune lignée. On confond aisément l'identité de deux jumeaux, faute de pouvoir établir une dissemblance notable entre eux.

Cette situation respective des membres d'une seule famille permet de comparer le moral et le physique de ceux qui ont des points communs de caractère ou de conformation et d'en apprécier le plus ou moins de concordance.

Cette mère (fig. 182) et son fils (fig. 183), complices du même crime, sont morts l'une avec l'autre sur le même échafaud.

J'ai conservé de longues et amicales relations avec trois sœurs, dont la conformité des traits atteste une origine commune. Deux ont reçu le jour ensemble. On s'est mépris sur leur personnalité jusqu'au moment où le mariage est venu imposer à chacune des préoccupations différentes, sans les séparer de cœur ni les détourner de leur but principal : s'aimer et se soutenir mutuellement dans le chemin accidenté de la vie. Stature, démarche et son de voix pareils, les distinguaient de leur sœur, plus jeune, plus grande et d'une complexion plus forte, mais néanmoins ayant une structure organique homogène.

Peu de familles sont aussi parfaitement unies. Tout a été mis en commun dans cette inséparable trinité. Le bonheur et l'adversité n'ont en rien influencé ces doux rapports, si ce n'est pour les

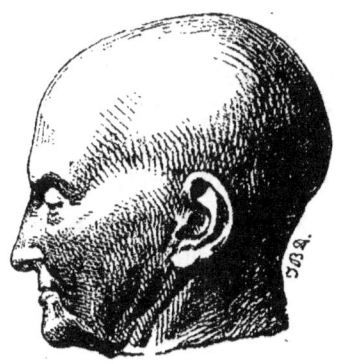

Fig. 182.

rendre plus étroits. Un jour vint où l'une fut la cause involontaire de pertes considérables qui les frappa cruellement. Les questions d'argent rompent ordinairement les liens de l'amitié. Cette fois

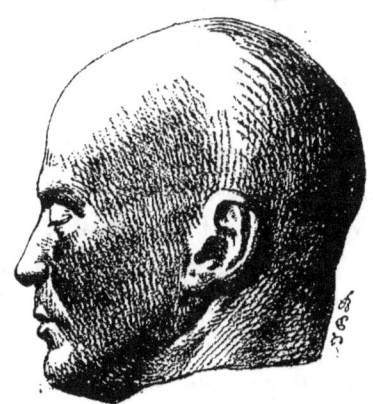

Fig. 183.

encore, les bons sentiments l'emportèrent : on associa le restant des capitaux pour donner plus de développement à un établissement d'instruction publique. L'une conserva la haute direction de l'enseignement; sa jumelle eut la charge de la comptabilité; la troisième prit spécialement la conduite de l'administration. La maison prospéra. Elles jouissent aujourd'hui d'une paisible retraite, après avoir conquis une modeste aisance. Elles ont souffert : elles savent compatir au malheur.

Voici l'état actuel de leur physionomie. L'institutrice a recueilli le bénéfice de son dévouement maternel à ses élèves, dans son expression intelligente et ouverte; l'affectuosité, la bienveillance y reflètent leur sympathique empreinte. La comptable a retenu quelque chose de la rigidité d'un chiffre. L'économe a modifié sa propension à une existence large, par une sage modération dans le gouvernement de sa fortune. Ajoutons : depuis leur cohabitation, il s'établit un commencement d'équilibre entre leur façon d'être et d'envisager les hommes et les choses. Le tracé de leur écriture est presque semblable; leurs bonnes actions sont communes; elles partagent les mêmes convictions religieuses.

A quoi tient la ressemblance de l'enfant avec l'un de ses auteurs? Ce doit être évidemment à la part plus ou moins grande prise par le père ou la mère dans l'acte commun. Le mulâtre est un composé de noir et de blanc. Les plantes hybrides proviennent d'une cause analogue. La conformité de race des deux époux produit seule un résultat identique de couleur. Dans tous les cas, il faut tenir compte des circonstances connues ou mystérieuses qui se rattachent au principe générateur.

Si l'on considère le germe de toute reproduction comme un résumé des diverses parties constitutives de l'individu, la ressemblance s'explique. Cette hypothèse ne me paraît pas gratuite. L'hérédité de certaines maladies suit la filiation jusqu'à ce que des circonstances favorables viennent neutraliser les sources viciées et détruire enfin leur action nuisible. Il est probable aussi que le degré d'excitation ou de tiédeur doit laisser dominer ou faiblir la part de chaque participant à l'union commune et faire pencher la ressemblance du côté ayant fourni le plus grand apport de vitalisation.

La grosseur de la lèvre inférieure fut un type héréditaire dans la famille de Charles-Quint. Voici la bouche de son père (fig. 184),

Philippe Ier, surnommé le Beau, souche de la maison autrichienne qui occupa le trône d'Espagne et de cette série de lippes royales qui ont dicté des lois à ce pays, pendant plus d'un siècle et demi.

La lèvre inférieure de Charles-Quint a été vulgarisée par des reproductions sans nombre. Elle était forte et en avant.

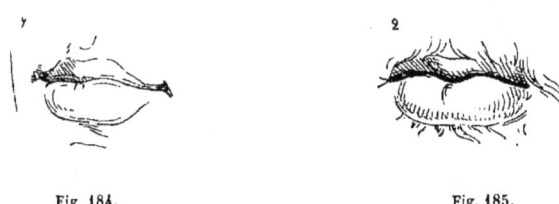

Fig. 184.   Fig. 185.

Voici la bouche de son successeur immédiat, Philippe II (fig. 185).

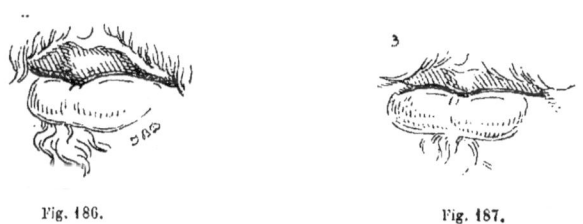

Fig. 186.   Fig. 187.

Même analogie chez Philippe III (fig. 186).

Des lèvres grosses sont aussi le sceau de l'origine de Philippe IV (fig. 187).

RESSEMBLANCE ENTRE ÉTRANGERS

En comparant des hommes ayant des instincts et des aptitudes semblables, on est frappé des points de ressemblance communs.

Il y a plus que de l'analogie entre cette tête (fig. 188) et cette autre (fig. 189).

Ces deux suppliciés ont vécu dans un milieu pareil. Ils ont commis le plus odieux de tous les forfaits, le parricide.

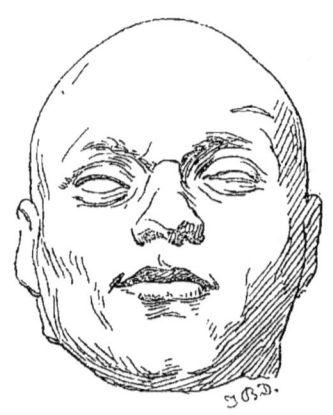

Fig. 188.

Examinez ces deux condamnés à mort (fig. 190 et fig. 191) pour vol à main armée sur une grande route. On les dirait jumeaux par la naissance, comme ils le sont de par le vol et le meurtre.

S'il est difficile, au premier aspect, de les désigner individuellement par leur nom propre, on n'hésitera pas à les stigmatiser de celui de criminels. Ceux-ci montrent plus d'intelligence et d'énergie que les deux parricides. Il faut une certaine audace de combinaisons pour surprendre la victime et l'attaquer en face, à son corps défendant; un père ou une mère tombent sous les coups d'un en-

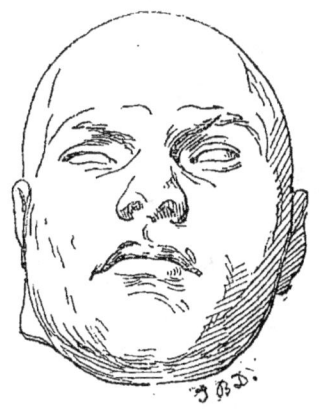

Fig. 189.

fant sans s'être mis en garde contre une telle monstruosité. L'attentat contre ses parents est d'une bête brute et d'un lâche.

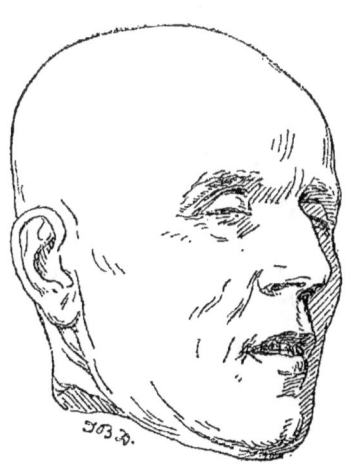

Fig. 190.

Laissons de côté ces rapprochements entre ces résidus de la boue humaine. Prenons des exemples dans les sommités sociales.

10

Ces profils ont une communauté de traits assez sensibles. L'un est celui de Jean-Jacques Rousseau (fig. 192), moulé sur le cadavre du grand littérateur citoyen.

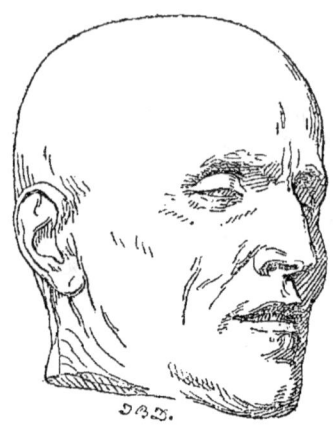

Fig. 191.

Le second représente (fig. 193) un savant théologien, au cœur

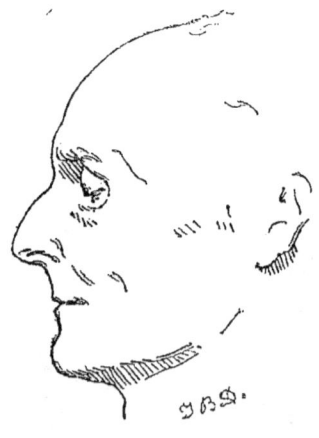

Fig. 192.

chaud et libéral, vivant dans la retraite au sein de l'étude. Le peintre Drolling, chargé d'exécuter le portrait de l'illustre Génevois, s'est puissamment aidé de la ressemblance de l'abbé avec le sujet à peindre : le prêtre a posé pour le philosophe.

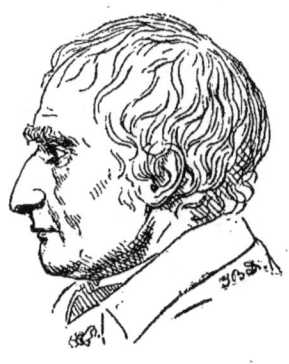

Fig. 193.

Notons encore cette singularité. Ce profil (fig. 194) rappelle celui de Louis XVI (fig. 195). Le premier, c'est celui d'un ouvrier

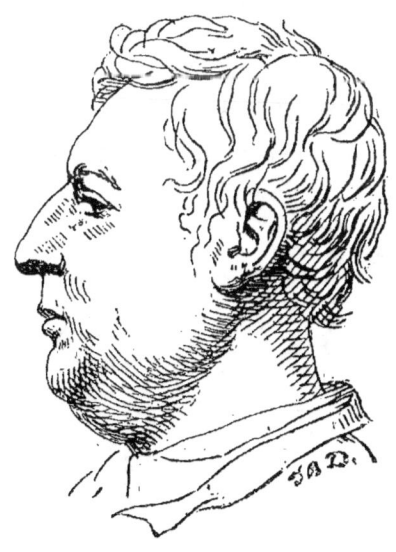

Fig. 194.

exerçant la serrurerie avec prédilection. L'ancien roi de France s'en occupait également avec succès. Le chef de l'Etat laissait avec bonheur de côté l'étiquette de la cour pour se mettre à table. Il prenait une nourriture abondante ; elle lui était indispensable. Nous avons vu son Sosie se débarrasser avec une vive satisfaction

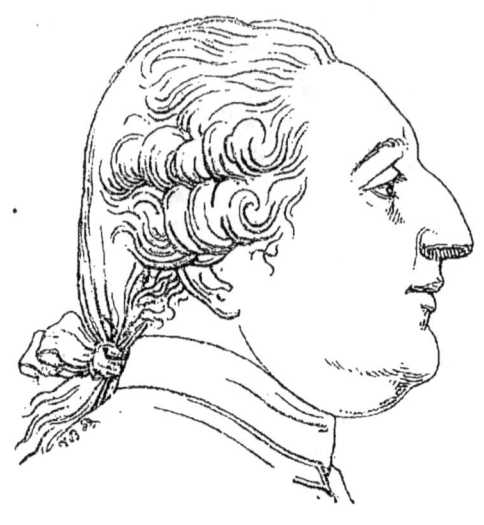

Fig. 195.

de son attirail pesant pour manger à son aise un repas copieux, sinon succulent et recherché. Il ne comprenait pas le jeûne ; il n'allait jamais au delà de son appétit, mais il devait le contenter.

DU CERVEAU

L'un des attributs principaux de l'espèce humaine est le volume et la répartition de la matière cérébrale, plus abondante en lui qu'en tout être vivant.

Cet organe présente, dans cette figure 196, la portion supérieure

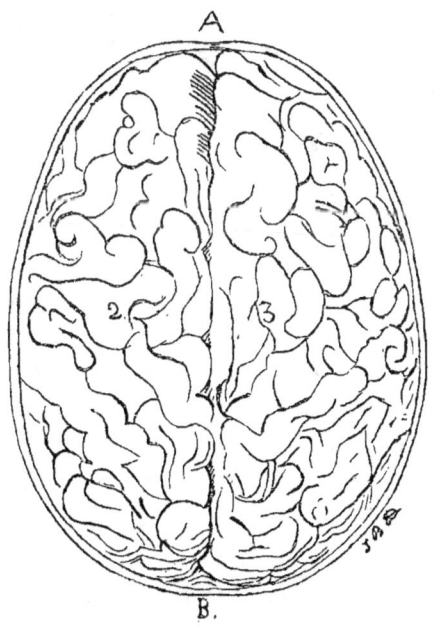

Fig. 196.

divisée en deux lobes : un droit (3), l'autre gauche (2). La partie antérieure (A) est plus resserrée ; la postérieure (B) occupe plus d'étendue.

Le profil (fig. 197) laisse à découvert le côté droit, et vers la base, en arrière, le cervelet (n° 1).

Le cerveau est l'officine où les sensations se condensent pour s'élaborer en facultés. Son poids est une présomption de sa puissance d'activité. Sa densité de contexture entre également dans l'appréciation de son énergie.

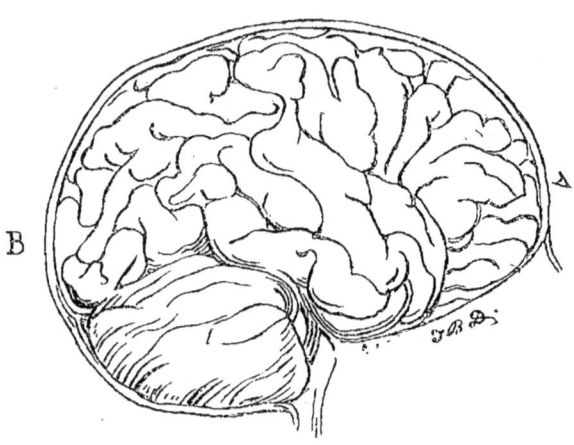

Fig. 197.

L'on a pesé les cerveaux de plusieurs hommes doués d'une haute intelligence. Les cotes obtenues sont :

Cuvier, 1,860 grammes.

Byron, 1,807 grammes.

Gauls, 1,492 grammes.

Dupuytren, 1,436 grammes.

Haussmann, 1,226 grammes.

La moyenne est ordinairement de 1,440 grammes.

La disposition des circonvolutions cérébrales en replis multiples a-t-elle pour but d'offrir à la pensée un plus long trajet d'élaboration, comme les sinuosités du tube intestinal favorisent l'absorption des molécules nutritives en les laissant en contact avec les vaisseaux absorbants dans un parcours ainsi prolongé? Il se passerait alors dans l'encéphale quelque chose d'analogue à la digestion. Dans cette hypothèse, si l'on pouvait déployer les plis

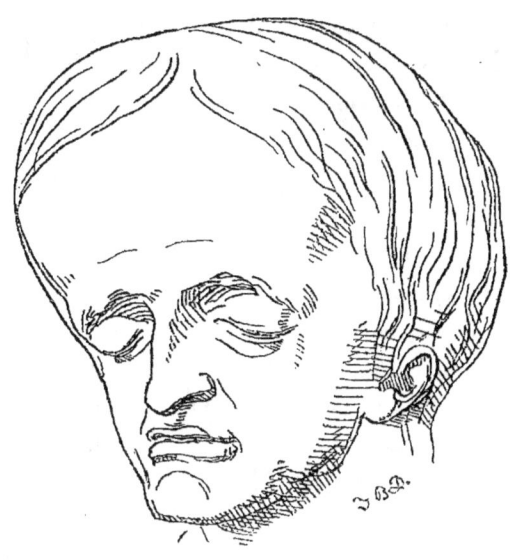

Fig. 198.

du cerveau comme on le ferait du serpentin d'un alambic, on juge-

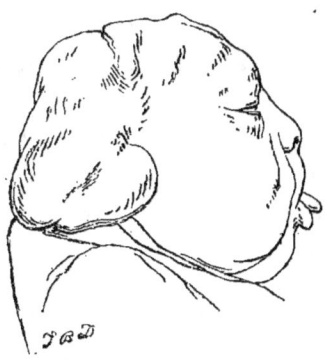

Fig. 199.

rait, par l'extension obtenue, de la force assimilatrice, et conséquemment de la valeur intrinsèque de l'organe. Parmi tant de systèmes hasardés, celui-là ne serait peut-être pas le plus déraisonnable.

Le développement cérébral a des limites; au delà, cette croissance anormale est la conséquence d'une altération pathologique. On en voit un exemple chez cet hydrocéphale (fig. 198).

Le manque de substance cérébrale provient d'un temps d'arrêt dans l'achèvement de l'organe pendant la vie fœtale.

Cet anencéphale (fig. 199) est venu à terme dans ces conditions. Il est né à la Maison d'accouchement de Paris, où nous l'avons dessiné d'après nature.

Une expérience, remontant à l'époque de la Fronde, prouve que l'on peut perdre une partie de la substance cérébrale et continuer de vivre. Lapeyronie, chargé d'un service de santé militaire sous Louis XV, a écrit un mémoire sur le siége de l'âme, qu'il place dans le corps calleux. Il raconte ce fait concluant : A la suite d'une blessure, en haut et au devant du pariétal gauche, il y eut une déperdition considérable de la substance du cerveau chez un jeune homme de seize ans. Deux mois de traitement amenèrent une guérison complète. Aucune incommodité ne survint; la tête resta libre comme auparavant.

Les études récentes de M. Flourens ont confirmé ces assertions. Il a enlevé un lobe entier du cerveau sur un animal, qui a survécu à l'opération sans éprouver de grands troubles dans les fonctions organiques ; la portion cérébrale restante a fait la besogne, seulement la vision du côté opposé à l'ablation était détruite. M. Flourens a été plus loin : il a retranché le cerveau proprement dit, tout entier; le vie organique a persisté pendant une année, mais avec perte de l'intelligence et du sens de l'animal. Dans une autre circonstance, la resection du cervelet n'a pas causé la mort de l'animal : il a vécu plus d'une année après la mutilation, mais sans recouvrer la régularité de ses mouvements.

Nous copions textuellement ce passage de l'*Examen de la phrénologie*, par M. Flourens : « On peut enlever à un animal, soit par devant, soit par derrière, soit par côté, soit par en haut, une portion assez étendue de son cerveau, sans qu'il perde aucune de ses facultés. »

Les travaux de Gall sur la physiologie du cerveau sont dans le domaine de la science. Il convient d'en rappeler ici les bases, sans prendre parti pour ou contre ses adhérents. La lutte dure encore ; elle a cet avantage incontestable de remuer des idées et de fixer l'attention sur l'analyse des facultés de l'homme et des animaux. Nous exposerons simplement les enseignements de la phrénologie.

Les actes du cerveau, selon l'impression apportée par les nerfs, se classent en quatre catégories :

1° Instincts ;

2° Sentiments ;

3° Facultés intellectuelles ;

4° Mouvements.

Les *instincts* agissent sur les organes destinés à communiquer l'impulsion au mécanisme de la vie et à l'entretenir. Les instincts ont leur point de départ dans les parties centrale, postérieure, latérale et inférieure du cerveau.

Les *sentiments* ont leur siège dans la portion cérébrale supérieure ; ils appartiennent au besoin de relations sociales.

La région frontale ou antérieure contient les *facultés intellectuelles*.

Les *mouvements* sont l'action du cerveau sur les organes intérieurs et les muscles.

Les anciens philosophes ont agité la question de savoir si les idées innées doivent prédominer les idées acquises par le fait des sens. Les platoniciens admettaient trois âmes humaines : la *végétative*, l'*animale* et la *rationnelle*. Bacon réduisit à deux ces propriétés : la *sensitive* et la *rationnelle*. Descartes affirma ce principe : « Je pense, donc je suis, » et donna la priorité au *moi*. Les opinions de Kant et de Jouffroy sont connues.

Les fonctions cérébrales sont localisées par Gall. Leur degré d'activité dépend de la force relative de leur centre nerveux et de leur excitation.

Les figures 200, 201 et 202 contiennent les subdivisions de la convexité crânienne en centres nerveux. Les mêmes chiffres indiquent les mêmes délimitations.

PHYSIOGNOMONIE.

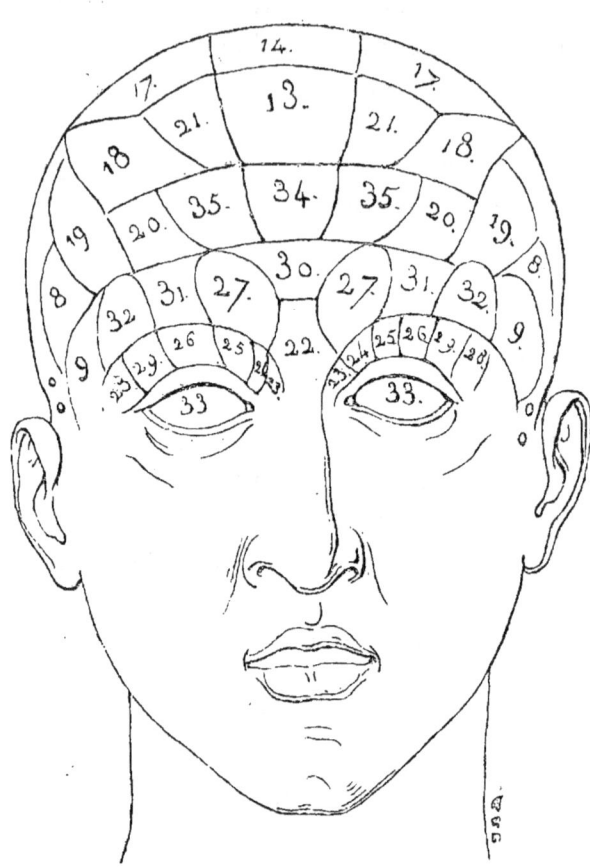

Fig. 200.

Penchants.

1. Amativité.
2. Philogéniture.
3. Habitativité (concentrativité).
4. Affectionivité (adhésivité).
5. Combativité.
6. Destructivité.
7. Secrétivité.
8. Acquisivité.
9. Constructivité.

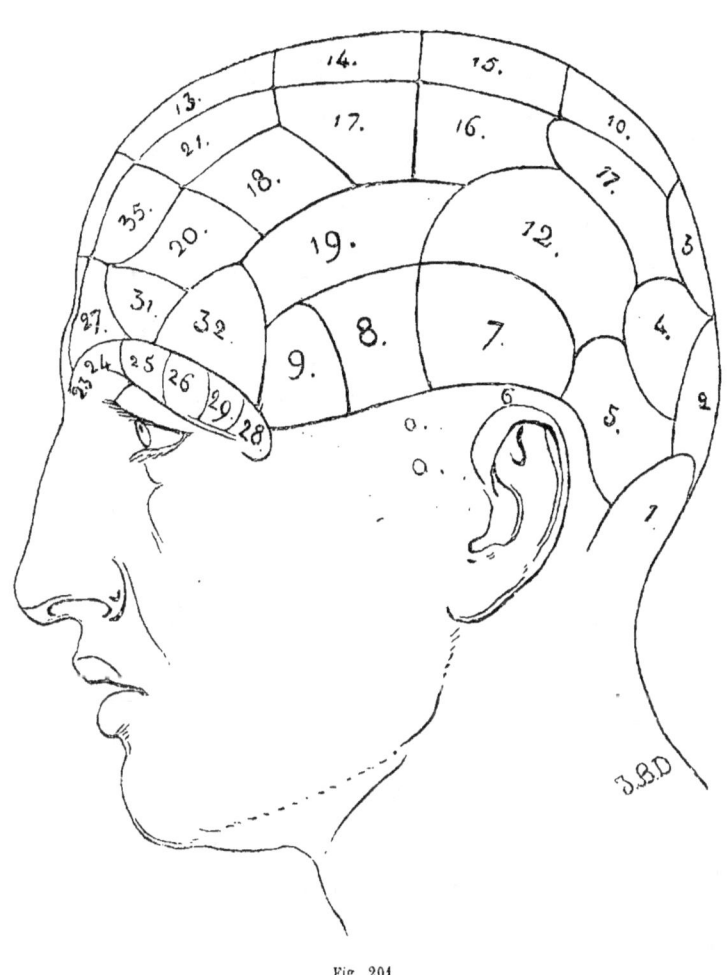

Fig. 201.

Sentiments.

10. Estime de soi.
11. Approbativité.
12. Circonspection.
13. Bienveillance.
14. Vénération.
15. Fermeté.
16. Conscienciosité.
17. Espérance.
18. Merveillosité.
19. Idéalité.
20. Gaieté ou esprit de saillie.
21. Imitation.

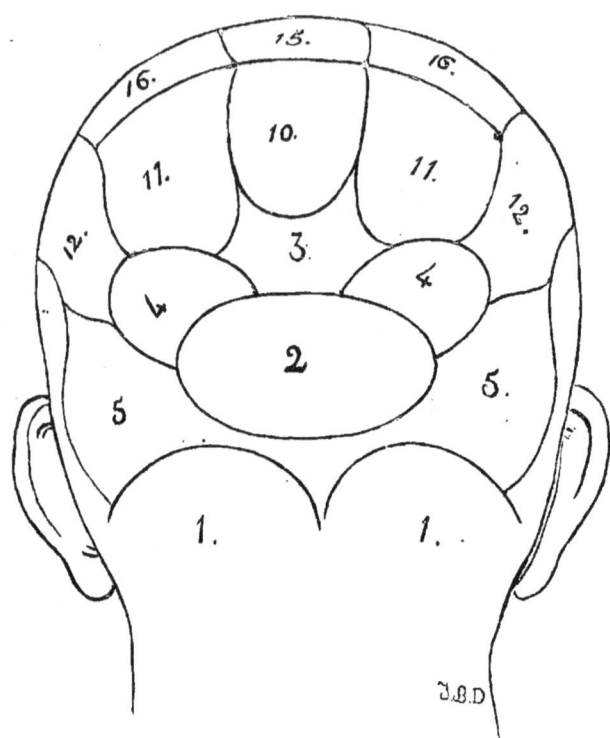

Fig. 202.

Facultés perceptives.

22. Individualité.
23. Configuration.
24. Etendue.
25. Pesanteur, résistance, tactilité.
26. Coloris.
27. Localité.
28. Calcul.
29. Ordre.
30. Eventualité.
31. Temps.
32. Tons.
33. Langage.

Facultés réflectives.

34. Comparaison.
35. Causalité.

Broussais considère comme douteux les organes de l'alimentivité et de l'amour de la vie, dont la place serait sous les lettres O, O, dans les figures 200 et 201 ; le premier en haut et le second immédiatement au-dessous, au devant de la partie supérieure de l'oreille.

Comment Gall a-t-il procédé pour établir sa théorie et la formuler en pratique? Il a comparé la saillie la plus prononcée sur le crâne d'un animal, ayant un instinct dominateur propre, à celle de la partie crânienne correspondante dans l'espèce humaine. Une longue série d'expériences l'a conduit à déterminer ainsi la situation de chaque organe des facultés de l'homme, en admettant un centre nerveux distinct pour chacune d'elles.

Le système pratique de Gall, réduit à sa plus simple expression, consiste donc à palper la tête et à trouver, avec l'éminence la plus forte, celles qui doivent concourir à modifier l'indication du centre principal, soit en la corroborant, soit en l'atténuant.

Peut-on parquer les actes cérébraux dans ces circonvolutions multiples, liées entre elles par le fait d'une substance commune ? C'est la question primordiale à résoudre. Nous croyons vraie l'attribution de la région frontale aux actes plus particuliers de l'intelligence, en rattachant à la partie postérieure l'ensemble des phénomènes de la vie animale. Nous confessons ne pas avoir la même confiance dans les autres affirmations du maître.

Quoi qu'il en soit, Gall a mis les métaphysiciens exclusifs en demeure de compter avec le rationalisme de la physiologie. C'est un résultat immense.

Nos lecteurs trouveront dans des ouvrages remarquables le moyen de s'éclairer sur cette doctrine. Nous citerons en sa faveur les publications de Spurzheim et de Broussais; les Essais de phrénologie de Combes, 1809 ; le Traité de phrénologie humaine et comparée de Vimont, 1832-1835 ; le livre de Théodore Poupin, 1837; les Leçons de phrénologie scientifique et pratique de Mariano Cubi I Saler, 1858.

Parmi les opposants, nous nommerons : Sarlandière, *Examen critique de la classification des facultés cérébrales*, adoptées par MM. Gall et Spurzheim, et des dénominations imposées à ces facultés ; — Cerise, *Exposé et examen critique du système phrénologique*, 1836 ; — le docteur F. Lelut, auteur du *Rejet de l'organologie phrénologique de Gall et de ses successeurs*, 1843 ; — l'*Examen de la phrénologie*, par M. Flourens. Plusieurs éditions de ce travail ont paru de 1842 à 1860.

Un grand nombre de pièces relatives à cette controverse ont été insérées dans le journal de la Société phrénologique de Paris et dans le *Phrenological Journal* d'Edimbourg.

DU CRANE

Le cerveau est logé sous une enveloppe solide et résistante. Elle se compose de plusieurs pièces formées de deux tables osseuses, séparées par un intervalle rempli d'une substance réticulaire moins dense. Cette disposition concourt, avec les cheveux et les parties molles environnant la tête, à la protéger contre tout choc violent. Ici les os ne sont plus des leviers mobiles; ils servent de parois unies et soudées par des sutures constituant un tout inséparable chez l'adulte. Cette boîte osseuse a reçu le nom de *crâne;* c'est le coffre-fort des facultés.

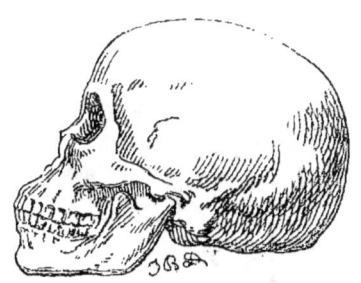

Fig. 203.

Moins le crâne est épais, mieux il reproduit, sur sa surface externe, les saillies du cerveau. Dans toutes les races, le diamètre antéro-postérieur est relativement plus long chez la femme que chez l'homme. La tête de négresse (fig. 203) confirme cette règle.

La forme du crâne diffère de peuple à peuple, dans ses généralités et par les détails, chez les individus.

Nous avons montré les caractères principaux du crâne dans les familles caucasienne, mongole et noire, en parlant des races humaines. Nous empruntons au cabinet anatomique de l'Ecole de médecine de Paris les six exemples suivants :

Jeune peau-rouge, seize ans (fig. 204).

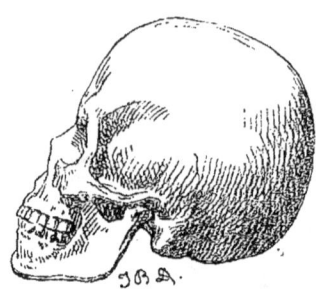

Fig. 204.

Ce naturel des bords du golfe du Mexique (fig. 205) présente une conformation bizarre du coronal. Il doit être considéré comme une exception, et n'est pas un spécimen mexicain.

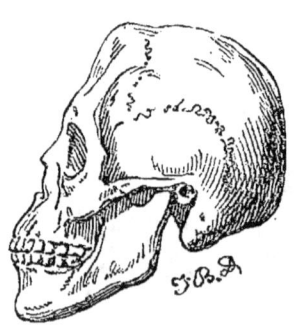

Fig. 205.

Bengali (fig. 206), race brune.

Imar ou Guicha (fig. 207); république de Bolivie, Amérique du Sud.

La dépression du crâne de ce Caraïbe (fig. 208) est très-prononcée; elle est plus forte encore dans la tête (fig. 209) prise dans un ancien tombeau de la Bolivie.

Aucun de ces crânes n'est comparable, pour l'ampleur et la forme, à celui-ci (fig. 210), vu de face, et dont nous avons cru devoir reproduire également le profil (fig. 211).

Ce beau type a été découvert dans une fouille près d'Athènes.

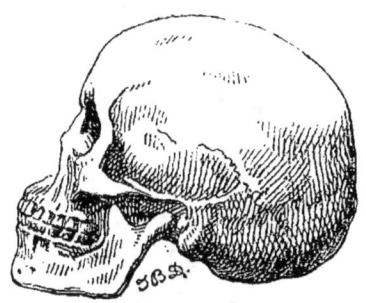

Fig. 206.

Ce caractère grec est très-remarquable. A côté se trouvait cette tête (fig. 212), appartenant à un autre pays. La même tombe aurait-elle recueilli le vainqueur et le vaincu, le maître et l'esclave?

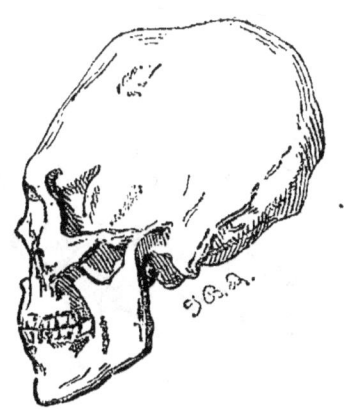

Fig 207.

L'épaisseur des os du crâne doit être comptée en déduction du volume du cerveau, dans son appréciation approximative pendant la vie. C'est un point inconnu du problème. Le cabinet du Muséum d'histoire naturelle possède un os crânien mesurant

11

presque 1 centimètre entre la surface interne et la surface externe des deux lames réunies.

Une expression populaire et souvent usitée : « Avoir la tête dure, » est donc essentiellement physiologique quand on l'applique à un esprit borné.

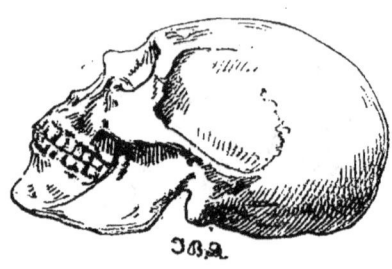

Fig. 208.

La force de résistance du crâne augmente jusqu'à l'âge mûr. Elle est presque nulle au moment de la naissance. Certaines peuplades sauvages façonnent la tête de leurs enfants, afin de leur donner un aspect plus terrible ou plus conforme à l'idée de beauté

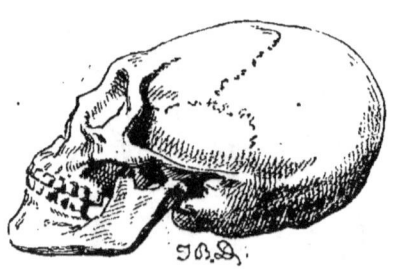

Fig. 209.

en faveur chez elles. Il faut bien l'avouer, les sauvages ne sont pas les seuls à vouloir rectifier l'extériorité humaine. Dans notre France civilisatrice, on rencontre encore des nourrices assez stupides pour pétrir à leur guise la tête des nouveau-nés confiés à leurs soins. L'un de nos plus savants et plus éloquents professeurs nous a dit avoir subi cette absurde coutume. Nous n'avons pas besoin d'ajouter que si la forme extérieure a été modifiée, il n'a pas été porté atteinte à sa haute intelligence, dont la mort vient de priver le monde scientifique.

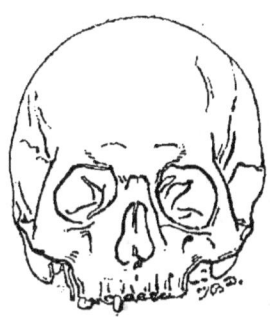

Fig. 210.

Ce fait nous conduit à nous demander : Si le système de Gall était vrai, pourrait-on corriger les mauvais penchants en comprimant les saillies dévolues aux prédispositions nuisibles pour laisser développer les parties assignées par le phrénologiste aux fa-

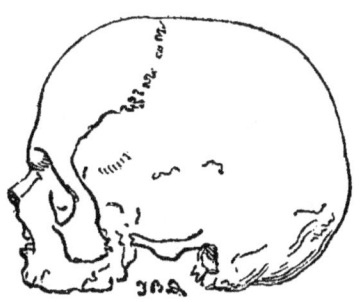

Fig. 211.

cultés élevées et généreuses? On agirait ainsi sur l'enfant comme sur le jeune arbre, dont on émonde les branches parasites pour favoriser celles qui sont destinées à porter de bons fruits. Nous ne croyons pas à un pareil résultat matériel. L'éducation doit être le correctif de l'emploi des impulsions faisant fausse route. La nature n'a rien produit de trop; il faut la comprendre et la seconder, sans avoir la prétention de la contraindre dans sa marche.

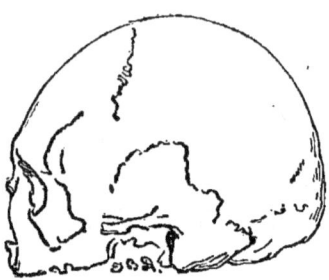

Fig. 212.

L'on possède heureusement d'autres moyens de neutraliser des tendances dangereuses. On oppose au vice la qualité préservatrice comme un antidote. La difformité corporelle s'atténue par des procédés physiologiques ou artificiels.

DU CRANE DES SINGES

Le singe est l'animal le plus rapproché de l'espèce humaine par sa conformation générale. Il a bien moins de substance cérébrale, et, par conséquent, un crâne étroit et déprimé en raison de l'abaissement de son degré d'intelligence relative.

L'orang-outang (fig. 213) peut être considéré comme le chef de

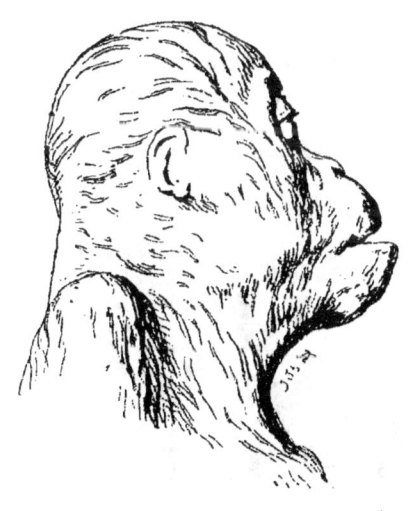

Fig. 213

file; il doit passer avant le gorille, si l'on tient compte de la saillie du front chez l'un et l'autre.

Le gorille (fig. 214) a la région frontale plus aplatie; elle l'est davantage chez sa femelle (fig. 215).

Dans ce couple, la matière cérébrale est moins en avant; elle l'est plus dans l'orang-outang et le chimpanzé (fig. 216); aussi remarque-t-on plus d'analogie entre ce dernier et certaines variétés

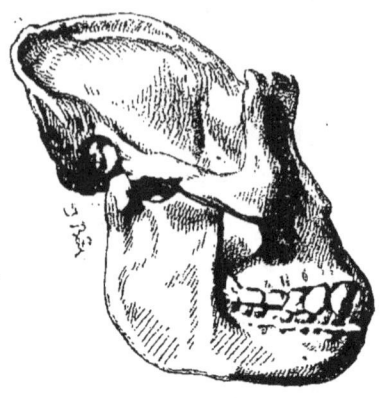

Fig. 214.

de la race noire. Nous avons connu, parmi nos compatriotes, des individus assez maltraités physiquement pour offrir des points

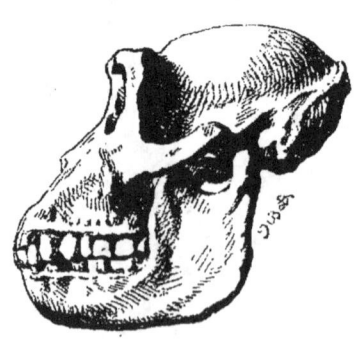

Fig 215.

de ressemblance avec la famille des singes et s'y voir classés par la malignité publique.

En général, le singe a le front surbaissé, les yeux vifs, le nez petit et épaté, la bouche grande et grimacière, comme on le voit

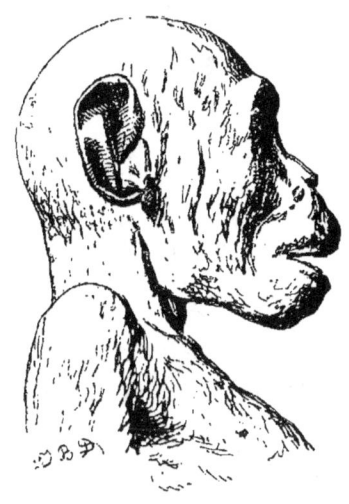

Fig. 216.

dans cette figure (217). Il n'est ni le prédécesseur ni la dégénéres-

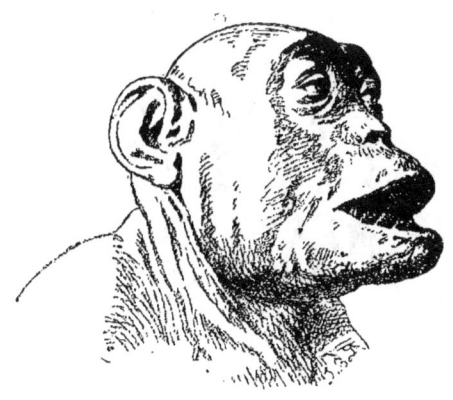

Fig. 217.

cence de l'espèce humaine ; il l'avoisine et ne se confond pas avec elle.

DE LA FACE

Nous procédons de l'ensemble aux détails; nous traçons trois divisions génériques des signes extérieurs en regard de la cause morale dont ils sont les effets :

1° Traits en équilibre : — calme intérieur;

2° Traits fortement accentués et très-mobiles : — surexcitation habituelle;

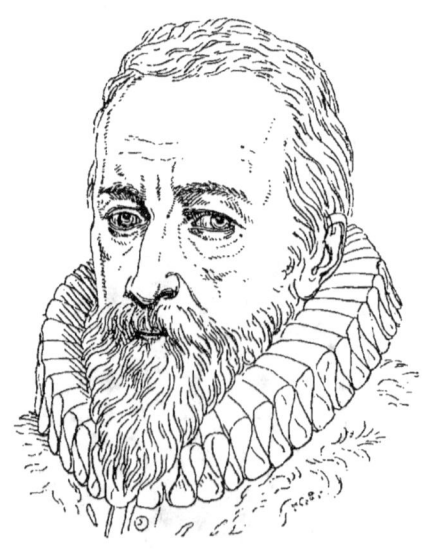

Fig. 218.

3° Traits dirigés vers la ligne médiane : — état concentrique simple; — sous-excitation, s'il y a abattement; — premier degré des passions violentes, s'il y a contraction énergique.

L'homme juste d'Horace appartient au premier type, dans le

degré le plus élevé de l'échelle sociale. Le Roi d'Yvetot, de Béranger, en occupe un des bas échelons.

Le vieux Barneveldt (fig. 218) aurait pu poser devant le poëte latin. L'intégrité du grand pensionnaire de Hollande et son ardent amour pour son pays n'ont été égalés que par sa fermeté politique. Il avait soixante-dix ans quand il mourut sur l'échafaud.

Vincent de Paul (fig. 219) a la sérénité de l'homme utile et dévoué, s'oubliant dans les autres avec la satisfaction d'un devoir accompli.

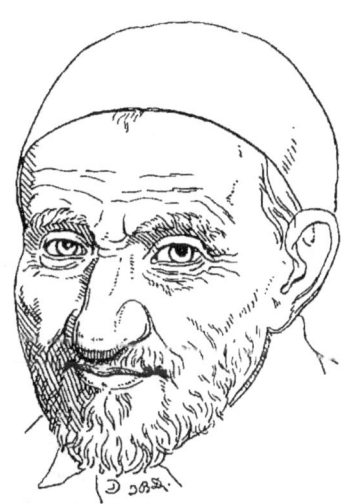

Fig. 219.

Si le livre d'or de l'humanité montre avec orgueil les noms de ses bienfaiteurs au cœur chaud, surexcité par de nobles sentiments, l'histoire nous fournit trop d'exemples de la seconde catégorie, dans ces monstres qui se sont fait une arme meurtrière du fer ou du sceptre, pour assouvir des passions effrénées.

Les assassins et les tyrans sont marqués du stigmate de la violence. Les plus dangereux essayent en vain de cacher, sous un flegme apparent, l'énergie de leurs vices. Les uns ressortent sur le fond brillant d'un palais ; les autres s'effacent dans l'obscurité du bagne, s'ils n'ont pas eu l'occasion de se poser sur un piédestal en subissant courageusement le dernier supplice.

Poulman (fig. 220) et Soufflard (fig. 221) forment un cortége à l'infâme empereur Néron (fig. 222), d'exécrable mémoire.

Le caractère de la sous-excitation est l'abattement.

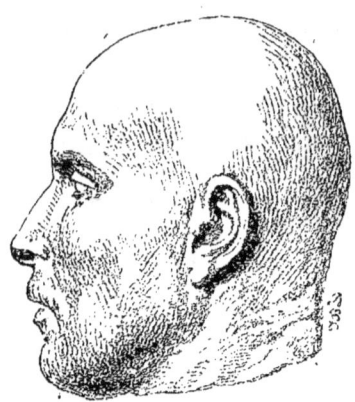

Fig. 220.

De longs chagrins ont affaissé les traits de ce visage (fig. 223) et penché ce front chargé de tristes souvenirs.

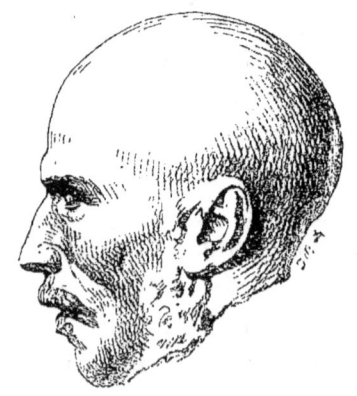

Fig. 221.

La tête affaiblie du Tasse (fig. 224) raconte l'histoire de ses douleurs, en laissant rayonner la partie supérieure, empreinte du génie du poëte.

La sous-excitation attriste les lieux où les découragés vont s'en-

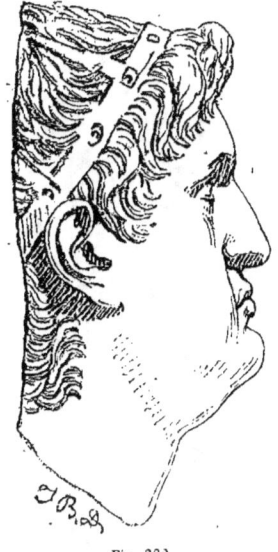

Fig. 222.

terrer, vivant d'une existence végétative, et déjà morts à la vie

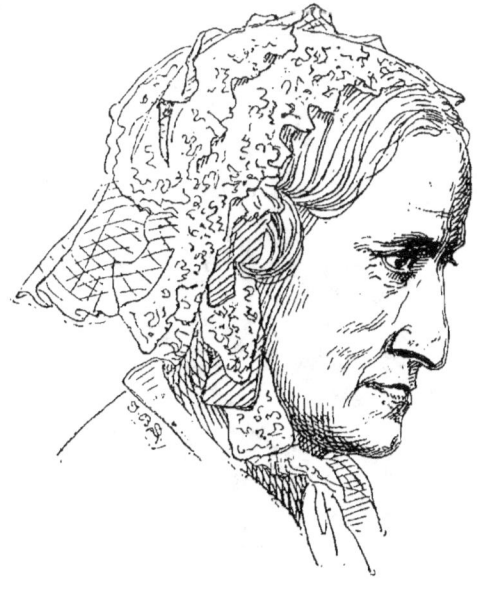

Fig. 223.

intellectuelle par la perte de leurs illusions.

Les faibles, les affligés, les souffrants, les martyrs résignés, les

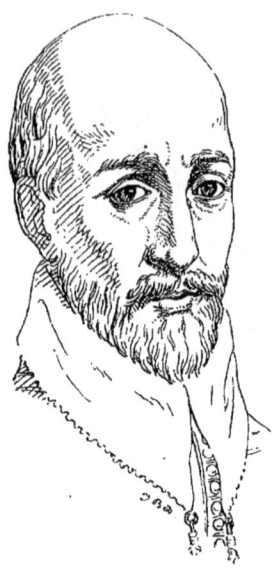

Fig. 224.

travailleurs épuisés par d'incessantes fatigues ; ceux dont la fin

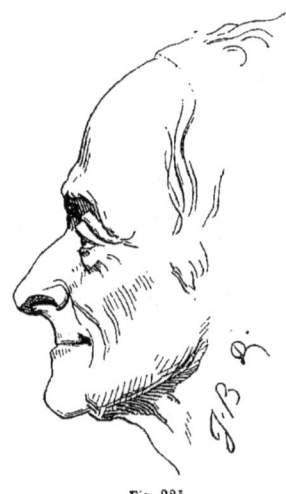

Fig. 225.

approche, jeunes ou vieux ; les êtres passifs ont l'aspect de l'abat-

DE LA FACE. 173

tement, les muscles rapprochés de la ligne médiane et les chairs tombantes.

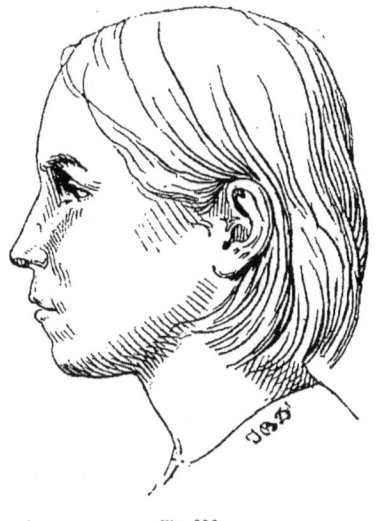

Fig. 226.

A côté de cette triple classification expressive, nous ajouterons deux subdivisions topographiques.

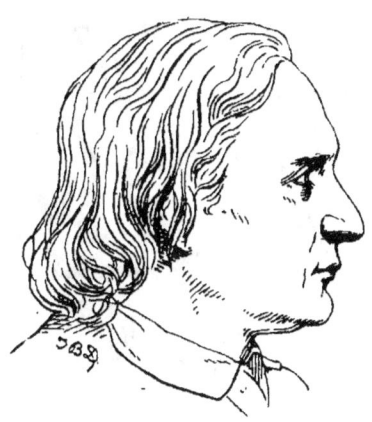

Fig. 227.

La face se compose de deux parties : l'une, supérieure ou crânienne, a pour base les yeux ; la seconde descend de cette zone intermédiaire commune, jusqu'au-dessous du menton. Le haut correspond à l'intellect; les passions abdominales se reflètent dans

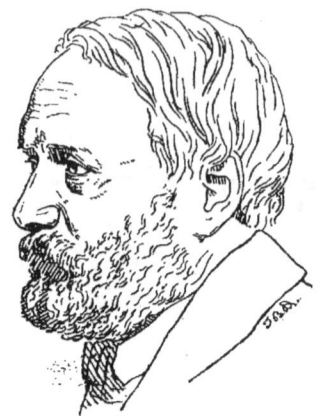

Fig. 228.

la région basse; l'expression habituelle du regard accentue et complète l'indication de prédominance du caractère.

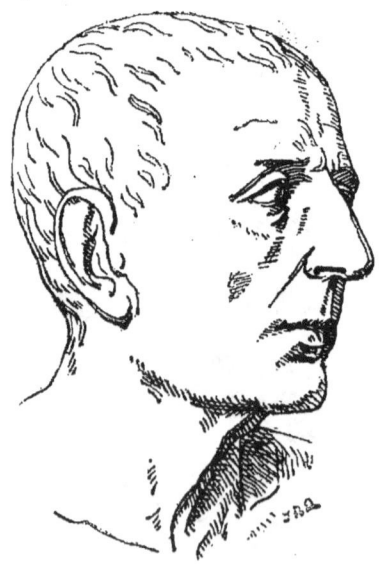

Fig. 229.

Le front de Voltaire (fig. 225) a beaucoup plus d'importance que la partie inférieure. Un œil plein de finesse, un sourire ironique, disent l'homme de génie et le lutteur armé du ridicule.

A treize ans, cette jeune fille (fig. 226) était initiée aux mystères de la débauche. Ici la région maxillaire est la plus forte ; l'impureté l'enlaidit ; les appétits grossiers s'y montrent dans leur crudité native. Ses malheureux parents en attendaient mieux ; ils lui avaient donné, sur les fonts de baptême, sainte Angélique pour patronne. Quelle dérision !

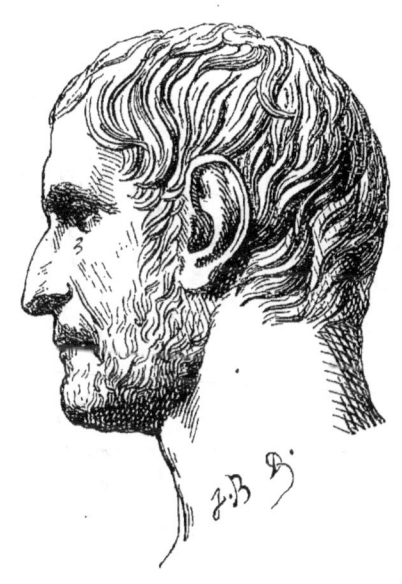

Fig. 230.

Voici un poëte illustre à deux époques de sa brillante carrière. Le chantre des *Orientales* (fig. 227) se reconnaît à son vaste front, à l'enthousiasme de sa prunelle ardente. Plus tard (fig. 228), l'exil a sillonné ce front sans lui rien ôter de son ampleur magistrale. L'œil a la sévérité du juge et la fermeté d'une conviction profonde. Devons-nous y voir aussi les regrets de la patrie absente ?

Le penseur absorbé par une idée fixe a le cerveau plein et les joues creuses. Cicéron (fig. 229) s'amaigrit en songeant à Catilina.

Une préoccupation constante donne un aspect sévère à cette tête de Brutus (fig. 230), que le général Bonaparte exigea du pape, pour être envoyée au Musée français. Bonaparte commençait alors son apprentissage de la dictature.

Avec l'inertie de l'esprit et l'activité de l'estomac, le front est étroit ; les muscles des mâchoires sont gras et charnus.

Nous reproduisons le masque antique de Vitellius (fig. 231), dont la gloutonnerie excita l'admiration de ses affidés, si renommés pour leur gourmandise. La surabondance des chairs pèse sur le col

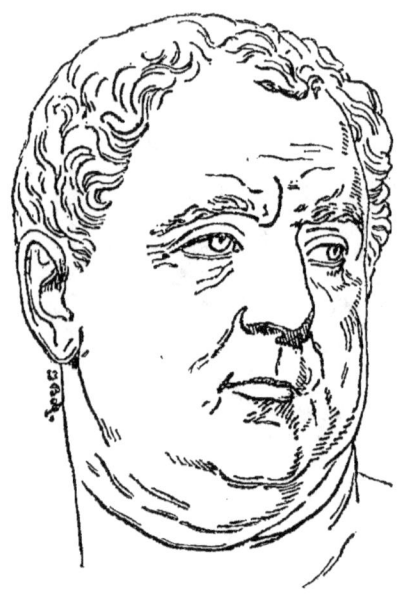

Fig. 231.

tuméfié. Cette masse a l'apparence du tissu graisseux d'un animal immonde.

A toute la distance qui sépare de véritables qualités personnelles des vices de l'ancien maître de Rome, nous placerons un exemple récent : le dernier roi des Français, mort sur le sol étranger, avait le bas du visage élargi. On n'a pas oublié la préoccupation de ce père de famille. Il se complaisait à l'amélioration et à l'augmentation de ses domaines ; passion tenant aux appétits physiques. Son règne a été celui des intérêts matériels.

John Dryden (fig. 232) aimait l'argent. Il a laissé plus d'une fois sa muse céder aux propositions de Plutus.

J.-B. Tavernier (fig. 233) parlait un grand nombre de langues. Il a rapporté de ses lointains voyages des richesses immenses. Le savant s'alliait au commerçant. Le bas de son visage est développé, sans néanmoins empêcher d'apprécier un front intelligent, comme

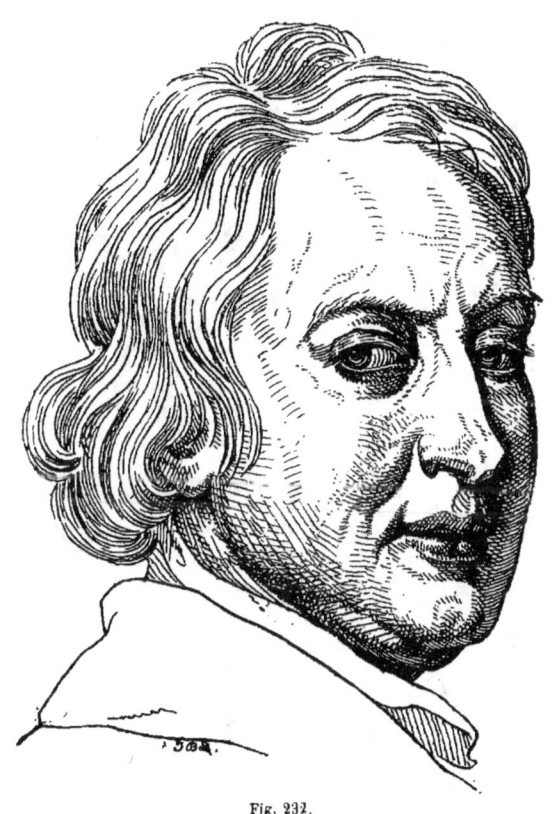

Fig. 232.

on le remarque aussi chez le poëte anglais que nous venons de nommer.

En général, les êtres positifs ont un visage à base large et solide. Il devient charnu sous l'influence abdominale ; il s'amoindrit de ce que le cerveau acquiert par un long travail.

Le masque au front et au menton fuyants témoigne d'une incapacité morale et physique. Ce profil (fig. 234) est celui d'un idiot.

Ici l'esprit et le ventre sont inertes ; l'insouciance est son état habituel. Un tel infirme est plus qu'un végétal et moins qu'un homme.

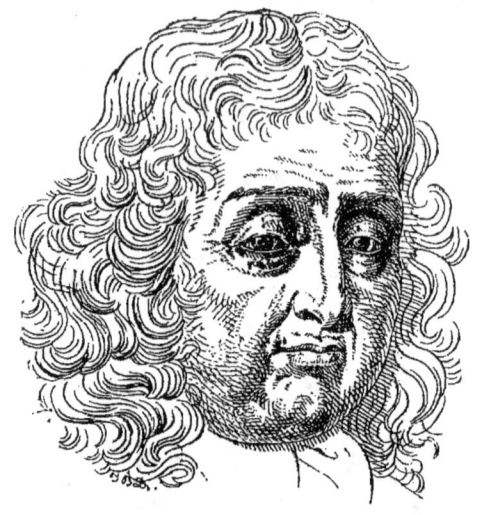

Fig. 233.

En raison de l'antagonisme existant entre les facultés de l'intelligence et les facultés purement matérielles, il est impossible d'as-

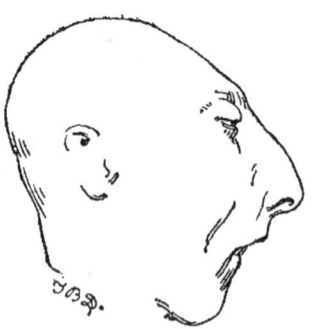

Fig. 234.

seoir un jugement complet sur la valeur réelle des unes et des autres, si l'on ne s'aide pas de la comparaison des deux portions haute et basse du visage. L'importance de la dernière vient en déduction de la signification de la région supérieure, et réciproquement. Le front de Voltaire et celui de Lamennais ont toujours surmonté des joues maigres. La tête de Napoléon présentait le même contraste sous la République. Son front a eu un masque plein pour appendice sous l'Empire.

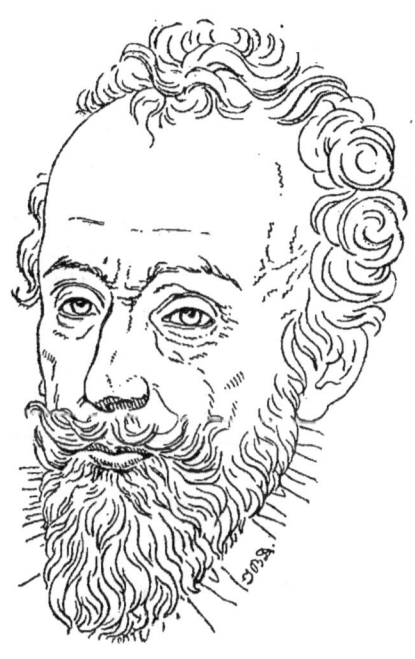

Fig. 235.

La tête de François de Malherbe (fig. 235) montre, dans la région frontale, une imagination poétique dominant le reste de la face.

Le front de Pascal (fig. 236) est soutenu par un visage accentué inférieurement, qui ajoute les qualités du positivisme à la fécondité de l'intelligence.

Il y a dans cette étude comparative tout un système de pondération dont on ne peut s'affranchir. Aussi nous insistons, en con-

180 PHYSIOGNOMONIE.

seillant de ne jamais considérer une partie en faisant abstraction du reste. Le spectateur placé sur la rive ne regarde pas seulement

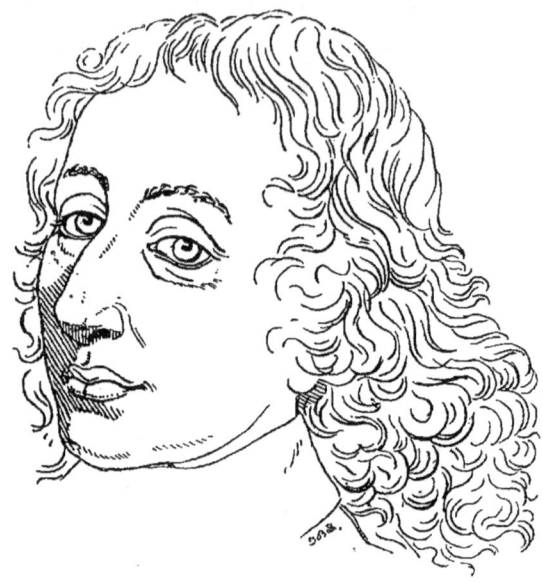

Fig 236.

de quel côté le vent souffle dans les voiles; il a besoin d'examiner la direction imprimée par le gouvernail au navire, afin de mieux apprécier les intentions du commandant de la manœuvre.

DU FRONT OSSEUX

Le front est le relief de l'intelligence.

Les dimensions de la région frontale correspondent à la force et à l'étendue des facultés supérieures.

Empruntons d'abord deux observations à l'enfance. Gall a constaté dans ce sujet (fig. 237) une aptitude singulière pour la mimique.

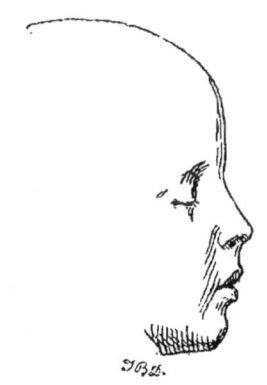

Fig. 237.

En 1861, ce front de deux ans (fig. 238) donnait déjà des preuves d'une conception remarquable. Ces promesses se sont largement réalisées depuis.

Il ne faut pas s'arrêter rigoureusement à la mesure de la surface antérieure du front; il est indispensable de jauger sa capacité réelle, en calculant les trois dimensions de la calotte sphérique qui le forme.

182 PHYSIOGNOMONIE.

Dans plusieurs cas, la qualité de la substance cérébrale supplée le volume. Nous citerons Arago; personne n'a été plus habile à

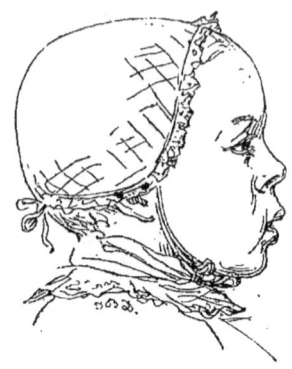

Fig. 238.

généraliser la science. Peu de savants ont réuni tant de connaissances diverses. Son profil seul, abstraction faite des autres signes

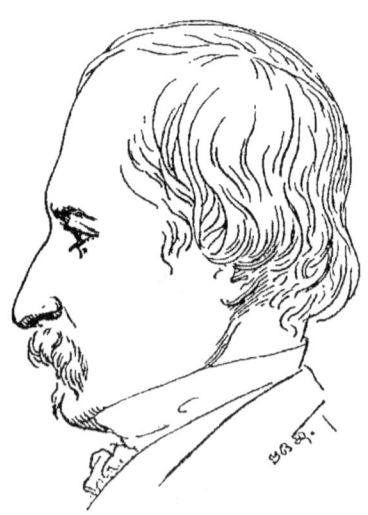

Fig. 239.

révélateurs, ne semble pas, au premier aspect, appartenir à cette haute organisation intellectuelle; elle s'explique subsidiairement par une constitution énergique et par la masse de l'encéphale contenue entre les parois latérales et la base.

Le front se modifie avec le progrès des facultés de l'entendement. Une série de fronts, moulés sur le même individu, de cinq en cinq années, à partir de l'enfance jusqu'à l'époque de la maturité, le démontre clairement. L'acquis de l'intelligence se cote en augmentation et en condensation cérébrales.

En examinant le plan du front vu de profil, selon l'angle qu'il

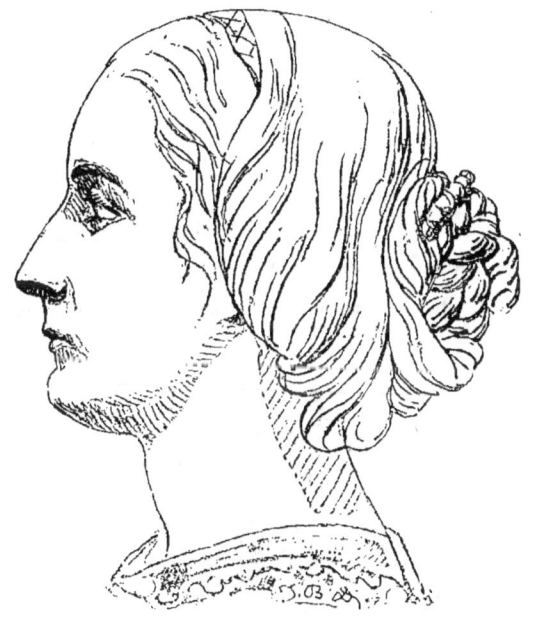

Fig. 240.

forme avec la ligne passant par l'œil et le trou auditif de l'oreille, il est droit, — fuyant en arrière, — ou penché en avant.

Le front droit (fig. 239) est l'indice des facultés dont l'imagination agrandit la puissance, s'il est large et haut.

Ce front (fig. 240) est plus positif; il est apte à recueillir, à élaborer et à transmettre les connaissances fournies par l'étude.

L'inclinaison surbaissée du front (fig. 241), avec étroitesse latérale, marque l'absence complète de lucidité d'esprit.

Le front surplombant signale une propension à la rudesse et à l'emportement. Ce jeune sourd-muet (fig. 242), doué de dispositions incontestables, avait de fréquents accès de colère suscités par la jalousie.

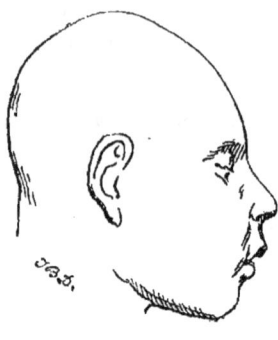

Fig. 241.

Le front du penseur est moins en dehors. Nous en empruntons un modèle à l'Angleterre, le profil de Cobden (fig. 243), ce méditateur studieux, dont le nom européen se lie à de grandes vues

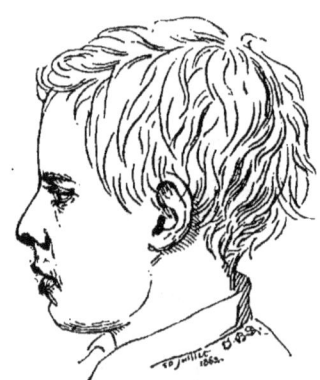

Fig. 242.

politiques, et dont la parole puissante et habile a su défendre et propager des idées généreuses.

La tête de Richard Cobden est très-caractéristique par le développement du front et le peu de volume de la partie inférieure du visage. L'œil est vif ; il paraît fatigué par un travail assidu. Le nez tend à la forme aquiline ; les narines sont mobiles ; leur ouverture est largement accentuée ; la bouche sourit avec bienveillance ; le menton est fin ; des plans solides attestent la fermeté de conduite et la ténacité des convictions. Le sceau du génie rayonne

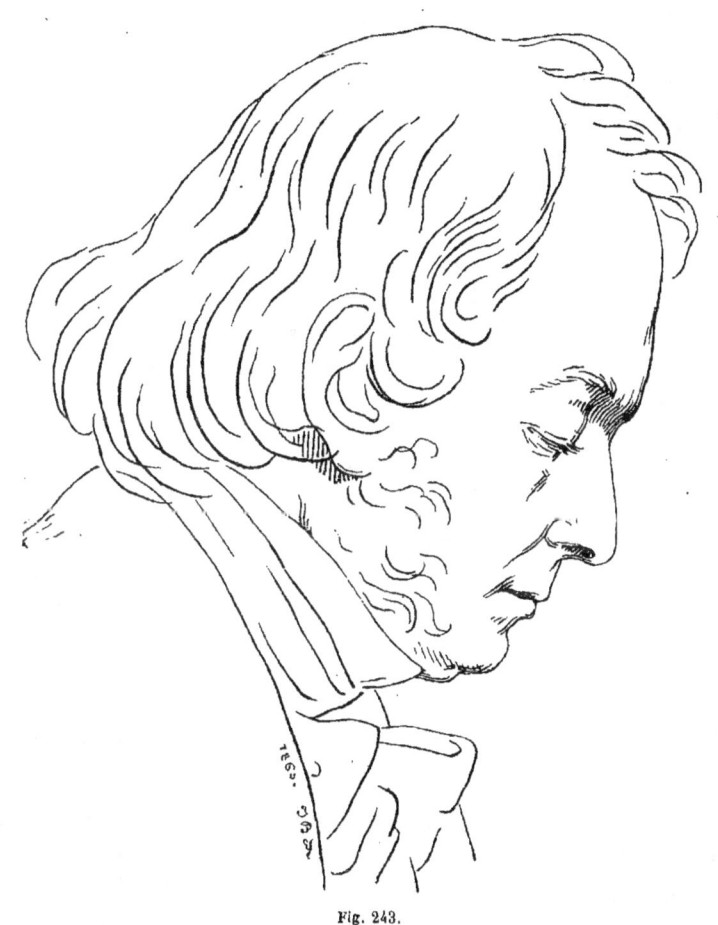

Fig. 243.

sur cette noble physionomie empreinte du type national. De beaux cheveux retombent en arrière : le temps les a rendus gris. La taille de Cobden est élevée ; ses gestes, pleins de dignité, sont souples et expressifs.

La séance unique accordée par Cobden fut courte pour l'artiste et ne parut pas longue au modèle. Il écrivait, s'interrompant seulement pour dire : « C'est vraiment bien agréable de poser ainsi. » Il désira savoir dans quel but je prenais sa tête. Il écouta le bref exposé du système physiognomonique auquel se rattachait l'étude de ses traits, où prédominaient visiblement les facultés intellectuelles, la portion supérieure étant le siége de l'intelligence. « C'est-à-dire, continua Cobden, que le diable loge dans la partie basse. »

Il n'avait pas quitté la plume. Il inscrivit spontanément son nom et la date du jour au-dessous du dessin. Il me tendit la main

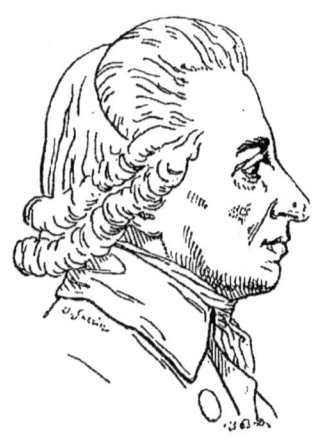

Fig. 244.

cordialement; je la serrai avec le sentiment d'une respectueuse reconnaissance.

Cinq ans se sont à peine écoulés depuis l'instant où cette note fut écrite. Le grand citoyen ne pouvait plus grandir dans l'estime des amis de la liberté. La mort a consacré ses titres à l'admiration publique, en excitant des regrets universels.

Voici le profil de l'auteur de la brochure publiée en 1789 sous ce titre : *Qu'est-ce que le Tiers Etat? Tout. — Qu'a-t-il été jusqu'ici? Rien. — Que demande-t-il? Devenir quelque chose.* L'abbé Sieyès (fig. 244) fut un homme politique plein d'initiative dans des circonstances difficiles. Il avait le front élevé, se projetant légèrement en arrière. Sieyès eut une influence marquée dans la direction des affaires nationales; il prit une part active à la grande révolution rançaise.

Si l'on considère l'ampleur relative, le front le plus vaste sera le mieux partagé. Les deux fronts ci-dessous ont porté la couronne de Suède. Celui de Christine (fig. 245) est le moins élevé; la partie inférieure de la face est développée.

Le front d'Ulrique Éléonore (fig. 246) prédomine dans l'ensemble des traits.

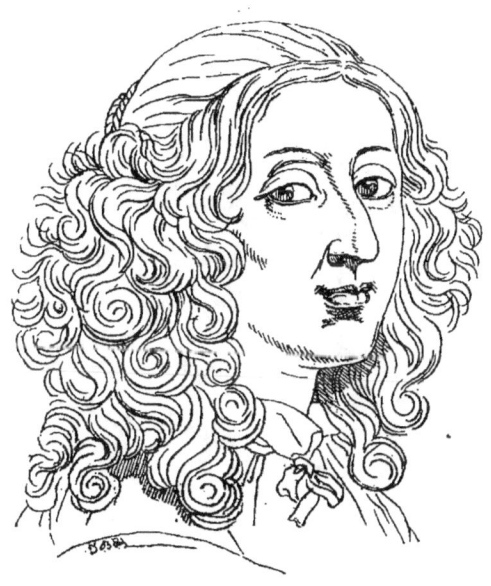

Fig. 245.

Ces deux reines ont également cultivé les lettres et les arts. La fille de Gustave-Adolphe a mené une vie irrégulière, où les passions ont joué un rôle, dont l'assassinat de Monaldeschi est un épisode et un résultat. La fille de Charles XI a laissé des souvenirs purs de tout alliage de mauvais aloi.

Le front de Benjamin West (fig. 247) est remarquable par ses dimensions. Ce peintre américain a produit des tableaux d'histoire d'un grand caractère. Cette organisation est celle d'un penseur et d'un artiste.

Girodet (fig. 248), poëte dans ses peintures et peintre dans ses poésies, avait un front étendu.

Le degré d'ouverture de l'angle frontal correspond à celui de la valeur des conceptions.

Voltaire (fig. 249) a l'un des plus vastes fronts connus.

Nous signalons l'Arioste (fig. 250); il a créé le *Roland furieux*, l'un des beaux poëmes de l'Italie. Comme le peintre Rubens, il s'est occupé d'affaires politiques.

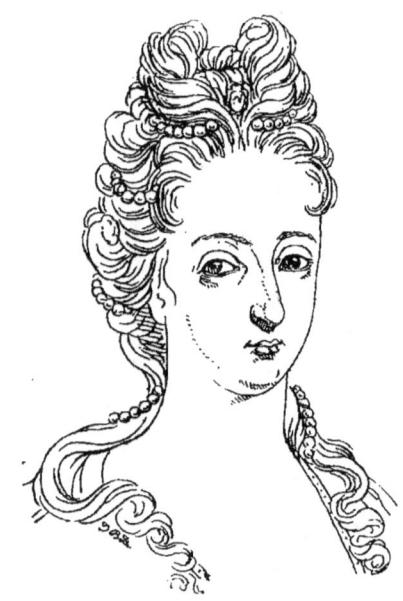

Fig. 246.

Les Italiens s'honorent aussi des œuvres poétiques du cavalier Marin (fig. 251), l'auteur d'*Adonis* et d'autres ouvrages dont l'amour est le thème important. Le bas de ce visage indique cette tendance aux molles rêveries du sensualisme.

Les images de nos grands poëtes sont dans toutes les mémoires, aussi bien que leurs œuvres; nous avons retracé les portraits de la plupart d'entre eux, nos lecteurs pourront les analyser. Nous croyons utile maintenant de placer ici des profils à angles moins ouverts.

J.-B. Legouvé (fig. 252) doit sa réputation à des vers gracieux sur *le Mérite des femmes*.

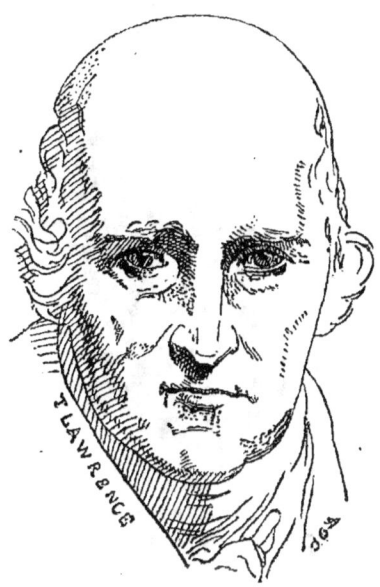

Fig 247.

Emmanuel Dupaty (fig. 253), auteur dramatique, a publié des

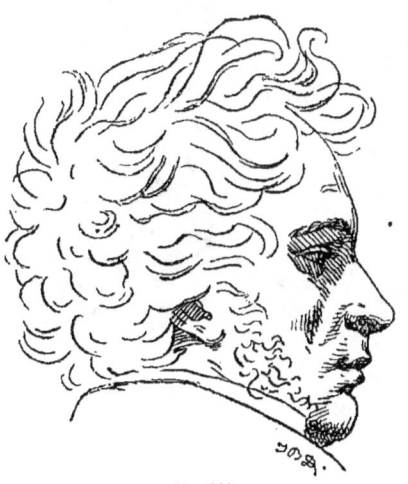

Fig. 248.

poésies spirituelles. Ni l'un ni l'autre de ces auteurs ne peuvent être classés au premier rang.

Paillet de Plombières (fig. 254) avait une fécondité étonnante de versification. La qualité ne valait pas la quantité.

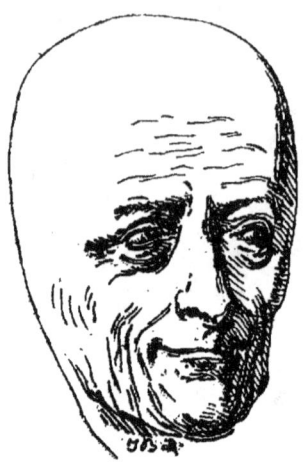

Fig. 249.

Ce jeune front contemporain (fig. 255) donne plus que des espé-

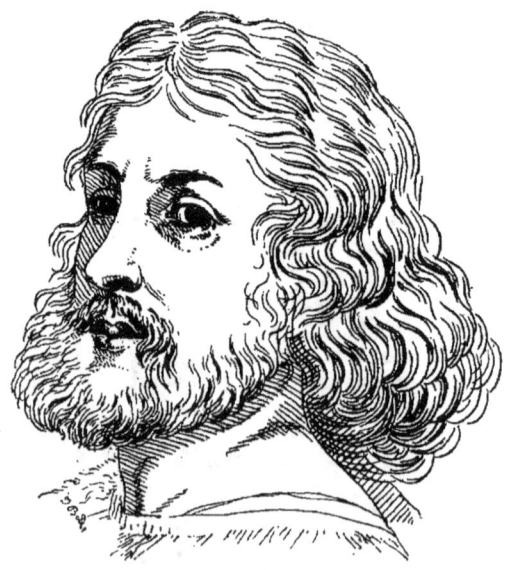

Fig. 250.

rances : il en est sorti plusieurs compositions poétiques où la fraîcheur n'exclut pas la fermeté du coloris.

En résumé, l'ampleur du front accuse l'abondance des moyens ; les contours spécialisent l'aptitude dominante.

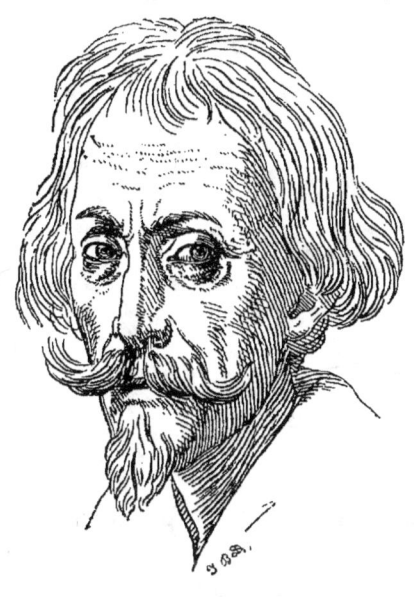

Fig. 251.

Une longue expérience nous a donné les résultats suivants : la

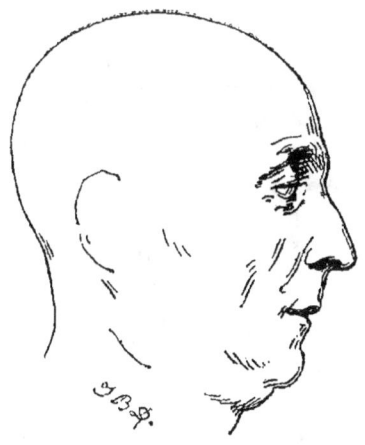

Fig. 252.

simplicité des lignes appartient aux passions douces ; le heurté des plans coïncide avec l'inégalité du caractère ; le front allongé manque de résolution; le front à courbure puissante annonce l'énergie.

Nous devons nous borner à ces généralités fondamentales. Il n'y

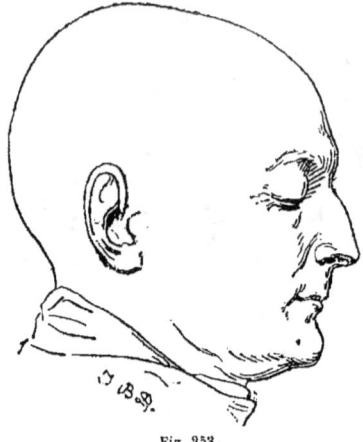

Fig. 253.

a rien d'absolu dans les indications physiognomoniques isolées. Leur signification est dans un ensemble de considérations tirées des rapports des parties entre elles.

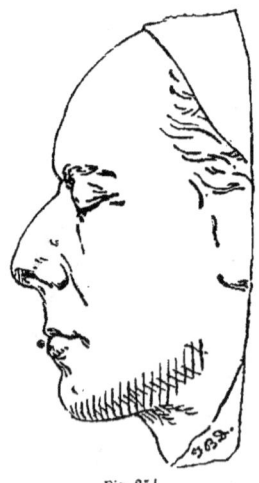

Fig 254.

Dans l'examen du front, il faut commencer par constater le point saillant de la courbure totale, et voir dans les *sous-contours* de simples modificateurs.

Nous traçons, sur la même échelle, le profil du front de Voltaire (fig. 256), sculpté par Houdon; celui de Napoléon (fig. 257), d'après le plâtre coulé sur nature, par Antomarchi, à Sainte-Hélène.

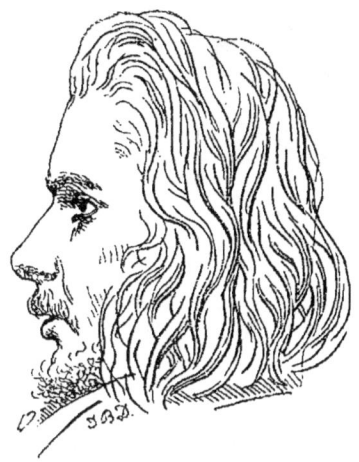

Fig. 255.

Une belle épreuve d'un moule de la tête de Lamennais (fig. 258), après sa mort, nous a fourni ce développement frontal.

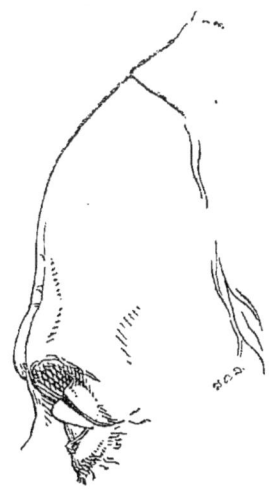

Fig. 256.

Le point culminant de la silhouette de ces grands foyers d'intelligence se rapporte à chacune des spécialités dont ils ont contenu les éléments distincts.

La causticité du génie étincelle sur le front de Voltaire. L'esprit

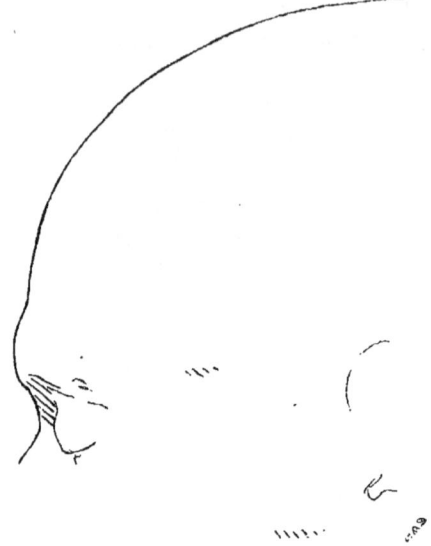

Fig. 257.

de domination siége sur le front impérial. La profondeur de la

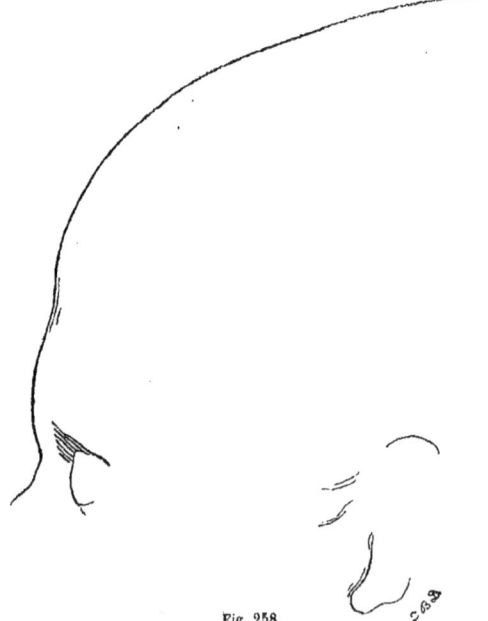

Fig. 258.

pensée se montre chez Lamennais.

DU FRONT MOBILE

Le tissu mobile du front est un voile transparent où la pensée est d'autant plus apparente que le foyer réflecteur est plus vif. C'est le champ clos des passions morales : on y suit facilement leur lutte entre elles. En ce sens, l'étude du front s'applique principalement au côté spiritualiste du caractère. En effet, il s'agit ici spéciale-

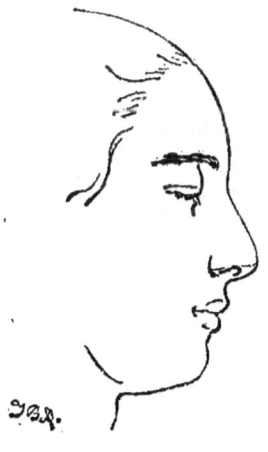

Fig 259.

ment des formes déterminées par l'usage des facultés intellectuelles. La forme acquise devient la confirmation des présomptions indiquées par la construction solide, s'il existe une analogie complète entre ces deux éléments fondamentaux.

En prenant pour base nos trois divisions génériques des passions, nous posons ces principes : la sérénité du front (fig. 259) correspond à la tranquillité de l'âme. L'affaissement des tissus provient d'une disposition concentrique simple et continue. L'extrême mobilité des muscles frontaux annonce la force et la fréquence des passions causées par la surexcitation.

Dans les fluctuations des fibres du front de Hugues Donneau (fig. 260), nous lisons les préoccupations de la jalousie de ce jurisconsulte éminent contre son illustre émule le savant Cujas. Nous

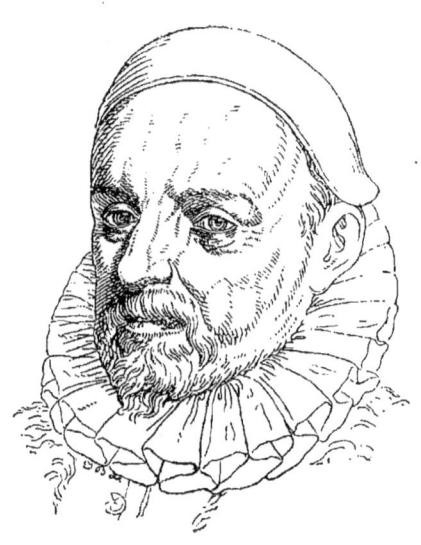

Fig. 260.

mettons en regard sa tête remarquable (fig. 261). Une coiffure malencontreuse cache le sommet du front. La portion visible atteste l'étude. Les autres traits reflètent la bienveillance du professeur pour ses élèves.

La proéminence des sourciliers (fig. 262) indique un caractère vif, dont l'emportement est peu durable, avec un nez presque droit.

Le front inerte avant l'âge dénote un état mélancolique. C'est dans la profondeur et le mouvement des lignes persistantes que se logent les soucis, les chagrins, les inquiétudes de l'esprit, l'attention soutenue et le désir de satisfaire des impulsions ambitieuses.

Le front retient la plus noble expression de la majesté de

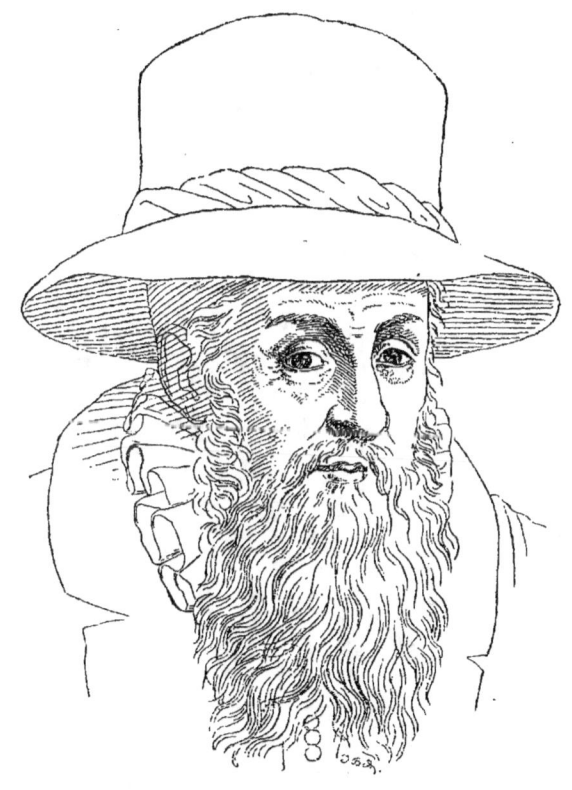

Fig. 261.

l'homme ayant conscience de sa puissance dominatrice. On y voit rayonner l'amour de la justice, les inspirations du génie, l'exaltation sympathique d'un cœur généreux, le sentiment de la liberté : tout ce qui tend à élever l'âme en élargissant son horizon.

L'innocence appelle la lumière sur un front épanoui. Le vice incruste sur le front un stigmate indélébile. Le crime dégrade le

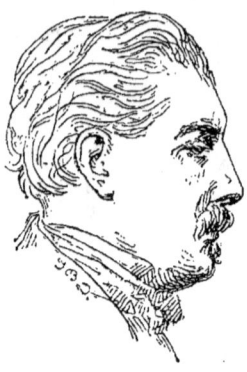

Fig. 262.

front, en ternissant sa pureté native, et le contraint à se courber sous le poids de la honte et de l'infamie.

DES RIDES DU FRONT

Les rides sont au front ce que sont les plis à la surface de l'eau : elles montrent la force d'un souffle extérieur ou d'un mouvement intérieur. Des deux côtés, il y a trouble ; seulement, la trace en demeure chez l'homme, elle s'efface sans retour sur l'onde avec la cause de l'agitation.

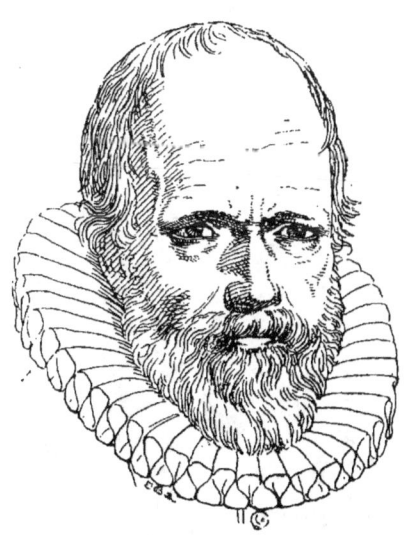

Fig. 263.

La signification des rides frontales se déduit de leur direction, de leur saillie et de leur nombre ; elles sont horizontales, — verticales, — obliques, — plus ou moins brisées et rapprochées. Chaque détail tire sa valeur de son accentuation.

Le pli vertical entre les deux sourciliers est creusé par l'application énergique de l'esprit inquiet et chercheur. Il est très-

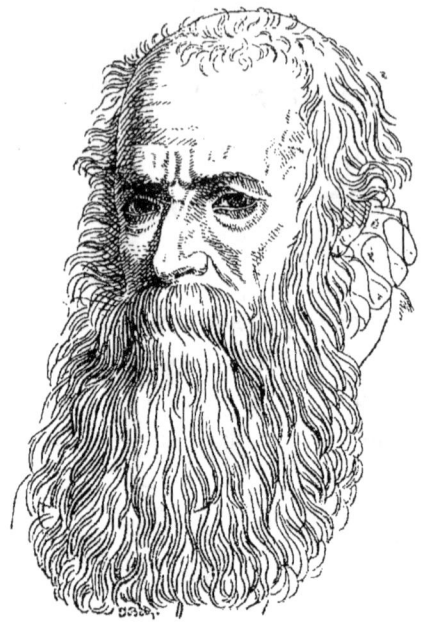

Fig. 264.

marqué chez Bronchorstius (fig. 263), le professeur de jurisprudence.

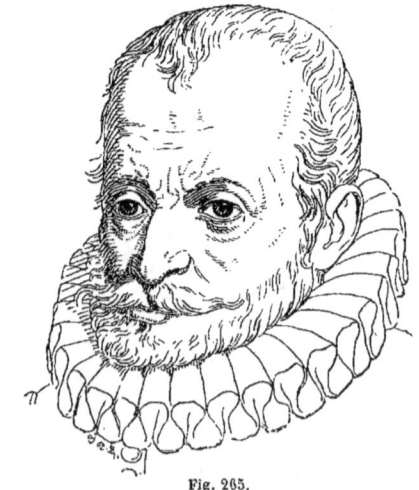

Fig. 265.

Ce pli est plus profond chez Raphelingius (fig. 264), l'orientaliste. Il a laissé un lexique arabe et un dictionnaire chaldaïque.

Charles de l'Ecluse (fig. 265), le célèbre botaniste, a ce signe.

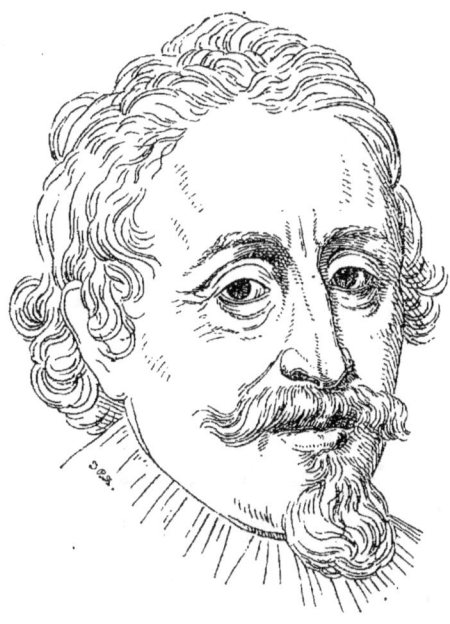

Fig. 266.

Cet infatigable travailleur est l'un des premiers qui ont décrit la

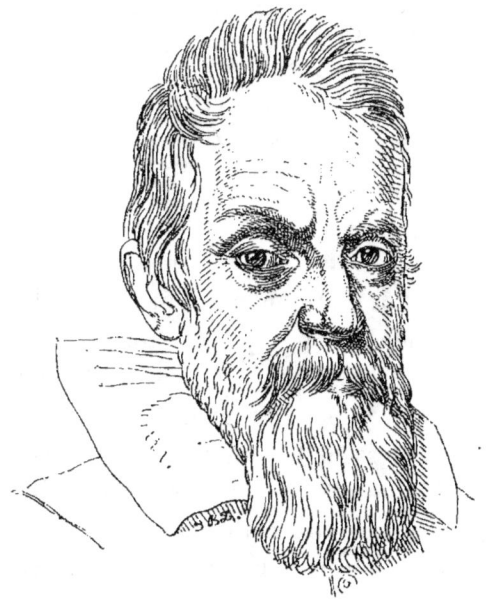

Fig. 267.

pomme de terre. Il parcourut la France, l'Angleterre, l'Allemagne, l'Espagne, cherchant les plantes rares et utiles.

Citons aussi Grotius (fig. 266), l'historien hollandais versé dans les lettres et le droit, poëte, philologue, l'un des savants les plus illustres.

Le créateur de la philosophie expérimentale, l'auteur de découvertes d'une haute importance, la victime de la stupidité du Saint-

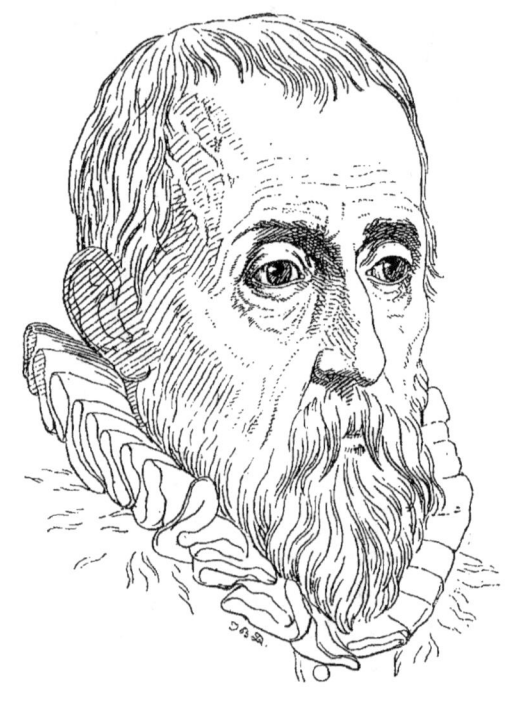

Fig. 268.

Office, Galilée (fig. 267), présente, en outre du pli vertical, les rides transverses amenées par la persécution.

Les rides transverses résultent, en effet, de la pression d'idées importunes et pénibles. Nous retrouvons ces rides multipliées sur le front du savant professeur et philologue hollandais Juste Lipse (fig. 268). Il fut en butte aux tracasseries de querelles religieuses et aux attaques réitérées de ses collègues.

Les plis verticaux de la méditation se croisent avec des rides transverses sur le noble front du Poussin (fig. 269). Ses nombreux et immortels ouvrages expliquent le signe de la contention d'esprit. On comprend, aux sillons horizontaux, les motifs qui contraignirent le sublime artiste de retourner à Rome, afin de se soustraire aux mauvais traitements de ses envieux.

Si les rides transverses s'abaissent vers le centre, l'abattement est habituel et vient de l'inquiétude. Si le centre s'élève au-dessus

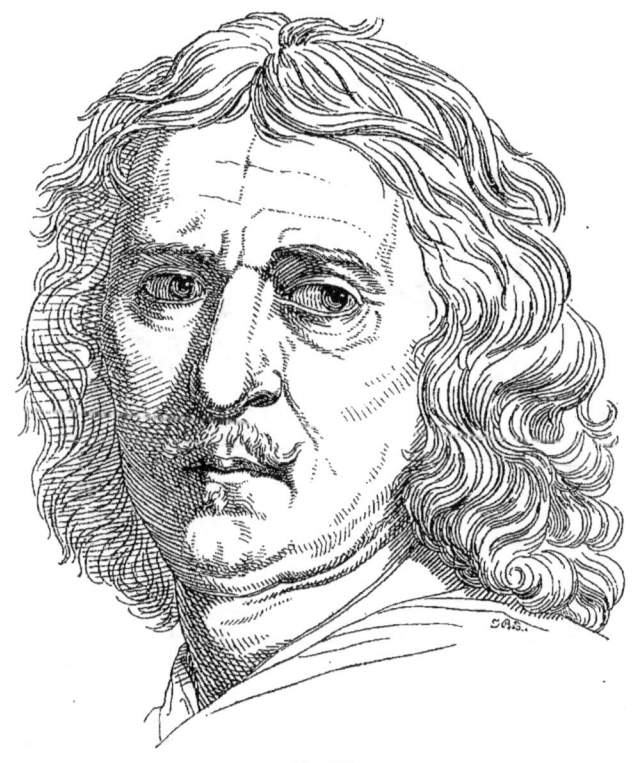

Fig. 269.

des extrémités de la courbure, il y a penchant aux sentiments d'admiration et d'étonnement, accompagnant parfois la difficulté de compréhension.

Les plis obliques de bas en haut et surgissant du sommet du nez impliquent un état de colère violente.

Les rides rompues dans divers sens et soulevées en flots mouvants attestent des passions sans cesse actives.

La faiblesse du caractère et la pauvreté de la constitution organique apparaissent dans le peu de saillie des entre-lignes. L'énergie est dans le mouvement élevé des rides saillantes dirigées en haut et de dehors en dedans. La sous-excitation produit l'effet opposé, par le relâchement des fibres musculaires.

Il est des rides tracées par le doigt seul du temps pour établir le compte des ans écoulés. Celles-là ont le calme de l'âge, où tout s'apaise en s'épuisant dans le cœur humain. Elles sont reconnais-

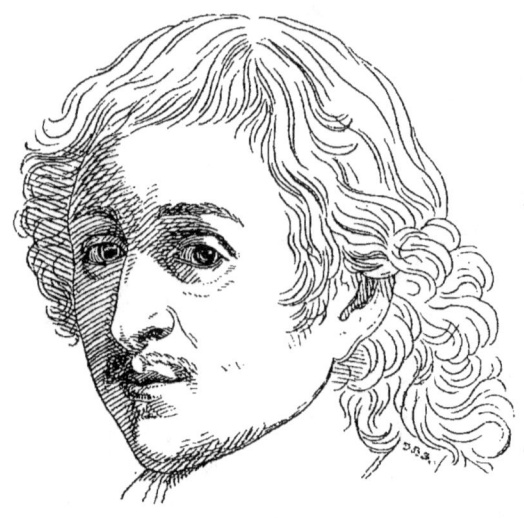

Fig. 270.

sables à leur aplatissement et à leur finesse sur une peau sèche et parcheminée.

L'absence de rides est le privilége de la jeunesse. Il s'allie à la simplicité des mœurs, à l'éloignement des agitations malsaines de l'existence.

Ce front plein de pensées ne laisse pas apercevoir de rides. C'est celui d'Eustache Lesueur (fig. 270), le peintre calme et doux de l'histoire de saint Bruno. Ses belles toiles reproduisent les qualités de l'homme qui vécut loin des intrigues de la cour, et mourut à trente-huit ans.

DE L'ŒIL

La région oculaire (fig. 271) comprend extérieurement :

1° L'orbiculaire (3) fixé autour de l'orbite et, par sa fente médiane, aux cartilages des paupières ; il tend à les resserrer ; il tire en bas le sourcil (10), et sert à l'épanouissement de la joue.

2° L'élévateur de la paupière supérieure ; sa dénomination dit son usage (*h*, fig. 275).

3° Le sourcilier (10) s'étendant de la partie moyenne de l'arcade

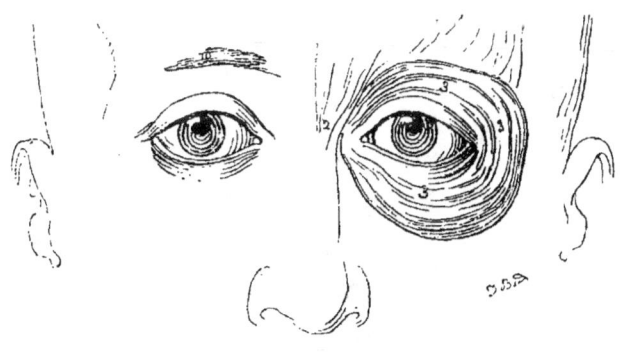

Fig. 271.

sourcilière à la base nasale ; il abaisse et rapproche les sourcils, dont il érige les poils. Il concourt puissamment à l'expression de l'œil.

Le système moteur du globe de l'œil (fig. 272) se compose de six muscles cachés sous l'orbite, dont quatre droits, s'insérant à des points rapprochés, au fond de la cavité orbitaire, et venant s'attacher au globe de l'œil (a), l'un en haut (c), un second en bas (d), le troisième à droite (e), le quatrième (f) à gauche. Leur position respective explique leur fonction. Le premier (c) renverse le globe de l'œil de haut en arrière ; le second (d) le tire en bas. Chacun des

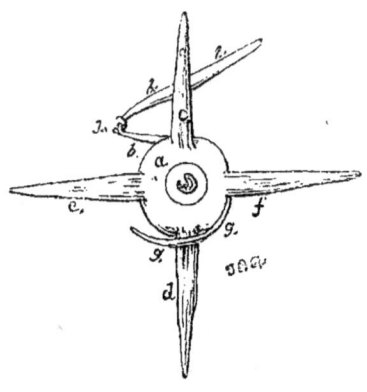

Fig. 272.

deux droits latéraux (e et f) fait mouvoir l'œil en dedans ou en dehors, selon sa place ; ils sont alors adducteurs et abducteurs.

Enfin, deux muscles obliques complètent cet ensemble ; le supérieur (b) est le plus long ; de son point d'attache au fond de l'or-

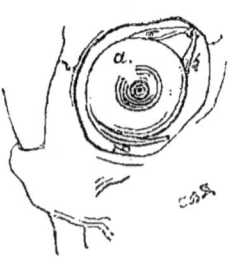

Fig. 273.

bite, il va traverser un anneau (j) servant de poulie de renvoi, et vient se fixer derrière le droit supérieur (c).

Le grand oblique porte l'œil en dedans et en avant ; il dirige la pupille de bas en dedans.

Le petit oblique (*g*) est en dessous du globe de l'œil, et se porte en dedans et en avant, comme l'oblique supérieur, mais en tournant la pupille en haut et en dehors.

Ces six muscles participent à l'expression par leur action sur l'œil. Le muscle supérieur agit dans l'orgueil, la prière, l'inspiration ; l'inférieur, dans les actes d'humilité.

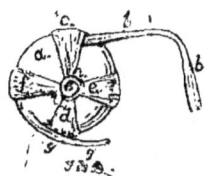

Fig. 274.

Le muscle latéral interne ramène la sérénité; l'externe se meut en jetant le dédain et la défiance.

Pour expliquer clairement ce mécanisme, nous intercalons trois aspects différents donnés par Cloquet dans son *Anatomie*.

Cette figure 273 montre le globe de l'œil (*a*) comme il se pré-

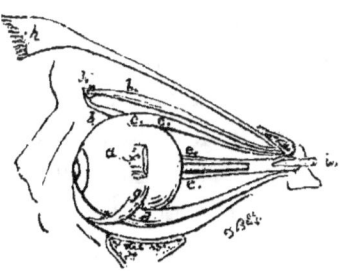

Fig. 275.

sente après l'ablation des paupières et des parties molles environnantes.

Dans la figure 274, l'œil est enlevé de la voûte orbitaire, et vu postérieurement, dans l'axe du nerf optique (*i*). C'est une projection des quatre muscles droits et des deux obliques.

L'orbite se trouve ici (fig. 275) coupé dans un plan vertical, pour laisser voir la situation des muscles, leur attache et leur insertion. Le muscle droit externe (*f*) est enlevé, afin de mettre à découvert le nerf optique (*i*) passant au devant du droit latéral interne (*e*) sans le cacher entièrement.

Tout en haut, glissant sous la voûte orbitaire, on voit l'élévateur de la paupière supérieure (*h*) faire l'office d'un cordon ouvrant un store par traction, et, par relâchement, le laissant retomber pour intercepter les rayons lumineux.

Il faut considérer dans l'œil la forme oblongue ou arrondie de son ouverture, sa saillie ou son enfoncement, sa grandeur, sa petitesse, sa couleur, son éclat. La dimension, la tension, le laisser aller et la coloration des paupières ont leur enseignement. La longueur, l'épaisseur et la teinte des cils entrent en ligne de compte, et aussi les plissements, plus ou moins charnus, entourant l'œil. Le sourcil nous occupera particulièrement,

L'axe horizontal des yeux est à peu près équidistant du sommet de la tête et du dessous du menton. Dans la race caucasienne, cette ligne est généralement droite, excepté chez certains peuples, dont les angles externes de l'œil sont légèrement relevés.

Cette disposition est commune chez les Chinois.

Les animaux ont les yeux situés plus haut, leur front étant surbaissé.

Un artiste distingué et savant orientaliste, M. J. Boilly, a bien voulu nous communiquer sa traduction inédite d'un poëme persan : *Joseph et Zouleïkha*, par ABDERRHAMAN DJAMI, nous y lisons: « Qu'est-ce que le monde? Un être unique et collectif, composé de matière et d'intelligence, et dont l'œil de l'homme reproduit l'image en petit. »

Un philosophe français, moins enthousiaste, a dit simplement : « L'œil est la face de la face. »

L'importance de l'œil tient encore à son rapprochement du cerveau, auquel il se relie par de courts faisceaux nerveux. L'œil reçoit et reflète instantanément les impressions externes et les sensations internes : c'est un système de télégraphie électrique, mettant les points visibles les plus éloignés en contact immédiat avec le centre cérébral ; aussi, pour compenser la perte de ce sens, la nature a considérablement augmenté la finesse de perception auriculaire de l'aveugle.

La portée de la vue est variable : elle est courte chez les myopes ; elle est longue chez les presbytes.

L'expression de l'œil résume celle de la face qui, elle-même,

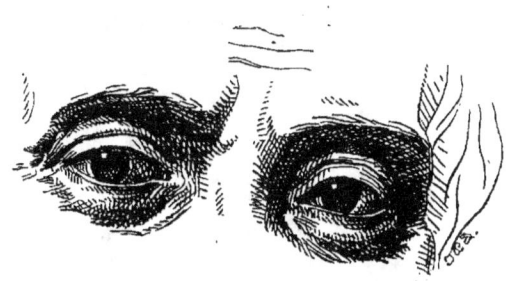

Fig. 276.

reproduit la résultante des mouvements généraux du corps. A défaut du temps nécessaire à l'examen des signes corporels et faciaux, interrogez les yeux, ils vous donneront un aperçu du caractère.

Les yeux de Voltaire, isolés des autres traits, accusent l'homme supérieur : nous les copions d'après Houdon (fig. 276).

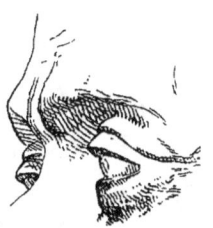

Fig. 277.

Ce simple aspect de leur trois quarts (fig. 277) suffirait.

On préjugera les intentions d'une foule compacte et serrée, en scrutant le regard des acteurs principaux de la masse : il en ressortira la pensée commune.

L'œil avancé, gros et injecté de sang, signale la force et la brutalité des passions abdominales.

L'œil terne et enfoncé se rencontre avec la sous-excitation.

La mélancolie affaiblit un œil fendu, ayant de longs cils et la paupière supérieure défaillante.

L'œil rond, clair et dilaté par l'énergie, annonce un esprit actif, impérieux et dominateur. Pierre le Grand (fig. 278) a ces traits signalétiques.

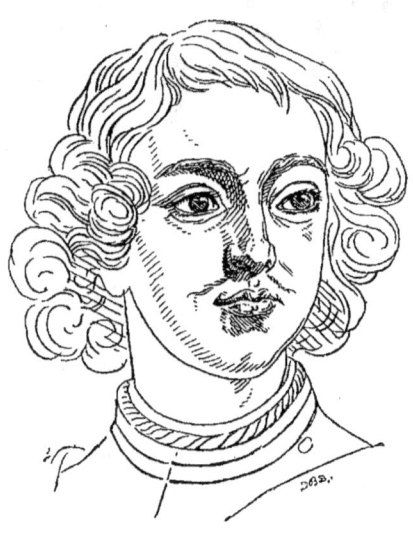

Fig. 278.

La ruse tient en éveil ce petit œil gris (fig. 279), abrité sous l'ombre du sourcil et des paupières rapprochées par la pression de leur orbiculaire sur le globe, recouvert en partie.

La candeur s'épanouit dans l'œil limpide, éclairé par l'excentration des paupières sans aucuns plissements, et laissant pénétrer l'interrogation sans la provoquer ni la craindre (fig. 280); bonne et douce créature qui, à défaut de l'ouïe et de la parole, a un cœur pour comprendre et se rattacher à l'humanité.

La débauche a suspendu ces plis inertes sous les yeux de Charles II d'Angleterre (fig. 281).

La pesanteur du cartilage de la paupière supérieure annonce la nonchalance, si le sourcil reste élevé par son milieu.

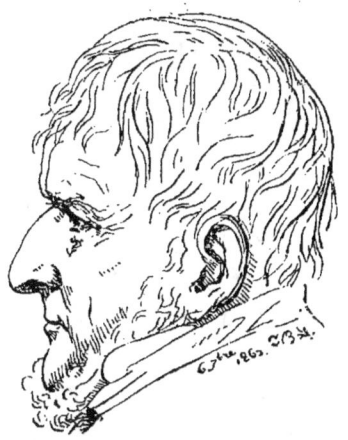

Fig. 279.

Ce signe est bien tracé sur la face du bon La Fontaine (fig. 282), dont l'insouciance pour les choses de la vie matérielle eut heureu-

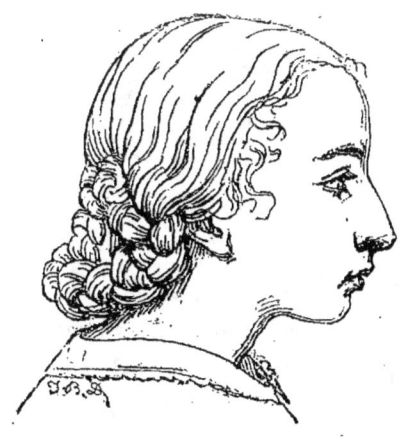

Fig. 280.

sement pour correctifs les soins assidus de ses amis et la sollicitude toute maternelle de M*me* de la Sablière.

Des yeux à peine incisés et bridés vers l'angle se rencontrent chez les gens peu communicatifs.

Les yeux à la chinoise et un peu saillants indiquent chez la femme un penchant à l'amour, et surtout quand ils sont étincelants et tendent à se resserrer par l'effet d'une légère contraction de la portion inférieure de l'orbiculaire palpébral (fig. 283).

Il y a moins de franchise dans l'œil de Mme Dubarry (fig. 284);

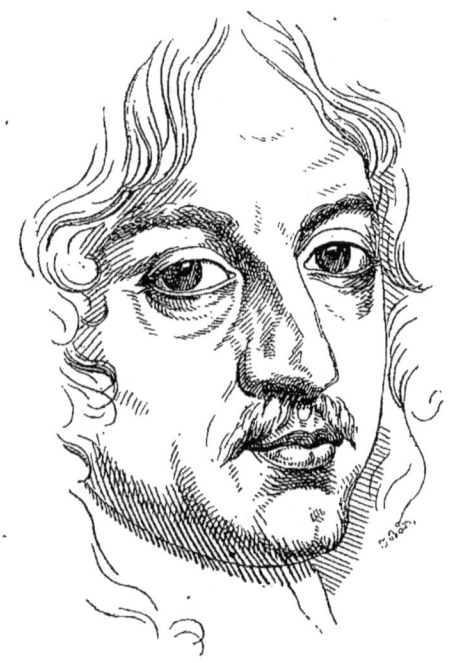

Fig. 281.

il entre du calcul dans son regard langoureux et provocateur à la fois. Elle faisait le commerce des amours avec un raffinement de haut goût, rendu plus séduisant par la délicatesse de ses traits. Il existe entre celle-ci et la précédente la distance du naturel à l'art, et de la bourgeoise naïve à la dame façonnée aux mœurs de la cour de Louis XV. Cependant la portion inférieure du visage de la comtesse témoigne de sa participation aux plaisirs offerts à son royal amant.

L'ouverture de l'œil s'arrondit avec l'admiration mêlée au désir.

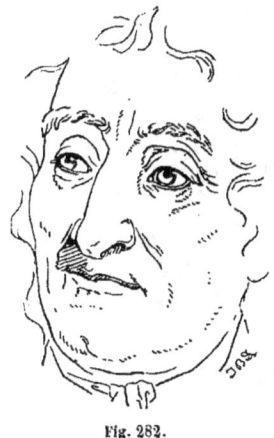

Fig. 282.

Je dois cette remarque à une ravissante petite fille. «Tu sais, me

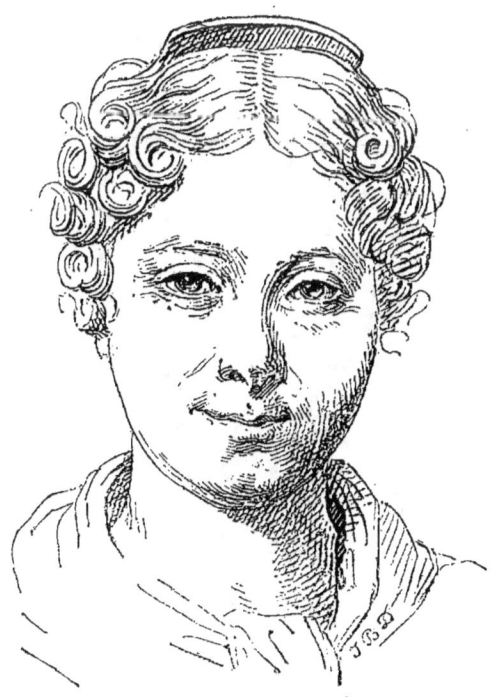

Fig. 283.

dit-elle, monsieur X***? eh bien, quand il regarde Mlle Irma, il a les yeux tout ronds, tout ronds. » Et son doigt fin et rose traçait,

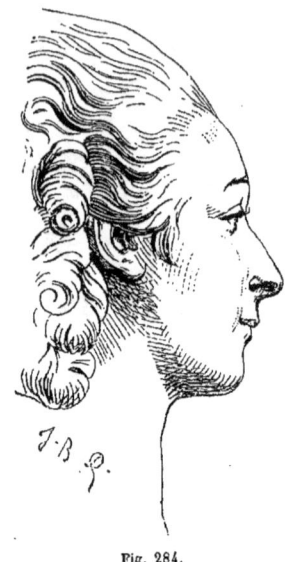

Fig. 284.

dans la paume rebondie de sa main gauche, une circonférence, avec

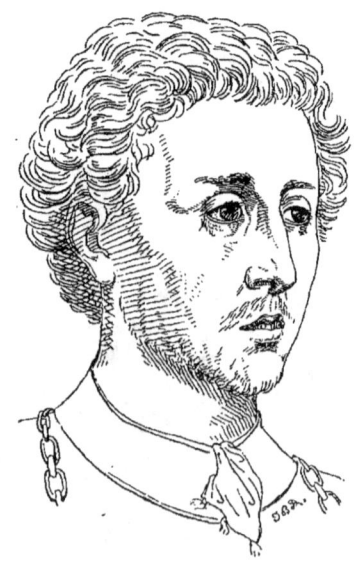

Fig. 285.

tout le soin imaginable pour la rendre parfaite.

L'impudence éclate dans la dilatation soutenue des paupières, sans fléchir sous aucun regard honnête. Cette tête cynique est celle de l'Arétin (fig. 285).

Lorsque la portion latérale de l'orbiculaire se contracte finement, en rapprochant l'angle externe vers la prunelle, par une longue habitude, l'œil est essentiellement observateur. Ce mouvement

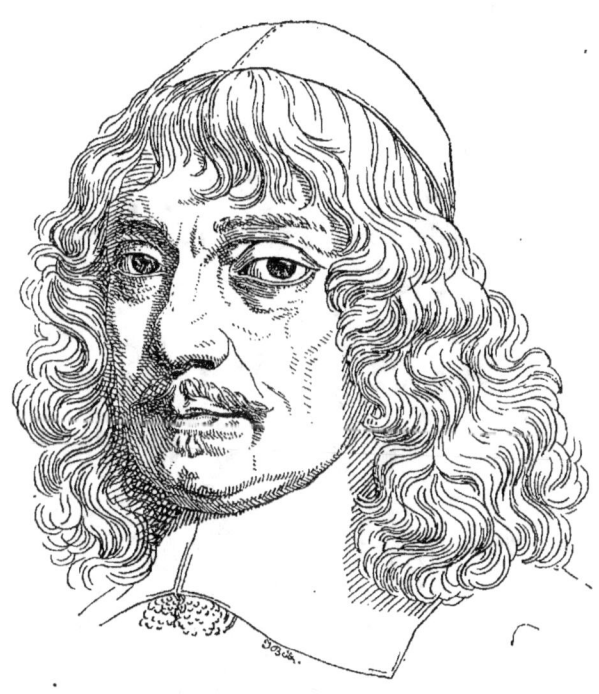

Fig. 286.

est continuellement répété chez les hommes appelés, par leur aptitude, à chercher le rapport des choses entre elles, à comparer des formes, à inventorier du regard les détails des sujets de leur principale attention.

Nous citerons, parmi les maîtres dans l'art de guérir, le médecin Cureau de la Chambre (fig. 286). Il a publié *l'Art de connaître les hommes* (1653) et *les Caractères des passions*.

Ambroise Paré (fig. 287), le célèbre opérateur, porte aussi la trace de ses nombreuses investigations sur la structure humaine. Ambroise Paré est le créateur de la chirurgie française.

Nous présentons comme un exemple aussi concluant cet ancien fonctionnaire public (fig. 288), dont les services loyaux ont

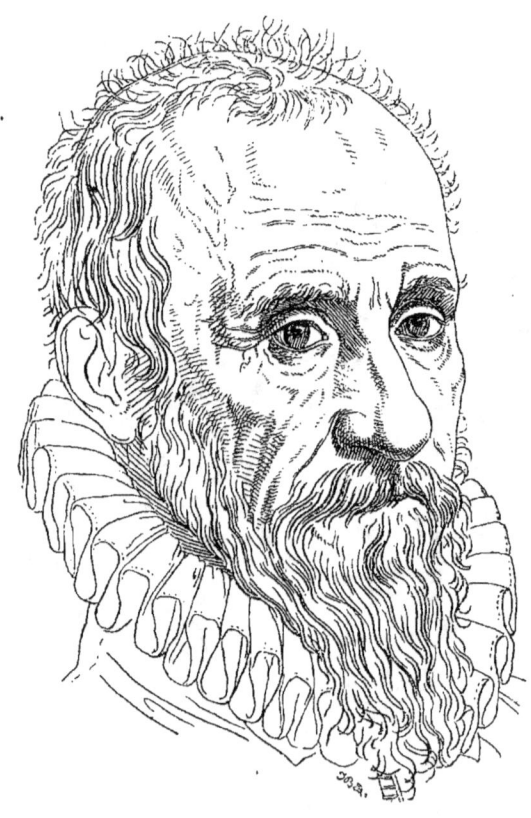

Fig. 287.

purgé la société parisienne de voleurs et de criminels de tous étages. Il savait dépister le coupable avec une rare perspicacité, et il jaugeait son homme au premier aspect. Dans cette expression, l'action de l'œil domine le mépris demeuré sur la lèvre, à la suite de nombreuses expériences sur la perversité de ces gens sans aveu qui sont le résidu de l'écume sociale.

Passons du détail à la masse. Il existe une classe spéciale de curieux patentés, avec garantie du gouvernement. Ils sont autorisés à exploiter leur talent d'explorateurs, à leur profit d'abord et à celui de la main qui les soudoie. Tous ont plus ou moins le signe décrit plus haut.

Si, par hypothèse, malgré mon peu de sympathie pour cette carrière, il m'était imposé d'être préfet de police, j'apprécierais, *à*

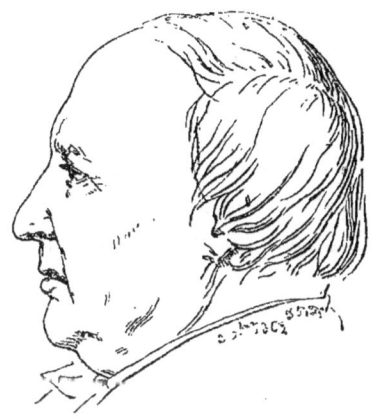

Fig. 288.

priori, l'aptitude des candidats au titre d'agent secondaire, en consultant la manœuvre de leurs yeux. Plus tard, des récompenses, non honorifiques, mais pécuniaires, seraient allouées à ceux qui justifieraient de leur zèle, en se montrant habiles dans le double exercice de la vision et de la finesse de l'ouïe. La force et la souplesse du poignet seraient un appoint : ce sont des attributions de gendarme à ne pas dédaigner.

DU REGARD

Le regard est un rayon de l'âme; il va chercher l'impression et la rapporte immédiatement pour la reproduire aussi vite. L'oreille recueille les sons et ne les renvoie pas; elle a besoin du concours d'autres organes pour exprimer de quelle façon elle a été affectée. Le regard se suffit à lui-même; de là sa puissance étonnante d'action, vraiment magnétique, et son extrême impressionnabilité.

Le regard est alangui dans la tristesse; saturé de vie à l'état de surexcitation; limpide et doux avec le calme et la pureté de cœur.

Vif et impérieux, le regard impose; il s'assouplit avec la prière; il caresse; il fascine; il sonde la pensée, s'en empare et l'échange. Il est le mode le plus rapide de communication du *moi*.

Le regard est le signe des signes. Il supplée au besoin la voix, il l'accentue toujours; il devient plus éloquent alors qu'elle est impuissante. Amants heureux, point de paroles, mais un regard; c'est le fil électrique qui de deux cœurs n'en fera qu'un, par l'instantanéité de la demande et de la réponse, par la simultanéité de la sensation.

L'homme est tout entier dans ses regards : c'est là qu'il faut le chercher pour l'étudier à fond et le mieux comprendre. L'expression du regard doit corroborer ou modifier l'impression produite sur l'observateur. Sans cette indispensable condition, l'on tomberait infailliblement dans de graves erreurs. L'œil peut être hypocrite. Le regard se cache parfois, il ne ment pas.

Le regard est une arme offensive et défensive. Celui des carnassiers jaillit en éclairs. Son acuïté, son énergie jettent l'effroi parmi les animaux et neutralisent ainsi les forces opposantes.

Le regard de l'être passif se trouble et demande grâce.

Le regard du chien domestique prend les nuances du langage vocal et le remplace en manifestant des impressions analogues. Ce regard éloquent plaide souvent avec succès une cause difficile en présence d'un délit flagrant.

En dépit de la civilisation actuelle, certains grands seigneurs recherchent avidement le plaisir barbare d'une chasse à courre. Si, au moment du joyeux hallali, leurs regards se trouvaient en contact avec le regard baigné de larmes du cerf, dépecé vif par la

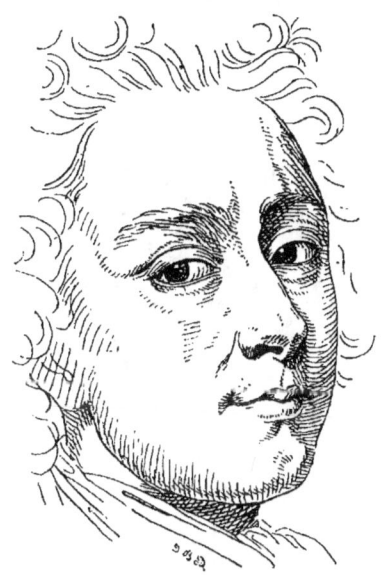

Fig. 289.

dent meurtrière d'une meute en furie, ils jugeraient moins attrayant ce spectacle odieux et cruel.

Le regard s'aiguise en s'exerçant à des recherches analytiques. Cette habitude le refroidit : il n'est pas sympathique, il parle à l'esprit et non au cœur ; ce regard est égoïste, il prend et garde.

Le regard de l'espion est sournois : il voudrait se dissimuler.

Celui de l'artiste est franc : il va s'empreindre de la forme pour en reporter l'aspect sur son œuvre. L'un des grands portraitistes du règne de Louis XIV, Hyacinthe Rigaud (fig. 289), avait un regard auquel rien n'échappait. Il scrutait au delà de l'extériorité du visage pour s'approprier le caractère de la personne et le fixer sur la toile, afin de l'animer. — Van Dael (fig. 290) avait un regard fin comme le dard de l'abeille, quand il allait avec elle butiner sur les fleurs. L'éminent artiste n'avait pas la même aptitude à saisir l'ensemble de la physionomie humaine. Sans avoir étudié scientifiquement la botanique, il reproduisait, par le fait d'une attention rigoureuse, les plus minutieux détails de ses gracieux modèles. Les compositions de Van Dael sont harmonieuses cependant; on y sent la fraîcheur et l'éclat d'un printemps éternel.

Le regard du savant est tout autre ; il est moins en dehors; on

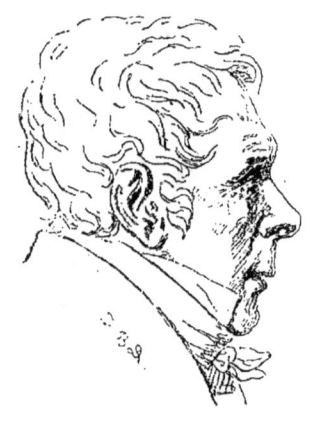

Fig. 290.

le dirait en suspension sur la limite de la vie intime et du monde extérieur.

Le regard réfléchi de Descartes ne ressemble pas à celui du Titien (fig. 291) demandant à la nature les tons de sa riche palette.

Le savant considère ce qui se reflète en lui; le peintre a l'original sous les yeux. Le premier procède par déductions; le second ne cesse pas d'envisager l'objet matériel.

On se ferait une idée très-fausse du caractère de Jules Traviès (fig. 292), si l'on consultait seulement ses spirituels dessins d'ivrognes et de chiffonniers. Il avait le regard tout à la fois plein de

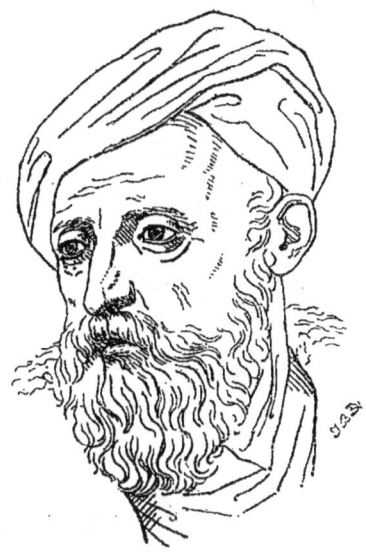

Fig. 291.

finesse et de mélancolie; son imagination rêveuse s'égarait dans les nuages de la théorie et redescendait sur terre pour fouiller dans

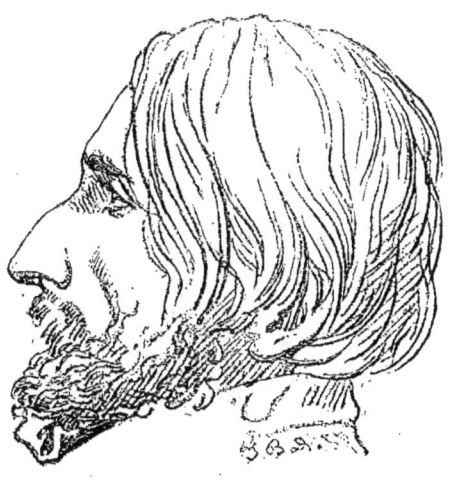

Fig. 292.

les bas étages de l'humanité. Traviès était un philosophe maladif, insoucieux du lendemain, vivant au jour le jour, rappelé constamment, par la force des choses, aux réalités de la misère. Traviès

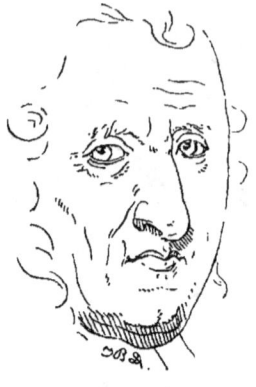

Fig. 293.

est tout entier dans sa création du personnage de Mayeux le bossu, intelligent, disgracieux, hâbleur et souffrant.

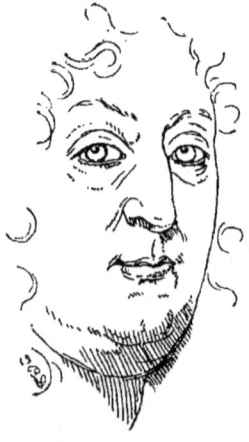

Fig. 294.

La fermeté du regard de Corneille (fig. 293) établit, comparativement à la douceur de celui de Racine (fig. 294), la différence de style entre ces deux grands poëtes.

DU NEZ

La myologie du nez (fig. 295) se réduit à sept muscles : l'un au sommet et trois de chaque côté :

1° En haut, est le pyramidal (2) ; il paraît être plutôt la continuation du frontal qu'un muscle à part.

2° L'élévateur commun de l'aile du nez et de l'angle des lèvres (4), allant de l'os sus-maxillaire à l'aile du nez et à la lèvre supérieure ; il agit dans l'expression du dédain ;

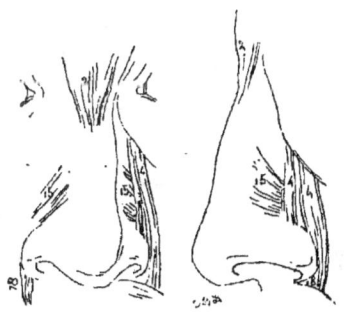

Fig. 295.

3° Le triangulaire (15), se dirigeant transversalement du dos nasal à l'os sus-maxillaire ; ce muscle tire le nez en arrière et porte les ailes en dehors ;

4° L'abaisseur de l'aile du nez (18) ; il va de l'aile à l'os sus-maxillaire, sur lequel il s'applique.

Le nez se présente franchement à l'examen. Il est le moins trompeur des traits faciaux. Sa mise en évidence et sa structure cartilagineuse n'éveillent pas le soupçon.

La courbure du nez est la résultante de celle du front. Il y a trois formes génériques de nez :

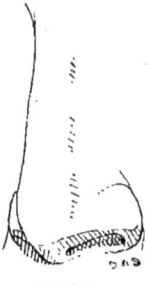

Fig. 296.

Le droit (fig. 296);

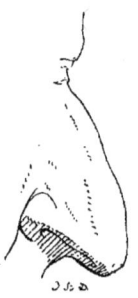

Fig. 297.

L'aquilin (fig. 297);

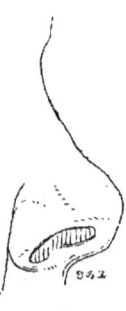

Fig. 298.

Le retroussé (fig. 298).

Le nez épaté (fig. 299) est une variété des précédents : elle réunit, à doses variées, leurs qualités spéciales.

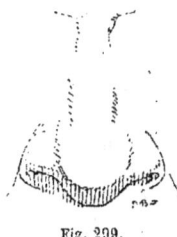

Fig. 299.

L'Apollon du Belvédère (fig. 300) et la Vénus de Milo (fig. 301)

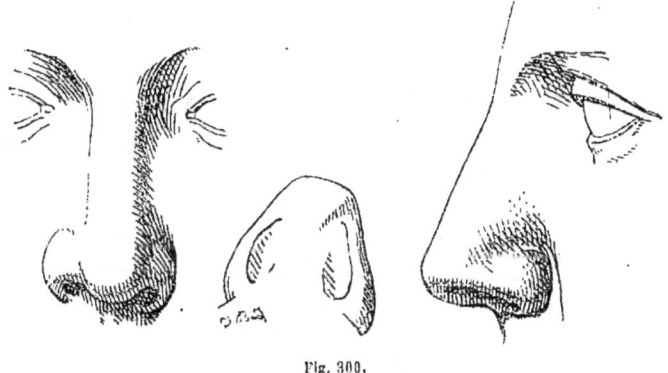

Fig. 300.

fournissent un beau type du nez droit, commun chez les Grecs

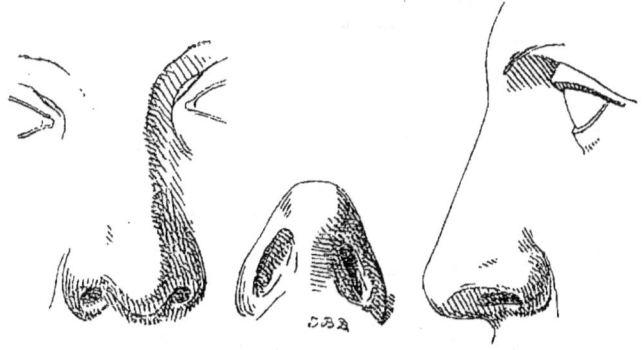

Fig. 301.

anciens et modernes.

Le nez aquilin est national chez les Juifs : en voici un spécimen féminin (fig. 302).

Le nez de ce jeune homme (fig. 303) est le frère du précédent. L'Orient se reflète dans cette tête intelligente.

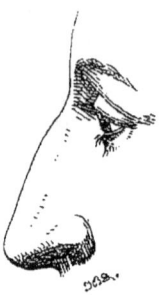

Fig. 302.

Le nez est camard sur la face du nègre africain (fig. 304). Il est aplati chez les Hottentots. Nous en avons donné le dessin dans les

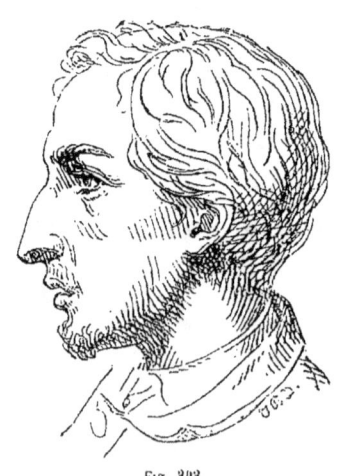

Fig. 303.

figures 117 et 118, comprises dans notre galerie des races humaines.

Chaque peuple a sa structure originelle de nez, considérée dans sa moyenne.

Le nez retroussé se rencontre dans beaucoup de régions. Il est

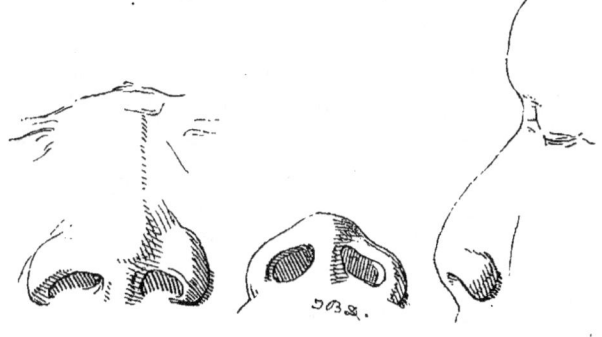

Fig. 304.

presque toujours ainsi chez l'enfant au moment de sa naissance. Il s'abaisse légèrement vers la sixième année (fig. 305).

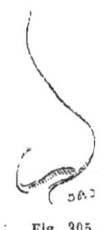

Fig. 305.

Le nez droit est plus particulier à l'adolescence (fig. 306), et l'aquilin à la vieillesse.

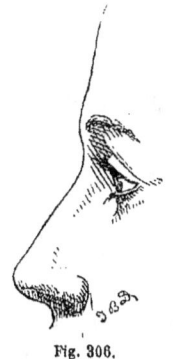

Fig. 306.

Le nez droit s'harmonise avec un front dont le profil se courbe à peine, et respire le calme et la sérénité. Les anciens ont donné cette sorte de nez à leur Jupiter et à leurs autres divinités, afin de les rendre imposants et majestueux.

Le nez complétement retroussé est éminemment excentrique. C'était celui de Cléopâtre et de Roquelaure.

Le nez aquilin appartient aux passions concentriques. Les hommes fortement trempés, les ambitieux visant à commander aux autres et à les asservir, les poursuivants d'un but unique

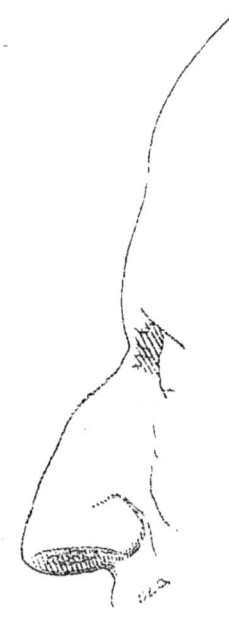

Fig. 307.

sans se décourager un seul jour, les chercheurs de solution de problèmes, les grands avares, ceux qui se sont faits centres puissants ont été doués de cette forme nasale. Arago, Cuvier, Lamennais (fig. 307), Michel-Ange, Napoléon (fig. 308) avaient le nez aquilin. L'intrépide champion de la liberté italienne, Garibaldi, nous fournit cet exemple.

Gustave-Adolphe (fig. 309), ce soldat couronné qui mourut sur le champ de bataille, avait le nez aquilin, mais moins accentué que celui de Guillaume III (fig. 310), allant se placer en conqué-

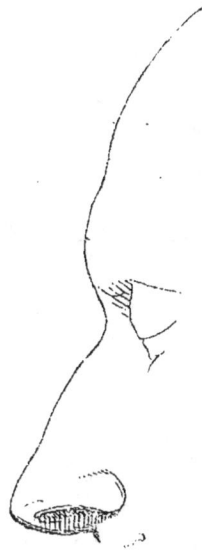

Fig. 308.

rant sur le trône de l'Angleterre, et sachant s'y maintenir et se faire accepter.

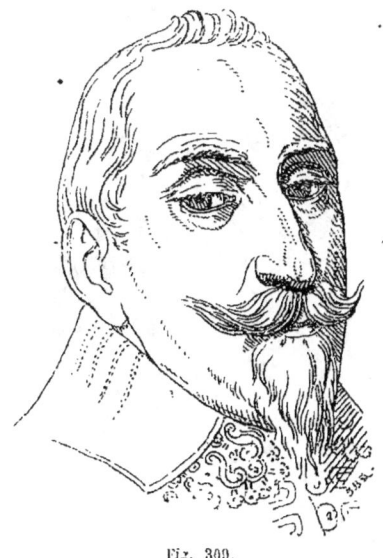

Fig. 309.

Le nez ne constitue pas une sommité humanitaire; il est avant tout une accentuation prononcée d'une qualité bonne ou mau-

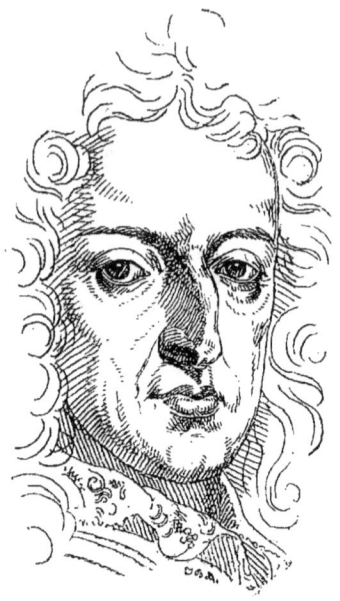

Fig. 310.

vaise. Voici la tête d'un Italien (fig. 311) dont la foi est resté iné-

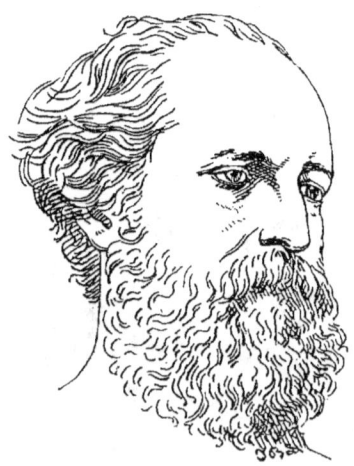

Fig. 311.

branlable. Elle a reçu la triste consécration du supplice sans faiblir sur l'échafaud.

Si nous portons nos regards sur les célébrités sorties de la fange sociale, nous rencontrerons aussi le nez aquilin chez ceux qui ont

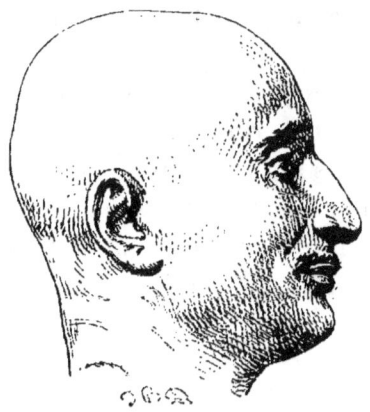

Fig. 312.

fait du crime une profession redoutable, et dont l'existence s'est éteinte sous la main vengeresse du bourreau.

Un nez aquilin ajoute l'expression de la ténacité au visage de

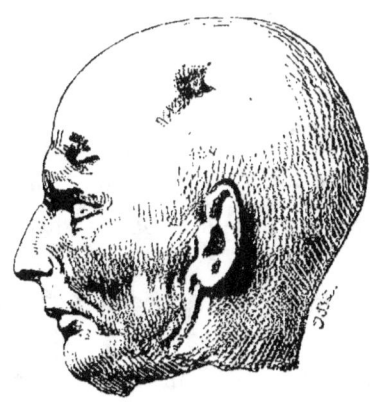

Fig. 313.

Lacenaire (fig. 312), conservant après sa mort le sourire ironique du cynique assassin.

Fieschi (fig. 313) vient aussi confirmer notre observation générale. Il y a chez lui moins d'intelligence et plus de ruse, avec la persévérance de l'idée fixe. Les cicatrices placées au-dessus de l'œil et à la tempe sont le résultat de l'explosion de sa terrible machine. Le couteau de la guillotine a tracé la ligne inférieure de solution.

Le nez de Cartouche (fig. 314) est moins abaissé et plus large; on n'a pas oublié ses témérités singulières et ses excentricités, parfois généreuses, dans ses moments de bonne humeur.

Paul Freher a publié un théâtre des hommes célèbres par leur érudition. Il nous montre successivement les portraits des théolo-

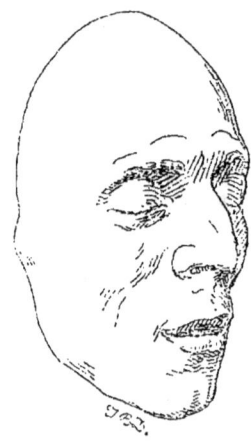

Fig. 314.

giens divers, des magnats, des jurisconsultes, des chimistes, des botanistes, des anatomistes, des philosophes, des philologues, des historiens, des poëtes et autres, ayant illustré leur profession en Europe. Le texte de ce grand ouvrage comprend leur vie et l'énumération de leurs travaux.

Chaque compartiment de cette immense galerie contient l'élite d'une spécialité. Le rapprochement de ces portraits fait ressortir les points communs de ressemblance entre les émules dans la même carrière et les nuances des subdivisions.

L'ensemble des observations corrobore les données principales de nos études sur le vivant.

Nous conserverons l'ordre suivi par P. Freher. Les papes ouvrent la marche. Il y en a quatorze. Viennent ensuite les cardinaux, les archevêques, les évêques, les abbés, les docteurs en théologie, les professeurs, les prédicateurs, les orateurs, les moines, en un mot, le personnel éminent de l'histoire de l'Église.

Nous avons sous les yeux 497 têtes, y compris celle de Freher que voici (fig. 315).

Aucun de ces visages ne porte un nez retroussé; tous affectent la forme aquiline indiquée comme le paraphe terminant la courbure du front d'un poursuivant obstiné.

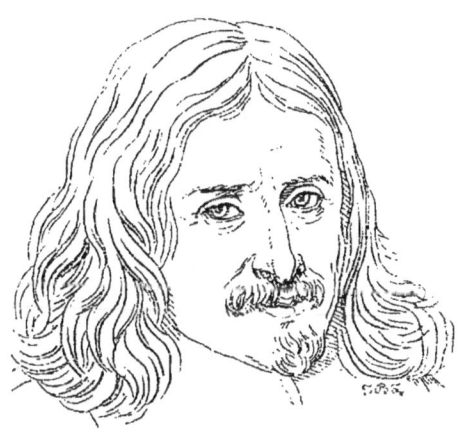

Fig. 315.

Le nez gros et les narines gonflées de Luther ne sont pas une protestation isolée contre notre théorie; ils témoignent de la fougue et de l'emportement du moine qui s'affranchit du joug de Rome, et se posa comme l'adversaire et le redresseur des prétentions de la papauté.

Ces lutteurs infatigables ont le nez d'autant plus aquilin qu'ils ont été plus opiniâtres dans l'exécution. Parmi les nez papaux fortement accentués, sont ceux d'Innocent IV et de Pie II. Les cardinaux Ximènes et Richelieu ont le nez aquilin. Il apparaît sur les profils de Jean Huss de Prague, de Zwingle, le réformateur de

Zurich, du dominicain Savonarola (fig. 316), de Paul Fage, d'OEcolampade, d'Ignace de Loyola, de Mélanchthon, de Calvin (fig. 317), d'Ambrosius Blaurerus, de Flaccius Mathias, de Jean Morus, de Claude d'Aquaviva, général des jésuites.

Si la forme aquiline du nez dénote la persistance de direction vers un but déterminé, le bout en indique le moyen. La finesse de la pointe indique la pénétration d'esprit, la science, l'astuce diplomatique.

La rondeur est l'indice de procédés généreux, francs, violents parfois, mais non hypocrites.

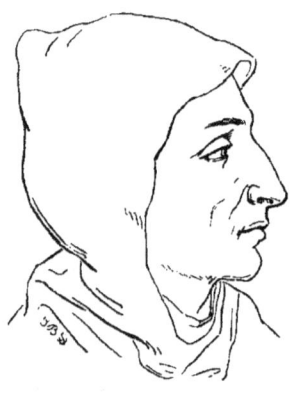

Fig. 316.

Les nez se rapprochant du profil droit appartiennent aux moins absolus et aux moins personnels. Nous citerons Nicolas V, créé pape malgré lui.

Enfin, si l'on construit un angle avec une ligne glissant sur le profil et une autre suivant la base des narines et la pointe nasale, on trouvera que plus l'angle est ouvert, plus les passions sont excentriques. L'angle très-aigu est le terme extrême de la concentration.

Le nez épaté comporte avec lui la disposition aux passions violentes. Il varie peu avec l'âge. Ses tendances sont difficiles à réprimer, vu la mobilité du caractère dont il est l'indice. C'est le nez le moins civilisé. Il est très-répandu chez les sauvages de la race noire.

Ces divisions génériques sont modifiées par des différences de

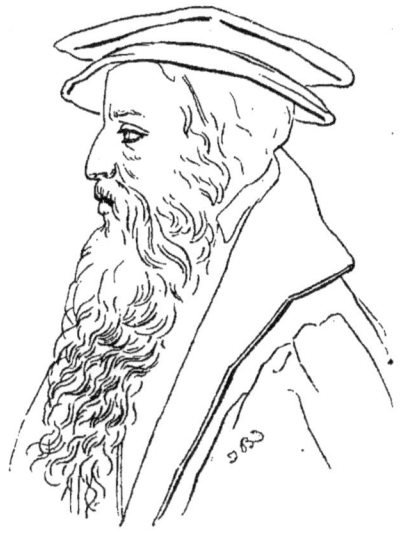

Fig. 317.

longueur, d'épaisseur, de souplesse dans les trois parties principales du nez, la racine, le dos, le bout.

La forme de la racine est déterminée par celle des os propres du nez, articulés avec le coronal, dont ils continuent le galbe. Elle

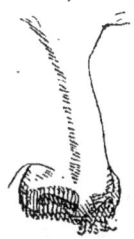

Fig. 318.

est saillante avec les nez droits, renfoncée avec les nez retroussés et épatés. Elle change de plan avec les nez aquilins, dont elle engendre la courbure.

Le dos du nez offre des lignes latérales, parallèles (fig. 318) ou sinueuses (fig. 319), selon les renflements ou dépressions existant dans son ensemble.

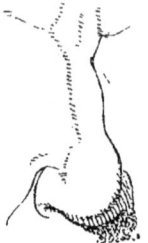

Fig. 319.

La face dorsale est plus ou moins plate (fig. 320) ou convexe (fig. 321).

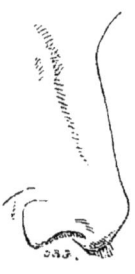

Fig 320.

Les bords sont anguleux ou arrondis. Le modelé de la base est la conséquence harmonique de ces diverses dispositions. Les si-

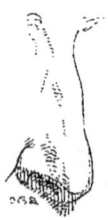

Fig 321.

nuosités se trouvent particulièrement sur les nez aquilins. Les nez retroussés sont moins mouvementés dans leur longueur.

Nous consignons ici une remarque due à une longue étude; nous ne l'avons lue dans aucun auteur : la largeur du haut du nez est en raison inverse de la grosseur du bout; plus le nez est rapproché du droit, plus il y a égalité dans les deux volumes.

Les six nez suivants, empruntés à des princes de l'Église, vont nous servir d'exemples.

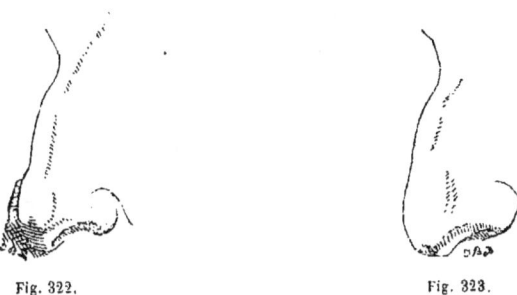

Fig. 322.   Fig. 323.

Ces deux nez aquilins (fig. 322 et 323) à gros bout sont minces à leur naissance. Le plus étroit en haut est relativement le plus fort en bas.

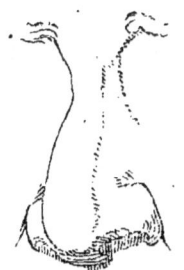

Fig. 324.

Cette modification (fig. 324) présente des oppositions semblables.

Ce quatrième nez (fig. 325) est large au sommet et fin inférieurement.

Celui-ci (fig. 326) commence par être épais et finit par se déprimer en déviant légèrement de son axe.

Nous constatons dans la dernière citation (fig. 327) l'équilibre

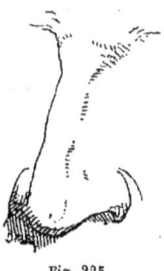

Fig. 325.

entre les deux extrêmes et, par conséquent, le presque parallé-

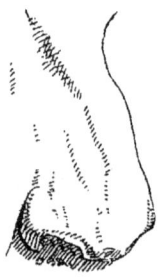

Fig. 326.

lisme du plan dorsal allant de l'un à l'autre.

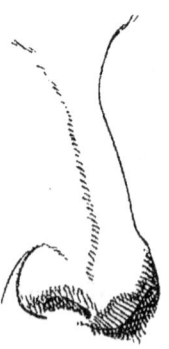

Fig. 327.

D'après cette règle, on peut affirmer *à priori* l'étroitesse de l'attache supérieure du nez largement épaté.

Nos figures précédentes portant cette forme le prouvent surabondamment.

Le nez retroussé ne sort pas de la loi posée : il passe par tous les degrés de grosseur et de finesse, en ayant une longueur proportionnelle moindre. Il est le plus svelte, le plus fringant, le plus déluré des nez possibles. Il conserve longtemps un air de jeunesse et de naïveté sur un visage simple et timide (fig. 328). Il donne un cachet d'effronterie à l'impudent.

Le nez acquiert de l'exubérance chez le viveur. Le nez de

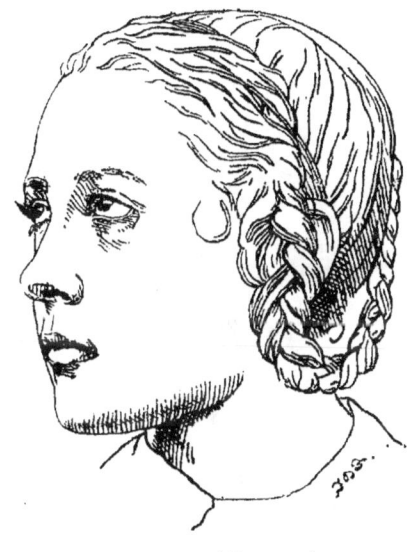

Fig. 328.

Henri IV a grossi par l'usage du vin et des femmes ; il s'est sensualisé sans cesser d'être un nez ambitieux. Ici (fig. 329) la mort a rétabli l'équilibre. — Le nez de Vitellius (fig. 330) arrive au degré coïncidant avec les passions animales.

Le nez s'étiole avec la misère et les privations : il se resserre et se crispe quand la mort est imminente.

Le nez du buveur s'empourpre et se déforme par les surexcitations alcooliques. Le porteur d'une pareille enseigne ne vit pas dans l'abstinence : classez-le parmi les chauds adorateurs de Bacchus, fût-il sous la bannière de l'Église, prêchant le jeûne et la sobriété comme un moyen de purifier l'esprit en émoussant les tentations de la chair.

Il y a des nez dont la partie inférieure n'est pas dans l'axe facial, les autres traits étant réguliers : une cause accidentelle explique souvent cette déviation; elle est congéniale si la torsion se continue de la bouche au menton. Ce tout composé alors un visage inapercevable complétement de face ou de profil; c'est un défaut de développement physique seulement disgracieux.

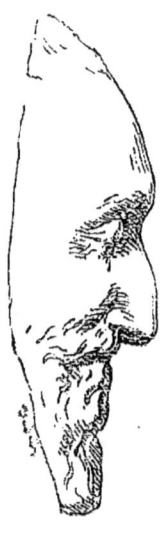

Fig 320.

La torsion du nez avec aplatissement ôte toute distinction à la physionomie. Elle prend un aspect ignoble si, par surcroît, le front est fuyant. Cette double disposition se rencontre avec des sentiments bas et abjects. Ce profil d'un assassin surnommé Rude-aux-poules (fig. 331) en est un exemple repoussant.

J'ai peu de sympathie pour les nez gros, lourds et recourbés. Je les évite surtout quand ils sont soulignés par une moustache épaisse dont les extrémités filiformes sont maintenues dans un plan horizontal par un cosmétique résistant. La prétention affichée par le porteur me fait douter de sa sincérité. Je le juge tenace dans ses visées, ayant un but unique, sa propre personne, et pour moyen de réussir, non la persuasion et le bon droit, mais la

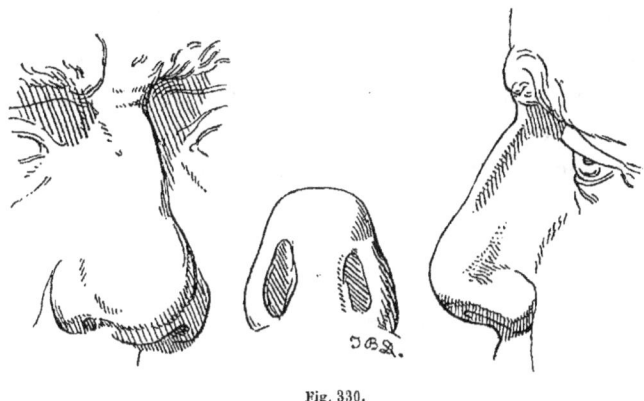

Fig. 330.

force brutale. Que dire du nez retroussé flanqué de deux petits crocs relevés avec un soin méticuleux? Il faut plaindre une nullité de jugement, augmentée de cette circonstance aggravante.

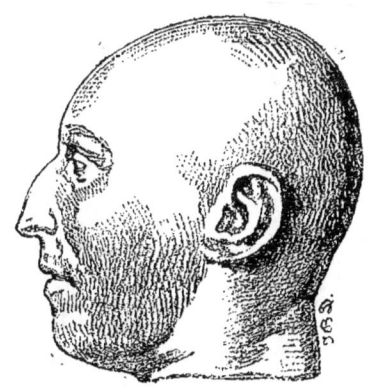

Fig. 331.

Il y a présomption de tendance dans la forme native du nez ; sa signification positive est dans le mode d'ouverture et de mobilité des narines : là est la vie active et, par conséquent, l'indication lumineuse.

Règle générale : la puissance impulsive des passions et des appétits est en raison directe de la dilatation et de l'énergie des ailes du nez, quelle que soit sa construction originelle. Une passion violente agite et dilate l'orifice de la narine. L'activité du soufflet indique le degré d'animation du foyer (fig. 332).

La dilatation sans vigueur et stationnaire des ailes du nez dépend, dans beaucoup de cas pathologiques, d'une difficulté chronique de respirer.

A mesure que l'ouverture et le mouvement diminuent, on se

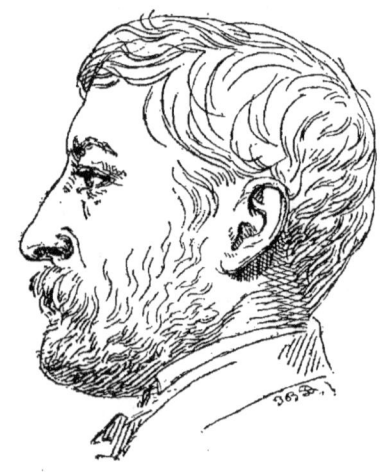

Fig. 332.

rapproche du calme ; en le dépassant, on arrive enfin aux sentiments égoïstes, la crainte, l'avarice. La maxime : « Chacun chez soi, chacun pour soi, » a été promulguée et mise en pratique par un personnage à narines étroites et immobiles. Ces deux conditions réunies correspondent, en effet, à la petitesse du caractère et à l'absence de générosité. L'immobilité de la narine est surtout à consulter dans cette occurrence, car souvent l'entrée des fosses nasales s'agrandit par la mauvaise habitude d'y introduire du tabac ou, plus économiquement, le doigt. On reconnaît la première de ces causes quand le priseur aspire le sternutatoire d'un seul côté, la pointe du nez se détournant alors à l'opposite. Le nez se tourne, au contraire, vers la main qui le presse dans les plis du mouchoir.

La narine présente un bord inférieur longeant l'ouverture, et un bord postérieur séparant, par un angle rentrant, la base du nez de la joue.

Le bord inférieur d'un nez droit est dans un plan horizontal ; il s'élève d'arrière en avant au bas d'un nez retroussé ; il abaisse sa partie antérieure dans le nez aquilin.

Vu de face, le bord postérieur de la narine est vertical sur le nez droit. Sur un nez large inférieurement, aquilin, retroussé ou épaté, ce bord oblique de bas en haut et de dehors en dedans. Cette direction classe la narine dans les passions vives. Si le plan du bord postérieur rentre de haut en bas, il y a désignation de sentiments restrictifs.

Le degré de torsion de l'aile de la narine correspond à celui de l'échelle passionnelle.

L'ouverture dégagée postérieusement et s'amoindrissant en se prolongeant vers la pointe du nez annonce un état mixte de l'âme entre l'agitation passagère et le calme habituel. La tranquillité normale laisse en repos les bords de la narine, également écartés dans leur étendue. Le rétrécissement de l'orifice de la narine rabaisse le niveau de la passion. Ce resserrement est en raison inverse de celui des lèvres forcées de s'ouvrir pour suppléer au défaut de grandeur des voies aériennes nasales.

Les narines échancrées uniformément respirent une vie aisée et simplement expansive.

En considérant la position de la narine relativement à la base du cartilage de la cloison nasale, nous la verrons s'élever avec l'excitation du caractère et s'affaisser dans la sous-excitation.

Si la moitié postérieure de l'aile du nez est rouge et mamelonnée, c'est un signe de prépondérance des appétits corporels. Une narine cartilagineuse, fine et sans bosselures, annonce une inappétence instinctive pour les sollicitations abdominales.

DE LA BOUCHE

Pour comprendre la variété infinie des mouvements de la bouche, il faut connaître son appareil musculaire (fig. 333). Il se compose ainsi :

1° Au centre, l'orbiculaire des lèvres ou labial (10); il resserre la bouche; il est l'antagoniste des autres muscles de cette région;

2° Au-dessus, les élévateurs communs de la lèvre supérieure et de l'aile du nez (4);

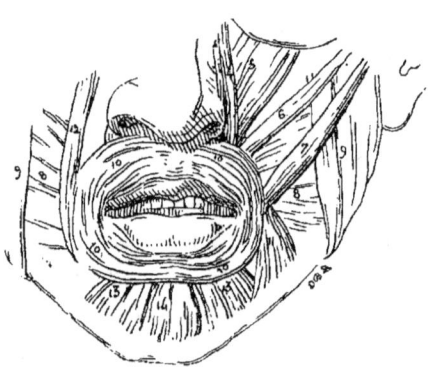

Fig. 333.

3° Les élévateurs propres (5) de la lèvre supérieure, agissant verticalement;

4° Les canins (12) dont l'action sert d'intermédiaire à celle des élévateurs et des suivants;

5° Les zygomatiques petits (6) et grands (7). Leur nombre varie de 1 à 3 de chaque côté. Ils se contractent obliquement en dehors et concourent à l'expression des sentiments excentriques.

Les muscles situés au-dessous de la bouche sont :

1° Le carré ou abaisseur de la lèvre inférieure (13);

2° Le triangulaire des lèvres (11) dont il fait baisser la commissure ;

3° La houppe, releveur du menton (14).

Le peaussier vient aider de ses filets supérieurs le jeu commun de ces agents expressifs des passions concentriques.

Cet aperçu de la topographie myologique de la bouche ne suffirait pas pour en expliquer l'extrême mobilité ; elle est due à l'entrelacement des fibres de ces annexes, solidaires de l'impression éprouvée par l'un d'eux.

La bouche n'est pas seulement la porte des organes de l'alimentation et de la voix, elle est l'un des principaux aboutissants des sensations du cœur. L'esprit s'en sert comme d'un arc pour décocher ses traits.

La bouche a une éloquence propre. Sans les intonations vocales, si puissantes chez le parlant, la bouche du sourd-muet exprime l'ironie, le mépris, le dédain, les nuances les plus délicates ou les plus accentuées des passions. La finesse de son tissu, sa souplesse et son élasticité lui permettent de refléter les impressions les plus fugitives et de passer de l'expansion gracieuse à la contorsion de la grimace.

Ces transformations multiples résultent du plissement des lèvres par les muscles environnants.

Le caractère d'une bouche tient à sa forme particulière et à sa manière de se mouvoir, laissant une trace chronique par un retour continuel aux mêmes ondulations, comme l'étoffe garde l'empreinte de plis souvent refaits.

La bouche offre un double point de vue organique et spirituel. La ligne de démarcation entre ces deux attributions est évidente, en comparant la bouche d'un enfant à celle de Voltaire, par exemple.

Les premiers mouvements des lèvres, après la naissance, sont ceux de la succion ; ils sont déterminés par un besoin physique, toujours renouvelé, la faim, pendant la veille et le sommeil ; c'est un appel instant à la sollicitude maternelle. Ces mouvements sont simples, francs et exclusivement matériels.

La bouche de l'illustre écrivain philosophe (fig. 334) est malicieusement ironique. Elle ondule avec la pensée à peine éclose et prête à jaillir en étincelles. L'estomac n'est pour rien dans cette expression fixée vivante sur le marbre de Houdon.

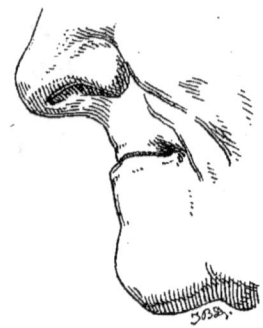

Fig. 334.

La pulpe labiale de l'enfance (fig. 335) est spongieuse et aspirante. Celle de l'homme d'esprit se concrète pour affiner et lancer la saillie.

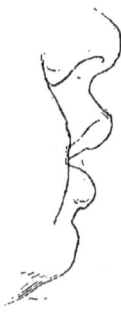

Fig. 335.

Cette jeune bouche (fig. 336) appartient à la classe de la sensualité.

Ces deux points établis vont faciliter l'exposé des principes suivants :

La direction de la ligne de séparation des lèvres indique l'état de l'âme. Cette ligne horizontale (fig. 337) est le signe de la tranquillité. C'est le terme moyen de l'expression des sentiments simplement expansifs.

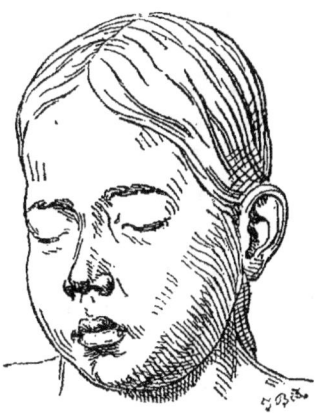

Fig. 336.

L'élévation des commissures (fig. 338) se produit dans les passions excentriques.

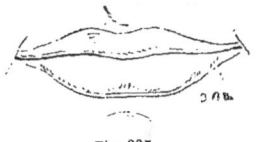

Fig. 337.

Les passions concentriques tirent en bas les coins de la bouche et lui font décrire une courbe (fig. 339).

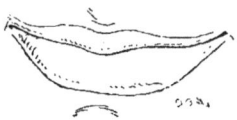

Fig. 338.

Une excentricité hargneuse écarte parallèlement les deux lèvres dans toute leur étendue (fig. 340).

248   PHYSIOGNOMONIE.

La lèvre inférieure est normalement plus développée que la supérieure; lorsque celle-ci l'emporte, au contraire, sur l'autre, il y a présomption de dispositions scrofuleuses (fig. 341).

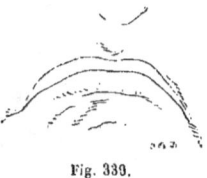

Fig. 339.

La bouche est éminemment sensuelle quand elle est grande, à lèvres saillantes, épaisses, avec un bord net et prononcé, et laissant dominer la pulpe vermeille.

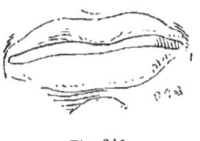

Fig. 340.

La bouche de la Vénus de Milo (fig. 342) appelle le baiser.
Voilà, de face et de profil (fig. 343), la bouche d'une jeune fille

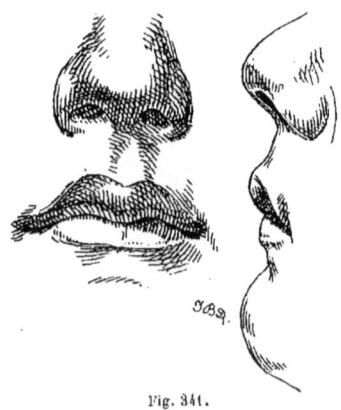

Fig. 341.

de neuf ans, dont la gourmandise allait jusqu'à l'indigestion, inclusivement.

Dans un autre genre de sensualisme, nous signalons cette bouche d'un novice aspirant aux faveurs du beau sexe (fig. 344).

On y retrouve le caractère essentiel de la matérialité, l'exubérance et la coloration ardente du sang sous la pellicule tendue et résistante.

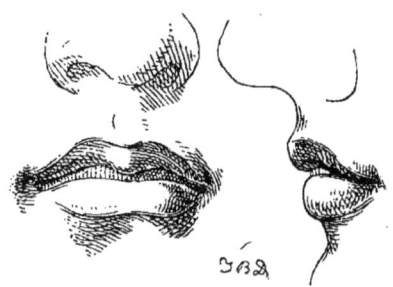

Fig. 342.

Largillière a donné à des lèvres fleuries d'abbé toute la délicatesse compatible avec l'alliance des sens et de l'intellect. Elles

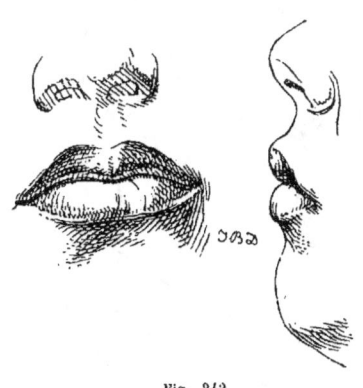

Fig. 343

respirent la satisfaction du gourmet spirituel et la voluptueuse aspiration de l'homme de goût vers les plaisirs terrestres. Nous renonçons à dessiner ici cette admirable peinture : le burin est impuissant à la traduire en contours.

Le crayon de Gros a répandu sur ce profil d'une jeune fille de l'Orient une langueur amoureuse et naïve (fig. 345).

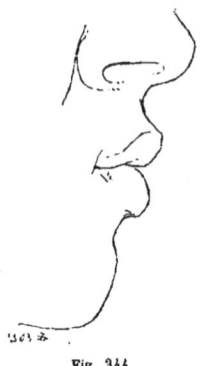

Fig. 344.

Cette femme appartient à l'amour : ses yeux le provoquent, sa bouche l'aspire (fig. 346).

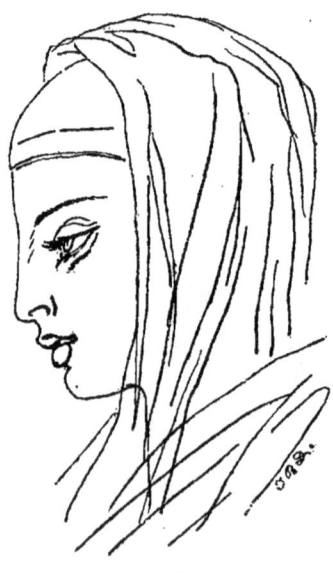

Fig. 345.

Un sourire moqueur serpente sur cette bouche sensuelle (fig. 347), copiée sur un portrait de bossu, peint par Duplessis-

Bertaut. Cette expression est complexe : c'est le culte des jouissances matérielles, assaisonné par l'esprit naturel, se riant de la sottise des faux moralistes.

Cette bouche grossièrement taillée (fig. 348) est celle d'un bru-

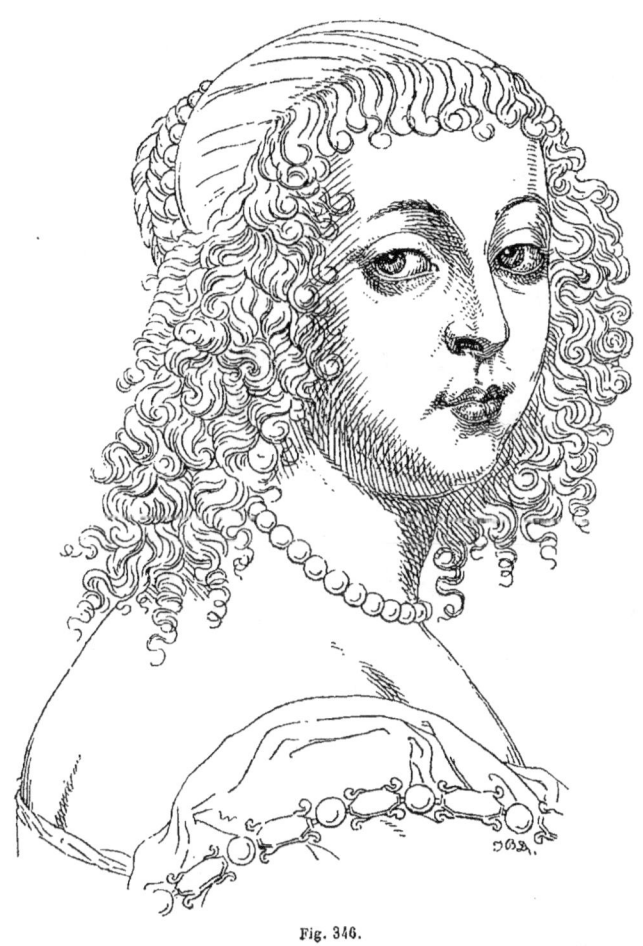

Fig. 346.

tal, ne subissant que la loi imposée par la force. Il se plaît à susciter des querelles oiseuses, toujours certain d'avoir raison de ses adversaires. Il dispose contre eux d'un argument décisif, un poignet solide et infatigable.

La lèvre du bavard (fig. 349) se montre impatiente. Une trépi-

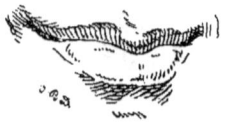

Fig. 347.

dation incessante ne lui laisse aucun calme. La bouche fait provi-

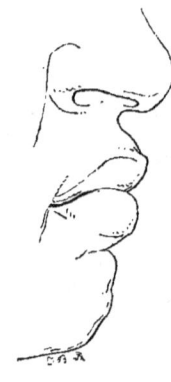

Fig. 348.

sion d'air pour favoriser le débit de la parole.

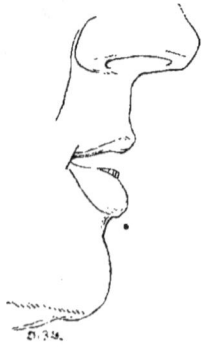

Fig. 349.

L'homme discret (fig. 350) maintient ses lèvres collées ensemble;

il les desserre à peine, crainte d'une fissure par où filtrerait un souffle compromettant. Elles sont amincies par la contrainte et séparées par une ligne droite, que des ondulations légères vien-

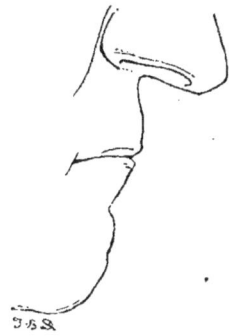

Fig. 350.

nent rarement assouplir. Alors les lèvres s'écartent méthodiquement pour l'émission de la voix et se referment avec lenteur comme les portes d'une prison.

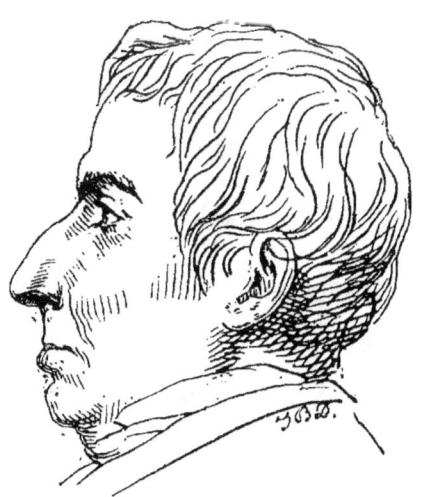

Fig. 351.

Le degré de pression des lèvres l'une contre l'autre est en raison directe de la fermeté du caractère.

Cette bouche (fig. 351) fermée, avec une lèvre inférieure assez forte, indique une résolution facile à modifier par un sentiment de bienfaisance.

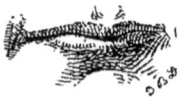

Fig. 352.

Ces lèvres fortement juxtaposées (fig. 352) ont transmis des ordres absolus aux marins d'un bâtiment de guerre. Elles présen-

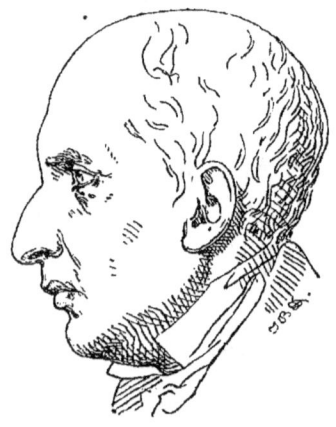

Fig. 353.

tent le type du courage impassible et l'autorité du commandement.

Cette bouche (fig. 353) est celle d'un savant consciencieux, dont

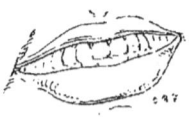

Fig. 354.

le regard intelligent voit trop clairement le fond des choses sociales pour ne pas en ressentir une pitié mêlée de dégoût.

La bouche insouciante et rieuse (fig. 354) s'entr'ouvre avec une expansion gracieuse et naïve, sans prétention et sans ironie. Elle est sympathique et invite à la gaieté.

La bouche est sans contraction chez les inoffensifs.

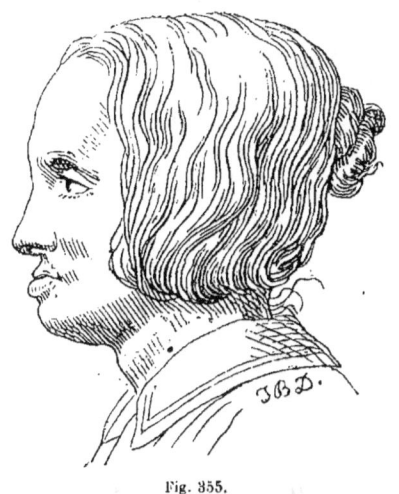

Fig. 355.

La lèvre inférieure de la bonhomie (fig. 355) s'abandonne à son propre poids.

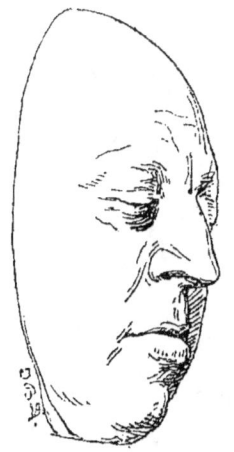

Fig. 356.

Le musicien Dussek (fig. 356) a la lèvre inférieure forte et soutenue ; elle ne tombe pas. Les compositions de Dussek joignent la grâce et la mélodie à la verve de l'inspiration, et agissent vivement sur les sens de l'auditeur.

La lèvre hautaine et dédaigneuse (fig. 357) s'élève en refoulant au-dessus de son niveau la lèvre supérieure, rejetée alors en ar-

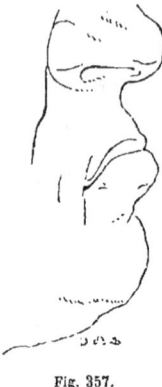

Fig. 357.

rière, et diminuant ainsi de saillie en laissant avancer la lèvre inférieure.

Le mot *bouder* rend parfaitement l'action de pousser en avant les

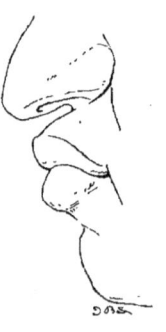

Fig. 358.

lèvres renflées par le rapprochement des commissures et obstruant l'entrée de l'air dans les narines (fig. 358).

Les enfants difficiles à contenter et tenaces dans leurs exigences font cette moue, dont l'extrême allongement indique le maximum de mécontentement. Plus d'une femme habituée aux hommages s'en sert avec ménagement pour exprimer une déception, si elle n'a pas été comprise. Ici, pas de chagrin rancunier : c'est une protestation mutine, adressée du bout des lèvres, avec un léger mélange de menace et de prière encore affaibli par un demi-sourire. Une coquette émérite tire un grand parti de cette disposition de la bouche, en exécutant des variations habiles sur un thème connu. C'est un moyen de tenir en éveil un adorateur craintif. Puis, une bouderie savamment conduite aboutit à un raccommodement, toujours onéreux pour le pénitent, heureux de son pardon. Un spectateur désintéressé discernerait la comédienne de la femme véritablement émue. La première dirige les ondulations de ses lèvres avec art. La seconde emploie la plainte et non le reproche pour repousser une atteinte à ses affections.

Si vous voyez une bouche féminine assez maîtresse d'elle-même pour se plisser sous une pression calculée, attendez-vous à une attaque imminente. La coquette range en bataille son attirail de guerre. Le moindre incident sera le prétexte du signal. Les minauderies vont se succéder dans un feu roulant de provocations agaçantes. L'action s'engage en démasquant des dents d'une blancheur formidable. Les lèvres se chargent, selon les besoins de la lutte, d'ironie, de tendresse, de froideur dédaigneuse, de désirs simulés. Le dépit ne s'y laisse pas voir ; ce serait l'aveu de la défaite. La coquette veut vaincre. Elle se possède trop bien pour ne pas exécuter une retraite savante au moment opportun. Ici, la bouche s'asservit aux combinaisons de la volonté. C'est de la stratégie, où la tête exploite la science de l'expérimentation. Néanmoins, le succès tient plus à la crédulité de la dupe qu'à la valeur réelle de l'enjôleuse.

La bouche impressionnée par un sentiment vrai n'a rien de cet aspect factice. Tout est spontané dans sa naïve expansion. Elle s'abandonne ; elle ne combat pas ; elle plaide et gagne sa cause avec un sourire.

Détournez-vous si vous rencontrez sur votre route un piéton marmottant des phrases saccadées. Il est trop préoccupé pour vous apercevoir. Il est inutile de lui crier : Gare ! il ne se dérangerait pas.

Je suis moins convaincu de la bonne foi des pieuses personnes marchant, un livre de prières à la main, sous le regard malin du public, et mâchant des sons confus. Cette trépidation labiale est

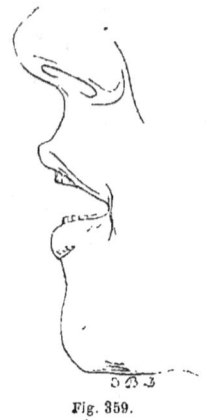

Fig. 359.

mécanique et ne peut induire en erreur. Le psalmodiant ne songe guère au ciel. Il a le cœur et l'esprit distraits par des soins terrestres.

Beaucoup de lecteurs silencieux agitent les lèvres. Ils sont incontestablement tout entiers à l'attrait irrésistible d'une lecture attachante.

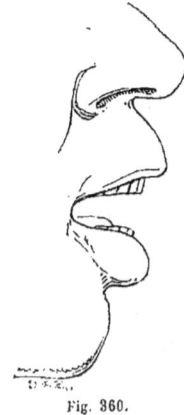

Fig. 360.

Le degré de surdité peut se mesurer à l'écartement des lèvres (fig. 359) : plus il est grand, plus l'infirmité est grave.

L'hébétement, cette occlusion de l'intelligence, se manifeste par un signe analogue. Moins on comprend un récit, et plus on s'efforce de favoriser l'audition en profitant de l'ouverture auriculaire interne. On dit à l'enfant restant ébahi, la bouche dilatée : Tu as l'air d'un imbécile.

Il y a des bouches que la plus faible lueur d'intelligence n'a jamais éclairée : celles-là ne s'ouvrent que pour s'ouvrir (fig. 360).

Les lèvres stationnaires sont attribuables aux gens insoucieux d'eux-mêmes et indifférents aux malheurs d'autrui.

La bouche légèrement pincée, et dont les coins remontent avec

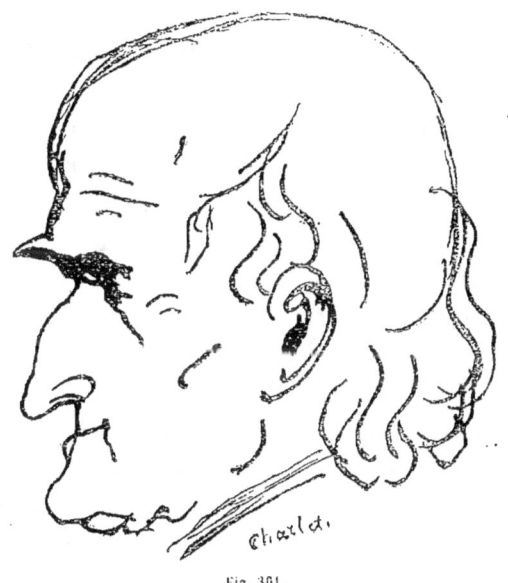

Fig. 361.

une tension légèrement soutenue, exprime l'obséquiosité du désir et la prétention de plaire. Cette expression est bien rendue dans ce croquis, échappé du crayon spirituel de Charlet (fig. 361).

L'usage des instruments à vent imprime aux lèvres des déformations sans rapport avec le résultat des passions humaines. La bouche du joueur de flûte diffère de celle de l'exécutant sur la clarinette. Le cor, le trombone, la musette, le flageolet laissent aussi leur empreinte. Un œil exercé reconnaît la spécialité de l'instrumentateur au mouvement automatique de la bouche.

DES DENTS

Les dents des animaux disent leur manière de vivre. Les herbivores, les carnassiers, les rongeurs ont une denture en rapport avec leurs besoins de nutrition. Chez l'homme, omnivore, les dents fournissent principalement des données pathognomoniques. Il les emploie comme armes dans le paroxysme de la colère. Les enfants sournois mordent instantanément, sans préliminaires. Plus tard, l'éducation corrige cette disposition bestiale, dont il ne reste que cette locution familière : avoir une *dent* contre quelqu'un, ce qui signifie garder rancune ; ou cette expression métaphorique : avoir du mordant, pour exprimer l'action de l'esprit lutteur entrant dans le vif de la question par le côté ironique.

Les dents sont au nombre de trente-deux, seize à chaque mâchoire : quatre incisives, deux canines et dix molaires ; les premières détachent du morceau alimentaire le fragment que les canines déchirent pour être broyé par les molaires.

Les dents incisives du nègre ne tombent pas verticalement de la mâchoire supérieure sur celles de la mâchoire inférieure. Cette particularité sépare la race noire de la blanche, où la verticalité dentaire est la loi commune.

Des dents bleuies par la carie accusent une altération du système digestif et pulmonaire ; elle provient quelquefois de l'abus des mets sucrés. L'emploi du mercure et de certains métaux expose les ouvriers à de pareilles atteintes.

Des dents solides, bien dirigées et recouvertes d'un émail éclatant, d'un ton jaune doré, annoncent une excellente organisation de l'estomac et des organes respiratoires. On se plaît à voir un enfant de l'Auvergne, muni d'un bel appareil dentaire, attaquer un morceau de pain dans un cadre de suie.

La petitesse des dents signale une constitution féminine. Des dents fortes et sans ordre ajoutent à l'aspect désagréable de leur possesseur un caractère de grossièreté.

Des dents bien proportionnées et rangées avec symétrie n'appartiennent pas à une tête mal ensemble. L'irrégularité des dents tient à une conformation vicieuse des os maxillaires d'où elles sortent.

Il faut aller en Angleterre pour connaître la plus grande dimension des dents humaines. Les dents longues accompagnent ordinairement un visage oblong. Charles X en montrait de semblables en souriant. On les devinait sous ses lèvres rarement closes.

Des dents mal soignées n'inspirent pas seulement de la répulsion, elles donnent une mauvaise opinion du négligent, sans nul souci des soins de la propreté. Il manque d'élévation dans les idées et de dignité dans ses relations sociales.

L'éclat et la netteté des dents avivent la fraîcheur et la grâce du sourire. Heureux les privilégiés dont les dents restent jeunes et au complet. Leur absence déforme la bouche et les joues ; de plus, elle nuit à la digestion en rendant la mastication imparfaite. Réparer cette perte est le côté utile de l'art du dentiste.

Une dent de moins cause un vif chagrin aux femmes ; elles sont au désespoir, si ce malheur arrive à la partie antérieure et visible. Rien ne leur coûte pour combler immédiatement ce vide. Le manque d'argent n'est pas un obstacle : on en trouve. Le scrupule s'efface devant la crainte d'effaroucher les amours et de compromettre des chances matrimoniales. Plus d'un fiancé n'a su que longtemps après avoir conquis le titre d'époux, le prix de revient d'apparences trompeuses. Quand une femme peut-elle impunément avouer une fausse dent? Réponse : Le jour où l'homme de ses plus chères affections cesse d'être amoureux et jaloux, sans avoir à redouter un successeur.

DE LA LANGUE

La langue renseigne sur l'état pathologique des organes digestifs. Si elle est chargée d'aphthes, il existe une inflammation du tube intestinal. Nette, fraîche et rose, elle atteste une santé parfaite dans ces régions. La langue met en défaut le soin de cacher le vide opéré dans la bouche par la perte d'une dent; le bord lingual s'introduit dans l'interstice et le reproduit en saillie. On ne se doute pas, en tirant la langue pour plaisanter, que l'on révèle une brèche ouverte dans un râtelier réputé complet.

On dit d'un bavard : Il a la langue bien pendue. Elle a effectivement une finesse et une mobilité plus grandes chez ceux qui en abusent. Avoir la langue épaisse exprime une idée de lourdeur dans l'intelligence. La langue s'effile avec une parole incisive. Langue de vipère, dit-on, en parlant d'une personne médisante par tempérament.

La difficulté d'articuler des sons distincts vient en partie de l'empâtement de la langue; la souplesse de l'instrument répond à l'habileté du joueur. La langue hésite avec l'indécision; elle balbutie avec l'ignorance; elle se paralyse au moment concentrique d'une passion violente. La langue pâlit et s'amoindrit par l'abstinence. Elle prend une coloration vive et un accroissement sensible chez les amis de la bonne chère.

DU MENTON

Le menton est la base de la façade de la tête, comme le front en est le couronnement. La force relative du menton annonce le degré de solidité de l'édifice.

Le menton est large, étroit, long, court, en saillie ou fuyant. Sa

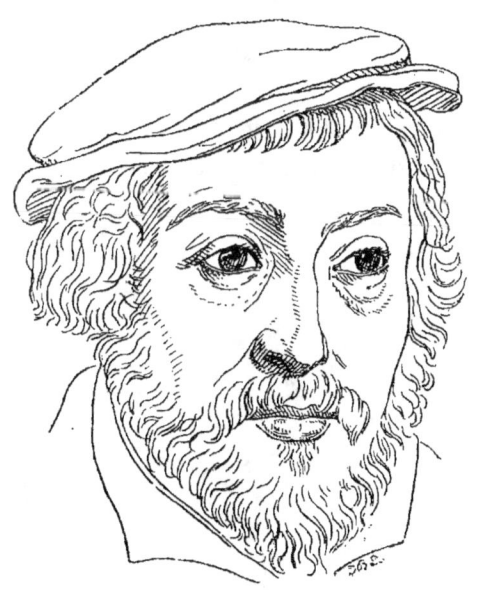

Fig. 302.

largeur est un indice de fermeté; son étroitesse corrobore l'indication de la prédominance des facultés intellectuelles. Le menton long et fort est un signe d'entêtement irréfléchi. Le menton court fait présumer l'indécision. Le menton en avant est railleur; le fuyant est incapable de résistance.

Le menton sert de contre-poids au front dans l'équilibre des traits faciaux. Il existe un antagonisme presque constant entre eux.

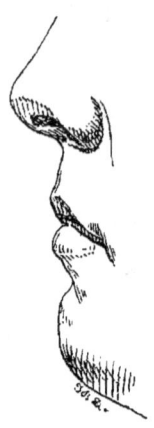

Fig. 363.

L'os maxillaire inférieur était large chez Thomas Morus (fig. 362). Ce ministre intègre et désintéressé se fit un devoir de renoncer à la

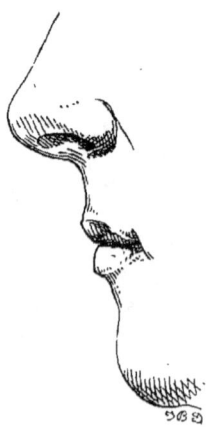

Fig. 364.

position de grand chancelier de l'Angleterre pour se constituer prisonnier à la Tour. Il subit la décollation, afin de rester fidèle à ses principes.

DU MENTON.

Depuis vingt ans, le caractère absolu de la femme dont voici le menton (fig. 363) n'a pas varié dans ses déterminations. Chose remarquable, le temps n'a pas apporté de changement sensible dans ce profil.

Celui-ci (fig. 364), dont la courbure supérieure est molle et tombante, nous rappelle l'hésitation, l'impersévérance d'une gracieuse personne à qui l'on pouvait appliquer les vers :

> Souvent femme varie,
> Bien fol est qui s'y fie.

Un menton petit et rentrant (fig. 365) est un signe de timidité.

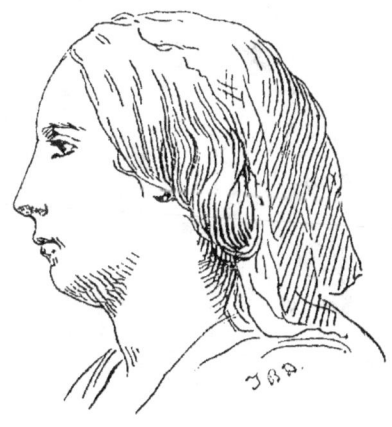

Fig. 365.

On se laisse aisément glisser sur la pente rapide des plaisirs avec cette organisation, signalant la faiblesse du caractère et le défaut de ténacité. On n'aurait pas le courage de s'engager aussi facilement dans la voie des privations, si l'éducation morale ne corrigeait cette prédisposition physique.

La petitesse du menton se rencontre aussi chez les hommes manquant de tenue et de conduite. Le poëte académicien Pierre Tristan l'Ermite (fig. 366) avait un menton dénué d'énergie ; il a trop cultivé le jeu, le vin et les femmes pour lui-même, et les muses pour ses contemporains. Boileau a dit de lui : « Il passait l'été sans linge et l'hiver sans manteau. » Tristan n'eut pas la force de résister à ses penchants déplorables, tout en ayant su attirer sur lui l'attention publique.

Un menton simplement fin annonce une certaine délicatesse de corps et d'esprit.

La lourdeur du menton correspond à la pesanteur de l'intellect.

Charnu et festonné, le menton indique des habitudes sensuelles. Il prend cet aspect chez les viveurs dépensant leur existence dans

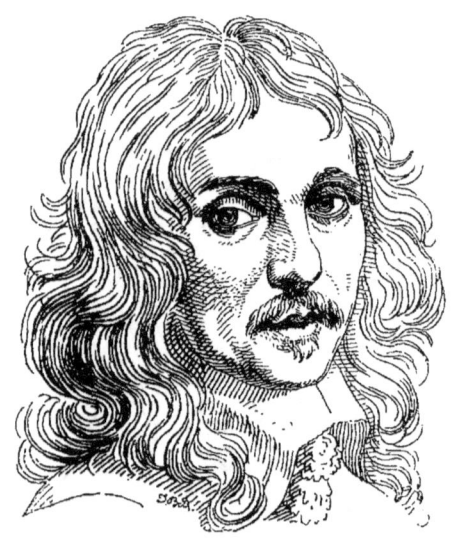

Fig. 366.

une insouciance voluptueuse. Boileau a peint le chanoine avec ces contours.

A l'époque où la femme, sans cesser d'être jeune, s'avance vers la maturité, la courbure inférieure du menton se subdivise et s'abaisse, en se rapprochant du col, dont l'embonpoint commence (fig. 367).

Il y a inertie avec l'affaissement du tiers antérieur des chairs placées sous le menton (fig. 368). Malheur à celle qui possède un visage attrayant avec cette faible base ; en ne s'efforçant pas de réagir moralement contre une tendance physique énervante, elle

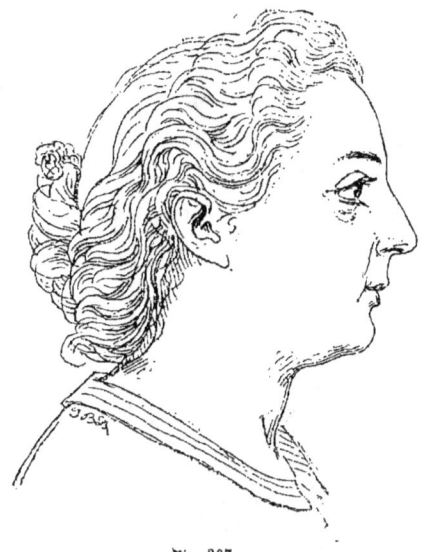

Fig. 367.

ira fatalement se perdre dans la catégorie des femmes entretenues,

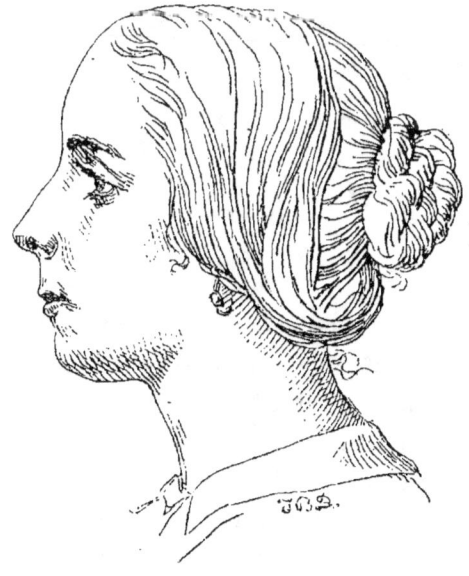

Fig. 368.

si la fortune ou le travail ne la met au-dessus des nécessités de la vie usuelle.

La résolution fait, au contraire, refouler en haut le menton pour fournir un point d'appui aux lèvres chargées de la transmettre (fig. 369).

Une dépression prononcée sur le menton est un signe de fermeté. A un menton solide, Daniel Manin (fig. 370) joignait ce méplat; un nez gros par le bout et dilaté par le jeu des narines, un front large, intelligent et honnête, des pommettes peu saillantes, caractérisent énergiquement l'ancien président de la république

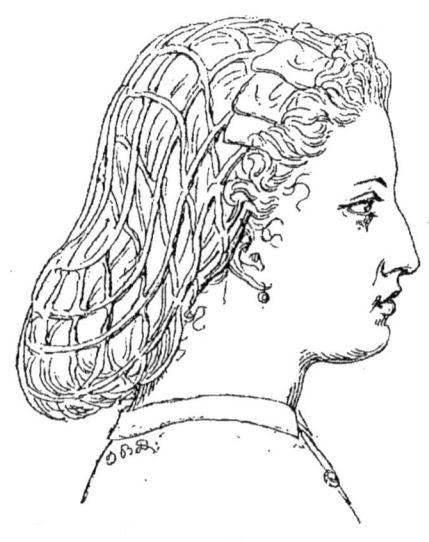

Fig. 369.

de Venise. Nous avons eu l'insigne honneur de recevoir Daniel Manin à notre atelier, où nous avons exécuté ce dessin d'après nature. C'était à l'époque où l'illustre exilé donnait des leçons d'italien pour subsister, lui et sa fille, achevant de mourir sur le cœur paternel, loin de la patrie aimée. Daniel Manin a survécu peu de temps à cette autre séparation cruelle; puis il a reçu de la famille Scheffer l'hospitalité du sépulcre. Ses restes reposent au cimetière Montmartre, en attendant la résurrection de la liberté vénitienne. Le souvenir des actes nobles et patriotiques de Manin est encore aujourd'hui le seul héritage qu'il ait pu léguer à son pays retombé dans la servitude.

Une légère fossette ajoute à la grâce d'un menton frais et jeune.

La mobilité des tissus du menton tient à un état d'irritabilité produit par une prédisposition aux mouvements violents de l'âme.

La proéminence excessive du menton rapproche l'homme de l'animal : elle est commune chez plusieurs peuplades sauvages.

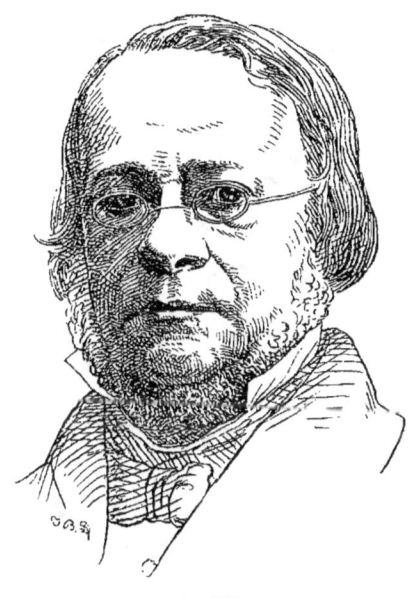

Fig. 370.

La rondeur et la petitesse du menton sont des attributs de l'enfance.

La forme ronde persiste encore dans l'adolescence (fig. 371), tout en prenant plus de volume. Avec l'âge, les plans du menton s'accusent davantage. Il devient sec et anguleux dans la vieillesse. Alors il tend à remonter vers le nez ; la perte des dents diminue encore leur distance respective.

Le menton des forts se couvre de bonne heure d'une barbe épaisse ; celui des faibles en est presque dépourvu.

Le menton est généralement large chez les bossus, ce qui indiquerait un certain rapport entre cette forme et la déviation de la colonne vertébrale. Nous avons rencontré un grand nombre de scrofuleux ayant un menton court et en retraite vers le col.

Le menton n'est donc pas sans importance. Néanmoins, il ne

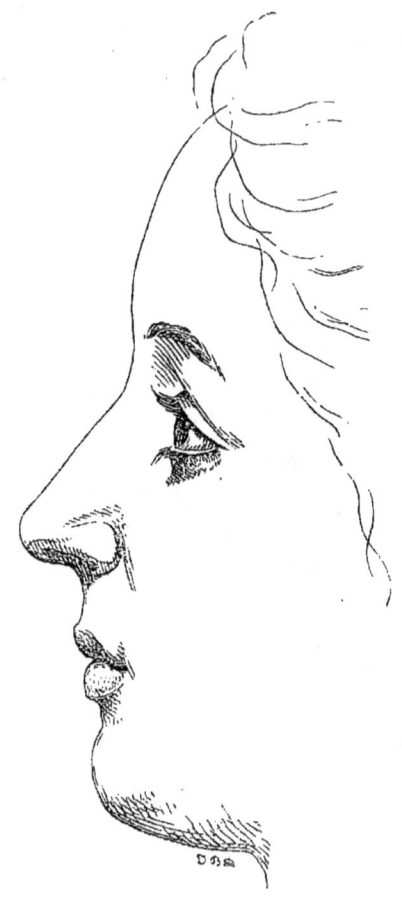

Fig. 371.

faudrait pas l'exagérer. Chacune des modifications du menton, comme celles des autres traits, n'a point de signification absolue, à part de l'expression totale du visage : c'est une lettre complétant l'orthographe du mot entier, à lire sur la face humaine.

DES JOUES

L'enfance (fig. 372) a des joues fermes et rebondies; celles de la vieillesse (fig. 373) sont aplaties et flasques. Elles sont, de plus, sillonnées de plis, et surtout si l'avarice est venue dégrader encore la face du vieillard.

L'histoire d'Angleterre a constaté la lésinerie et les rapines de Henri VII (fig. 374), qui tenait un registre secret du produit des

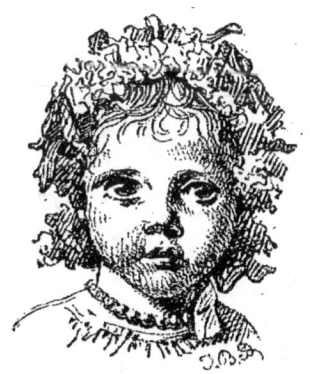

Fig. 372.

confiscations. Il est mort, en 1509, après avoir amassé des richesses immenses.

Entre les deux extrémités de la carrière humaine s'intercale une série de modifications amenées par tous les accidents dont l'âge et les passions sont la cause. La mobilité des joues les rend donc significatives par le changement continuel de leur type primitif. Ces

272 PHYSIOGNOMONIE.

variations complètent les indices fournis par les traits à base osseuse ou cartilagineuse.

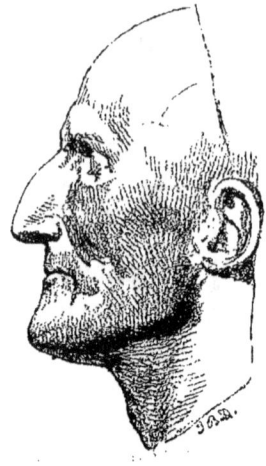

Fig. 373.

L'état normal des joues se rapporte à la situation habituelle de

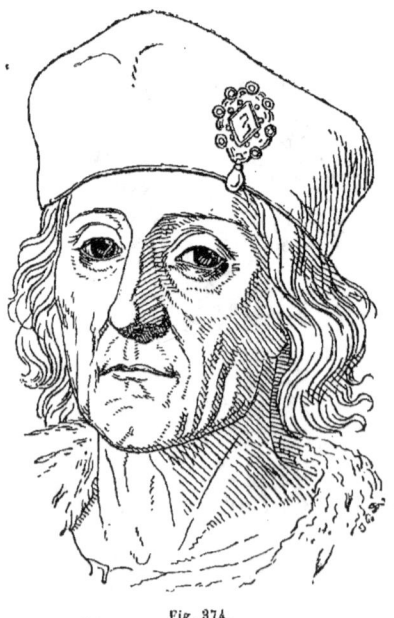

Fig. 374.

l'âme et non à l'expression du moment. Leur apparence de prospérité proteste souvent contre les larmes qui coulent amèrement sur elles. Des joues creuses et livides font un contraste pénible avec le sourire passager venant inopinément les distendre.

Les joues ont surtout une signification abdominale. Dans des conditions négatives, elles confirment les signes des qualités d'un ordre supérieur.

L'auteur du *Décaméron*, le sensuel Boccace (fig. 375), a les joues charnues.

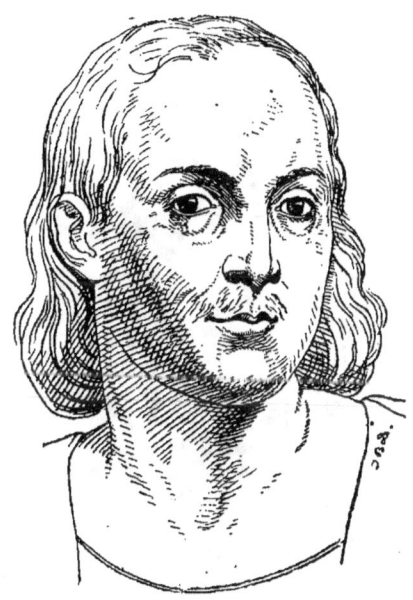

Fig. 375.

Les joues creuses du Dante (fig. 376) attestent les préoccupations plus sévères du poëte de la *Divine Comédie*, du savant et du Guelfe obligé de s'exiler de sa patrie pour se soustraire aux persécutions de ses ennemis, devenus les maîtres.

Le crâne intelligent de Cicéron se grandit de la vacuité de ses joues; celles de Vitellius rapetissent l'aspect de la portion cérébrale.

Tel a débuté dans la vie sociale avec des idées mystiques, en plaçant la sobriété parmi ses vertus obligatoires, qui, plus tard, a senti ses joues pâles et osseuses se charger d'embonpoint avec un régime de Sybarite. L'ami de la table a de l'aversion pour les travaux de l'intelligence. Il est difficile, en effet, de concilier ces dispositions, exclusives l'une de l'autre.

Un labeur quotidien et fatigant s'oppose au développement des joues de l'ouvrier (fig. 377), ingénieux à lutter contre les privations, afin de subvenir aux besoins de sa famille.

Le temps dessèche les joues du vieillard. Elles perdent conséquemment de leur exubérance chez le viveur âgé ; mais il lui reste assez de tissus amollis et boursouflés pour ne pas être confondu avec celui dont l'esprit a dominé les appétits grossiers.

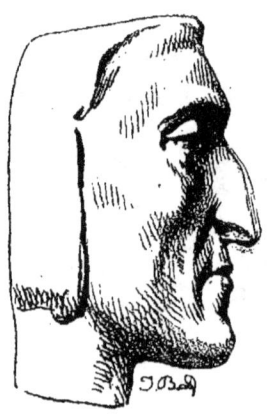

Fig. 376.

Non-seulement les joues servent de fond aux autres traits, elles ont encore une signification propre, distincte et appréciable. Quand la tête se présente de profil perdu, le contour de la joue est suffisant pour désigner l'enfant, l'adolescent, l'homme fait et le vieillard. Ce simple contour, en raison de ses saillies ou méplats, donne une idée de la supériorité de l'intelligence ou de la prépondérance des instincts matériels. On y retrouve le gracieux abandon, l'épanouissement de la jeunesse, le caractère sérieux et rigide, la froideur de l'égoïsme, la surabondance de vitalité, la finesse, la grossièreté, le ravage des passions, l'existence nonchalante, l'activité de l'esprit. J'aime la joue qui se gonfle et s'élève sans effort vers l'œil en provoquant son sourire. Je me défie et me détourne de

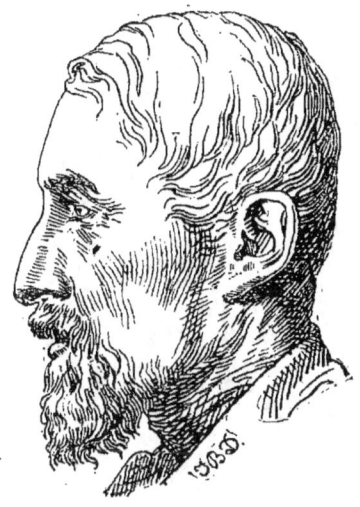

Fig. 377.

celle qui se colle sur les os et s'étire en bas par lanières sèches et brisées. On pose avec plaisir ses lèvres sur la première, on éprouve un éloignement invincible pour la seconde.

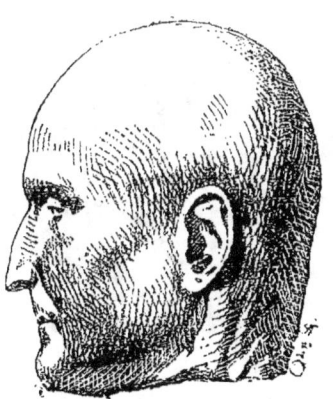

Fig. 378.

La portion supérieure de la joue emprunte en partie son galbe à la conformation osseuse qu'elle recouvre. On la voit dominer dans un grand nombre de têtes d'assassins. Celui-ci (fig. 378) pratiquait sur la grande route ; c'était sa spécialité.

Nous retrouvons le signe fatal dans la tête d'Aymé, l'empoison-

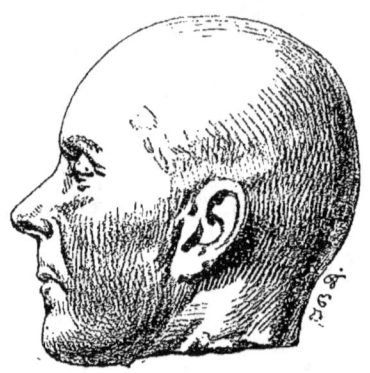

Fig. 379.

neur (fig. 379), et dans celle de ce misérable (fig. 380) souillé de crimes et de sang humain.

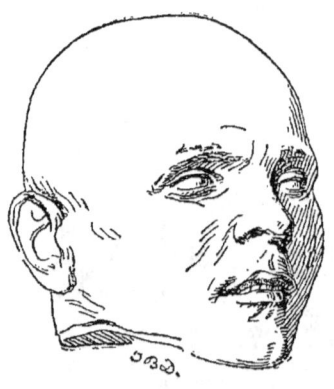

Fig. 380.

Cet homme avait la monomanie du meurtre ; c'était sa constante préoccupation. L'os de la pommette est ici (fig. 381) extrêmement en saillie. Il l'est moins chez l'incompréhensible Papavoine (fig. 382), qui, sans motifs connus ou plausibles, égorgea froidement deux pauvres petits enfants dans une promenade publique où ils s'ébattaient joyeusement.

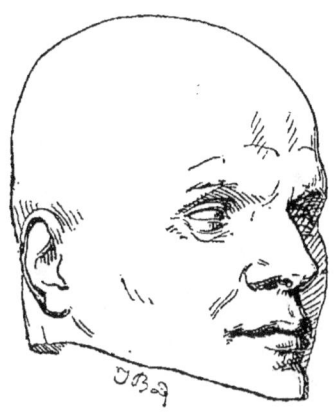

Fig. 381.

Les cinq têtes précédentes ont payé la dette de leurs crimes sur l'échafaud, où sont tombées les trois qui vont suivre : celles-ci

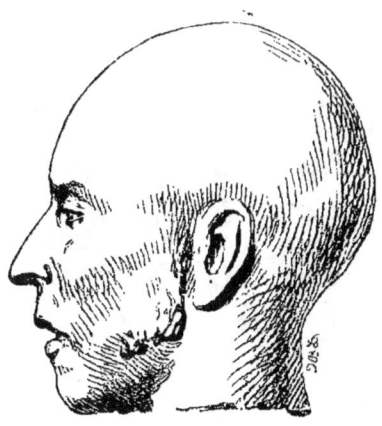

Fig. 382.

n'ont rien de repoussant dans l'aspect ; on n'y voit point de bassesse, mais la résolution du sacrifice.

Celui-ci (fig. 383) avait nom Pleigner. Il était l'associé politique de Tolleron (fig. 384) dans une affaire bonapartiste qui eut un grand retentissement sous la Restauration. Carbonneau (fig. 385) y fut également impliqué.

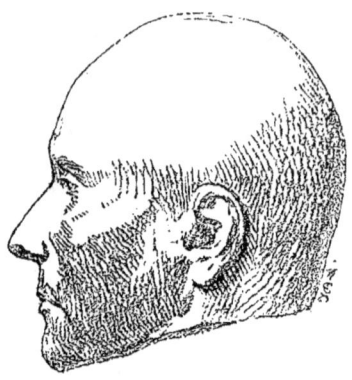

Fig. 383.

Ces trois conspirateurs diffèrent des cinq suppliciés cités avant eux par leur expression comme par le but de leurs actes. La consé-

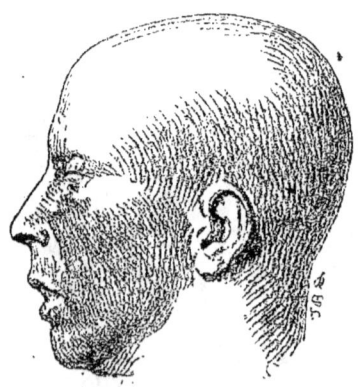

Fig. 384.

quence en a été cependant la même pour tous, la peine capitale. Les premiers ont joué le bénéfice espéré de leur infâme spéculation contre une peine irrémissible. Les seconds pensaient n'assumer sur eux qu'une culpabilité provisoire, devant s'effacer au jour du triomphe de leurs opinions politiques.

Celui qui poignarda Kléber (fig. 386) était un fanatique, déter-

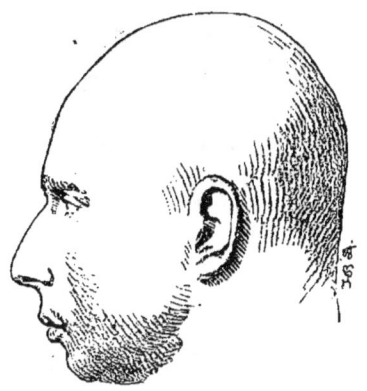

Fig. 385.

miné à racheter de la perte de sa vie le crime humanitaire d'ôter l'existence à un ennemi sans défiance. Lorsque le pal déchirait les

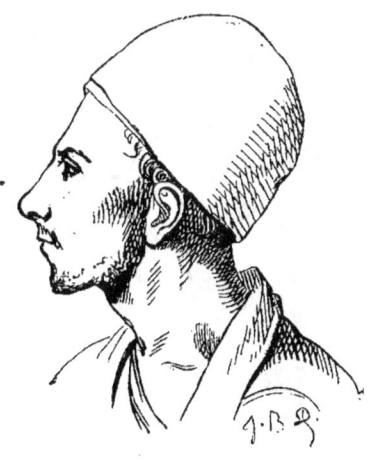

Fig. 386.

entrailles de ce malheureux, il se plaignit seulement d'être atteint par le feu d'un réchaud placé trop près de ses vêtements. Puis il demanda de l'eau pour étancher sa soif. Chose horrible ! des Français avaient ordonné cette lente agonie et ils assistèrent à ce spectacle atroce.

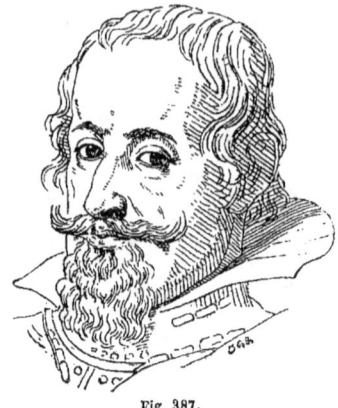

Fig. 387.

Nous devons l'original de ce dessin à André Dutertre, membre

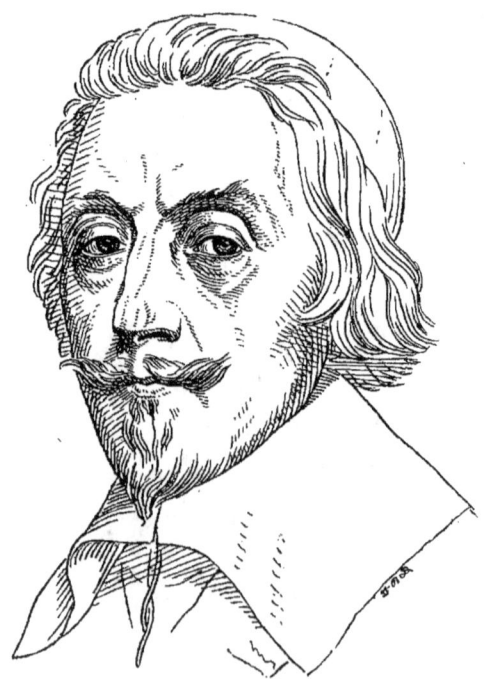

Fig. 388.

de la grande expédition d'Égypte; il le fit peu d'instants avant l'exécution de la sentence. C'est donc le procès-verbal des derniers sentiments de l'Arabe, mis au rang des assassins par la France en deuil et considéré par les musulmans comme un martyr.

La portion charnue des joues du comte d'Olivarès (fig. 387) neutralise les promesses de son front. Ce ministre espagnol était vaniteux et sensuel. Il dut céder à la supériorité de Richelieu (fig. 388), chez qui la finesse du visage inférieurement annonce un esprit plus dégagé de l'influence des appétits matériels.

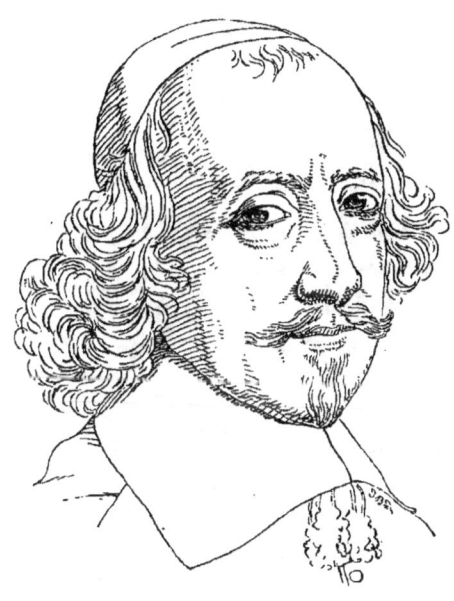

Fig. 389.

Si de cet habile diplomate on se reporte à son successeur, mais non son égal, à Mazarin (fig. 389), ce ministre thésauriseur a les joues pleines.

L'un des plus grands citoyens de la Hollande, le ministre possédant les vertus du républicain, le patriote pur et désintéressé, Jean de Wit (fig. 390), dont la sobriété secondait si bien l'intelligence, avait les joues sans saillie.

La forme acquise des joues provient souvent de la profession. Certains joueurs d'instruments à vent se font un réservoir d'air de leur bouche, en distendant ses muscles latéraux. Le cor de chasse, la cornemuse modifient les buccinateurs par extension. Le joueur de flûte ne dirige pas le souffle de la même façon. On détermine la spécialité par l'effet de l'embouchure sur les lèvres.

La coloration habituelle des joues est la conséquence de la forme ; la fraîcheur et l'éclat sont l'efflorescence des chairs vivaces. L'animation de la teinte est due à l'afflux du sang chez les personnes replètes. Le teint mat est propre aux bruns ; la rougeur

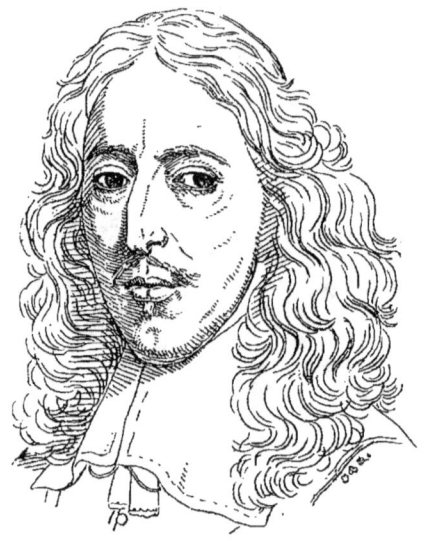

Fig. 390.

chez ceux-ci est passagère et devient alors un symptôme de vive agitation. La peau terreuse des joues annonce un dépérissement corporel. Les joues olivâtres ou d'un jaune gris révèlent un état de concentration énergique.

C'est à la joue que s'attaque la main impatiente de venger une injure, comme à l'endroit le plus impressionnable de la face et le plus facile à couvrir ostensiblement de confusion ; en effet, l'outrage amène le trouble et produit la honte, en plaçant celui qui l'éprouve au-dessous du provocateur.

DE L'OREILLE

L'oreille se divise en deux parties : l'une interne, contenue dans une cavité osseuse, appartenant à l'os temporal et protégeant les admirables instruments de l'ouïe ; l'autre externe, cartilagineuse, placée sur chacun des côtés de la tête et formant entonnoir, pour recueillir les sons.

La myologie de l'oreille externe (fig. 391) comprend trois mus-

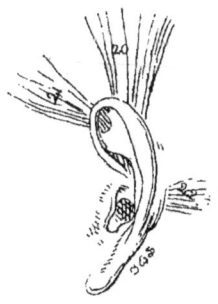

Fig. 391.

cles, ayant peu de contractilité ; ils sont souvent paralysés sous la pression de la coiffure :

1° L'auriculaire supérieur (20);
2° L'auriculaire antérieur (21);
3° L'auriculaire postérieure (22);

L'attache de ces muscles indique assez leur action; elle est, du reste, affaiblie sous les téguments ; on en constate difficilement l'effet, à cause de leur ténuité.

284   PHYSIOGNOMONIE.

La grandeur et la forme de l'oreille sont extrêmement variables. Elles ont une signification secondaire, n'étant pas douées d'une mobilité capable de leur faire acquérir une empreinte résultant de l'usage. Cependant l'oreille concourt à l'expression générale de la tête, sinon activement, du moins comme accessoire.

Dans l'enfance, l'oreille jouit de légers mouvements propres à

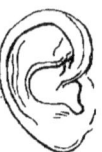

Fig. 392.

favoriser l'audition. Elle est petite et molle après la naissance. Son ensemble est ramassé (fig. 392). Nous le trouvons plus oblong chez un enfant de deux ans (fig. 393). Le galbe est plus gracieux dans les oreilles d'une petite fille (fig. 394), ayant atteint sa cinquième année : la délicatesse féminine s'y révèle déjà.

L'oreille grandit progressivement. Chez l'adulte, sa hauteur a

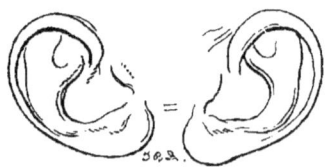

Fig. 393.

deux fois sa largeur. En la divisant du haut en bas en trois parties égales, celle du milieu est occupée par la conque.

L'oreille commence à se déformer dans l'âge mur, par la base. L'ouverture se couvre de poils, empêchant l'introduction de corps étrangers dans le trou auditif, et se propageant au-dessous. La vieillessse plisse la peau avoisinant l'attache du lobule, devenu flasque et ridé.

L'oreille de l'homme a des plans anguleux ; celle de la femme se distingue par des contours arrondis.

La finesse de la forme et de la peau de l'oreille accompagne des traits délicats. C'est un indice de timidité. L'oreille épaise, lourde et saccadée, annonce des sentiments grossiers. Avec une forte accentuation et un ton rouge ardent, elle fait supposer des passions violentes, un caractère irascible, des manières brutales.

Une oreille plate, desséchée, d'une teinte pâle et jaunâtre, montre l'affaiblissement physique et moral.

L'écartement de l'oreille et son évasement en entonnoir coïncident avec des dispositions aventureuses et un esprit explorateur en éveil.

La situation de l'oreille est importante : élevée elle laisse moins

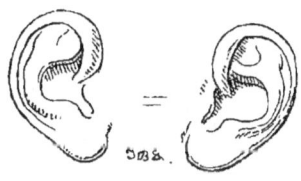

Fig. 394.

de place aux facultés de l'intelligence ; abaissée, elle agrandit le volume du cerveau.

Les accessoires de l'oreille fournissent des indications. Le coton soigneusement placé dans la conque trahit un être craintif, veillant minutieusement aux soins d'une santé précaire.

La vanité suspend à l'oreille des bijoux précieux, assez pesants pour la tirailler et détruire l'équilibre des proportions. Ce genre de parure est commun à certaines peuplades sauvages, peu compétentes en fait de bon goût. Les Botocudos apprécient moins la valeur intrinsèque de l'ornementation. Nous avons vu, dans le chapitre des races humaines, comment ils procèdent (fig. 90) : ils introduisent dans le lobule fendu un morceau de bois cylindrique, dont le volume est successivement augmenté, mais dont le poids le plus élevé est bien inférieur à celui des plus légers joyaux européens.

Où s'arrêtera la fureur de porter des ornements surchargés d'or et de pierreries, dont le moindre inconvénient, dans les ménages d'aujourd'hui, est d'allonger les oreilles outre mesure? Les dames du monde considèrent pourtant une petite oreille comme un avantage, mais la vanité du luxe l'emporte sur celle de la beauté naturelle. Que voulez-vous! d'honnêtes filles du peuple se permettent

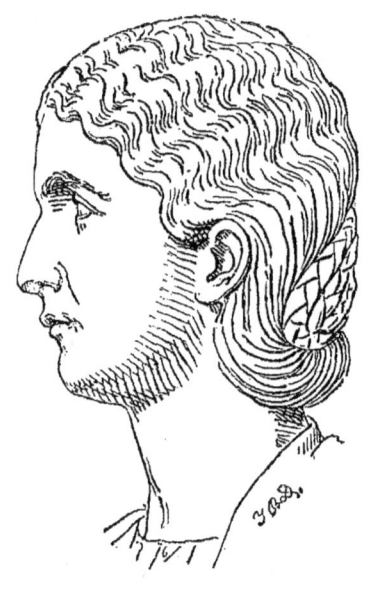

Fig. 395.

quelquefois une oreille fine et gracieuse; elles ne pourront jamais en montrer de riches.

Il n'y a pas de pendants à la charmante oreille de cette jeune femme romaine (fig. 395), resplendissante de vie et de fraîcheur dans le buste où elle respire. Elle s'appelait Poppée.

Les statuaires anciens se sont appliqués à mettre les oreilles de leurs personnages d'accord avec leur type physique. Celles du Silène et du Faune (fig. 396) sont appropriées à leur nature conventionnelle.

Cependant les Grecs ne reconnaissaient pas comme une loi plastique de mettre l'oreille en évidence. Ils l'ont souvent cachée sous les cheveux de leurs femmes et de leurs jeunes garçons, sans toutefois négliger d'en déterminer la place, en en montrant la partie inférieure. Dans l'esprit de ces grands maîtres, la forme de l'oreille, dépouillée de sa couleur, était peu expressive. Ils ne voulaient pas distraire l'émotion du spectateur dont ils appelaient le regard sur les traits animés du visage, où se trouvait résumé le thème principal.

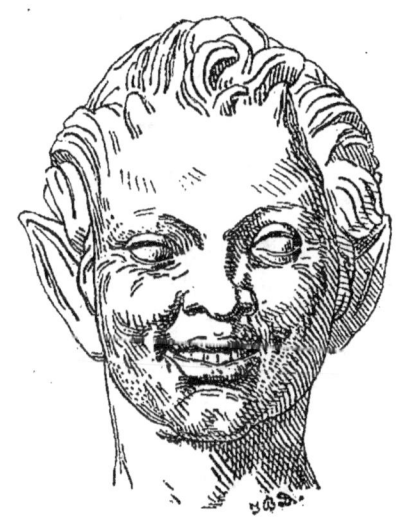

Fig. 395.

Quels rapports y a-t-il entre la conformation native de l'oreille et les prédispositions du sujet? Nous avouons humblement n'avoir rien d'affirmatif à cet égard. Quant à la forme acquise, l'inertie de l'oreille humaine dans les États policés rend très-difficiles des observations comparatives. Elle n'a pas, comme chez le plus grand nombre des animaux, la propriété de se mouvoir sous l'impulsion passionnelle et de la reproduire. L'oreille du chien frétille avec la joie; elles se dresse à l'appel du maître; elle se couche sous la pression de la crainte. L'oreille de l'homme se meut à peine dans ses premières années.

Nous avons cherché la solution du problème en compulsant bien des têtes de célébrités dans tous les genres; nous n'avons découvert rien d'assez notable dans leurs oreilles pour les distinguer de celle de la masse, si ce n'est par une implantation plus basse.

Les trois exemples suivants ont l'intérêt d'une copie exacte, d'après des sommités incontestables dans les arts et la science.

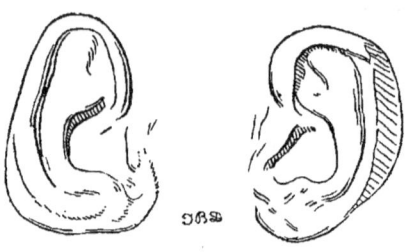

Fig. 397.

Ces deux oreilles, un peu dissemblables entre elles, sont celles de Géricault (fig. 397), l'auteur de *la Méduse*.

L'oreille de Gros (fig. 398) accuse les traces de l'âge et l'action de l'eau dans laquelle il est allé chercher la mort.

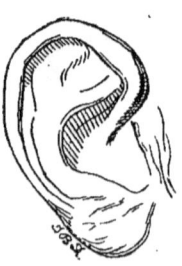

Fig. 398.

Arago avait des oreilles largement construites (fig. 399); leur conque était évasée comme la précédente et très-impressionnable.

Ces dernières oreilles (fig. 400) sont extraites de la tête d'un nègre inintelligent. Le contour inférieur de la conque droite est mieux formé que celui de la gauche : cela tient très-souvent à l'habitude de dormir couché sur ce côté-ci.

Une autre cause de déformation est l'habitude sauvage des pédants de tirer les oreilles des pauvres enfants, assez malheureux déjà de les avoir pour maîtres.

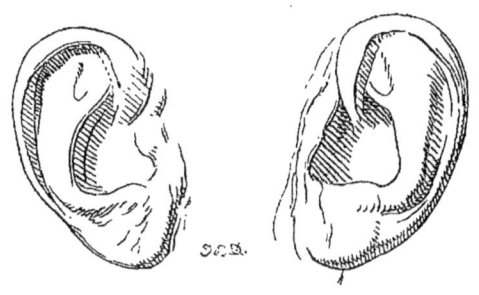

Fig. 399.

Ce système était de bon ton à une époque peu reculée. On l'employait, avec certains ménagements, comme une haute marque de protection. Napoléon se procurait parfois ce passe-temps aristocratique avec ses inférieurs, et il ne reconnaissait pas d'égaux.

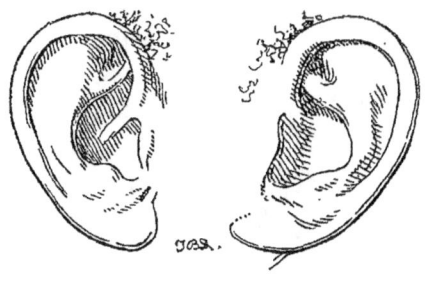

Fig. 400.

Presque toutes les divinités déchues ont le lobule de l'oreille démesurément allongé, par suite de la pesanteur des pendants dont la misère les a débarrassées. Une oreille féminine irréprochable est très-rare chez les adultes.

EXPRESSION GÉNÉRALE DE LA FACE

Après avoir donné le mot à mot de la phrase physiognomonique faciale, nous allons la lire couramment.

L'énergie domine dans le caractère de ces hommes, aux convic-

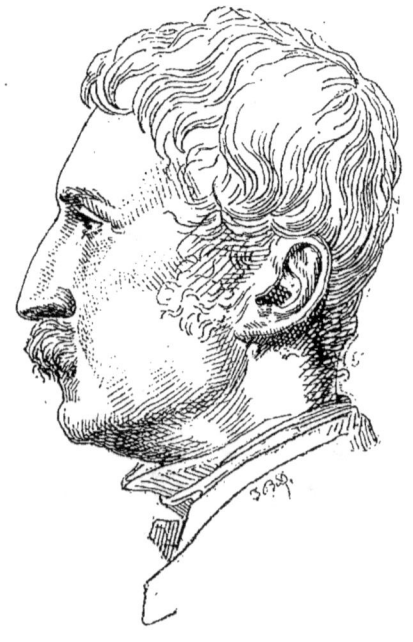

Fig. 401.

tions consciencieuses, dont les portraits vont suivre. Nous saluerons chacun de ces apôtres de la liberté par une brève appréciation morale de leurs qualités personnelles.

Ici (fig. 401), nous trouvons réunis le flegme du courage civil et militaire et la noble simplicité du citoyen.

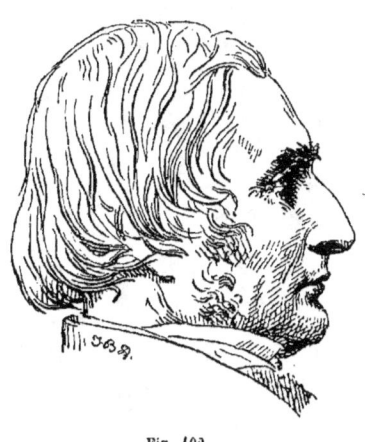

Fig. 402.

Fig. 402. L'un des législateurs de la démocratie, au maintien digne, aux formes sans rudesse, appelant la sympathie en s'adressant à la fois à la raison et aux sentiments généreux.

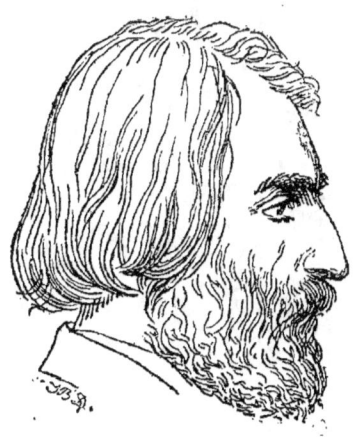

Fig 403.

Fig. 403. Homme politique sachant poétiser des vérités utiles pour les répandre et les faire fructifier.

Fig. 404. Professeur ayant besoin d'un air libre ; il a demandé à Genève une chaire en échange de celle dont il est volontaire-

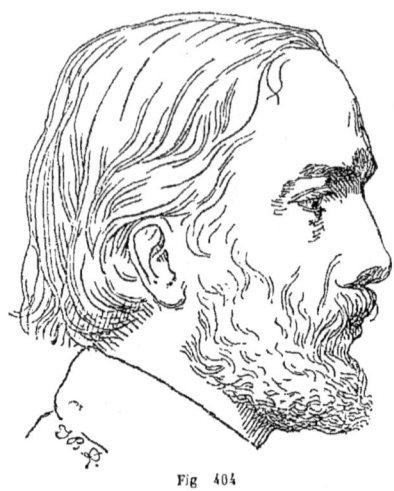

Fig 404

ment descendu dans sa patrie, afin de conserver toute l'indépendance de sa parole fière et savante.

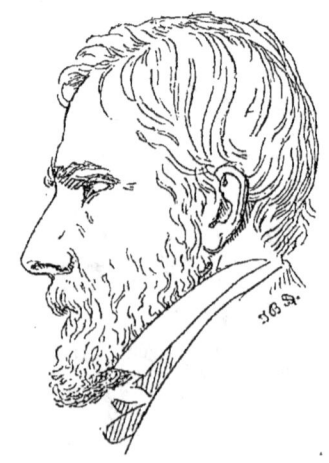

Fig. 405.

Fig. 405. Esprit lucide résolvant les questions les plus ardues avec une rare clarté d'élocution. Il a payé de l'exil le droit de rester debout. La mort vient de nous l'enlever.

EXPRESSION GÉNÉRALE DE LA FACE. 293

Fig. 406. Ouvrier du travail manuel et de la pensée. Ancien représentant du peuple. Il procède à la façon du paysan du Da-

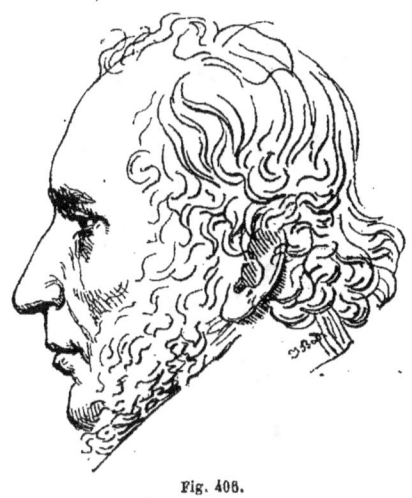

Fig. 406.

nube. Il est inébranlable au fond, mais il tient compte de la forme.

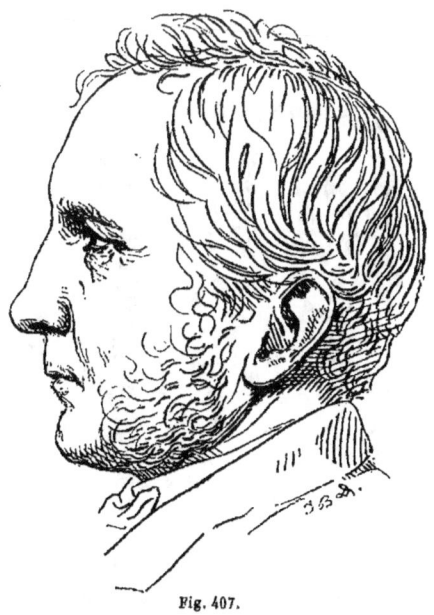

Fig. 407.

Fig. 407. L'activité du commerçant n'a pas amorti l'ardeur du patriote pour la propagation et le triomphe des idées larges de justice et d'indépendance. Sous l'écorce du soldat de la cause dé-

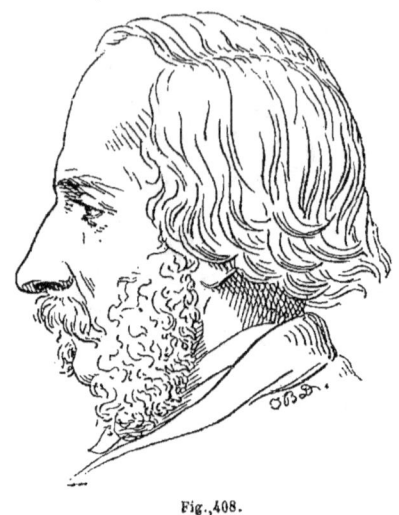

Fig. 408.

mocratique, on voit percer la bienveillance de l'homme de cœur.

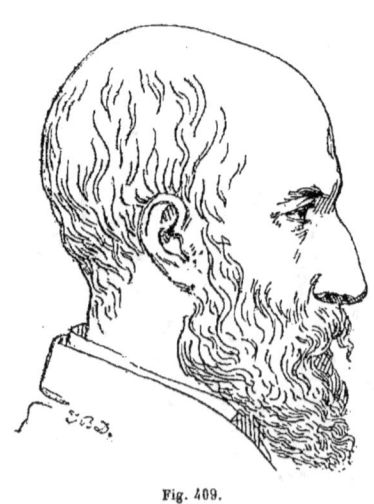

Fig. 409.

Ce membre de l'Université (fig. 408) a quitté l'emploi dans lequel on voulait emprisonner ses convictions. Il a fait de la critique

EXPRESSION GÉNÉRALE DE LA FACE.

une arme acérée. Il frappe de haut ce que réprouvent le bon goût littéraire, la saine morale et la probité civique.

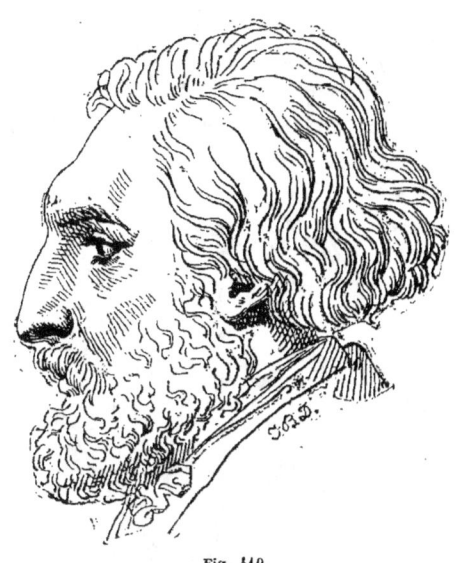

Fig. 410.

Fig. 409. Encore un professeur universitaire n'ayant pas hésité

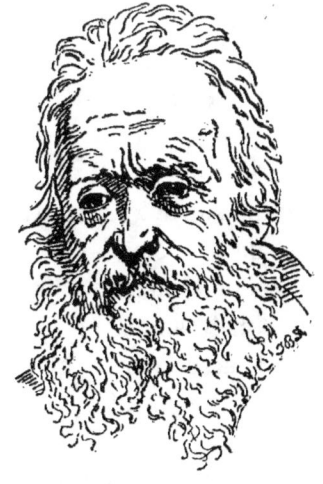

Fig. 411.

à résilier des fonctions inconciliables avec le sentiment de sa dignité personnelle. C'est un libre penseur. Sa plume autorisée a flagellé souvent les imposteurs de toutes les époques.

La foi religieuse et politique se confondent ici (fig. 410) dans une conscience ne relevant que d'elle-même.

Les deux suivants ne vivent plus que dans nos souvenirs. Collins (fig. 411), ancien chef de bataillon dans l'armée française. Ne reculant jamais et progressant toujours, il avait déposé son épée

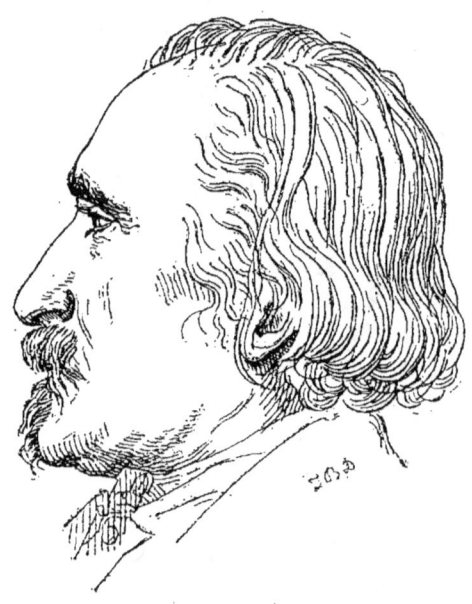

Fig. 412.

pour combattre avec la plume sur le terrain du socialisme, en publiant un travail opiniâtre sur ce thème à l'ordre du jour.

Le jeu scénique de l'excellent acteur n'a pas fait disparaître du front de Bocage (fig. 412) la mâle empreinte du loyal caractère du grand citoyen. Il sut allier l'amour de la gloire à celui du bien public. L'artiste désintéressé se plaisait à mettre son beau talent au service de sa cause et de l'infortune.

Nous serions à même d'ajouter beaucoup à cette fraction de liste d'honneur de nos contemporains. Nous pourrions fournir une énumération singulièrement longue, si, par contraste, nous voulions

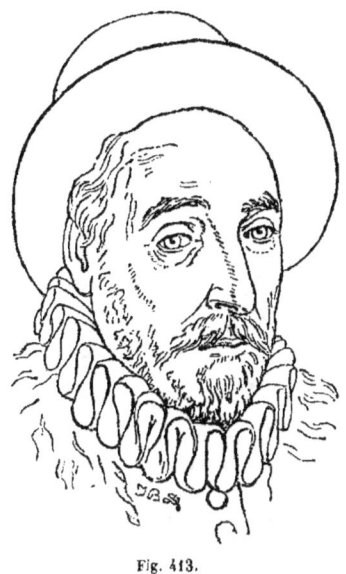

Fig. 413.

montrer un défilé des courtisans de la fortune et du succès. On

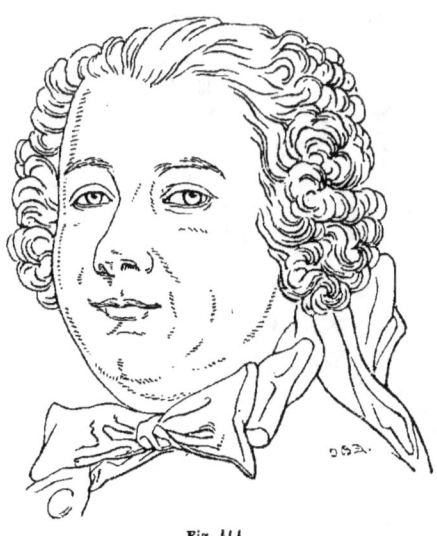

Fig. 414.

appréciera les raisons qui nous contraignent, sur ce point, à laisser muets notre crayon et notre plume.

Nous demanderons aux temps antérieurs des exemples dans un

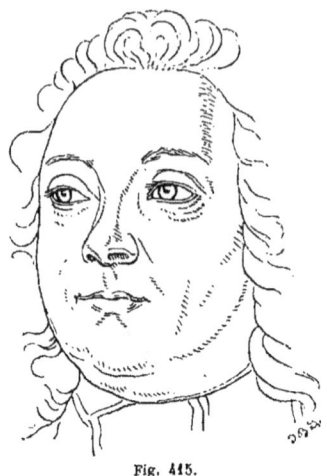

Fig. 415.

autre ordre d'idées, toujours en faisant de la synthèse et non de l'analyse.

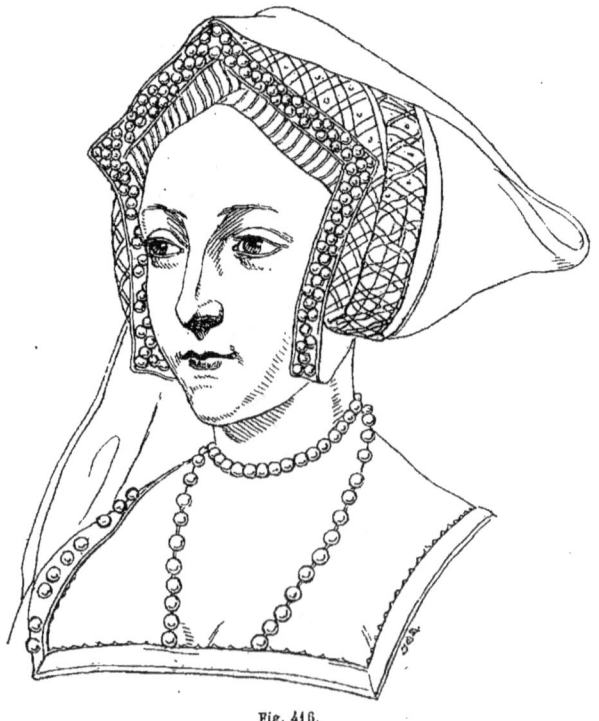

Fig. 416.

Le *que sais-je?* de Montaigne (fig. 413) est dans cet œil interrogateur, dans ce front qui réfléchit.

L'esprit de Marivaux (fig. 414) petille dans ces yeux, dont la vivacité s'augmente sous la pression des paupières rapetissant sa surface visible; dans ce nez railleur, dans cette bouche au fin sourire.

Les sensations de Manon Lescaut s'agitent sous les traits de

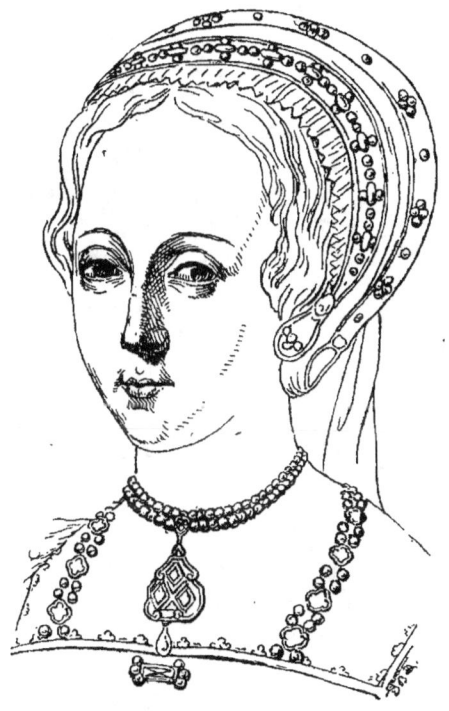

Fig. 417.

l'abbé Prévost (fig. 415). Le bas du visage correspond aux impulsions charnelles; il neutralise l'effet des qualités révélées par le front et la bienveillance du regard.

L'histoire de ces quatre reines se lit sur leur visage.

Jeanne Seymour (fig. 416) monte sur le trône de Henry VIII, en en faisant descendre Anne Boleyn, qui, elle-même, avait pris la place de Catherine d'Aragon, ambition mal soutenue.

Jane Grey (fig. 417) est un instrument inoffensif aux mains du duc de Northumberland. Elle meurt à dix-sept ans sous la hache du bourreau.

La femme l'emporte sur la souveraine chez Marie Stuart (fig. 418). Elle voile de ses malheurs les fautes commises. Leur atténuation est dans le signe évident des passions affectives qui l'ont dominée.

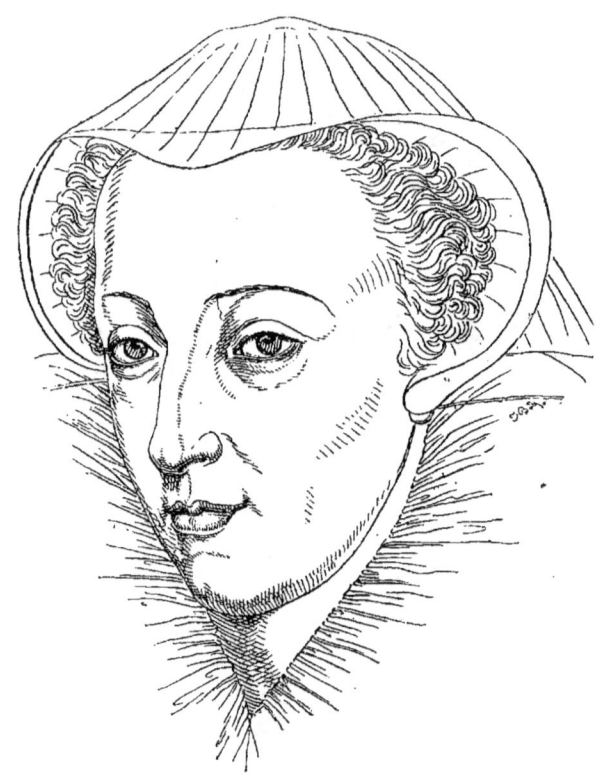

Fig. 418.

Elle a payé de son existence, et courageusement, l'imprudence de s'être laissée aller aux tentations d'une extrême sensibilité.

L'épouse de Charles Ier, Henriette-Marie de France (fig. 419), est obligée de quitter l'Angleterre à la suite de la guerre civile. Elle retourne dans sa patrie et fonde à Chaillot un couvent, où elle revient pour mourir, après avoir revu l'Angleterre lors de l'avénement de Charles II, son fils.

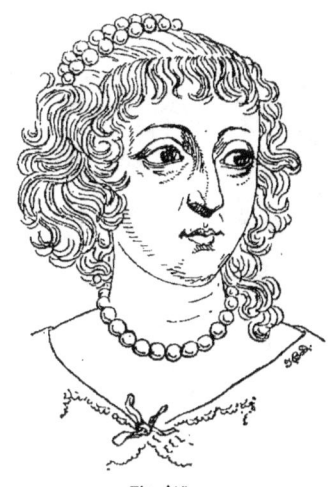

Fig. 419.

Si l'on avait à déterminer le genre de ces deux maîtres de l'art,

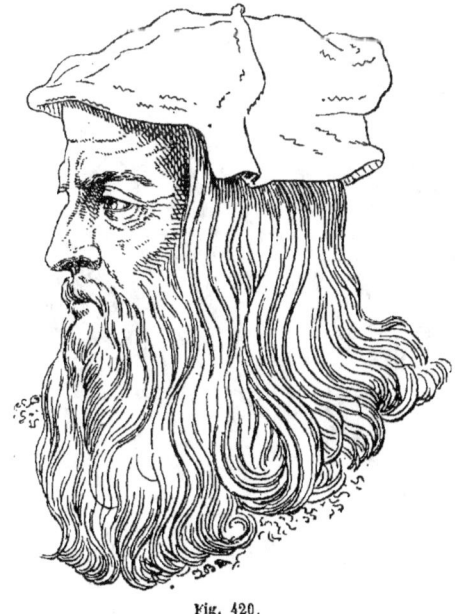

Fig. 420.

pourrait-on hésiter à placer parmi les peintres d'histoire Léonard de Vinci (fig. 420), aux traits grands et pleins de majesté?

On lira sur le visage d'Adrien Van Ostade (fig. 421) sa manière de comprendre et de reproduire la nature.

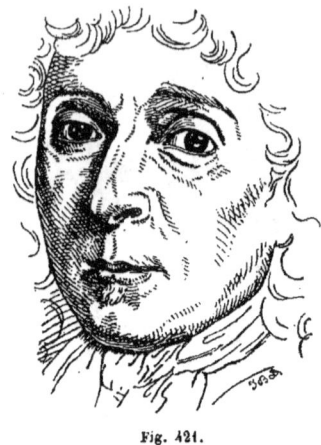

Fig. 421.

L'expression de Jacques Callot (fig. 422), l'auteur excentrique

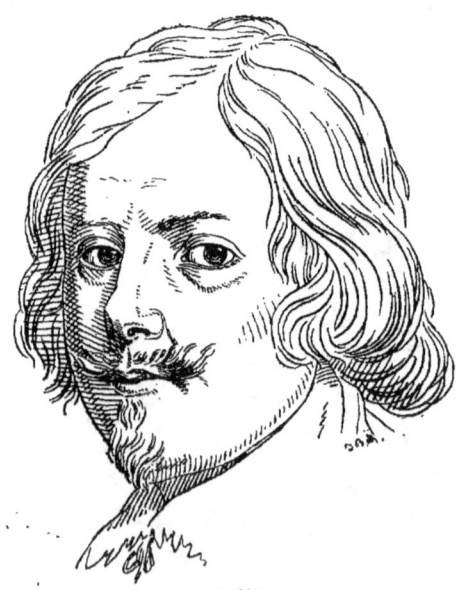

Fig. 422.

de *la Tentation de saint Antoine*, est d'accord avec ses inspirations et son talent. Il a la pointe du nez en l'air et la moutache relevée, en commémoration des prouesses de son burin et, il faut le dire aussi, de sa loyauté chevaleresque.

Le visage de l'acteur garde quelque chose de l'esprit de ses rôles

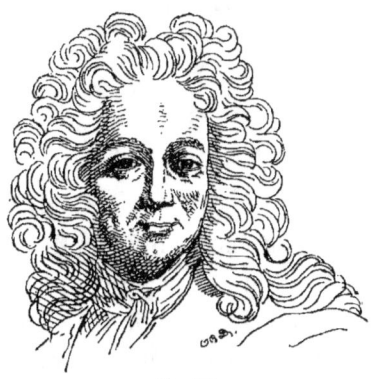

Fig. 423.

habituels. Evariste Gherardi (fig. 423) a le sourire sur les lèvres, prêtes à lancer la saillie.

Notre immortel Molière (fig. 424) retient, sous la mobilité des

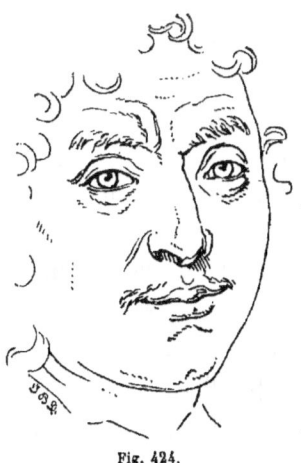

Fig. 424.

muscles de la face de l'artiste, le caractère propre de l'homme. L'empreinte du génie y domine toutes les modifications apportées par l'habitude.

DE LA CARICATURE

Le sentiment du beau et la bonne opinion de soi-même portent à saisir le côté ridicule de toute dérogation aux lois constitutives de la configuration humaine. L'individu disgracié de la nature excite très-souvent le sourire et rarement la pitié.

En outrant le défaut principal du personnage, le crayon obtient une caricature. Sa ressemblance avec l'original est un mérite d'autant plus apprécié qu'il fait briller davantage le talent d'observation de l'auteur satirique.

Le dessinateur et le peintre n'ont pas le monopole de ce genre comique. Le spirituel ébauchoir de Dantan a créé un musée grotesque où toutes les notabilités de l'époque se sont fait honneur de figurer. Il y a bénéfice à jeter à la malignité publique un morceau défectueux de l'enveloppe, pour appeler l'attention sur la valeur du fruit mis en évidence.

Il est peu d'artistes qui n'aient commis une de ces petites malices, toujours désagréables aux objets livrés au rire de la multitude ricaneuse, quand tout en eux consiste dans l'extériorité, le fond étant nul.

Les anciens, même les plus sérieux, n'ont pas dédaigné de s'égayer aux dépens de leur prochain.

Nous empruntons à Léonard de Vinci les quatre profils suivants. Le nez y joue le premier rôle :

Ici (fig. 425), le nez s'érige comme une provocation ; le mouvement du sourcilier, la pression des lèvres et les plis du visage renforcent l'idée d'un caractère emporté. Le gonflement de la jugulaire lui est également applicable.

Dans cette seconde tête (fig. 426), il y a moins d'animation, la matérialité domine, le nez est bénin.

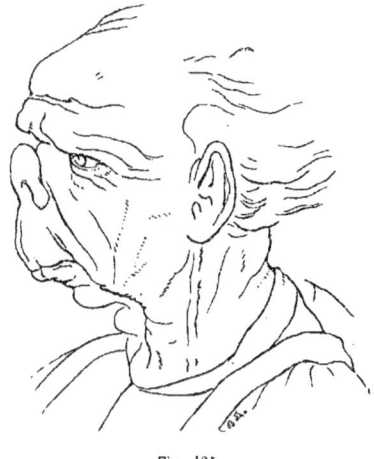

Fig. 425.

Voici un nez moins court et moins retroussé ; l'œil est à fleur de tête ; la distance de la narine à la bouche est démesurée (fig. 427).

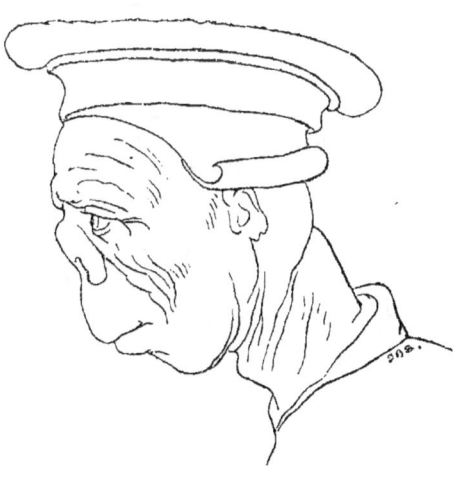

Fig. 426.

Le nez va s'allonger dans le quatrième échantillon (fig. 428); il domine les autres traits, et, par opposition, il les amoindrit encore.

Ce système exagéré de compensation est d'accord, par analogie, avec la loi normale de développement. Une certaine quantité de matière est attribuée au tout : si l'une des fractions absorbe au

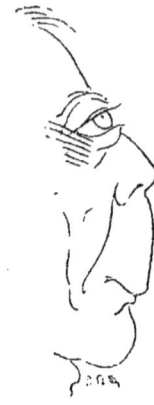

Fig. 427.

delà de sa part, c'est au détriment des copartageants. Il y a excès d'un côté, insuffisance de l'autre.

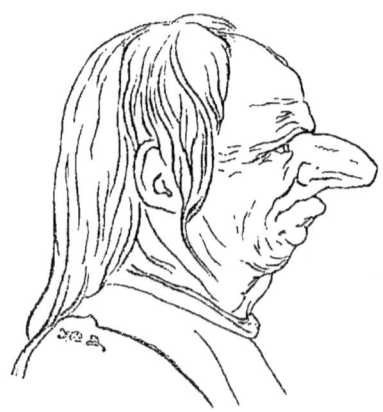

Fig. 428.

Il y a des conformations de têtes qui se prêtent singulièrement au crayon du caricaturiste, en présentant un rapport de construction avec certains animaux domestiques.

Par révérence pour le prince de l'Église, nous laisserons le lecteur comparer à qui de droit ce portrait fidèle du cardinal archevêque Aloysius de Souza (fig. 429). La gravure de Duflos (Claude), dont nous nous sommes servi, contient quatre vers latins. Voici le premier :

Corporis effigies hæc est non mentis imago.

Le poëte constatait un fait; il n'a pas voulu versifier une épigramme.

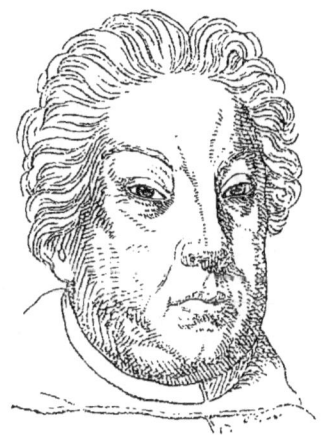

Fig. 429.

Nous calquons cette charge (fig. 430) dans un livre de croquis, où Gros a relaté son voyage en Italie, par une succession de vues habilement dessinées et marquant les étapes de sa route à travers un pays des plus pittoresques.

Cette improvisation caustique est tracée avec une sûreté de main témoignant de l'instantanéité de l'observateur à saisir le côté du ridicule, aussi bien qu'à dégager le beau des petits détails nuisibles à son entière manifestation. Cette dernière opération exige une intelligence supérieure et une longue étude.

L'aptitude à la moquerie est commune en France. Il suffit d'un trait saillant pour caractériser un visage dans l'esprit et sous le crayon d'un artiste. Cette impression, si elle est vraie, se retrouve également dans une œuvre imparfaite et nous touche par la justesse de l'interprétation.

Je me suis souvent arrêté dans la rue, afin d'examiner ce musée populaire dû aux inspirations sarcastiques des gamins de Paris ; au fond de ces barbouillages se découvre une lueur de critique domi-

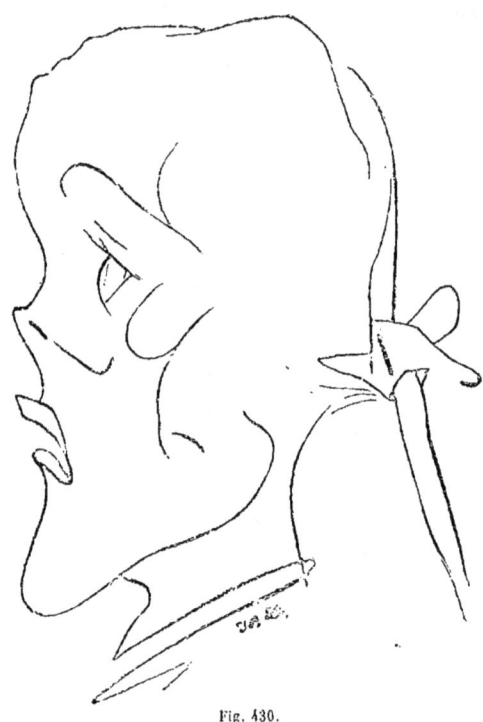

Fig. 430.

nante. L'enfance constate aisément le ridicule ; les qualités heureuses ont moins d'attrait pour elle.

J'interrogeais un jour un petit espiègle sur ses études et ses relations avec ses maîtres. Il esquissa rapidement ses griefs et les motifs de ses préférences. Frappé de la finesse de cet aperçu, je lui donnai une feuille de papier et un crayon en lui disant : « Fais-moi les portraits de ton ami le professeur et du surveillant détesté des élèves. » L'enfant traça de suite, avec un aplomb imperturbable, ces deux croquis (fig. 431).

L'un est l'image placide du bonhomme. La face favorisait l'imitation en faisant ressortir le gros nez et la bouche large et souriante du modèle. Notre artiste de hasard avait choisi le profil pour signaler le nez pointu de l'original et ses lèvres pincées, poussées en dehors par la colère à l'état de permanence. On remarquera le

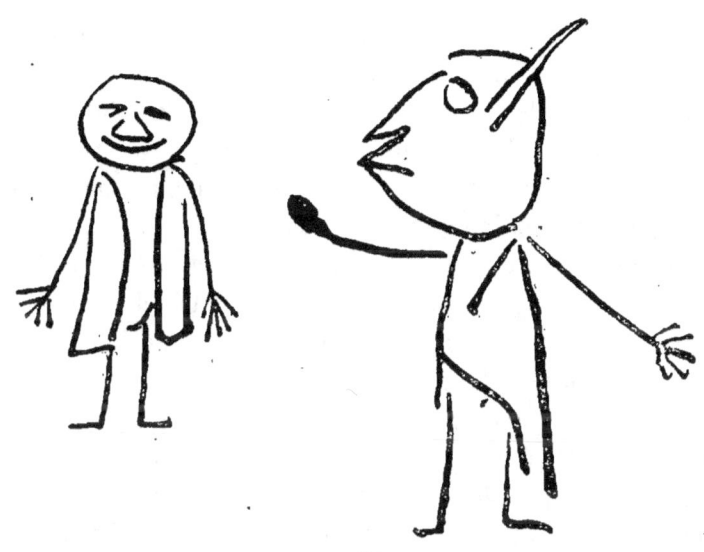

Fig. 431.

geste abandonné des bras du professeur indulgent et ses mains ouvertes et bienveillantes, en opposition avec la télégraphie expressive du brutal, toujours prêt à fustiger les récalcitrants. C'était le premier essai et ce sera sans doute le dernier du gentil vaurien, inspiré dans sa démonstration linéaire, comme le poëte ancien dans quelques-uns de ses vers, par l'indignation.

DU COL

Le col de l'enfant est faible et court; il assujettit avec peine la tête sur d'étroites épaules; il est mobile et câlin; il fait présumer par sa structure quelle sera plus tard la vigueur ou la débilité de la constitution. Le col de l'adulte prend une signification de son épaisseur, de sa longueur, de sa souplesse ou de sa rigidité. Le col court et musculeux indique la force et l'audace. Le col allongé marque la timidité. Le col souple donne de la grâce à la femme, et se rencontre, à force d'exercice, chez le flatteur, chez l'homme insinuant; le genre tartufe fait particulièrement usage de cette disposition fascinatrice.

Un col roide indique un présomptueux et l'estime de soi-même, l'habitude du commandement et la ténacité du caractère. Le col s'arrondit et se gonfle chez les personnes voluptueuses. Il laisse ressortir la veine jugulaire chez les hommes emportés. Le col goîtreux est, dans un très-grand nombre de cas, porteur d'une tête de crétin.

Il existe des nuances d'une délicatesse saisissable entre le col de la jeune fille et celui de la mère.

C'est le col qui, avant les autres parties du corps humain, commence à montrer chez les femmes les ravages du temps. Aussi cachent-elles sous des rubans officieux ce témoignage irrécusable de la maturité. Alors des rides remplacent ces courbes fines et suaves auxquelles on a donné le doux nom de *collier de Vénus*, et qui sont l'un des attributs de la jeunesse et de la santé.

Le col reproduit les modifications apportées par le tempérament. Il est maigre, apoplectique, d'une musculature ferme ou molle, selon le caractère dominant chez l'individu.

Parmi les animaux, le col allongé est commun aux faibles ; il est court et ramassé chez les forts.

La longueur du col des herbivores est en raison directe de la hauteur des jambes de devant : ils prennent leur nourriture en restant debout. Les carnassiers ont la tête plus rapprochée des épaules, pour concentrer l'effet des dents et des griffes et avoir plus de force pour emporter leur proie. Le poisson n'a pas besoin de col, son corps pouvant élever ou abaisser la tête dans toutes les positions, au milieu du liquide qui le soutient ; il existe un rudiment de col chez les poissons qui vont respirer à la surface de l'eau.

DU TRONC

Nos mœurs et la température de nos climats ne permettent pas de mettre à découvert le torse humain ; cependant des habits étriqués, comme on les porte en vertu de la mode ou d'une règle obligatoire, n'empêchent pas d'apprécier le dessous. Les statues grecques nous fournissent des exemples des différentes natures du tronc, au point de vue des qualités plastiques.

La pudeur semble s'effacer devant la nudité de l'enfant, assez protégé par sa pureté native et sa naïve innocence. L'orgueil maternel aidant, l'on est à même d'examiner la conformation du tronc à cet âge. La partie inférieure, chargée de l'alimentation, l'emporte sur la poitrine. Il faut amasser molécules sur molécules pour arriver à constituer l'adulte. Manger et digérer est la fonction importante alors. De là, cette proéminence du ventre, ayant pour contre-poids les masses charnues placées au bas du dos.

Le petit Tireur d'épine est l'adolescent débarrassé de la saillie abdominale. Il est maigre sans être chétif.

L'Apollon du Belvédère est le type de l'intelligence dégagée des entraves corporelles. Il respire à pleins poumons la vie émanant d'en haut; la partie inférieure du tronc est relativement petite.

Le torse ventru du Silène, avec ses chairs exubérantes, accuse la prédominance des appétits grossiers.

Le Gladiateur ne s'élève pas à la hauteur des idées spéculatives. Il est musculeux et souple; sa projection en avant témoigne de son ardeur à la lutte; il est actif et sobre, il n'est pas alourdi par les tissus graisseux de l'oisiveté.

La vigueur matérielle s'étale dans le torse large et puissant de l'Hercule de Farnèse. Son corps est carrément posé sur des jambes trapues ; il sert de base d'opération à des bras vigoureux, exercés à manier une massue pesante.

On rencontre sur nos places publiques, sous un maillot jadis rose, en guise de peau de lion, ces descendants du dieu de la force, ces Héraclides de bas étage, émerveillant la foule par leurs exercices prodigieux : ils peuvent s'attirer les faveurs d'une Omphale quelconque ; le souffle d'Apollon ne les poussera jamais sur un fauteuil académique. Le peu de séve de leur esprit est absorbé par la matière. Ces gens-là ne raisonnent ni ne discutent : ils résolvent une question par le pugilat.

Si l'on sépare le tronc en deux parties, l'une en dessus, l'autre en dessous du diaphragme, la première est le siége des aspirations généreuses, la seconde celui des émotions animales et laxatives, s'il est permis d'employer cette expression. Le diaphragme reçoit et seconde ces deux genres d'impulsions passionnelles. La poitrine se dilate avec l'élan de l'âme. Le ventre se comprime sous la peur, paralysant l'action intellectuelle ; il grossit avec la gourmandise.

Le haut du tronc contient le cœur, dont la chaleur fait éclore la pensée ; la région basse renferme l'attirail de la cuisine alimentaire et ses accessoires : il y a antagonisme entre ces deux moitiés. L'intelligence est sobre. L'intempérance engourdit l'esprit, quand elle ne l'éteint pas. Le sage nourrit assez le corps pour assainir les facultés de l'entendement ; il ne les cultive pas non plus à l'exclusion des exigences physiques.

La manière dont le tronc se meut et remplit ses fonctions organiques fournit des indications intéressantes ; elles sont rarement hypocrites. Cela tient à l'impressionnabilité du diaphragme, cette cloison contractile entre la poitrine et l'abdomen. Il est presque impossible de contenir ses mouvements : un saisissement imprévu peut être déguisé par les muscles faciaux, il est ressenti dans une contraction diaphragmatique involontaire. Le visage se montre résigné, quand un soupir s'échappe encore et trahit la douleur.

Le torse du Laocoon est un chef-d'œuvre de vérité. Sous cette magnifique enveloppe, on sent l'angoisse dans le cœur et les entrailles paternels.

Le diaphragme sert à la respiration. Il agit dans toutes les modifications de l'inspiration et de l'expiration : le soupir, le sanglot, le bâillement, le hoquet, la toux, l'éternument, l'action de flairer, le chant, les cris. Il seconde le vomissement et l'évacuation des matières alvines.

La roideur obstinée de la colonne vertébrale annonce un esprit inflexible. La souplesse des reins est la compagne de la malléabilité du caractère. L'homme fier et digne ne sait pas courber l'échine. Le courtisan est un saltimbanque dans l'ordre moral : il danse sur la fibre toujours tendue de la vanité chez le puissant. Le sauteur de la cour s'assouplit davantage s'il est seul auprès de l'idole ; le funambule déploie plus d'élasticité devant un parterre nombreux.

La déviation de la colonne vertébrale diminue la hauteur du torse et le sépare inégalement dans le sens vertical. La gibbosité provient de la faiblesse de la constitution, de chute et parfois aussi, quand elle est légère, de l'habitude d'une position anormale ou de l'usage exclusif de l'un des membres supérieurs. Cette déformation gêne les viscères. L'un des poumons s'aplatit : la respiration est courte. La circulation est difficile. Le cœur ne jouit plus de sa contractilité entière ; le corps s'alanguit ; le caractère en est influencé.

Le système nerveux et la moelle épinière étant moins atteints, l'intelligence du bossu gagne en augmentation ce que perd le reste de l'organisme. Cette supériorité spirituelle relative place au moins le pauvre infirme au-dessus des sarcasmes et des rires inconvenants des sots.

Les bossus ont une allure particulière. Il suffit de voir la tête et le col pour les reconnaître de face et sous le manteau. Leurs yeux ont une expression de finesse et de pénétration ; la bouche est communément grande et sardonique.

La largeur des épaules et la petitesse du bassin distinguent l'homme de la femme, dont le buste élégant prend inférieurement les dimensions nécessaires à la gestation. Les plans accusés de la musculature et de l'ossature de l'homme sont adoucis et arrondis chez la femme. Trop souvent elle s'ingénie à détruire l'œuvre de la nature, à l'aide d'engins compresseurs, toujours nuisibles à la santé, sans rien ajouter à la grâce.

Je me demande si le corset n'a pas son origine dans l'intention autocratique de restreindre les aspirations de la femme, en étreignant son cœur, comme le col de l'esclave dans un carcan de fer. Combien d'enfants subissent des arrêts de développement par la façon barbare dont on les emmaillotte !

La profession exerce son influence sur le tronc. Le vieux soldat se tient droit; le laboureur se plie avant l'âge. Le torse acquiert une grande vigueur sous le poids du fardeau : les forts de la halle ont une carrure proverbiale. Les reins du petit ramoneur s'assouplissent en s'exerçant à grimper dans le conduit de la cheminée. L'employé aux écritures, immobilisé sur sa chaise, comprime sa poitrine en s'inclinant sur sa feuille : il gagne souvent une gastrite à ce métier.

Les paresseux, amis de la table, prennent du ventre de bonne heure. Les spiritualistes n'ont pas cet inconvénient : chez eux, le torse cède une partie de sa vitalité au cerveau, stimulé par des préoccupations constantes.

Les dimensions de la poitrine sont en raison directe de la santé des organes contenus dans sa cavité. Largement conformée, elle est le siége d'une constitution robuste ; étroite et plate, elle indique une existence chétive.

La poitrine de la femme a une expression indéfinissable dans ses mouvements onduleux ou précipités par une douce ou vive émotion. La nature a placé là deux sources, où l'enfant va puiser son premier aliment, près du cœur et des baisers de sa mère. Le sein est le complément externe de l'organe interne de la maternité.

Le sein de la jeune fille est le confident naïf des sensations qui s'éveillent en elle au sortir de l'adolescence, et dont la pudeur garde le secret après l'éclosion. C'est la première efflorescence de la vie et l'appel aux amours, quand il commence à s'émouvoir.

Le galbe du sein et la teinte de son auréole dévoilent la condition présente de la femme vierge, épouse, mère ou nourrice.

Quant à la question graphique du tronc, nous renvoyons le lecteur à nos figures réduites d'après Albert Durer; elles sont classées sous les numéros 130 à 137 inclusivement, et contenues dans les pages portant les chiffres de 99 à 106. Ces trois types masculins et féminins suffisent pour indiquer les nuances principales de la structure humaine. Les œuvres plastiques des maîtres de l'art diront les variantes infinies du torse dans les différentes conditions de sexe, d'âge et de maladies. Nous avons déjà cité les types immortels de la statuaire antique. La peinture a aussi ses révélations; ses plus belles productions peuvent suppléer la nature qui se cache à nos regards.

DES BRAS

Les bras ont les qualités physiques du corps, comme les branches de l'arbre en reproduisent la vigueur ou la débilité. Des bras charnus et solides indiquent une constitution riche et forte; ils ont pour base d'opérations un tronc robuste. La faiblesse des bras résulte d'une organisation pauvre et incomplète; les épaules où ils s'attachent, au sommet de la poitrine, sont chétives comme elle. Les bras des poitrinaires sont grêles et mous.

Les bras de l'homme sont façonnés pour le rude labeur; ceux de la femme sont arrondis et souples comme des lianes : ce sont des coussins vivants donnés à la mère pour bercer son enfant et favoriser son sommeil.

La liberté d'action des bras affranchit l'homme. « Avoir les bras liés » se dit vulgairement pour exprimer l'impuissance.

Le bras est le pourvoyeur de l'estomac de l'ouvrier et son porte-blason. L'agilité des muscles du bras constate les conquêtes du travail sur la misère.

Le bras de l'oisif s'alourdit par le repos ou s'atrophie faute d'exercice.

Les bras du même travailleur n'ont pas une physionomie semblable s'ils sont inégalement employés dans la communauté d'efforts. Le bras droit du maître d'armes est plus gros que le gauche. Les bras du scieur de pierre sont d'un calibre égal. Certains états exigent un usage particulier des muscles extenseurs du bras. Ce sont les fléchisseurs qui font la besogne dans d'autres professions. C'est donc sur le jeu musculaire qu'il faut porter sa principale attention pour reconnaître le genre spécial d'occupations journalières. Le muscle le mieux développé remplit le rôle important ; il s'agit de le distinguer parmi ses coopérateurs.

La pose des bras ajoute à l'expression générale une signification accentuée. Les bras se ferment avec la concentration de l'âme ; ils s'ouvrent dans un élan excentrique ; ils tombent avec l'abandon du courage et de la résolution.

Lorsque Napoléon s'appliquait à condenser ses conceptions gigantesques, il croisait ses bras sur la poitrine avec une vigueur pareille à celle dont il voulait se grandir ; il maintenait ses bras derrière le dos quand il se livrait à un mouvement expansif.

Beaucoup de bras sont illustrés de tatouages naïvement exécutés par des artistes d'occasion. Si le dessin consacre l'adoption d'un métier, on en voit le symbole dans l'outillage représenté. S'il s'agit d'amour, un cœur, traversé d'une flèche, en rappelle poétiquement le souvenir. S'il y a eu réciprocité, deux cœurs sont rapprochés sous une flamme unique. Souvent deux prénoms, l'un masculin et l'autre féminin, se lisent au-dessous de ce contrat. Plus tard, l'archiviste a pu n'y retrouver qu'un sujet de méditation sur l'instabilité des affections de ce monde.

Le bras est le sceptre de la domination humaine ; c'est un levier capable de vaincre toute résistance, s'il obéit à la pression de l'intelligence et s'il a pour point d'appui la volonté.

DE LA MAIN

L'étude de la main est d'un haut intérêt. La main peut, au besoin, suppléer la voix humaine ; elle lui prête toujours un accent complémentaire. Le geste manuel est une parole visible. La véritable éloquence sait combiner ces deux actions pour impressionner les masses. Le jeu de la main renforce la voix dans toute assemblée nombreuse, où l'orateur serait imparfaitement entendu, si l'œil de l'auditeur ne s'associait à son oreille. Dans certaines circonstances, l'expression seule de la main émeut davantage.

Nous examinerons la main au double point de vue de sa conformation originelle et de sa forme modifiée par l'usage, et aussi comme instrument de la pensée : d'une part, la prédisposition ; de l'autre, le résultat d'un exercice sympathique ou forcé.

La main peut être :
Longue,
Courte,
Amincie,
Grosse.

La forme native de la main ressort de la structure du corps entier. Elle en reproduit la nature svelte ou ramassée, fine ou forte. La multiplicité des os et des articulations de la main lui donne une flexibilité favorable à ses fonctions.

La finesse articulaire des mains longues rend cette variété très-apte aux travaux exigeant de l'adresse. La seconde, comportant des leviers plus solides, est mieux appropriée au travail nécessitant de grands efforts. Cependant, si la main effilée est employée à mouvoir et à soulever de lourds fardeaux, elle gagnera, par un long exercice, un développement musculaire qui la rapprochera de la main instrument de la force, en laissant voir sa destination primitive.

Les doigts fins et délicats conviennent à l'exécution des productions des beaux-arts. Les doigts grossièrement taillés trouvent leur utilité dans le rude labeur des champs.

La nature, attentive à sauvegarder ses créatures, a réparti l'in-

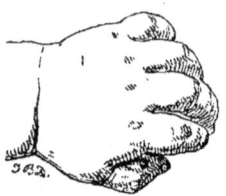

Fig. 432.

telligence en raison de la faiblesse corporelle. Les mains déliées doivent donc être attribuées à ceux dont l'entendement corrige les désavantages physiques. La main épaisse est dévolue aux moins favorisés dans la distribution des dons intellectuels.

Il existe des nuances infinies entre ces deux extrêmes; un peu d'habitude et l'examen corrélatif des autres parties de l'ensemble

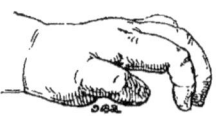

Fig. 433.

permettent à l'observateur de préciser un jugement physiognomonique.

On distingue, au premier aperçu, l'âge, le sexe, le tempérament de l'individu à sa main. Sa grandeur, sa forme, sa couleur en fournissent les données physiologiques.

Courte et potelée dans les premiers jours de la vie (fig. 432 et 433), la main a la rondeur de l'oisiveté et la vive coloration du sang sous une pellicule légère. L'enfant a sa mère pour le protéger et le servir.

Bientôt la main s'allonge en traversant l'adolescence, pour acquérir toute son extension à l'époque de la puberté. Elle se fortifie jusqu'au moment où les fluides lui parviennent difficilement. Elle se dessèche chez le vieillard et perd avec l'agilité ses moyens musculaires et tactiles. Cette vieille main (fig. 434) est celle de Lamennais à son dernier jour.

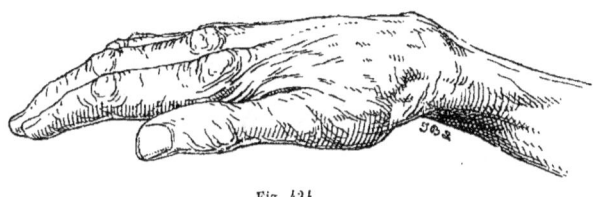

Fig. 434.

Dans la virilité, la main savait obéir avant que l'ordre d'agir fût complétement dicté par le cerveau : dans la décrépitude, l'instrument débile se meut à peine sous l'impulsion réitérée de la volonté.

La main de la femme est délicatement construite. Elle offre, dans

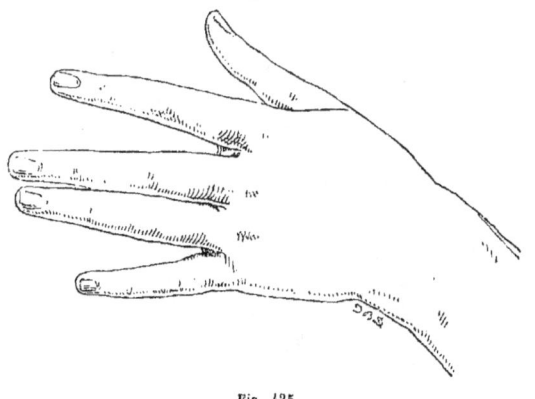

Fig. 435.

toutes les conditions sociales, les signes d'une organisation où l'esprit vient en aide aux forces matérielles insuffisantes. Suivez les nuances séparant la châtelaine exonérée du travail, de la paysanne obligée de manier les pesants outils du labourage : vous trouverez une filiation commune, un cachet féminin incontestable.

La figure 435, vue par la face dorsale, est dessinée d'après nature. La figure 436 en représente le profil.

Le tempérament sanguin apparaît dans la carnation rosée et le charnu de la main. Le tempérament bilieux en jaunit le derme et

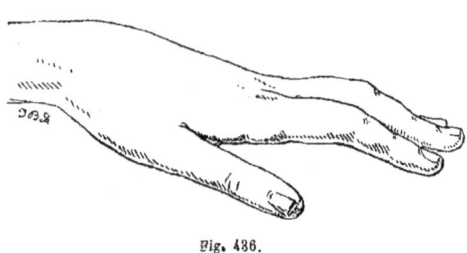

Fig. 436.

fait ressortir les os. La main du lymphatique est molle. L'homme nerveux a la main sèche et fine.

Les passions énergiques laissent des traces profondes sur la main. La colère se lit dans les rides tracées sur le dos de la main

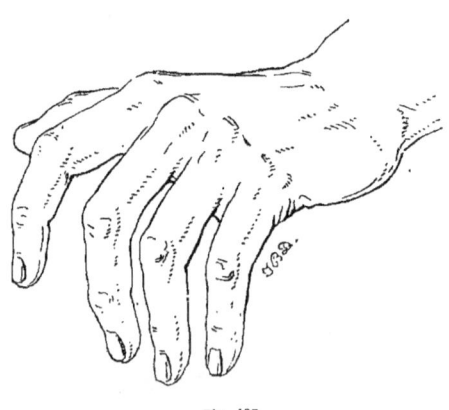

Fig. 437.

(fig. 437), autour de chaque articulation et dans les plis fortement marqués des jointures sur la face palmaire. La raison physiologique en est simple. Les muscles fléchisseurs acquièrent une grande puissance de contraction dans le jeu des passions violentes. La flexion forcée des doigts distend le tissu du dos de la main et plisse profondément l'enveloppe de la paume. Les passions concentriques seulement ne gravent pas aussi nettement ces lignes multiples. Cette distinction est facile à établir.

Les gens indolents présentent des surfaces lisses. Cette main (fig. 438), soigneusement gantée hors de la demeure seigneuriale, ne porte aucune trace d'un emploi utile. Elle s'agite seulement pour se conserver blanche et douce, en multipliant les ablutions parfumées de molles essences. Aucun souci ne l'a ridée.

La peau de la main convulsive est surchargée de détails. Elle ressemble, dans l'âge mûr, à une vieille étoffe fripée.

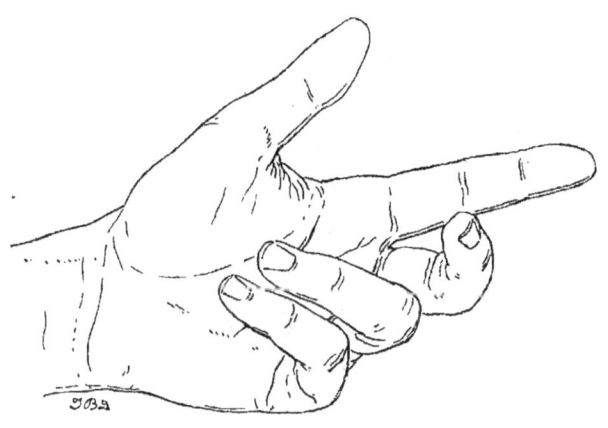

Fig. 438.

La main sèche et parcheminée dénote l'égoïsme. L'être amoindri pour avoir vécu de lui-même et en lui, l'avare, le dévot mystique, les hommes à existence restrictive ont la main aride.

Une peau moelleuse, aux teintes vives, aux chairs exubérantes, indique l'homme en dehors, le bienfaisant, le prodigue, l'excentrique.

La timidité se révèle dans une main petite, avec des doigts amincis par le bout et paraissant immobilisés dans leur rapprochement.

La hardiesse éclate dans les plans prononcés, dans le jeu facile des articulations, dans la précision des gestes de la main (fig. 439).

Plus il y a de loyauté dans le caractère, plus la paume de la main s'étale au jour.

Méfiez-vous de la main lente à s'ouvrir et ne faisant qu'effleurer la vôtre pour répondre à une cordiale invitation, à l'échange d'une assurance amicale.

Les présomptueux se contentent de présenter un doigt ou deux, jugeant cette marque de condescendance suffisante et ne compromettant pas leur dignité.

Évitez le contact des mains à l'aspect vieillot, au tissu maigre et luisant. Il y a sécheresse dans le cœur qui ne pousse pas avec assez d'abondance le sang vers ces extrémités pauvres et mesquines :

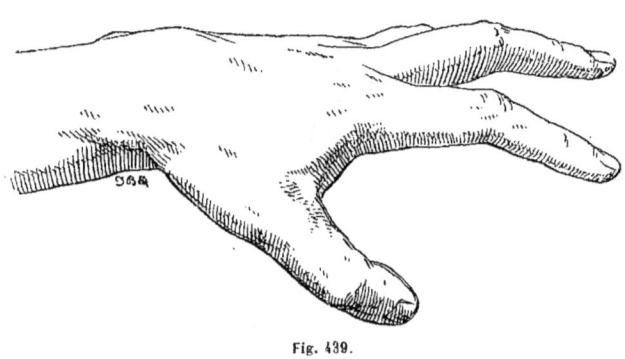

Fig. 439.

de telles mains ne savent pas secourir ni réchauffer le malheureux.

La gaucherie et la propension de la main à se dissimuler résultent d'un caractère incertain et craintif. Il y a de par le monde des gens embarrassés de leurs mains et s'inquiétant des regards dirigés sur elles. Ils sont peu redoutables. Chez plus d'une femme, cette préoccupation a pour objet une imperfection disgracieuse et n'est pas alors un excès de timidité.

La main s'associe à la manifestation de toutes nos sensations. Elle en reproduit les plus faibles nuances avec une exactitude merveilleuse. La main trompe moins que le visage : elle doit être consultée dans les cas douteux.

Aucune voix humaine ne prononce d'aveux plus doux que ceux

échangés par deux mains unies sous l'impulsion de l'amour. La main laisse échapper le secret arrêté par la pudeur sur les lèvres de la jeune fille. La main ne rougit pas en se rendant la complice du cœur : elle a sa liberté d'action entière.

Quelle parole vaut la pression d'une main amie pour féliciter ou pour plaindre ! La main s'assouplit avec une caresse. La main se raidit avec le refus. Elle s'ouvre sympathiquement à la douleur. Elle se tient close chez l'égoïste évitant tout rapport importun. La main maternelle apaise et calme l'enfant qui pleure et s'agite dans son berceau. Elle invite au silence ; elle l'impose ; elle donne le signal de le rompre. Elle excite les cris de la joie et de l'enthousiasme.

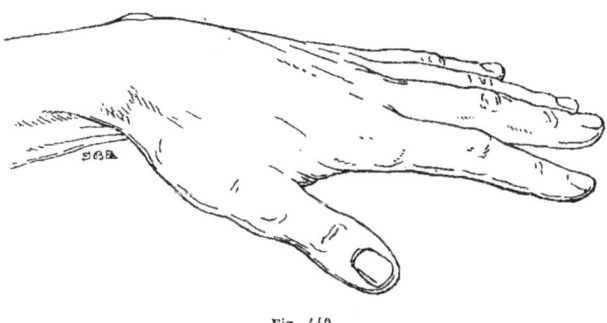

Fig. 440.

La main commande impérieusement. Elle intercède ; elle supplie. La main sait bénir (fig. 440) et jeter la malédiction. La main désapprouve ; elle applaudit ; elle lance l'injure et la menace. Elle se retire dédaigneusement devant un objet méprisable ; elle se montre affectueuse en allant au-devant d'un ami. La main appelle ou renvoie. Elle affirme et dénie. Elle interpelle ; elle écoute ; elle s'impatiente. La main exprime l'étonnement, l'admiration, la crainte, la colère, la haine ; en un mot, elle met en action l'expression du visage.

Quand les deux mains se pressent mutuellement (fig. 441), elles sont rapprochés par un sentiment recueilli.

Ces gestes se modifient en raison de la position spéciale de l'acteur. L'homme du monde se moque en faisant un signe dérisoire. Le gamin de Paris matérialise un dicton vulgaire : il pose un pouce sur le bout de son nez, et, sur le petit doigt de la même main, il appuie l'autre pouce, afin d'exécuter un battement de l'air avec les phalanges libres. Il accompagne ce jeu de contorsions propres à favoriser sa fuite, afin d'échapper au châtiment probable de son insolence.

Toutes les nations ont reconnu la nécessité de constituer des gestes de convention pour formuler d'une manière brève et absolue un acte de la vie civile ou de la foi religieuse. Chez l'immense majorité des peuples, la loi plaçait l'une dans l'autre la

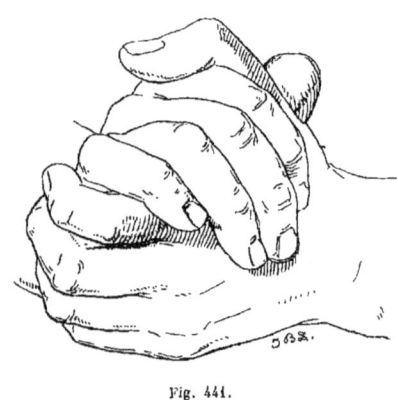

Fig. 441.

main des époux, comme symbole d'union et consécration du serment (fig. 442). La main, posée sur ou devant un objet du culte, validait l'affirmation. Mettre la main sur sa tête était chez les Romains un appel à la protection d'un puissant. Lever la main a été un signe d'adhésion ; on vote encore ainsi dans les assemblées. L'Église romaine emploie fréquemment le geste dans ses cérémonies. Il faut noter ceci : l'usage répété des gestes conventionnels apporte une modification sensible dans les mouvements de la main.

Si des généralités nous passons à l'appréciation de la main ouvrière, nous découvrirons les signes particuliers de la profession.

Le point de départ de nos observations sera la main oisive. Elle se distingue par son développement normal sans déformation, par son ensemble harmonique, par la virginalité de son tissu, par son efflorescence. La main de la créole (fig. 443) riche, indolente et paresseuse en est le type. La netteté de la main indique les loisirs de celui qui la soigne avec une attention méticuleuse et la garantit amoureusement de tout outrage sous l'égide d'un gant musqué. Il n'y a pas de grandes choses à attendre du fat entretenant la souplesse et la blancheur de sa main, cherchant à la mouvoir avec grâce, à soutirer les regards sur elle, à la rendre chatoyante de diamants et de bijoux.

La main du travailleur prend un autre aspect. La peau se brunit

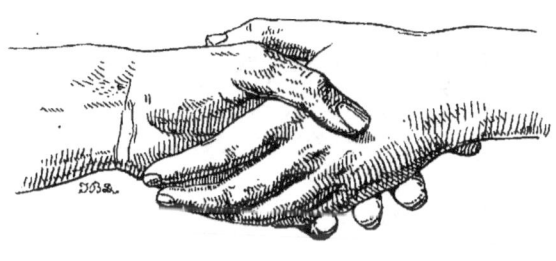

Fig. 442.

sous les rayons du soleil. Elle se durcit au contact des outils servant à l'accomplissement de sa tâche, et elle acquiert une puissance égale aux efforts à vaincre pour gagner le pain quotidien.

Plus la main est calleuse, plus le labeur a été rude. Chaque état incruste son stigmate sur la main de son esclave. La nature et la place de ce stigmate sont le certificat de la profession. Il faut, pour apprendre à le lire, connaître comment se tiennent les instruments divers du travail. Les uns exigent le concours entier de la main, d'autres occupent seulement les doigts.

Dans certains cas, une main agit et l'autre est au repos. Comme la droite est communément la plus active, elle doit d'abord servir aux investigations de l'observateur. Nous allons choisir plusieurs exemples pour initier le lecteur à notre façon de procéder. Signaler la cause, c'est faire pressentir l'effet; de l'effet, on remonte logiquement à la cause avec un peu d'habitude.

Efforts égaux des deux mains : le tireur d'eau de puits fait agir semblablement ses deux mains. Chacune reproduit aux mêmes points les mêmes résultats du frottement de la corde saisie ou relâchée pour la continuité du tirage.

Quand les deux mains sont inégalement occupées, celle qui le sera davantage aura un développement relatif supérieur.

Si vous apercevez une callosité vers le talon de la main droite et vers le bord interne du pouce gauche, avec la propension à gesticuler en poussant l'une et l'autre main en avant et dans un sens unique, le rabot sera l'instrument mis en œuvre.

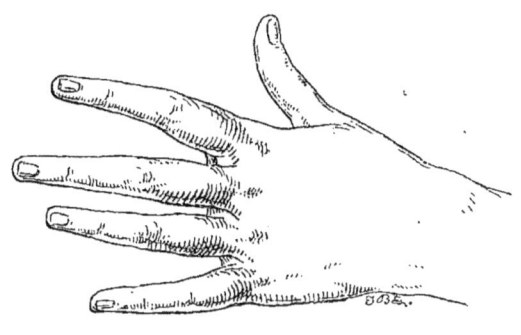

Fig. 443.

Le jardinier enfonce une bêche dans le terrain et le remue. La face palmaire de la main droite est calleuse vers le centre; la main gauche conserve l'empreinte de l'adhérence des doigts au manche qu'ils dirigent. De plus, il se trouve infailliblement un peu de terre dans les ongles et les gerçures du tissu cellulaire. Les horticulteurs ne se piquent pas d'un excès de coquetterie; l'eau et le froid fendillent les mains toujours exposées au grand air. Les plis, chez les travailleurs, sont plus prononcés, à cause du grossissement de l'épiderme, que chez les gens mus surtout par la violence de leurs passions.

Les états à marteau font naître des durillons sur les parties correspondant aux instruments usuels. Les mains du tailleur de pierre ne sont pas atteintes également : le pouce droit porte une empreinte sur la seconde phalange; le gauche a une dépression vers l'extrémité assujettissant le ciseau.

Outre le durcissement du derme, il se forme, par une pression prolongée, des surfaces aplaties à bords anguleux, comme on le voit chez les malheureux attachés toute leur vie à la manivelle d'un rouage. Les doigts prennent de la raideur et s'étendent avec difficulté, le poignet devient solide et souple. Le contraire a lieu dans les doigts parcourant les cordes d'un violon : ils acquièrent une grande agilité et une étonnante légèreté d'exécution. La main guidant l'archet a le poignet plus mobile que les doigts. Le joueur de flûte a la même prestesse de digitation dans les deux mains; chez lui, la portion interne du bout des doigts forme coussin. Le piano produit de pareils résultats, en fortifiant la petite phalange frappant sur l'ivoire; le poignet du pianiste est plus assoupli que celui du joueur de flûte ou de clarinette.

Les arts d'imitation modifient la main, selon la spécialité. Le statuaire a le pouce droit très-remuant; sa main est rugueuse en comparaison de celle du peintre. Le premier manie la glaise et le ciseau; l'humidité de l'argile ou la poussière du marbre donnent de l'âpreté au tissu. Le peintre adoucit sa main par l'usage de l'huile et la dextérité de sa touche. Il a un point commun avec le lampiste à la main noire, mais onctueuse. — Quant aux gestes manuels, ils ont une signification concluante. Le statuaire semble, même à vide, modeler une forme imaginaire, et met, avant tout, son pouce en évidence. Le peintre et le dessinateur paraissent accuser un contour en accentuant la parole. Le graveur croit pousser péniblement un burin en exposant la difficulté d'une entreprise; il témoigne de la rectitude d'une idée abstraite en dirigeant sans déviation ses doigts serrés.

Cette main tend à tenir sa largeur dans un plan vertical. Son aspect est normal, excepté vers l'extrémité interne du médius et de l'indicateur; le pouce se contourne en dedans et montre, comme les deux autres doigts et à la même place, une légère dépression. Une plume s'est creusé ce triple sillon. C'est la main d'un professeur d'écriture ou d'un commis (fig. 444), si la gauche occupe aisément une position horizontale et tranquille. Comparez les deux mains du calligraphe, vous constaterez la différence de forme produite par l'activité de l'une et le repos de l'autre.

Montrez-moi votre main, jeune fille, je vous dirai si vous menez une vie oiseuse ou utile. Bon! voici sur le bout du médius droit l'empreinte du dé qui l'emprisonne à l'heure du travail. La peau de la petite phalange de l'indicateur gauche est épaissie et criblée sous les coups multipliés d'une aiguille agile, assurant le pain de chaque jour. Continuez, brave enfant du peuple, votre honneur est à ce prix. Malheur à celle dont les vêtements annoncent la misère, quand sa main atteste la paresse : la prostitution l'attend à l'âge où

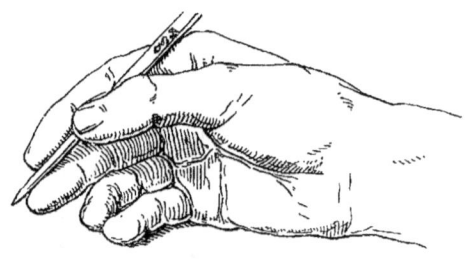

Fig. 444.

sa beauté portera ses fruits! Malheur à la femme du grand monde plus soigneuse de ses mains que de l'éducation de ses enfants! elle aura certainement à subir les conséquences du désœuvrement. La servante à la main rouge et crevassée n'a qu'un maître, le travail; elle peut à la longue s'en affranchir par l'épargne. La coquette aux blanches mains paresseuses est soumise aux exigences consécutives de l'oisiveté.

Si, comme artiste, nous recherchons pour modèles de belles mains aux suaves contours, comme citoyen, nous nous plaisons à poser notre main dans la main rugueuse de l'ouvrier se suffisant à lui-même; nous évitons celle du fat insolent et inutile qui doit sa position de fortune au hasard de sa naissance.

Le travail laisse une trace indélébile sur la main. Longtemps après la sortie de l'atelier, on reconnaît la main usée à de continuels et rudes labeurs. Elle a pu perdre de sa rugosité; elle a conservé les attributs honorables du service : elle est forte; le système osseux prédomine; les doigts sont gros vers leur extrémité; les rides ont augmenté avec la déperdition des chairs. Ces signes composent le blason de l'ouvrier retiré des affaires et préludant au repos de la tombe, dans cette courte station, vers la fin de sa carrière.

Les ongles complètent la signification de la main. Ils sont allongés ou courts, larges ou étroits, selon la forme à laquelle ils sont annexés. Des doigts effilés se terminent par des ongles oblongs et fins. Une main lourde a des ongles écourtés sur des doigts épais. La substance cornée de l'ongle est résistante et opaque chez les travailleurs; elle est translucide et faible chez les sujets d'une constitution débile.

La netteté des ongles, leur coupe prétentieuse affichent des mœurs de salon. Des ongles cerclés de noir accusent la négligence de la personne au profit de ses occupations, ou l'incurie de la malpropreté, si le travail n'en est pas l'excuse.

L'ongle consolide l'extrémité des doigts; il acquiert une densité proportionnelle au devoir à remplir. L'ongle peut servir ainsi pour évaluer les efforts possibles. La largeur de l'ongle implique la force de la pression du bout des phalanges. Les ongles raccourcis par l'usure révèlent un travail opiniâtre.

Les ongles rongés indiquent un caractère impatient, agité, turbulent. La régularité de la coupe montre des habitudes d'ordre.

Les Chinois laissent pousser démesurément leurs ongles pour constater leur rang social en prouvant leurs moyens de s'exempter du travail pour subsister. Plusieurs de nos dandys taillent leurs ongles en pointe prolongée, dans un but identique à celui de l'habitant du Céleste Empire. C'est de l'amour-propre mal placé. Il n'appartient à personne de se glorifier d'une négation de la grande loi de l'activité humaine.

La divination par l'inspection des linéaments de la main n'est pas tout à fait irrationnelle, si le prétendu diseur de bonne aventure sait tirer, des indices résultant des actes du passé, la déduction des probabilités futures.

Nous avons consigné plus haut, dans la Notice historique, plusieurs extraits d'ouvrages sur l'art divinatoire par la configuration de la main. Au milieu d'une foule d'assertions purement hypothétiques, on découvre certaines données ayant réellement pour base un fait physiologique. Si la réputation des chiromanciens les plus célèbres est due, pour une très-petite part, à la sagacité de leurs observations personnelles, il faut surtout, à cette époque d'ignorance et de crédulité, rapporter leurs succès aux singuliers effets du hasard ou plutôt à des renseignements pris avant la consultation.

DES JAMBES

Les membres inférieurs soutiennent le corps dans la station et la locomotion dont ils sont les agents. Ils se subdivisent en cuisse, jambe et pied. La rotule consolide antérieurement l'articulation du genou, se fléchissant d'avant en arrière, en opposition avec celles attachant la cuisse au tronc et la jambe au pied.

La charpente osseuse et l'appareil musculaire de la jambe prouvent, d'une manière irrécusable, que l'homme doit marcher debout. Il se déplace en portant successivement le grave du corps sur la jambe quittant le sol pour se projeter en avant et dégager l'autre, qui recommence alternativement la même opération. Cette disposition, en rendant aux bras toute liberté, donne à l'homme un avantage immense sur les quadrupèdes entravés par l'impossibilité de se mouvoir d'un endroit à un autre sans employer simultanément toutes leurs extrémités. Les chances sont égales entre eux, mais non d'eux à l'espèce humaine. Quand le cheval combat avec ses jambes de devant, les postérieures s'affermissent sur le terrain : l'inverse a lieu s'il lance des ruades. Si le chat veut faire usage des griffes de ses quatre pattes, il se couche sur le dos, mais il diminue ses moyens de fuir; aussi, dans ce cas, il engage une lutte à mort. Le coq se défend avec ses ergots, à la condition de se soulever sur ses ailes; à leur défaut, son bec seul le protége.

Les vastes ailes de l'oiseau de proie affranchissent ses redoutables serres de tout autre soin que de saisir et d'enlever sa pâture vivante. Il n'hésite pas à fondre d'en haut sur les animaux les plus dangereux, certain de se mettre hors de toute atteinte sans se priver du secours de ses armes.

L'homme étendu par terre perd le bénéfice de son organisation. Un lutteur expérimenté vise à renverser son adversaire, afin de s'en rendre maître.

Un corps volumineux se termine par des jambes courtes ; elles sont en échasses sous un corps fluet. Elles sont tendues par l'arrogance du spadassin. Elles frémissent dans l'impatience. Elles s'immobilisent dans la stupéfaction.

Les jambes du vieillard sont dans un état continuel de demi-flexion. L'enfance, essayant ses premiers pas dans la vie, et la vieillesse, achevant de vivre, ne peuvent marcher droit. D'un côté, la vigueur est loin d'être acquise ; de l'autre, elle est dépensée.

Le commis stationnaire a les jambes grêles ; elles sont bien musclées chez le marcheur de profession, le danseur, le frotteur.

L'enflure des extrémités inférieures provient souvent d'infiltration consécutive d'une maladie du cœur ; mais alors les chairs sont inertes ; la peau est molle, luisante et distendue.

La largeur du bassin chez les femmes donne de l'amplitude aux membres inférieurs, vers leur attache avec lui, et, comme chez elles, ils tendent à se rapprocher, la direction du fémur devient oblique et contribue à communiquer une expression de pudeur toute particulière aux genoux contournés de dehors en dedans et serrés l'un contre l'autre. L'habitude seule des robes fait céder cette disposition concentrique au besoin de recueillir un objet offert à l'état de projectile. Ainsi, dans un bal masqué, veut-on distinguer la fausse dame du cavalier véritable, il suffit de jeter un fruit à chacun des déguisés en les invitant à s'en saisir. La femme, oubliant son costume du moment, écartera les genoux, comme pour déployer les plis d'une grande étoffe, afin de ne pas laisser tomber à terre ce qui lui est lancé ; l'homme serrera machinalement les jambes, par un mouvement habituel au porteur d'un pantalon, ne voulant pas établir de passage entre elles.

L'ensemble de la jambe féminine est analogue à celui des doigts : maigre, avec des phalanges sèches ; ronde en haut et fine en bas, avec des doigts potelés et en fuseau.

La jambe proprement dite se livre facilement à l'étude avec la prétention d'être bien tournée. L'indiscrétion n'est pas du côté de l'observateur : elle provient de celles qui se plaisent à la provoquer.

DU PIED

Le pied supporte le poids de tout le corps, dans la station et la locomotion ; il est par conséquent l'un des rouages les plus actifs de la machine humaine. A ce titre, sa forme primitive se modifie par l'effet des services particuliers rendus.

La plante du pied a trois points d'appui : 1° le talon ; 2° l'articulation du gros orteil avec le métatarse; 3° la saillie articulaire métatarsienne du petit doigt. Le grave du corps ne pèse pas également sur chacune de ces protubérances, laissant entre elles une voûte qui protége les vaisseaux et les nerfs. L'individu offre une variante constituant sa démarche personnelle. Elle est la résultante de la structure anatomique et des habitudes. A cette allure on reconnaît, de loin, le piéton dont on ne distingue pas encore le visage.

Il faut considérer dans le pied sa longueur, sa largeur, sa hauteur, sa force, sa petitesse, son agilité, sa lenteur. Comme la partie exercée préférablement à toute autre se développe davantage, le pied acquiert une vigueur proportionnelle à son usage spécial. Le pied paresseux prend peu de valeur ; le repos absolu l'amoindrit.

Nous allons énumérer les signes physiognomoniques les plus importants, en commençant par l'âge. Le pied de l'enfant est mignon, élégant et gracieux. Sa forme reste pure, jusqu'au moment où il est emprisonné dans une chaussure compressive. Déjà le pied, avant d'avoir fonctionné, annonce l'état constitutionnel à venir du nouveau-venu dans la vie. Le tissu rosé de la peau, la mobilité des orteils, la rondeur des détails nous le montrent dans sa beauté naïve. Bientôt l'exercice durcira les surfaces heurtant le sol. Le soulier serrera les doigts les uns contre les autres, au point d'angulariser les bords en contact, par un aplatissement prolongé.

Il ne faut pas chercher dans la ville, mais parmi les hameaux, des sujets d'observations sur des pieds libres, si la misère ne venait trop souvent y graver sa pénible empreinte.

La charpente du pied est en raison de la masse à soutenir. Voici le côté interne (fig. 445) et le côté externe (fig. 446) du pied d'un homme bien constitué.

La grosseur des os, dans l'enfance, annonce un développement ultérieur de vitalité. Leur finesse présuppose une organisation frêle et nécessitant des soins assidus.

En grandissant, les leviers osseux des pieds sont mis en mouvement par des muscles et des tendons de plus en plus forts et élas-

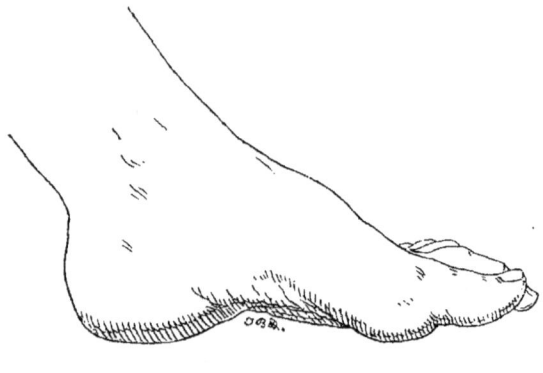

Fig. 445.

tiques; les ongles se durcissent; la plante du pied s'épaissit; le derme perd sa sensibilité; il forme une semelle au pauvre villageois, forcé de parcourir des chemins semés de cailloux.

Si le solliciteur importun des cours ne compte pas ses courses, il sait néanmoins ménager son pied et l'entretenir leste et léger.

Entre le pied du berger ne portant aucun fardeau, et le pied du porteur de charges pesantes, la différence est notable. Le degré de callosité marque la rudesse du labeur.

Les pieds charnus et lourds témoignent du peu d'activité de l'intelligence. Le pied tendineux et agile dénote un esprit entreprenant et hardi : ce pied mord le terrain et s'y cramponne.

Un pied de construction molle et faible annonce des mœurs efféminées. On a flétri du nom de pied plat l'homme marchant cauteleusement à ses fins et s'abaissant devant ceux dont il veut exploiter la crédulité vaniteuse.

Cette disposition organique se rencontre chez les gens de l'espèce taupe, habitués à glisser sans bruit sur le sol, à l'exemple de la couleuvre, au lieu d'y contre-épreuver leurs pas. L'homme fier et d'un caractère indépendant ne craint pas de laisser des traces compromettantes après lui.

La profession donne au pied une direction propre. La pointe du pied est en dehors chez le danseur. Elle rentre en dedans chez le

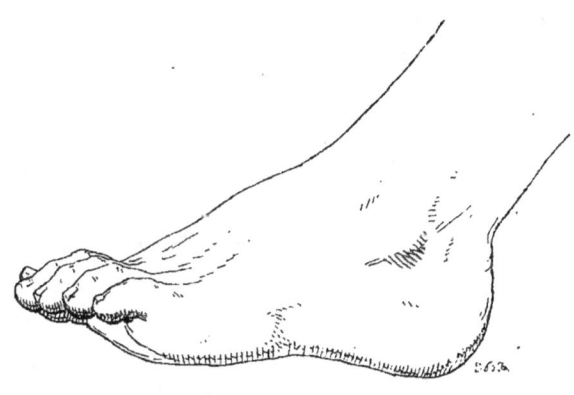

Fig. 446.

marin. Elle se rapproche encore davantage du centre chez l'écuyer évitant de tourner des talons éperonnés contre les flancs délicats de sa monture. Les muscles fléchisseurs des orteils sont très-développés au pied des facteurs de la poste. La face plantaire a moins d'énergie chez les employés passant leur existence en face d'un bureau.

Les deux pieds du soldat conservent dans la station l'angle déterminé par les règlements, longtemps après sa sortie de l'armée.

Le pied s'associe au caractère par une physionomie sympathique. L'orgueilleux se tient érigé sur ses talons; l'homme modeste s'efface et marche sans bruit. L'impatience agite le pied et le fait trépigner. Le dédain se sert du pied pour repousser l'objet de son aversion. Le fat oisif se dandine sur la pointe du pied, pour se donner des airs faciles et ne pas maculer sa chaussure. Le pas de l'homme aux occupations sérieuses est grave et assuré. Le fainéant traîne lentement son pied. Celui de l'être jovial et gai ne peut demeurer en place. L'esprit actif remue involontairement le pied dans toutes les directions. Remarquez le pied de l'homme colère : ce pied jure, il tempête, il brise, il écrase, il pulvérise : il parcourt la gamme de la passion.

Là, le pied s'attache au sol dans la lutte acharnée ; ici, le pied s'en dégage en cadence, enlevé par les accents vifs et sémillants d'un orchestre invitant à la danse. L'animation étincelle dans ces mouvements souples et vigoureux des articulations d'un pied infatigable. Il s'anime tour à tour sous l'aiguillon du désir ; il montre l'abandon de la joie ; il goûte le plaisir ; il s'empreint de la douce langueur de la volupté.

L'immobilité du pied correspond à la fixité des idées, si elle n'est pas le résultat de l'engourdissement des facultés intellectuelles, comme chez les vieillards ; dans ce dernier cas, les axes longitudinaux des deux pieds sont presque parallèles.

La forme oblongue des orteils appartient à une nature élégante. La forme ramassée et trapue annonce la force et les appétits brutaux. La situation d'esprit et de caractère, au moment de l'examen, se révèle surtout dans la marche, quand le pied est en action et par conséquent livré à l'impulsion organique commune.

Les personnages au pas lent et mesuré ont un caractère grave et réfléchi. L'irréflexion se manifeste dans le pas tantôt lent, tantôt agité. Ceux qui trottinent à petits pas sont méticuleux dans leur manière d'être et de procéder. Ceux dont le pas est court et en même temps accéléré font ordinairement des démonstrations stériles et peu de besogne.

La marche à pas longs et francs retrace l'activité, allant droit au but, si la ligne suivie ne dévie pas du plus court chemin. Les pas en zigzag, tantôt allongés, tantôt restreints, marquent l'indécision du flâneur : sans persistance dans ses déterminations, il cherche avant tout à tuer le temps. Quand un mouvement fébrile se mêle à cette démarche, l'attente de l'heure d'un rendez-vous fixé cause souvent cette irritation nerveuse.

Les savants, dont l'intelligence est toujours éveillée, marchent précipitamment, comme si la solution du problème cherché devait se trouver au terme de leur course.

La lenteur du pas, avec la vacillation monotone de la tête, annonce la lourdeur d'esprit et le défaut d'action des facultés perceptives sur l'organisme.

Celui qui sautille est d'un caractère frivole.

Le marcheur au pas net et ferme, semblant prendre possession du sol, a de la ténacité, de la vigueur et de la suite dans ses idées.

Le balancier d'une horloge ne se meut pas plus régulièrement que le pied du méthodiste, divisant l'espace et le temps en degrés égaux.

Ne comptez pas beaucoup sur l'exactitude ou sur l'attention du freluquet pirouettant sur le talon, à l'instant même où vous croyez avoir captivé sa mobile insouciance.

Ne vous laissez pas arrêter dans votre route par un de ces êtres dont le pied paraît prendre racine sur le terrain où leur monomanie et votre mauvaise étoile vous appellent. L'ennui aux jambes de plomb le soude à cette place; il vous y retiendrait malgré vos efforts pour échapper à cette chloroformisation.

Ne prenez pas à votre service le pied sensible au plus léger choc : il a trop peu l'habitude de la marche pour ne pas être un paresseux, s'il habite la campagne.

Sans avoir besoin de consulter ses yeux sans regard, on est averti du malheur de l'aveugle, à l'hésitation de son pied; elle est intelligente et diffère du tâtonnement de la personne explorant de la vue un terrain où s'aventurer, sans trop de péril pour la propreté de ses souliers vernis.

La crainte instinctive de tomber arrête les premiers pas du petit enfant. Toute mère se souvient du jour où elle a risqué de placer son nourrisson debout. Elle s'est éloignée en lui tendant une main amie, afin de l'encourager à rejoindre le sein maternel. Elle a suivi d'un œil obséquieux les moindres oscillations du corps sans appui, ayant peine à conserver l'équilibre. Elle a ressenti et partagé l'incertitude ingénue du pauvre isolé, n'osant pas s'abandonner à l'élan de son cœur.

Le pas de l'ivrogne, prêt à trébucher au moindre temps d'arrêt, montre aussi l'absence de forces musculaires ; mais c'est l'effet de la congestion cérébrale, par excès de liqueurs spiritueuses. Si le pas du vieillard manque de fermeté, il est encore guidé par l'intelligence : elle fait défaut au buveur.

Le pied a un langage. Il échange de douces confidences entre la femme aimée et l'amant. Une pression électrique éveille le désir, affirme un sentiment, transmet un avis, impose le silence. Le pied est alors le confident intime, compris par les seuls intéressés, entre lesquels s'établit une conférence muette, à l'abri de regards étrangers.

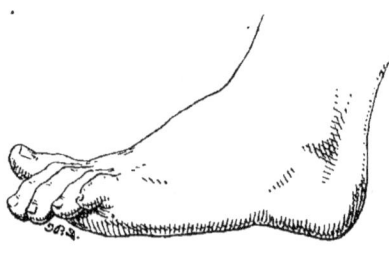

Fig. 447.

Le pied joue un grand rôle dans l'existence de la femme, par l'importance qu'elle attache à le montrer sous un aspect avantageux. Il est très-rare de trouver dans nos villes un pied de femme, beau dans sa nudité, ayant des orteils arrondis, souples et présentant dans l'ensemble une cambrure gracieuse.

Voici (fig. 447) le profil externe et (fig. 448) le profil interne d'un pied de jeune fille. Il a les qualités normales requises.

Pour les femmes du monde des salons, comme pour les habituées des bals publics, le mérite du pied consiste dans sa petitesse étroite : ainsi l'ont décidé les prétendus connaisseurs. La coquette tient essentiellement à se rapprocher de ce programme, au prix des plus cruelles tortures et des plus ingénieux artifices. L'histoire de la pantoufle de Cendrillon a conservé sa maligne influence.

Parcourez du regard les pieds féminins artistement exposés sur un tapis, vous serez émerveillé du tact avec lequel chaque belle personne laisse apercevoir tout ce qui ne peut pas compromettre des prétentions illusoires ou légitimes. Elles couvrent, du bord officieux de la robe, la partie scabreuse. Le pied se produit résolûment, s'il se juge irréprochable. Il avance avec précaution la pointe jusqu'à l'endroit équivoque. Il se tient coi sous une étoffe complaisante, s'il craint de trahir sa grosseur. La femme adulée depuis longtemps a écrit le dernier mot de son abdication de reine, quand elle cesse de veiller sur son pied. A quel prix a-t-elle persisté jusqu'à cette limite extrême ? Le pédicure en sait quelque chose. « Il faut savoir souffrir pour être belle, » dit un ancien adage. Une Chinoise ne se plaint pas de la mutilation de son pied

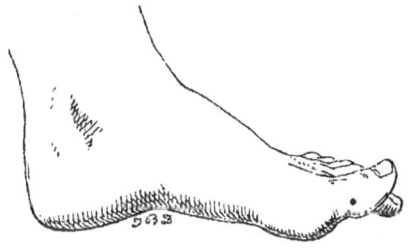

Fig. 448.

réduit à l'état de moignon, elle s'en fait honneur : les pieds normaux sont bons pour les créatures de bas étage ; les hautes dames ont le moyen de se faire servir et transporter en palanquin. Ces maximes sont propagées par des maris jaloux ; cet usage inhumain est devenu national. Si les femmes se doutaient de ce qu'elles perdent en grâce par la compression barbare et absurde des articulations du pied, elles n'hésiteraient pas à s'affranchir d'un tel sacrifice à la mode. Le pied a des proportions assignées par la nature : hors d'elles, il ne peut se rencontrer ni beauté ni démarche naïve. La multiplicité des os du pied indique assez combien il lui faut de liberté pour remplir ses fonctions. Mettre ces leviers dans un étau, c'est en paralyser l'office.

Cependant le pied, par sa conformation souple et déliée, peut s'utiliser de plus d'une façon. Un homme doué de véritables dispositions pour la peinture était né sans bras; poussé par cette vocation, il a remplacé la main absente par son pied. Il s'en est fait un instrument manuel. Réduit à cette unique ressource, il s'est livré bravement à l'étude. Encouragé par ses succès dans le dessin, il a réussi comme portraitiste; ensuite il a peint des toiles d'histoire, avec un talent remarquable, sans la circonstance atténuante de sa position exceptionnelle. Cet artiste, nommé Ducornet, a prouvé, par ses œuvres, la puissance de la volonté secondée par l'intelligence. La séve ne pouvait se porter aux extrémités supérieures, elle s'est dirigée vers les seuls membres disponibles, pour arriver à ses fins.

Ducornet nous a permis de copier sa jambe-bras. Nous n'avons pas à le remercier ici de son obligeance. La mort l'a enlevé jeune et plein d'avenir. Ses lettres familières montrent un esprit naturel. On jugera le calligraphe à un *fac-simile* inséré plus loin dans le chapitre de l'écriture. Plus d'une main, y compris la nôtre, écrit moins lisiblement que n'écrivait le pied de notre étonnant artiste, si maltraité par la nature. Cependant, la conformation des extrémités inférieures de Ducornet se ressentait du vice de développement normal des parties supérieures. Il y avait torsion dans l'ensemble osseux et, par conséquent, difficulté d'action musculaire. C'était merveille de voir Ducornet, la palette d'un pied et le pinceau de l'autre, travaillant à une grande toile, au devant de laquelle il se hissait ou se faisait descendre, selon le point à couvrir, à l'aide d'un mécanisme ingénieux. En dehors de son atelier, il ménageait soigneusement ses pieds. Son père le transportait, à dos, d'un lieu dans un autre et suppléait, avec cette association de moyens, ceux dont était privé son fils, chargé de subvenir, par son talent, à la subsistance commune. Le pied de Ducornet avait quatre doigts seulement. Le pouce était largement détaché, comme chez les quadrumanes. Toutes les phalanges jouissaient d'une grande mobilité.

DES ARTICULATIONS

Il y a deux sortes d'articulations :
1° Les *immobiles*, par soudure des os contigus ;
2° Les *mobiles*, servant à la flexion et à la rotation des surfaces osseuses, juxtaposées, agissant les unes sur les autres.

Les premières sont combinées pour former un tout solide et résistant, comme l'ensemble des os fixes de la tête.

Les secondes sont disposées pour favoriser les mouvements multiples du corps humain. Elles sont lubrifiées par la synovie, sécrétée entre les facettes mises en contact et les rendant glissantes.

Les articulations sont simples ou complexes : simples, quand il s'agit de flexion dans un seul sens ; complexes, lorsqu'un mouvement se décompose en plusieurs et le rend plus étendu. Le genou fournit un exemple du premier genre ; le poignet donne une idée du second.

Des ligaments robustes maintiennent les os en rapport, sans nuire à leur jeu.

Les articulations des membres ont un volume proportionnel plus grand dans l'enfance. Elles sont fines et souples chez l'adulte. Le genou de la femme est relativement engorgé et son axe se tourne plus en dedans. L'auteur de la Vénus de Médicis n'a pas négligé cette disposition, qui ajoute le sentiment de la pudeur à la grâce.

Des articulations fines sont l'attribut d'une complexion délicate. La grossièreté les alourdit.

Les professions assises paralysent les articulations du bassin et des jambes. Le laboureur conserve la demi-flexion favorable au maniement de la charrue. La prestesse mise à se lever d'un siége est le fait d'un homme habitué à se tenir debout. La lenteur déployée en quittant le fauteuil indique une existence sédentaire.

Les articulations se rouillent dans le repos ; l'exercice leur donne un ressort puissant. L'élasticité de l'articulation du pied supplée les ailes absentes des blanches épaules de nos célèbres sylphides. Taglioni, Essler et d'autres muses de la danse ont laissé des souvevenirs ravissants à leurs admirateurs enthousiastes.

Les articulations ont un jeu normal, limité par la conformation des surfaces glissant les unes sur les autres. Au delà de ces mouvements naturels, il y a luxation. Des tentatives multipliées permettent aux saltimbanques de dépasser ces bornes et de façonner leur corps et leurs membres à exécuter des tours de force et d'adresse, bien capables d'émerveiller la foule empressée autour de leur théâtre en plein vent. Malheureusement, pour préparer des sujets, ils opèrent cette transgression des lois de la construction humaine sur de pauvres petits êtres, voués au sortir du berceau à cette profession, où la vie est un enjeu offert aux émotions de la curiosité publique. On applaudit au courage et à la grâce de l'enfant sur la corde, sans songer à sa chute probable, ni aux intempéries des saisons et aux tortures de la faim qui l'assiégent à son retour dans sa demeure ambulante. On ne le sent pas lutter contre la douleur et l'effroi, sous le regard menaçant de l'*impresario* qui l'exploite comme sa chose et souvent après l'avoir volé à des parents désespérés de l'avoir perdu.

DE LA PEAU

La peau sert d'enveloppe au corps humain. Elle en laisse apercevoir les formes, car elle s'applique sur elles, par le fait de son adhérence et de son élasticité. La peau se lie aux membranes muqueuses tapissant l'orifice des conduits intérieurs. Nous la considérons ici dans sa contexture et ses fonctions.

La porosité de la peau favorise la transsudation d'émanations corporelles vaporeuses ou liquides, la transpiration et la sueur. Ces sécrétions sont plus ou moins fortes, selon la région anatomique où elles se produisent et la hauteur de la température. La peau se dilate avec la chaleur et se resserre sous l'étreinte du froid. La peau est fraîche, douce, sèche, brûlante, rugueuse. Elle subit les conditions variant avec l'âge, le sexe, la santé de l'individu.

Le tissu cellulaire se compose d'éléments combinés entre eux, pour sensibiliser la peau et la rendre l'organe toujours en éveil du toucher, et un puissant intermédiaire avec le monde externe.

Toute impression physique venue de l'extérieur s'attaque d'abord à la peau : c'est le souffre-douleur. Elle éprouve le premier choc : s'il est faible, les parties sous-jacentes sont préservées ; si la contusion est forte, elle passe outre et les blesse. L'effet en est transmis au centre nerveux par les filaments qui en partent et vont se confondre, en houppes nerveuses, dans le tissage de la peau. La teinte de l'ecchymose indique la violence du coup. Les querelleurs présentent souvent, et surtout sur la face, ces fâcheux stigmates. « Chien hargneux, dit le proverbe, a l'oreille déchirée. »

La disposition de la main et du pied en cinq digitations donne un plus grand développement à la peau vers les extrémités. Les supérieures sont les mieux partagées en raison de la longueur des phalanges, appelées à servir particulièrement d'organes tactiles. Les enfants tendent leurs petites mains vers les objets placés devant eux. Ils cherchent un contact pour apprécier la substance et la forme, dont leurs yeux inexercés ne sauraient leur rendre un compte exact.

La peau perd de sa finesse et de sa sensibilité par un fréquent usage. La main couverte de durillons par un labeur assidu a le tact moins parfait; le tissu cellulaire vierge est impressionné par le moindre attouchement.

Ces différences de densité sont très-marquées à la face plantaire du pied : les points d'appui sont couverts d'une peau cornée inerte ; le sommet de la voûte tressaille au plus léger chatouillement.

L'action de l'air, du hâle, du soleil, colore la peau de tons dorés, rouges et noirâtres. Elle reste blanche chez les habitants du Nord, dans les parties recouvertes de vêtements épais. La couleur de la peau est uniforme chez les naturels des pays tropicaux.

Le ton de la peau se marie à celui des cheveux. Elle est blanche avec les rouges et les blonds, brune avec les noirs.

La coloration native de la peau varie avec les grandes subdivisions de la race humaine. La peau passe de la teinte blanche caucasienne au noir de l'Afrique, par des graduations jaunes, rouges et brunes cuivrées. Elle est un document utile pour la constatation de l'origine des sujets. Beaucoup d'auteurs ont pris la couleur de la peau pour base de leur classification des membres de la famille innombrable dont le nom commun est humanité.

DU SYSTÈME PILEUX EN GÉNÉRAL

Les cheveux, les sourcils et les cils existent au moment de la naissance, au moins à l'état rudimentaire ; le complément du système pileux apparaît à l'époque de la puberté ; aussi cette dernière pousse subit plus tard que les cheveux la dégradation de teinte amenée par l'âge au dernier terme de sa blancheur, dans l'extrême vieillesse.

Les poils répandus sur le corps sont presque toujours de la couleur des cheveux, avec lesquels ils offrent d'autres analogies de souplesse, de raideur, d'abondance et de rareté, ces qualités étant normalement communes.

L'excès de pilosité est un indice de force, et, comme elle est souvent brutale, il y a disposition à la rudesse. L'homme très-velu tient de l'ours : l'un et l'autre ont le poil rugueux. Cette complexion rend entreprenant près des femmes, en intéressant les sens plus que les besoins affectueux du cœur.

L'imberbe est timide : il a conscience de sa faiblesse. Il manque des qualités indispensables pour réussir auprès des belles : la hardiesse et l'éloquence recommandées par Ovide. L'affection l'emporte sur la sensualité dans cette organisation.

Il n'est pas nécessaire de voir le corps humain dans sa nudité pour juger du degré de pilosité. L'inspection de la face dorsale de la main de l'homme et de la nuque de la femme suffit pour révéler l'état de l'ensemble, constamment d'accord avec la végétation de ces endroits visibles.

Chez l'homme mûr, la presque totalité de la peau est envahie par l'extension normale du système pileux. C'est par exception que la face et la poitrine de la femme en présentent de notables échantillons. Dans ce cas, son caractère est empreint d'une virilité excluant la grâce et la douceur, apanage d'un sexe faible et craintif.

Nous avons connu une grande dame dont la moustache noire aurait fait honneur à un jeune conscrit. Cette contrefaçon masculine était énergique : elle considérait comme puérilité indigne ce qui n'affectait pas vivement son âme ; elle préférait la tragédie ensanglantée à toute autre œuvre théâtrale ; la comédie langoureuse lui était insupportable ; le drame où l'on faisait une consommation exorbitante de victimes avait ses plus chères sympathies : elle se sentait vivre alors. Elle s'impatientait d'une périphrase ; il fallait aborder franchement la question posée, sinon elle interrompait brusquement l'orateur et formulait elle-même les conclusions probables du discours, sans le laisser achever. Riche et occupant un rang élevé dans le monde, elle ne portait ni bijoux, ni dentelles : ces ornements eussent été un contre-sens sur sa personne, elle ne l'ignorait pas. C'était, au fond, un excellent ***homme***.

Dans la maison d'accouchement, nous avons dessiné, de grandeur naturelle, un nouveau-né, qui avait le corps entier tout couvert de longs poils ; ses mains se terminaient par des doigts armés de griffes. Nous ne savons ce qu'il est devenu.

DE LA CHEVELURE

La chevelure trace une ligne de démarcation entre les races humaines. Elle signale le sexe, l'âge, le tempérament, l'état sauvage ou civilisé, la condition de santé, d'énergie, de faiblesse de l'individu. Elle rentre donc dans le domaine de la physiognomonie. Nous appellerons l'attention du lecteur sur les principales déductions à en tirer. Son arrangement nous occupera plus tard sous le titre spécial de coiffure.

Les cheveux lisses et les crépus établissent deux grandes divisions parmi les hommes. La première variété distingue, entre autres, les races américaine, sémique, malaisienne. Cette chevelure est entièrement rectiligne. Elle se termine en boucles, notamment dans la race arienne.

Les Africains ont assez souvent les cheveux frisés, mais plus communément crépus, comme le Nègre, le Hottentot, le Mélanésien.

La couleur des cheveux est très-variée, mais elle rentre dans l'une des nuances suivantes : blond cendré, blond, blond rouge, blond châtain, châtain clair, châtain foncé, noir, noir corbeau à reflets bleuâtres. Les teintes claires se rencontrent dans le Nord, les plus foncées dans le Sud. La chevelure blanche des albinos est une exception constatée dans plusieurs pays : elle provient d'un état pathologique.

Dans les données générales, il faut noter le croisement des races. Il a dû nécessairement introduire des modifications dans les types fondamentaux.

Plus la coloration de la chevelure est élevée, plus il y a de vitalité dans l'individu. En comparant les faits observés chez l'homme et les animaux, on constate une grande analogie entre eux sur ce point. L'herbager de la Normandie préfère les bœufs à poil d'un ton foncé à ceux d'une teinte claire. Les nourrisseurs font colorer en noir la robe des vaches barbouillées sur leur enseigne. Les œufs de la poule noire passent pour les meilleurs.

La dégradation de nuances amenée par l'âge progressant corrobore cette assertion. L'enfant aux cheveux blondins sent croître sa force avec la gamme chromatique de sa chevelure. L'adulte s'aperçoit de la diminution de sa virilité, à mesure que sa tête déteint du gris au blanc.

Sexe. — Les cheveux de la femme sont plus fins, plus soyeux, plus souples, plus longs que ceux de l'homme.

Age. — L'enfant vient au monde avec des cheveux au-dessous de la coloration qu'ils doivent prendre plus tard.

Une révolution dans l'organisme, causée par un excès de terreur, peut faire blanchir les cheveux avant l'époque fixée par la nature.

Au moment de la puberté, la chevelure atteint son maximum de beauté juvénile. Son éclat commence à décroître vers la trentième année. Peu de temps après, les tempes se couvrent de cheveux gris ; ils envahissent successivement la totalité du cuir chevelu. L'oblitération des vaisseaux capillaires accélère leur chute ; le crâne se dénude ; une couronne se dessine autour de la tête : la vieillesse s'annonce. Elle a pris possession de l'individu, quand le nombre des cheveux blancs dépasse la portion conservant la teinte primordiale : voilà la loi. Des chagrins profonds, un travail intellectuel opiniâtre, l'abus de certains plaisirs, peuvent déterminer une calvitie prématurée : dans ce cas, le reste des cheveux n'a rien perdu de sa couleur native.

Climat. — Il a une action très-sensible sur le développement, la couleur et la quantité des cheveux. Ils se brunissent sous une température élevée, en raison directe de l'intensité des rayons solaires. Les cheveux blonds croissent dans les contrées où le soleil répand une chaleur amoindrie par son éloignement et l'interposition d'un ciel brumeux. Les cheveux châtains croissent dans une atmosphère tempérée. Le blond cendré orne souvent une tête anglaise. Le blond est propre aux peuplades du Nord. Le blond rouge appartient aux régions intermédiaires. Les personnes à cheveux rouges exhalent parfois une odeur de transpiration, assez désagréable pour nécessiter l'emploi de parfums. Les femmes coquettes ne s'en font pas faute, sans songer si l'excès de la précaution ne trahit pas le défaut à neutraliser. Si nous cherchons des exemples de cette répartition, nous voyons l'Allemagne et la Prusse porter communément la chevelure blonde ; l'Espagne et l'Italie se coiffent de noir. La France a une étendue qui permet d'apprécier les nuances extrêmes existant sur son territoire : la partie nord se rapproche de la couleur blonde ; le côté sud tire sur le foncé ; le ton châtain se trouve au centre. La variante est encore saisissable entre l'habitant de la plaine et celui qui vit sur le sommet neigeux des hautes montagnes.

Contexture. — Les cheveux blonds sont plus fins, les châtains sont plus solides, mais moins que les noirs, dont le volume est au-dessus de celui des autres.

On a compté le nombre de cheveux contenus dans trois surfaces égales. Voici le rapport :

Cheveux blonds............................	790
— châtains........................	608
— noirs............................	572

M. Prunner-Bey a fait un travail consciencieux et complet sur ces matières.

Qualités. — Les cheveux fins et souples dénotent une organisation faible, la douceur, la délicatesse, la timidité. Par analogie, les animaux à pelage doux au toucher présentent des qualités semblables : le lièvre, le cerf ont des mœurs de même nature.

Les cheveux rudes sont un signe de force, d'âpreté, de sauvagerie ; ils se voient surtout sous un ciel rigoureux. Les enfants du Nord sont robustes. Il en est ainsi chez les animaux : le sanglier a le poil très-dur. Cet animal supporte la fatigue ; il s'apprivoise rarement. Le loup et l'hyène ont le poil rugueux. Les chiens à poils durs et raides sont plus courageux et plus tenaces que ceux dont la robe est soyeuse et lustrée. Les premiers gardent la ferme, les seconds se prélassent sur les coussins d'un salon. Le plumage des oiseaux offre les mêmes contrastes : la plume de la colombe et du cygne montre avec celle des oiseaux de proie autant de différence sous les doigts qu'entre les instincts des deux classes.

Il y a des chevelures que je nommerai *hirsutées*. Le peigne le plus patient est inhabile à les soumettre au moindre arrangement. Le cheveu rétif se courbe sous les dents de l'instrument pour se redresser avec brusquerie. Il n'y a pas de pommades ni de papillottes assez puissantes pour en avoir raison : le cheveu persiste à l'état d'insurrection perpétuelle. Il y a du paysan du Danube là-dessous. Il ne faut pas s'attendre à un compliment, mais à un coup de boutoir. Cet homme est tout d'une pièce ; on n'a pas à se tenir en garde contre des séductions de sa part. Méfiez-vous du cuistre aux cheveux plats et lisses : là est le véritable danger.

Le tempérament se révèle dans la nuance de la chevelure, comme on reconnaît la nature du sol à ses productions végétales. Les cheveux blonds annoncent une constitution délicate. Le blond foncé est l'apanage du sanguin flegmatique. Le blond rouge croît sur le crâne où le tempérament sanguin domine. Le sanguin bilieux a le ton signalétique châtain. Les chevelures noires sont plus particulières aux bilieux, nerveux et mélancoliques.

L'état de santé se manifeste par le degré d'éclat de la chevelure humaine, comme on juge au brillant du pelage des animaux s'ils sont dans une situation sanitaire favorable. Les cheveux du malade prennent un reflet terne. Les cheveux ordinairement frisés n'ont plus d'anneaux aussi bien contournés; ils tendent à s'allonger en devenant plus mous. Des symptômes identiques apparaissent chez les animaux : leur poil perd son lustre dans plusieurs affections pathologiques; il se durcit et se hérisse par l'effet de la contraction musculaire du tissu endolori.

Les cheveux ont, dans l'état normal, une élasticité sensible. Elle s'affaiblit avec la maladie. Les cosmétiques dont on se sert pour les teindre les rendent cassants. Cet usage a de plus l'inconvénient de détruire toute harmonie entre eux et le teint du visage.

DES SOURCILS

Le sourcil n'a pas de mouvement propre ; celui dont il est parfois animé résulte de l'action du muscle sourcilier sur lequel il s'implante.

Il faut considérer le sourcil sous le triple aspect de la direction, de l'épaisseur et de la teinte.

Les notions fournies par la couleur et le degré de force des sourcils, rentrent essentiellement dans les inductions tirées des qualités semblables de la chevelure. Un résumé suffira.

Les sourcils épais et saillants (fig. 449) sont un indice d'énergie. Ceux de notre illustre Arago avaient ce caractère. Le sourcil de

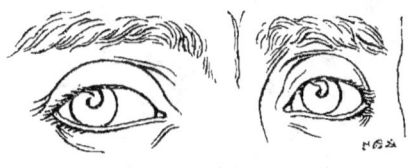

Fig. 449.

Jupiter, faisant trembler l'Olympe, se rapporte à cette catégorie.

Les sourcils fins et soyeux appartiennent à une nature d'élite et délicate.

Les sourcils buissonneux (fig. 450) et indociles se rencontrent chez les hommes à rude écorce, indisciplinables, farouches et se trouvant eux-mêmes déplacés dans la société de gens amis des formes et de la politesse. Nous en avons vu beaucoup d'exemples dans les prisons, chez les vieux insoumis, dont la peine a été prolongée pour résistance aux règles de la maison. Même observation dans les régions élevées. Parmi les poëtes, Boileau (fig. 451) se montre avec des sourcils en buisson. Il l'a dit : Son style est fait pour la satire. Le style, c'est l'homme, a écrit Buffon.

Les sourcils touffus et rapprochés l'un de l'autre (fig. 452) sont

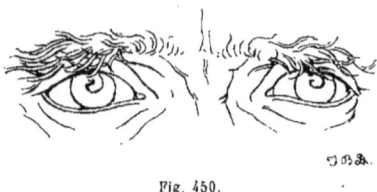

Fig. 450.

un signe de fixité vers un but déterminé. C'est un gage de réussite, quand la conformation du crâne atteste une intelligence supérieure.

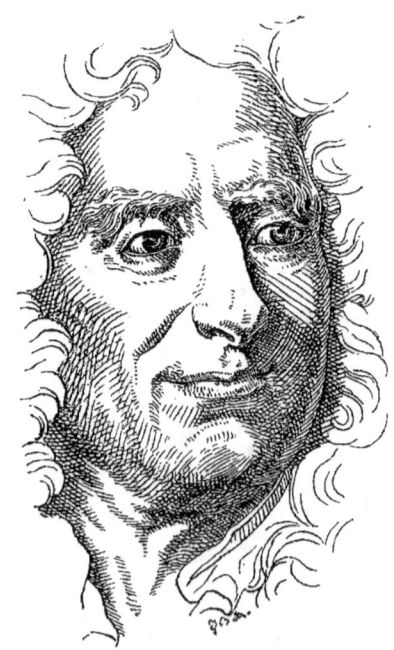

Fig. 451.

Nous avons constaté peu de largeur vers le milieu des sourcils de personnes indécises et faciles à distraire d'une occupation propre à captiver l'attention de tout autre.

La teinte des sourcils est presque toujours celle de la chevelure. S'il existe une nuance, elle est en moins dans les sourcils. Cependant il en est de plus colorés, et de noirs sur un front couvert de cheveux blonds châtains.

La coloration identique des sourcils et des cheveux corrobore l'opinion attachée à chaque nuance du système pileux général. Une différence prononcée jette du doute sur le jugement à porter. Il doit se résoudre dans le sens d'une atténuation de l'un des éléments physiques ou moraux. Certains hommes gardent des sourcils noirs

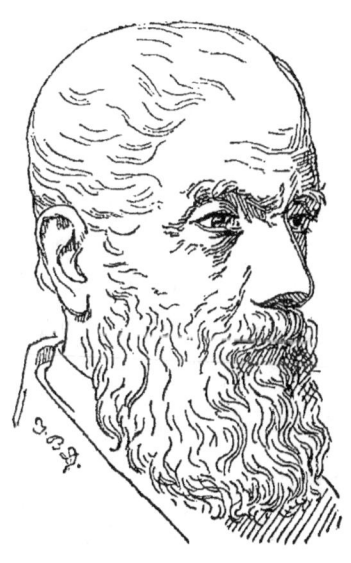

Fig. 1452.

sous une chevelure blanche. La vigueur morale survit en eux à la déperdition progressive des forces matérielles.

Ce que nous venons de dire des sourcils est relatif à une disposition native ; ce qui touche à leur direction tient à la forme acquise et, par conséquent, se lie intimement à l'état présent du sujet.

L'expression des mouvements habituels des sourcils complète la somme des autres qualités : c'est l'accent sur le mot.

Les sourcils convergent vers la ligne médiane du front, en s'élevant ou en s'abaissant, par leur point de départ interne.

La direction en haut (fig. 453) provient d'une tendance de l'esprit vers les idées abstraites. — La convergence en bas (fig. 454) se rattache à la préoccupation causée par les choses du monde positif. — L'ascétisme affecte le premier de ces mouvements. Le second est souvent un reflet de l'égoïsme appliqué à la recherche des moyens de satisfaire des sentiments terrestres.

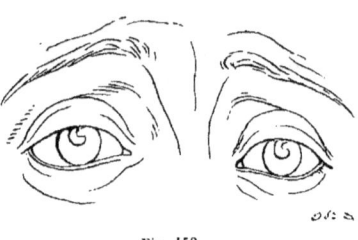

Fig. 453.

Le sourcil décrivant un arc pur, sans aucune inflexion ondulatoire (fig. 455), atteste la candeur et le calme de l'âme.

Quand le milieu du sourcil dépasse en élévation les deux extrémités (fig. 456), il accompagne ordinairement un visage jovial, rarement troublé par des crises passionnelles.

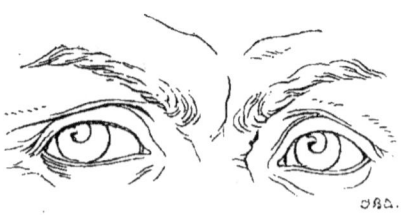

Fig. 454.

L'affaissement du sourcil révèle le chagrin et l'affaiblissement moral. Son abaissement forcé, avec rapprochement de son congénère, est une indication de crainte soupçonneuse et vigilante.

Un sourcil sans mouvement dénote un état négatif de l'âme. Il s'immobilise chez l'homme froid et insensible.

L'activité intérieure se manifeste avec une puissance entraînante dans l'agitation du sourcil. Il s'élève ou s'abaisse comme le flot de la pensée ; il s'aplanit dans le moment du calme.

Racontez devant un auditoire nombreux un fait émouvant : vous jugerez, au simple aspect du sourcil de chacun des assistants, du degré de sympathie dont il est susceptible. Avez-vous à faire appel à la bienfaisance publique, ne perdez pas votre temps à vous adresser à un sourcil impassible.

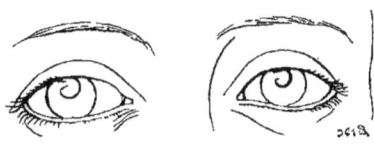

Fig. 455.

L'examen du sourcil, aux différents âges de la vie humaine, ajoute un élément de contrôle à nos assertions. Le sourcil de l'enfant se dessine simplement ; il est doux au toucher ; il a la pureté de l'innocence. L'adolescence apporte avec elle les premières émotions actives : elle imprime au sourcil des ondulations plus rapides.

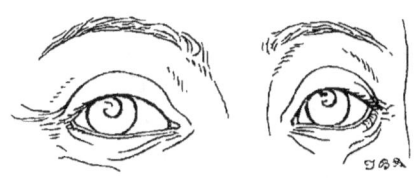

Fig. 456.

Le sourcil de l'homme fait a toute sa force démonstrative : il obéit instantanément à la sensation et la reproduit avec énergie. L'âge mur dérange la symétrie des poils ; ils n'ont plus la même cohésion entre eux. Ils s'écartent, se redressent, se brouillent et s'allongent inégalement dans la vieillesse.

Le ton du sourcil augmente jusqu'à l'époque du complet développement. Sa teinte diminue ensuite, mais bien moins que celle de la chevelure. Il n'est pas rare de voir des sourcils rester noirs avec des cheveux devenus blancs.

Les sourcils jouent un grand rôle dans l'expression des animaux, en complétant le caractère de l'œil. Chez eux, le sourcil est presque immobile sur le front des stupides. Il participe de l'intelligence des êtres chez lesquels il jouit d'une mobilité habituelle.

DES CILS

Les cils protégent le globe de l'œil contre les corps légers ambiants. Les cils bordent la paupière, dont le jeu continuel fait mouvoir leurs fils réunis, comme un plumasseau chassant la poussière. Ils servent également à tamiser la trop vive lumière, quand son action directe blesserait la rétine, si les rayons lumineux n'étaient affaiblis par ce voile officieux.

Les cils ont ordinairement la nuance des sourcils. Cependant nous avons vu des cils noirs encadrant des yeux bleus, surmontés de sourcils et de cheveux blonds. Ce contraste rehausse la douceur du regard en l'accentuant. Nous avons rencontré récemment un conducteur de voiture publique ayant les cils de l'œil droit complétement blanchis, à la suite d'un coup violent porté à la paupière supérieure. L'âge influe peu sur la teinte des cils ; il les fait tomber en partie.

Des cils fournis et bien plantés sont produits par une organisation riche et saine. Leur longueur projette une pénombre sur le globe oculaire et rend l'expression d'une prunelle ardente pleine de charme, en tempérant l'acuité du regard. On appelle ces yeux ornés de franges, des yeux veloutés.

Des cils rares et rabougris végètent sur des paupières arides ; il y a pauvreté de l'organisme. Dans beaucoup de cas, cette disposition tient à une inflammation palpébrale chronique, tendant à rétrécir l'ouverture de l'œil. La nature fait peu de frais sur un terrain de médiocre rapport.

DE LA BARBE

La barbe est l'attribut spécial du sexe masculin, le signe extérieur de la virilité. La barbe entière est peu portée. Certains peuples la rasaient habituellement avec soin et la conservaient comme marque de deuil. D'autres s'en faisaient honneur et s'en séparaient seulement pour témoigner de leur affliction. Selon Plutarque, Alexandre le Grand ordonnait de couper la barbe de ses soldats, afin de donner moins de prise à l'ennemi. Par un motif semblable, on coupe aujourd'hui les oreilles et la queue des bouledogues dressés pour le combat. Les philosophes grecs et romains laissaient croître leur barbe. Elle est obligatoire en France pour les sapeurs de nos régiments.

La mode de garder toute sa barbe a varié. Elle a une signification chronologique alors.

A notre époque, la manière d'utiliser la barbe est infinie. Nous en parlerons d'abord comme étant abandonnée à son propre développement, sans aucun des enjolivements dont usent et abusent des arrangeurs de mauvais goût.

Le premier duvet apparent de la barbe annonce une grande transformation : l'adolescent va devenir adulte ; l'homme se sent.

Les qualités natives de la barbe sont, sauf quelques modifications, identiques à celles de la chevelure. Il faut s'y reporter.

La barbe forte et serrée annonce la puissance physique. La rareté des poils signale un état de sous-excitation, une constitution faible : de là des passions restrictives, la défiance de soi, l'humilité et leur muet cortége.

La barbe inculte, roide et droite est appropriée aux gens personnels, grossiers, aux manières brusques, et peu coulants dans leur commerce contraint avec le monde civilisé.

L'homme mielleux, aux allures mesurées et canteleuses, a la barbe molle et plate.

La sensualité perce sous la barbe plantureuse et frisée. Ici règnent la franchise et l'entrain dans le caractère. Il y a plus d'éclat dans le jeu chatoyant de la lumière sur la masse.

Le parti que chacun croit tirer de sa barbe met sur la voie de ses prétentions. Les uns laissent pousser leur barbe pour ne pas avoir l'ennui de se raser; les autres la coupent, pour s'éviter le soin de l'entretenir : ce dernier renonce au bénéfice du pittoresque; quant au premier, c'est incontestablement une protestation permanente contre les frivolités de la toilette, élevées à la hauteur d'une obligation par les usages de la société aristocratique. L'homme à tous crins affiche l'indépendance dans sa manière d'être primitive. Une barbe parfumée et méticuleusement entretenue, propre et régulière, sert souvent à déguiser une malencontreuse disposition de la partie inférieure du visage. L'homme à la barbe inculte ne craindra pas de laisser subsister le premier poil blanc, venant notifier la venue de la maturité. Le barbacole s'inquiète de cette marque indiscrète : il l'arrache. Celui-ci sera l'agréable familier des salons; l'autre pourra se classer parmi les laborieux et les utiles.

La barbe s'exploite de mille façons différentes : le plus grand nombre n'en conserve qu'une partie; l'un garde la moustache, l'autre les favoris, un troisième groupera ces deux fractions; plusieurs se contentent d'un appendice au menton, ou d'une mouche au-dessous de la lèvre inférieure.

Sans donner à nos remarques un caractère d'affirmation absolue, et en mettant hors de question la barbe dans son entier, nous dirons : Les gros favoris font présumer des appétits matériels. Cette exubérance de la barbe se remarque dans certaines professions, où l'on attache beaucoup de valeur aux avantages physiques. Les hommes aux aspirations élevées ne cherchent pas à imprimer un cachet particulier à leur visage : ils usent modérément du procédé.

La barbe sert de correctif à des défauts vrais ou supposés. On allonge la face en la terminant par une barbiche pointue. On s'imagine affermir des traits anodins avec une moustache provocatrice. Le bon ton se tient dans une modeste réserve. Le fat se lance dans des extravagances dont il ne comprend pas le ridicule ; l'étonnement excité par ses inventions excentriques lui paraît de l'admiration : le sot s'aveugle sur lui-même.

La moustache facultative dissimule parfois un désagrément de la bouche, une altération des dents ou la perte de l'une d'elles. On devine le pourquoi de ces longs poils soigneusement abaissés sur les lèvres.

Si les dents ne sont pas en cause, si leur blancheur et leur régularité sont un élément de succès, la moustache ne dépasse pas la limite convenable. On la taille en brosse, afin d'éviter une ombre importune. L'avenue est ouverte au regard : il franchit les lèvres écartées par un sourire. Tout est ménagé de façon à démasquer à propos deux rangées de dents irréprochables. Les femmes pardonnent volontiers cette coquetterie masculine. Elles savent si bien lui faire concurrence !

Comment qualifier ce travail long et difficile de relever en crocs trois poils de chaque extrémité de la moustache ? Quelle patience pour leur imprimer une symétrie mathématique ! Il faut ignorer la valeur du temps pour l'employer à une pareille occupation quotidienne. Se l'imposer est chose concevable de la part d'un esprit frivole ; mais je voudrais connaître son opinion sur ceux qui le regardent sans rire.

Il faut être peu favorisé d'Apollon pour découper sa barbe en lanières. Un artiste du Pont-Neuf en trace aussi sur le corps de malheureux caniches. Il y a cette différence essentielle entre les deux faits : le beau monsieur s'est creusé la cervelle pour obtenir une combinaison bizarre et en tirer une vanité comique ; les pauvres bêtes ont été muselées et garrottées pour être livrées, malgré leurs protestations, à de disgracieux ciseaux.

Ce travers annonce chez le chenapan une outrecuidance contre laquelle il est bon de se mettre en garde. Beaucoup de tapageurs prétendent se rendre ainsi plus redoutables.

Quand le système adopté ne s'harmonise pas avec l'ensemble des traits, il est motivé par une raison quelconque. Un collier de barbe, reliant entre elles les deux masses des joues, peut tenir à deux causes : éviter une perte de temps, si le menton et la lèvre supérieure restent nus, ou bien économiser la cravate, dont le bord se couperait sous le frottement d'une barbe forte, revenant chaque jour à l'état de brosse. Les hommes expéditifs en affaires se trouvent dans le premier cas ; il faut ranger dans le second les amis de l'ordre et de la conservation.

Un bon bourgeois, très-timide et sans aucune prétention, portait un petit bouquet barbu sous la lèvre inférieure. C'était une contradiction manifeste avec une face placide et bienveillante. Je lui en demandai la raison. « C'est, me répondit-il en rougissant, pour me distinguer d'un frère jumeau avec lequel on me confond toujours. » A quelque temps de là, le signe avait disparu de sa place, et le frère, du monde : le naturel avait repris ses allures.

La barbe n'est pas constamment d'une teinte uniforme et semblable à celle des cheveux. Elle est souvent roussâtre avec des cheveux noirs, et d'un blond clair sous une chevelure tirant sur le châtain. On remarquera ceci : la nuance de la barbe est au-dessous de celle des cheveux, quand il n'y a pas homogénéité de ton des deux parts.

Une longue barbe blanche ajoute à la vénération acquise aux vieillards. Notre grand sculpteur Rude laissait croître la sienne indéfiniment dans ses dernières années ; il la cultivait avec un soin tout patriarcal.

DE LA MOUSTACHE

Toute dérogation à la disposition naturelle annonce, de la part du fauteur, une prétention personnelle. La façon dont il ajuste sa moustache a donc une signification caractéristique. En disant ce

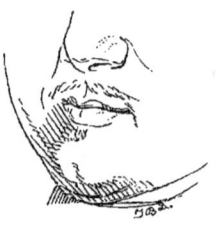

Fig. 457.

que l'on veut paraître, on affirme contradictoirement ce que l'on est au fond. Tel veut passer pour terrible et n'est pas capable de tenir longtemps tête à un adversaire sérieux. On reconnaît le mata-

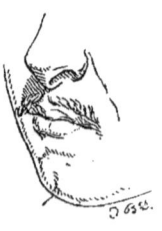

Fig. 458.

more à l'exagération de ses moyens d'intimidation. Beaucoup désirent seulement attirer l'attention ; ils sont pleins de confiance et de naïveté.

Il n'est pas indifférent de rappeler comment certains hommes portaient la moustache au temps de Louis XIV. Voici :

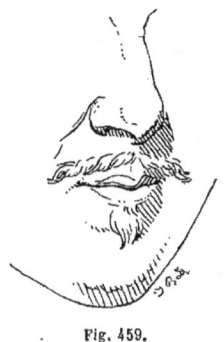

Fig. 459.

Jean-Baptiste Colbert (fig. 457), ministre et secrétaire d'Etat.
Louis de Bourbon, prince de Condé (fig. 458).

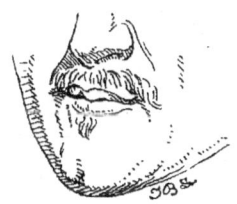

Fig. 460.

Le vicomte de Turenne (fig. 459).
Abraham de Faber (fig. 460), maréchal de France.

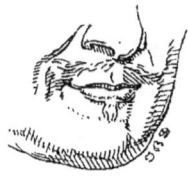

Fig. 461.

Duquesne (fig. 461), l'illustre marin, dont Louis XIV prétendit ne pouvoir récompenser largement les services hors ligne, parce que ce héros était calviniste !

Le maréchal de Grammont (fig. 462).

Vincent Voiture (fig. 463), de l'Académie française.

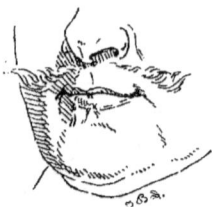

Fig. 462.

Armand Duplessis (Jean), duc de Richelieu (fig. 464), le grand cardinal-ministre.

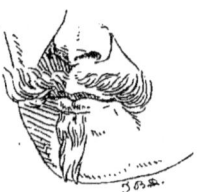

Fig. 463.

Le comte d'Harcourt (fig. 465), Henri de Lorraine, l'un des grands généraux de son époque.

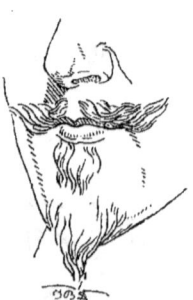

Fig. 464.

Honoré d'Urfé (fig. 466), soldat brave, négociateur habile, mais plus connu par son livre de l'*Astrée*, roman pastoral, qui a donné une grande impulsion à ce genre.

Nous citerons parmi les artistes les plus féconds Jacques Callot (fig. 467), peintre-graveur, dont le portrait est moins répandu que celui de beaucoup d'autres de ses contemporains.

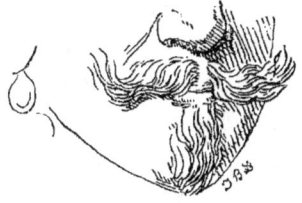

Fig. 465.

Un simple petit filet noir sert de moustache à Colbert, en relations constantes avec le maître auquel il voulait plaire : ce souve-

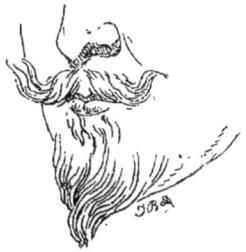

Fig. 466.

rain absolu la portait ainsi. Ce simulacre de moustache du ministre indique, avant tout, le courtisan.

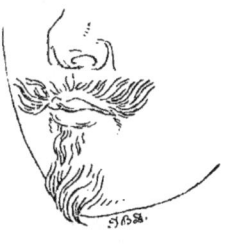

Fig. 467.

A la suite de ces illustrations du temps passé, nous ne traduirons pas nos contemporains au tribunal de l'opinion publique;

nous lui laisserons le soin de faire une application de nos principes, en comparant ces procès-verbaux indéniables recueillis par la photographie. On en tirera plus d'un enseignement. Il sera facile de suivre les variations conseillées par les changements de direction politique, dans une série de portraits du même grand personnage; on désignera l'époque où il a retourné son habit, par la façon dont il a décoré sa lèvre supérieure, à des étapes successives. Tel avait jadis les allures d'un matamore, au poil hérissé, qui, devenu dévot, a rasé complétement cette enseigne de tapageur, pour se concilier la bienveillance et l'appui des paisibles cléricaux. Tel autre a favorisé l'accroissement subit de sa moustache, en s'associant aux idées autoritaires ayant cours. La cote de la Bourse a été, plus d'une fois, le régulateur de la théorie de la moustache. Quelle curieuse biographie iconographique on se procurerait avec des collections nominales de ce genre! Quel pilori pour certains modèles!

DE LA VOIX

La voix permet à l'homme et aux animaux d'étendre au loin leur action, sans changer de place. Ce puissant auxiliaire se grandit de la masse aérienne environnante, annexe momentanée, agent toujours prêt, dont l'effet immédiat est rapide comme le vent. Le regard va chercher l'objet pour en rapporter l'image à l'œil du spectateur. La voix agit par émission simple; elle ne rejaillit pas de l'oreille frappée pour revenir à son point de départ.

La voix sert aux uns pour jeter l'effroi dans le cœur de leur adversaire. Les timides l'emploient pour implorer le secours ou la pitié. La voix est pour tous un moyen précis de communication, un échange instantané d'impressions. L'homme seul peut tirer de sa voix assez de modulations pour exprimer les nuances les plus délicates de ses besoins physiques et des aspirations de sa pensée. La parole est le signe évident de la loi de perfectibilité humaine; sa marche ne s'est pas ralentie depuis le jour où l'écriture est venue recueillir et fixer cette manifestation fugitive de l'intelligence.

Chaque peuple a un caractère de voix distinctif. La prononciation ne se fait pas de la même manière. Les uns utilisent davantage l'extrémité de l'instrument vocal, les autres le milieu. Il en est qui se servent principalement de la partie profonde. Le son peut se produire par aspiration sous un climat doux. Le devant de la bouche a un rôle prédominant sous une basse température, où le sifflement est plus marqué. Certaines circonstances font labialiser ou exécuter une espèce de chant. La civilisation adoucit le timbre vocal, toujours moins souple à mesure que l'on remonte à l'état sauvage.

La voix est mélodieuse dans le Midi, elle est rude dans le Nord. Les habitants des montagnes ont le verbe fort et éclatant. Ceux qui sont condamnés à résider dans des fonds humides et froids ont une voix grave et rauque. La voix varie de tonalité dans les différentes subdivisions du même pays. On désigne à l'audition le Gascon, l'Auvergnat, le Provençal, le Normand, le Picard, le Bourguignon de notre France. Chaque individu a sa note particulière, à laquelle on le reconnaît dans les ténèbres aussi bien qu'à son visage en pleine lumière. Le son de la voix signale un ancien ami dont les traits ont subi une transformation le rendant méconnaissable.

Un aveugle pourrait déterminer le tempérament d'un orateur, par la nuance de sa voix. Le tempérament sanguin rend causeur et communique à la voix des sons doucement aigus. Le bilieux a la voix étendue, mais rare. Les hommes au tempérament athlétique parlent par saccades et avec rudesse. La voix du mélancolique est triste et lente. Le chant du sanguin est allègre; celui du bilieux est passionné, surtout s'il s'allie au sanguin.

La parole est la résultante de toutes les intonations humaines. La voix est simple dans le cri poussé par l'enfant; elle est articulée dans le parler et le chant. La voix est aiguë ou grave. Le premier genre comprend les enfants, les femmes et les hommes dont la virilité s'est affaiblie naturellement ou par accident. Les hommes faits possèdent ordinairement une voix grave. Le diapason varie infiniment entre ces deux termes.

La voix se module sur la passion dont elle est l'expression naturelle. La voix se modifie avec l'âge, le sexe, le tempérament, l'état de santé, la position sociale. La voix passionnelle a un accent compréhensible à toute oreille vivante; elle en sent la source et la portée. C'est un langage universel et commun; oiseaux, animaux terrestres, hommes, tous sont impressionnés également par les notes vibrantes d'une passion issue de besoins réels et urgents.

L'amour s'épanche en sons harmonieux des lèvres humaines. Il fait éclore avec le printemps les modulations du gosier de l'oiseau. L'amour rend plus doux encore le bêlement de l'agneau; il donne au rugissement du lion un accent moins rauque. Sous l'influence de cette loi suprême, toute voix est une variation de ce thème : aimer.

La voix a la même intonation chez l'oiselet ouvrant son bec à la pâture apportée par sa mère, que chez l'enfant tendant ses lèvres roses au sein maternel.

Le cri de la douleur est d'une émouvante pénétration. Il est un appel instant au secours, pour les auditeurs ; il est la dernière ressource du malheureux qui le jette. La colère parle avec véhémence chez tout être en proie à ses instigations. Chaque besoin a sa formule vocale. Le cri du chacal en quête de nourriture jette l'effroi sur son passage. Le miaulement de la chatte amoureuse n'a pas le souffle aigu de la mère ardente à protéger ses petits.

Une oreille exercée découvre bien des secrets dans le rhythme vocal. L'énonciation écrite ne les aurait pas révélés ; elle en déguise souvent le fond. Les mots peuvent sortir de la bouche avec une fausse précision dans le mensonge ; mais l'hésitation involontaire des cordes vocales dénonce le menteur. La voix n'est pas facilement hypocrite. Un rien la rappelle à l'émotion intestine. Par ce motif, la loi exige la déposition orale, en outre de la déclaration consignée dans un procès-verbal authentique.

Écoutez l'inflexion de la voix de la femme aimée, dans sa réponse à l'expression de vos désirs, et non la phrase obligée dont elle sème les syllabes pour couvrir sa véritable pensée. Passer des nuits entières à chercher le moyen d'être compris ; balbutier des mots sans suite au moment de se déclarer ; constater ainsi l'impuissance de rendre les sentiments d'une âme agitée, c'est être sincèrement épris.

La parole est brève dans les émotions fortes ; elle sort par échappées ; la constriction des muscles du larynx et les contractions saccadées du diaphragme en sont la cause.

Fermez vos oreilles aux longs discours, aux locutions filandreuses, aux sermons en plusieurs points, sur un sujet où la persuasion seule est nécessaire ; elle s'infiltre au cœur avec le son de la voix émue.

L'orateur doit être convaincu s'il veut convaincre. On sent, à l'embarras de la langue, si elle obéit à une impulsion vraie, ou si cet organe se meut comme les touches d'un clavier sous la main d'un sourd.

L'enfant intelligent récite une leçon, en en reproduisant l'esprit par des intonations appropriées au sujet. L'écolier n'allant pas au delà de la lettre, fait un simple effort de mémoire, en répétant banalement des phrases dans un ordre parfaitement exact et mot à mot, sans en comprendre le sens.

Une voix criarde annonce un état permanent d'irritation, dans une organisation restreinte au moral et au physique; les gens acariâtres, mécontents, chicaneurs, blâmant tout, ont ce défaut désagréable.

L'impudent a une voix éclatante. Il veut attirer l'attention sur sa personne, sans attacher d'importance à l'opinion publique. Le dégoût qu'il soulève l'enivre. Il ne faut pas confondre ce timbre avec celui de l'impertinent, pesant sur chaque parole, avec un accent ironique d'audace provocatrice. Celui-ci laisse tomber dédaigneusement des syllabes incisives, en en calculant l'effet. Le premier se couvre de son cynisme, sans en accepter les conséquences dangereuses.

Le caquetage appartient à la femme d'un esprit superficiel. Le bavardage incessant et monotone est familier au sot qui s'écoute. Des mots à demi mâchés sortent d'une bouche imbécile. Un langage grave est la manifestation orale de l'homme utile et consciencieux.

La parole est rare chez l'observateur profond; elle surabonde chez le diseur de riens; elle lui échappe. Le nonchalant traîne sa voix.

L'activité de l'ouvrier se reproduit dans un mode vif et accentué. La gaieté jette, en éclats pressés, des notes perçantes et pleines d'entrain; elle a une excessive volubilité. La tristesse s'exhale en soupirs et en gémissements. L'irrésolution bégaye. La timidité balbutie. L'innocence possède un timbre pur; celui du crime est voilé.

Voici le vrai pasteur, l'homme bienfaisant: sa parole onctueuse arrive à l'âme souffrante, comme un rayon de miel aux lèvres du voyageur épuisé par la faim. L'apôtre de l'humanité verse des consolations à l'esprit malade et l'huile sur la plaie, en évitant d'aviver la blessure. On se plaît à entendre ce langage affectueux et sympathique, empreint d'une compassion véritable; elle soutient et ranime le courage abattu. Cette voix est douce et harmonieuse comme celle du ruisseau suivant sa pente, en caressant les cailloux de la rive. Ce médecin de l'âme n'est pas un pourvoyeur de couvents. Il est de ce monde où le combat est le devoir. Il veut guérir sur place et non dans le cloître.

La résignation est le dernier terme de la faiblesse corporelle et de l'abattement moral. On respecte la résignation dans un corps débile et dans un esprit écrasé sous le malheur; on ne doit jamais la conseiller à personne. L'homme est né pour la lutte; l'engager à s'abstenir de toute réaction, c'est vouloir l'asservir.

Le propre des religions dominatrices est de prêcher l'obéissance passive aux masses crédules, en les invitant à se résigner. On fait ainsi des lâches et par conséquent des esclaves. Il faut s'incliner devant la vérité seule, comme on se baisse pour boire à la source vive, afin de se relever plus fort. Mais se prosterner bassement, c'est s'éloigner de la raison; sa voix vient de haut: il faut être debout pour l'entendre.

Ce n'est pas sur le ton affectueux que prélude le dévot, mettant tous les sentiments humains sous ses pieds, pour s'exhausser vers le ciel. Sa voix est une arme; il en frappe avec ménagement l'objet de ses spéculations. S'il croit s'être fait jour dans un esprit intimidé, il prend le ton mineur. Il monte à un diapason élevé, s'il ne tient pas son auditeur enserré dans de faux arguments, comme une mouche imprudente sous les fils multiples de l'araignée. Puis l'allure insidieuse réapparaît pour retenir sous sa main la pauvre brebis, dont la toison forme la couche sur laquelle il endort sa conscience.

Hommes intelligents, vous pouvez ouvrir votre oreille à ce partisan fanatique, il ne pénétrera pas jusqu'à votre cœur; mais si vous avez souci de votre repos ici-bas, évitez son opiniâtre polémique; repoussez ses prétentions de vous assurer une quiétude dans un monde meilleur. Que voulez-vous? il trafique de votre âme; il ne cherche pas à vous obtenir un bon marché; il travaille exclusivement à son salut. Il tire à vue sur vous, pour payer sa dette. Il élève l'égoïsme à la puissance d'un acte religieux. Ses facultés sont limitées à un article de foi. Il a une discipline à la place du cœur. Il est croyant. Je le plains ; je le fuis.

C'est une triste chose, cette langue mécanique sans conviction, redisant pour la millième fois les mille riens mystiques dont se compose le bagage du prédicateur diplômé. Il vit de ce métier lucratif. Il farde sa voix comme une marchandise frelatée. Il la débite, en considérant seulement son produit réalisable. Ce phraseur ne puise pas en lui des accents où respirent l'amour de la vertu et l'horreur du vice. Il est neutre. Il appréhende une allusion compromettante. Sa vie pèse d'un poids trop lourd sur ses rares élans de probité, produits par la tendance virtuelle de l'humanité vers le bien. L'hypocrisie est dans sa voix féline et dans ses regards, éparpillés par la rotation méthodique du globe de l'œil. Il ne s'expose pas à un examen importun, à une interrogation nette et franche. Sa vie privée est en désaccord avec ses doctrines. Son enseignement public est la condamnation de ses actes égoïstes.

Des sons rauques et déchirés, un enrouement chronique dénoncent l'abus des boissons alcooliques chez les truands à la trogne rougie, ou la fatigue du larynx des crieurs de la rue. Il sort rarement de bonnes paroles de ces gosiers mis en feu par des liqueurs corrosives. Cette surexcitation continue et forcée engendre à la fin de déplorables aberrations de l'intelligence, abrutie par un semblable régime. Le dénûment arrive. Le vin et la misère sont de mauvais conseillers. Les excès auxquels il faut rapporter cet état de dégénérescence attestent les vices de l'éducation première et, toujours, le peu d'empire sur soi-même. Avec un verre d'absinthe, on obtient le concours brutal de ces êtres dégradés.

Une voix sèche et cassante sort de la poitrine d'un orgueilleux peu communicatif. S'il n'est pas facile de lier conversation avec cet être antipathique, il l'est encore moins d'en obtenir un service.

Les quémandeurs s'exercent à mettre des larmes dans leur voix. Peu soucieux du sentiment de leur dignité personnelle, ils exploitent la pitié des autres, sans jamais s'apitoyer sur autrui.

A une formule catégorique, à un accent bref et assuré, se reconnaît l'habitude du commandement. La réponse du subordonné, dans l'obligation d'obéir, n'est pas moins significative par sa brièveté respectueuse.

La force de la voix augmente avec la puissance de l'organisme : nous ne disons pas son acuité, mais sa plénitude et son étendue. Quand l'affaiblissement de la voix ne provient pas momentanément de la crainte, il tient au dépérissement ou, du moins, à une altération de l'appareil respiratoire. Les issues de la voix se resserrent dans les commotions concentriques violentes : elle se change en soupirs ou en sanglots, pendant les intermittences des spasmes. Elle se condense en un cri déchirant, au moment culminant de la crise.

La voix a peu d'intonations pour les besoins restreints de la première enfance. Alors la voix est flûtée. Elle est voilée chez l'adolescent ; la puberté l'éclaircit. Elle s'enrichit des articulations multiples de la parole, dans l'âge du développement des facultés physiques et morales. Elle s'affaisse graduellement, en avançant dans la vieillesse. La voix s'éteint avec le dernier souffle de l'agonie.

Comparée à celle de l'homme et dans des conditions relativement égales, la voix de la femme a plus de suavité, surtout à l'époque où le cœur s'ouvre aux molles sollicitations de l'amour. Elle a une attraction puissante dans la douleur. Le cri jeté par la femme, au moment où elle devient mère, est indescriptible.

La voix se modifie sous l'influence de la position sociale. Avec la culture de l'esprit, la voix acquiert de la finesse et de l'harmonie. Elle s'empreint de la grossièreté des expressions du rustre ignorant. Certaines professions communiquent à la voix des nuances caractéristiques. L'officier conserve dans sa retraite l'intonation du service militaire. Le prêtre se compose une voix doucereuse. Le magistrat donne à sa voix la solennité de l'audience. La voix du matelot est rauque. Celle de l'acteur est flexible. Il faut, pour bien en apprécier les ressources, avoir entendu Talma, Mlles Mars et Rachel, en un mot, ceux dont le talent supérieur a mérité les suffrages du public. L'avocat ne possède pas une gamme moins variée, tout en y mêlant la majesté du prétoire. Le maître de pension ne se départit pas du ton pédantesque en usage vis-à-vis d'écoliers, dressés à considérer la parole du chef comme absolue et n'admettant pas de réplique.

Si, après plusieurs années d'absence, vous remarquez un ton tranchant dans une voix naguère humble et modeste, soyez convaincu de l'élévation sociale survenue dans la position de votre ancienne connaissance. Nous avons connu des personnages au verbe hautain, dont l'infortune a singulièrement abaissé la tonalité. Parlez plus fort ! dira-t-on au débutant portant la parole dans une grande assemblée. Ne criez pas tant ! est la recommandation à faire au manant fourvoyé dans un salon.

La première phrase musicale est éclose avec le sourire d'une mère, berçant en cadence un enfant assoupi dans des bras enlacés en berceau.

Le premier chant collectif a marqué une étape mémorable dans la marche ascendante de la civilisation. Le besoin d'associer des voix et de les mettre à l'unisson prouve l'existence de relations sympathiques, dans un but commun ; la prière au point de vue religieux ou l'excitation à combattre l'ennemi, chez les peuplades guerrières. L'histoire du chant serait celle de l'humanité, tendant à généraliser le principe d'association, comme base du bien-être physique et moral.

Chaque nation a poétisé ses aspirations propres dans une formule musicale, résumant, en une seule donnée, la pensée de tous. Cette formule est un acte de foi, un signe de ralliement, un appel aux masses : la psalmodie du cloître, le chant de guerre des Indiens, la poésie rhythmique de Tyrtée, les airs nationaux des peuples modernes, sont de cette nature. Leur portée est immense dans les pays dont ils sont la voix collective. Trois générations ont pu constater ce qu'a produit de prodigieux l'enthousiasme enfanté par la *Marseillaise* de Rouget de Lisle : elle fut son œuvre unique, comme l'extrême limite à laquelle ce grand inspiré pût atteindre.

Les chansons populaires sont l'écho de l'esprit public, comme le chant national est le retentissement des sentiments exaltés des enfants d'une même patrie. Feuilletons le recueil des chansons françaises, à partir du règne de Louis XV. Voilà le style graveleux et décolleté de cette honteuse époque.— On prélude sous Louis XVI à cette immortelle épopée révolutionnaire dont le contre-coup a ébranlé le monde.— Le souffle du Directoire a passé par là. — Ces versicules hérissés de baïonnettes sentent l'empire. — Le barde réapparaît dans la romance de la Restauration. — La chanson se réveille et s'aiguise en 1830. Elle s'élève jusqu'à la solution des problèmes sociaux, en 1848. Dans ces transformations, elle reste vive et sémillante. Sous la plume de Béranger, la chanson fait résonner les fibres du cœur national, en invoquant tour à tour la gaieté communicative, l'ironie mordante et la glorification du courage militaire. Ce poëte a parfois élevé la chanson à la sublimité de l'ode. Il a si bien compris et rendu les opinions de ses contemporains, qu'il suffirait de demander à celui dont on voudrait sonder le caractère, quelle est sa chanson de prédilection dans l'œuvre du maître. Chacun fredonne le refrain où il voit se refléter ses vues personnelles.

Dans plusieurs familles, on a conservé l'usage de chanter à la fin des repas de fête. Si le vin, en faisant surgir la vérité du fond du verre, n'a pas complétement amené chaque convive à révéler son caractère, écoutez la chanson dont il se complaît à gratifier l'auditoire, après des refus simulés, appuyés de précautions oratoires. Le choix vous instruira de ses tendances. L'intonation vous dira leur portée.

Ce jeune homme aux cheveux noirs, au teint bistré, pâle, accuse une affection non partagée, dans la romance langoureuse qu'il se redit à lui-même. A ce sourire agaçant, à cette voix provocante nuancée de malice et de sentimentalité, je reconnais l'appel et l'offre d'un cœur féminin en disponibilité. L'innocente chantera indifféremment une sorte de cantique ou des paroles aventurées dans sa bouche fraîche et rose. Cette tête grisonnante, aux yeux à demi fermés, aux pommettes luisantes et rougies, entonne un air à boire. Il vise à l'esprit ; il possède un répertoire de couplets terminés par un trait orné de fioritures, pour en signaler la finesse. — Ce que roucoule une dame entre deux âges est un souvenir constatant un regret : les jours de l'espérance sont passés. — L'avenir rêvé commence à poindre dans des stances guerrières : Tu seras un héros, un jour, enfant! ton regard s'illumine au récit des batailles, ta voix foudroie l'ennemi ; tu es à table, ta pensée est aux lieux où l'on se bat, l'on souffre et l'on meurt en défendant la patrie.

Au son du vase heurté par un coup sec, on vérifie s'il a une fêlure. On apprécie, au timbre de la voix, s'il existe une altération organique : une oreille exercée pourrait noter chaque particularité vocale de tout état de maladie et désigner l'endroit atteint, en remontant de l'effet à la cause. Les parties de l'organisme sont solidaires; le praticien habile n'ignore pas leurs rapports avec l'instrument de la parole, soit directement, soit par sympathie. Les symptômes fournis par le souffle respiratoire sont importants.

Parmi les maladies dont le siége n'est pas dans l'appareil même de la voix, nous citerons l'effet vocal brusque et bref résultant de la fièvre intermittente.

Les prodromes de la fièvre putride s'annoncent dans une parole se traînant avec peine. La voix rauque est un des caractères de l'hydrophobie. Le cri de l'épileptique est aigu. La voix devient sifflante dans le tétanos. Dans la surdité, la voix se modifie par la situation de la bouche entr'ouverte habituellement. Une paralysie incomplète alourdit la parole, mais d'une manière différente de l'ivresse, qui paralyse temporairement la langue et la fait bredouiller. Certaines douleurs subites annihilent la voix, en produisant une constriction instantanée. Chaque genre de douleur a son cri particulier. Nous avons fait à cet égard de nombreuses observations dans les hôpitaux, en assistant à des opérations exécutées avec le fer ou le feu. L'amputation ne causait pas une émission de voix aussi stridente que la cautérisation avec le fer rouge : la différence entre ces deux résultats était extrêmement notoire. Les plaintes et les gémissements ne sont pas semblables dans toutes les affections douloureuses.

Si maintenant nous examinons les nuances diverses présentées par des parties distinctes de l'organisme respiratoire, nous trouverons une pareille variété. Une mère expérimentée sait reconnaître la coqueluche, à l'inspiration sonore de son enfant; elle la distingue parfaitement du croup, dont l'invasion instantanée se déclare par une toux rauque, une voix aiguë et métallique. La phthisie a des sons voilés et faibles. L'enrouement, allant jusqu'à l'extinction de la voix, accompagne l'inflammation du pharynx et des amygdales. La voix est aiguë, sonore et sifflante dans l'angine de la trachée. L'asthme, le catarrhe pulmonaire, ont un souffle particulier qui ne sera pas confondu avec celui des autres altérations de l'appareil vocal.

La langue des peuples s'est formée des sons sortis de la poitrine sous l'action passionnelle des muscles qui la font mouvoir. Des sons simples ont servi de radical aux mots admis plus tard comme représentant une substance, un acte, une idée. Le développement successif de la vie de relation a nécessité des mots nouveaux, pour des choses nouvelles ou des abstractions. Elles se sont traduites par une formule vocale équivalente à la désignation matérielle d'un fait analogue. Une intonation propre à chaque désignation la ramène sous la loi de l'émission naturelle. La poésie imitative n'a pas d'autre base.

DU LANGAGE

Le langage est l'exhalation de la pensée ; il est au moral ce que les émanations corpusculaires sont à l'organisme.

Faites parler un homme pour le mieux connaître ; mettez-le à même de s'abandonner à ses propres inspirations ; le thème de sa conversation familière sera l'expression de ses préoccupations habituelles ; la chaleur du débit sera l'échelle thermométrique des goûts dominants. C'est en quelque sorte la portion gazeuse du caractère qui s'échappe par cette issue.

L'envie inspire le narrateur des actions d'autrui. Il les dénigre en se faisant valoir personnellement. — Le paresseux vante le *far niente*. Il se plaint de la condition du travail imposée à l'espèce humaine. Il s'ingénie à trouver une raison de remettre au lendemain l'affaire urgente du jour présent. Une impulsion éphémère se résout en mots vides et n'aboutit pas.

Ce monsieur, énumérant avec affectation ses relations dans le monde, est un vaniteux : il vient de serrer la main d'un grand seigneur ; il est au mieux avec les notabilités du moment ; il a reçu des confidences intimes de hauts personnages ; il a en portefeuille des valeurs commerciales et aussi des lettres d'une femme très-recherchée ; il additionne complaisamment de prétendus succès auprès du beau sexe ; il ignore le chiffre de la fortune à venir dont il doit hériter. Si vous êtes assez habile pour découvrir sa demeure, vous y rencontrerez la pauvreté tenant la porte close.

L'ambitieux est à la piste des moyens de se faufiler dans les plus obscures avenues du pouvoir.

L'avare s'entretient de la pénurie où le plonge le manque de ressources. Il blâme le luxe et prêche l'économie. Il ne perd aucune occasion de se retrancher dans sa misère ; il se défend de la supposition perfide de posséder la moindre chose.

Le gourmet se délecte en racontant les plus petits détails d'un excellent dîner.

Décrire une orgie avec enthousiasme est le fait d'un ami de la débauche.

L'amant redit ses amours, sans se lasser et sans craindre de fatiguer son auditeur.

Le vieux soldat revient sans cesse à ses exploits.

Le vieillard morose rabâche constamment les mêmes récriminations.

Partout le langage est la soupape par où s'écoule le trop-plein de la passion ; elle sommeille chez le taciturne.

L'esprit superficiel babille. Le prétentieux pérore. L'homme franc s'énonce carrément. Le timide balbutie. Le sot bavarde. Le sérieux raisonne. Le taquin discute. Le simple cause. L'imbécile articule des sons.

DE L'ODEUR

De chaque corps vivant émane une odeur générique; elle est facile à constater chez l'homme et les animaux, en excitant en eux la transpiration naturelle. La danse, la course, un exercice violent favorisent ce résultat. Nous n'utilisons pas le sens de l'odorat, faute d'habituer la membrane olfactive à saisir les nuances odoriférantes, si bien appréciables par les animaux et notamment les chiens. C'est une ressource physiognomonique de moins.

Les chiens sentent de loin l'approche de leur maître, avant de l'avoir aperçu. Cela tient à leur mémoire des odeurs. Ils se déterminent par elles, de préférence à tout autre moyen d'investigation. Mon petit chien Hope s'empresse de prendre, avec son nez, le signalement des visiteurs de la maison. On sonne : il s'élance à la porte, et avant qu'elle soit ouverte il aboie, s'il s'agit pour lui d'un inconnu; sa queue s'agite en souhait de bienvenue, s'il reconnaît un ami dans le sonneur invisible. Le flair n'est pas sans doute son unique procédé, mais le principal.

Les animaux sont avertis de l'arrivée de leurs ennemis par les émanations corporelles. Il y a horripilation générale de la victime, avant de se trouver face à face avec la bête fauve.

L'odeur n'est pas seulement un avertissement; elle est chez plusieurs un moyen de défense, en opposant des déjections fétides aux attaques dangereuses.

L'odeur sert à suivre la piste du fuyard.

La fraîcheur de l'haleine est un indice du calme de l'âme candide et jeune dans un corps sain. La fièvre imprime au souffle respiratoire un caractère spécial. Une mère ne s'y méprend pas, en déposant un baiser d'apaisement sur les lèvres agitées de son enfant.

Certaines maladies communiquent à l'expiration et à la transpiration une senteur prononcée.

Le tempérament a son influence sur les émanations du tissu cellulaire. Leur force est en rapport avec la solidité de la constitution organique. Pendant le repos momentané du bal, de belles épaules nues laissent exhaler une odeur féminine, essence de vie et de jeunesse, différant de la vierge à l'épouse. Un aveugle expérimenté désignerait la brune, la blonde et la rousse à cette expansion odorante. Elle est désagréable seulement aux deux extrêmes de la coloration de la peau, chez la négresse et la rousse au ton lacté. Les femmes qui se parfument doivent être admirées de loin.

DE L'ATTITUDE

L'attitude est la résultante de l'effet partiel produit sur chacune des fractions de l'organisme, par une impulsion unique sur l'ensemble.

L'attitude est la révélation la moins équivoque de l'état de l'âme. On peut, jusqu'à un certain point, amoindrir la vérité de l'expression du visage : l'attitude est plus indépendante ; elle n'admet

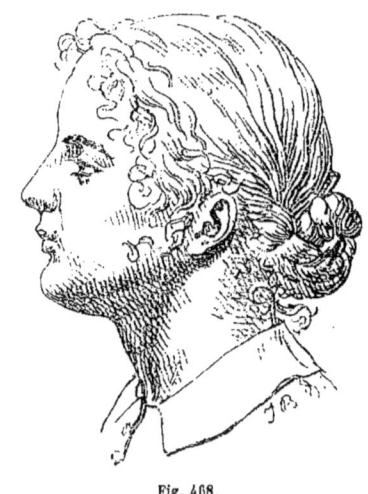

Fig. 408.

pas le mensonge absolu. Elle varie instantanément avec la cause. Un voile étendu sur la face n'empêcherait pas de juger la nature et la force de l'émotion interne, par l'attitude simple et vraie.

Cependant l'attitude n'est pas toujours sincère. Elle est alors guindée ; elle se trahit par les soins pris, et révèle ce que l'on veut cacher par le moyen même employé pour donner le change. Les qualités de l'esprit et du cœur apparaissent dans l'attitude loyale. La candeur, ce frais parfum de l'âme, s'exhale d'une attitude naïve (fig. 468), ouverte, chaste et calme. Aux bras ballants, au pas lent et traînard, on reconnaît la nonchalance et la paresse.

La roideur de l'attitude annonce la fierté sotte et égoïste de l'impertinence (fig. 469).

L'immobilité montre la contention morale. La vivacité des changements de l'attitude est la marque d'un esprit inquiet, actif, impatient, incapable de se fixer sur un objet.

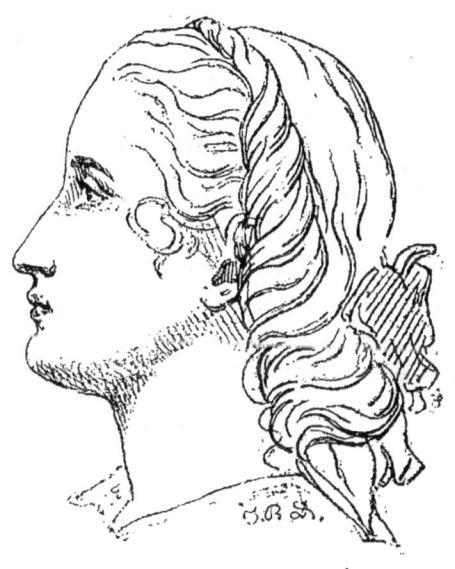

Fig. 469.

L'attitude du recueillement, de la prière, de l'humilité, appartient à l'état concentrique simple de l'âme. L'attitude provocatrice, aux gestes excentriques violents, montre la surexcitation. Elle déborde dans l'attitude mouvementée de la joie.

Il y a un grand enseignement dans les contrastes : en comparant l'attitude du coupable à celle du juge, on sent, d'une part, l'attitude fléchir sous le poids de la conscience de la faute, et, de l'autre, la supériorité d'action rendre la tenue imposante dans sa rectitude.

L'attitude donne de la force ou de la grâce au discours ; elle en augmente l'effet, en concourant à faire partager à l'auditoire la conviction de l'orateur.

Chaque degré de l'échelle sociale se mesure par l'attitude plus ou moins prétentieuse. L'angle formé par l'inclinaison du corps sur les extrémités inférieures chez les humbles, tend de plus en plus à s'effacer avec le redressement de l'orgueil du parvenu.

De l'intelligence à l'idiotisme on trouve une variété descendante dans le mode de se tenir et de se présenter. Il y a plénitude chez l'intelligent et vacuité chez l'idiot.

L'afféterie affiche des prétentions ; elle ne les justifie pas et va contre son but. Elle témoigne de l'absence de mérites dont on voudrait se parer.

La pose du pédant suffit pour constater son ignorance et sa sottise. Le méditateur a une attitude concentrique : la tête s'incline sur la poitrine, où vont se croiser les bras. Le distrait laisse aller sa tête comme une girouette au vent ; son corps et ses extrémités se meuvent au hasard d'une lubie imprévue. L'attitude du sage est calme et mesurée. Le tapageur s'agite. L'homme fier se maintient roide. Le fat se dindonne en marchant. L'irrésolu s'embarrasse de sa propre personne ; il est gêné dans ses manifestations.

La coquette se remue comme l'anguille habile à glisser sous les doigts cherchant à la saisir. L'attitude de cette femme s'ingénie à faire miroiter la prunelle, la poitrine, les bras, les mains, le pied pour éblouir. La boiteuse se donne une attitude propre à déguiser sa difformité. J'ai connu une dame ayant toujours à la main un élégant mouchoir, pour couvrir la place où manquait un doigt.

Étudiez les différences d'attitudes de chacun des auditeurs d'un discours adressé à tous et celles des spectateurs d'un fait, qui les impressionne dans la mesure de leur intérêt particulier. On apprécie mieux les nuances expressives dans des conditions dont un terme au moins est commun. C'est un spectacle saisissant et profitable au physiognomoniste. J'ai recueilli bien des observations dans l'intérieur d'un omnibus. Là, les voyageurs servent de modèle ; leur tenue n'est pas apprêtée, elle est lisible. Usez de ce système de locomotion ; la leçon offerte pendant le trajet vaut bien trente centimes.

DE LA PROFESSION

La profession apporte un changement notable dans les habitudes corporelles. Son cachet devient indélébile sur l'ouvrier, vieilli dans l'exercice d'une spécialité restreinte, si des dangers constants et des émanations délétères n'accélèrent pas le terme fatal de sa pénible existence.

Un atelier offre sur les machines humaines qui le composent un signe commun, facile à reconnaître ; il est produit par l'usage des mêmes instruments.

Les différences d'action professionnelle se font mutuellement ressortir dans une cérémonie publique, où plusieurs corporations se trouvent groupées par état. Voyez-les défiler devant vous.

Les hommes marchant au pas régulier, le corps droit, la poitrine ouverte, la tête haute, sortent des rangs de l'infanterie. Les cavaliers ont le pied en dedans, les jambes contournées par leur application ordinaire sur les flancs du cheval, la démarche peu dégagée. Les marins se tiennent avec une certaine hésitation sur leurs pieds écartés parallèlement, dans l'attitude de la résistance aux secousses du tangage d'un navire en mer ; leurs bras se déplacent, comme pour maintenir leur équilibre sur un plancher mobile.

De larges épaules tendant à s'élever, un col court et solide, des reins forts et puissants, une carrure herculéenne font remarquer les porteurs de sacs de farine.

Une poitrine étroite, le dos voûté, des jambes grêles signalent les cordonniers et les tailleurs, dont la pointe du pied se tourne en dehors, par leur manière de se tenir assis sur la table de travail.

Les métiers occupant davantage les bras que les autres parties du corps donnent une allure prédominante aux membres supérieurs. Le contraire a lieu chez les danseurs et les coureurs : leurs extrémités inférieures acquièrent une grande mobilité et une prestesse particulière.

Les travailleurs exposés aux ardeurs du soleil ou à l'éclat trop vif d'une lumière artificielle ont un clignotement de paupières, provenant du besoin de diminuer l'action trop vive des rayons lumineux.

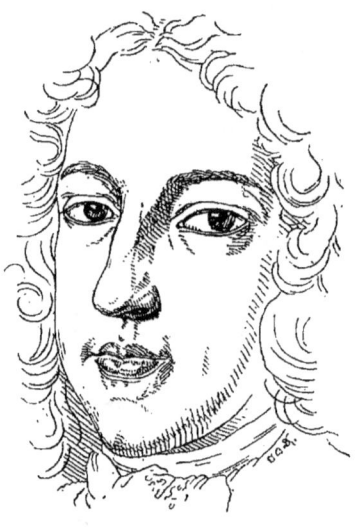

Fig. 470.

Depuis le teint jaune jusqu'au livide, on peut établir une série ascendante de professions insalubres.

Nous avons fait abstraction du costume distinctif, admis dans un grand nombre de catégories ouvrières. C'est seulement un accessoire. Il ne faut pas s'y fier complètement ; il est souvent emprunté. Otez au prêtre sa soutane et au militaire son uniforme ; échangez la blouse du journalier contre le brillant costume de l'homme de loisir, vous retrouverez dans les habitudes corporelles la profession vainement déguisée.

L'exercice d'une profession libérale ennoblit la démarche et l'expression du visage. Les professions serviles produisent un effet diamétralement opposé : elles déforment souvent l'ensemble du corps, par le développement excessif donné à certaines parties, en atrophiant les autres.

Il est bon d'avoir la figure de son emploi et les moyens de le remplir convenablement. Tel, à l'exemple de Jacques III (fig. 470), a voulu prendre le métier de roi, qui aurait mieux fait de ne pas s'en attirer les déboires et de s'en tenir à solliciter les fonctions de marguillier de sa paroisse : c'était le lot de ce monarque en expectative. Le hasard de la naissance met souvent un trône sous les pieds d'un prince imbécile. Le choix de l'outil placé dans les mains de l'ouvrier doit dépendre de sa vocation personnelle, et non de circonstances étrangères au but.

DE LA POSITION SOCIALE

Tout changement dans la position sociale amène une modification corrélative dans les habitudes, l'extériorité et le caractère. La différence du point de vue fait apprécier autrement l'objet. Cette observation s'applique à toutes les conditions. Un héritage advient à un pauvre : il est d'abord embarrassé de ses richesses. Quel emploi leur donnera-t-il ? Il est à la gêne dans les habits neufs dont il s'affuble gauchement. Il veut enrichir ses locutions familières, il s'embrouille dans des phrases sans issue. Il était humble, il devient arrogant. Il a caché modestement sa misère, il s'attache à éblouir par un faste de mauvais goût.

L'abaissement du superbe n'a pas des conséquences moins visibles. Sa morgue l'abandonne ; son existence s'amoindrit ; ses traits se flétrissent ; à un teint vif succède la pâleur ; ses habits se râpent ; à peine conserve-t-il un reste de manières aristocratiques, si la philosophie ne vient à son aide.

Comparez le citoyen ayant vécu libre et depuis comprimé par le despotisme, à l'esclave rendu subitement à la liberté, ce droit imprescriptible : tous deux portent les signes de leur état respectif présent.

Rappelons un grand exemple historique.

Fig. 471. Ce long regard sonde l'espace. Ces lèvres fines et serrées retiennent la parole. De grandes pensées se condensent sous ce vaste crâne, destiné à porter une couronne. Ce nez aquilin fait songer à l'instinct dominateur du roi des airs. Ces joues pâles et amaigries attestent des veilles prolongées et la prépondérance de l'esprit sur la matière. Ce menton sert de base solide au visage imposant, d'où la volonté fait rayonner la puissance. Cette coiffure est la seule concession accordée à la mode par celui qui vise à s'approprier le monde. C'est une personnalité absorbante. Il dira plus tard, comme Louis XIV : « L'État c'est moi. » Il se nomme encore Bonaparte, bientôt il sera Napoléon.

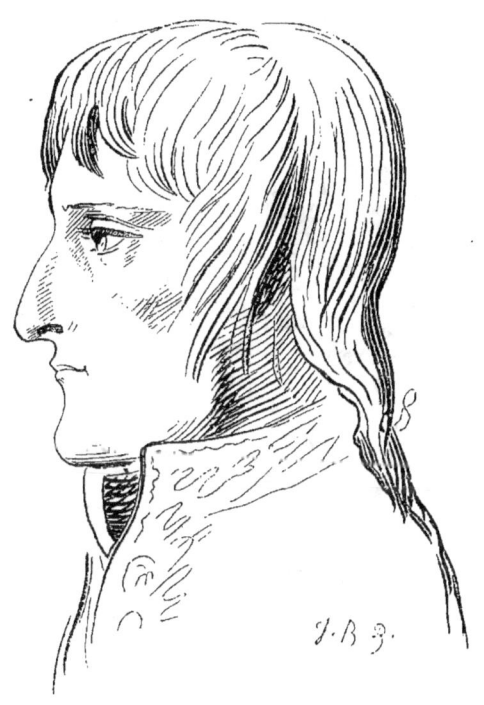

Fig. 471.

Voici l'effigie de l'Empereur (fig. 472). Il a dompté l'opposition et conquis le trône. Ses joues ne montrent plus une ossature anguleuse. L'œil a conservé sa vivacité. Le front s'agite. Il s'impressionne des préoccupations du maître absolu. La bouche n'a plus de réticence : elle commande maintenant ; elle n'a pas à se tenir en garde contre une indiscrétion intempestive. L'ambitieux s'est manifesté. La lutte est finie. L'assurance du succès a remplacé l'inquiétude du prétendant au rang suprême. Les traits de l'empereur et roi sont exubérants de vie, quand il est saturé de pouvoir.

Mais toute gloire oppressive a son expiation fatale. Sainte-Hélène initie à la postérité le conquérant déchu, en atténuant ses fautes aux yeux de l'histoire. Voici (fig. 473) le masque moulé par le docteur Antomarchi sur la face du captif immobilisé par la mort. Le prisonnier de la Sainte-Alliance a été réduit à vivre de lui-même, dans un milieu restreint. Les chairs ont perdu leur ampleur. L'aplatis-

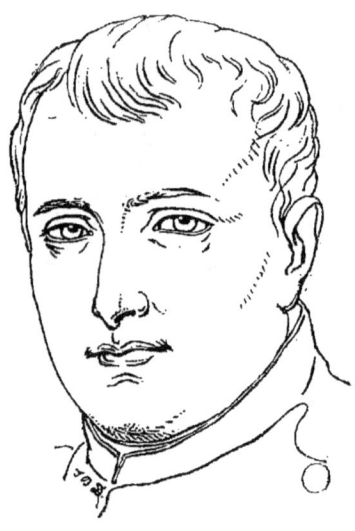

Fig. 472.

sement des tempes laisse saillir les os. L'insomnie a creusé les orbites. Le nez s'est aminci. Les narines se sont resserrées, en cessant de respirer l'encens des grandeurs et la poudre des batailles. Une imprécation est sortie, avec le dernier soupir, de ces lèvres, demeurées entr'ouvertes et imprégnées d'amertume. C'est la formule expiatoire des tortures éprouvées par la victime de sir Hudson Lowe. C'est la circonstance atténuante la moins discutable à insérer dans le jugement solennel de l'avenir. Que de souffrances et de déceptions survivent dans cette empreinte disputée au tombeau !

Comparez cette conclusion avec le point de départ et le milieu de cette existence si remplie ; c'est un poëme dramatique en trois

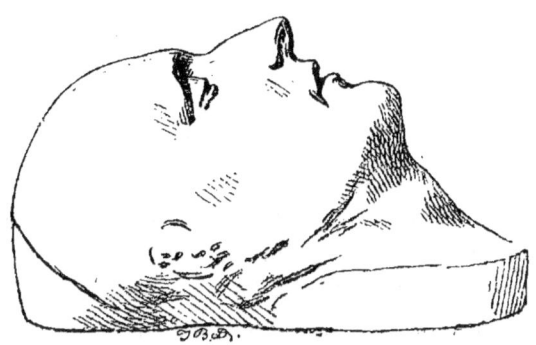

Fig. 473.

chants, résumés dans ces trois images de l'homme : la première est due au crayon de Gros, la seconde au pinceau de David, et la dernière à quelques poignées de plâtre grossier, délayé par la main d'un ami, sur la terre d'exil.

DE L'ÉCRITURE

L'écriture est le jet matérialisé de la pensée. Ecrire, c'est fixer l'image du geste intellectuel ; c'est rendre visible et durable l'inspiration momentanée. Chacun tient et conduit sa plume d'une façon harmonique avec ses impulsions particulières et reconnaissable, comme l'allure et la physionomie personnelles.

On distingue, au premier coup d'œil, dans un paquet de lettres, celle d'un correspondant avec lequel on a des relations suivies. Sans se rendre compte exactement des nuances délicates de deux formes de caractères presque identiques, on ne se trompera pas sur leur origine réelle.

La simple suscription d'un billet de la personne affectionnée, fait tressaillir le cœur. Les lèvres se pressent sur la page attendue ; elles recueillent avec amour ce que l'absent y a laissé de lui-même.

Plusieurs points essentiels sont à considérer dans l'écriture : la grosseur, la finesse, l'écartement, le rapprochement, la régularité, le désordonné, l'inclinaison des caractères. La rectitude des lignes, leur disposition à monter ou à descendre de gauche à droite, leur flexuosité, leur solution brusque et saccadée, leur distance entre elles, sont à noter également.

La forme des lettres et leur disposition sont surtout l'expression de l'âme, au moment où la main a servi de conducteur à la pensée.

Chacun a une écriture normale et une écriture occasionnelle, selon l'état passionnel dirigeant ; mais, dans ce dernier cas, le fond subsiste et sert de base aux modifications accidentelles.

Nous classons les différents modes d'écriture en trois catégories, correspondant à celles de notre système des passions.

1° Caractères réguliers, en lignes droites équidistantes. — Esprit calme.

2° Caractères heurtés, manquant d'ordre, inégaux, sans alignement. — Violence, surexcitation.

3° Caractères mous, sans accent, monotones, timidement et languissamment tracés. — Sous-excitation.

Pour juger sainement l'individu moral sur sa manière calligraphique, il faut avoir sous les yeux des pages sorties de sa plume, en diverses circonstances et à plusieurs époques de son existence.

L'habitude de voir des tableaux et des dessins apprend à distinguer les écoles et à désigner les maîtres d'après leurs œuvres : pourquoi ne pourrait-on pas se familiariser avec la connaissance du caractère, par l'inspection de l'écriture ? La signature d'un homme est son affirmation.

On peut admettre, en principe, les données suivantes :

Un homme rangé ne supporte pas le désordre des lettres et des mots.

Le désaccord des idées ne permet pas de régulariser l'écriture. Celle de l'homme de génie et celle de l'écervelé sont distinctes. La main du premier ne peut suivre l'inspiration, il fait enjamber les phrases les unes sur les autres ou les tronque, pour aller plus vite ; le second écrit à l'aventure, à tort et à travers, sans suite et sans souci de son incartade.

Une écriture désordonnée indique un grand trouble de l'intelligence. La plume prend le mors aux dents, s'il est permis de lui appliquer cette locution, pour rendre l'effet produit par des mots s'élevant et s'abaissant au hasard à travers lignes et se choquant entre eux.

L'homme sage et prudent ne fait pas usage de majuscules à tout propos ; il laisse aux têtes vides les fioritures de mauvais goût et les terminaisons en spirales : elles naissent sous les doigts de sots toujours contents d'eux-mêmes. La sobriété d'exécution marque la réserve et la tenue.

L'égalité de caractère espace également ses lettres et ses lignes.

En général, l'énergie et la hardiesse font défaut à l'écriture de la femme. L'homme fort fait passer sa vigueur dans son écriture. La grâce et la finesse accusent une main délicate. Celle de l'homme, moins dégagée, pèse davantage sur la plume.

Certaines professions ont un genre spécial d'écriture. L'employé, le commis alignent des phrases, sans efforts d'imagination. L'in-

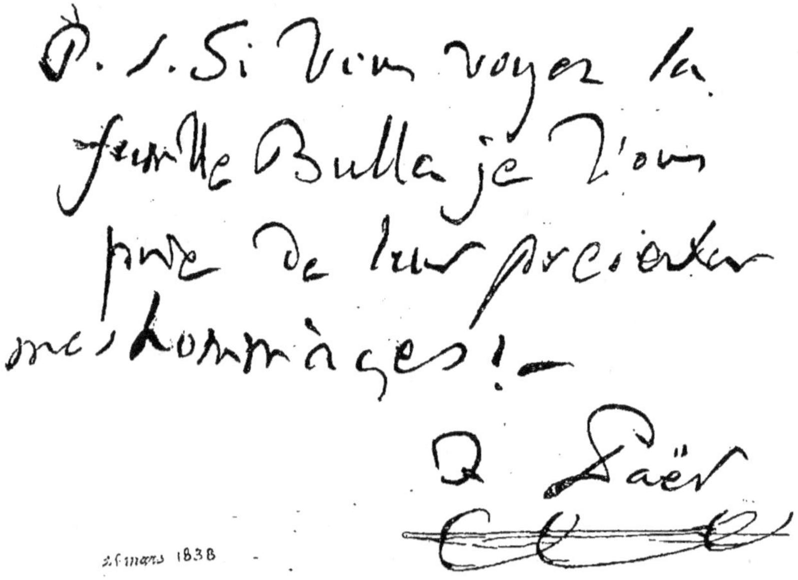

Fig. 474.

venteur actif est impatient ; il projette des étincelles sur le papier. Il écrit pour se remémorer des idées fugitives. Il fait de sa feuille une succursale de son cerveau trop plein.

Si des groupes partiels nous remontons aux masses, nous constaterons une écriture nationale dans le fond. Les peuples flegmatiques ont une écriture méthodique. L'effervescence du sang fait courir et sauter la plume des Méridionaux.

La versatilité française fait varier l'écriture selon le caractère propre individuel.

L'écriture anglaise est presque naturalisée chez nous. Elle a les allures sérieuses du positivisme. Le spleen s'y fait pressentir souvent. Elle imite rarement la fougue italienne.

Paër est né à Parme. On lui doit, entre autres compositions : la *Clemenza di Tito*, *Cinna*, la *Griselda*.

Il a signé ce post-scriptum (fig. 474) dans notre langue, un an

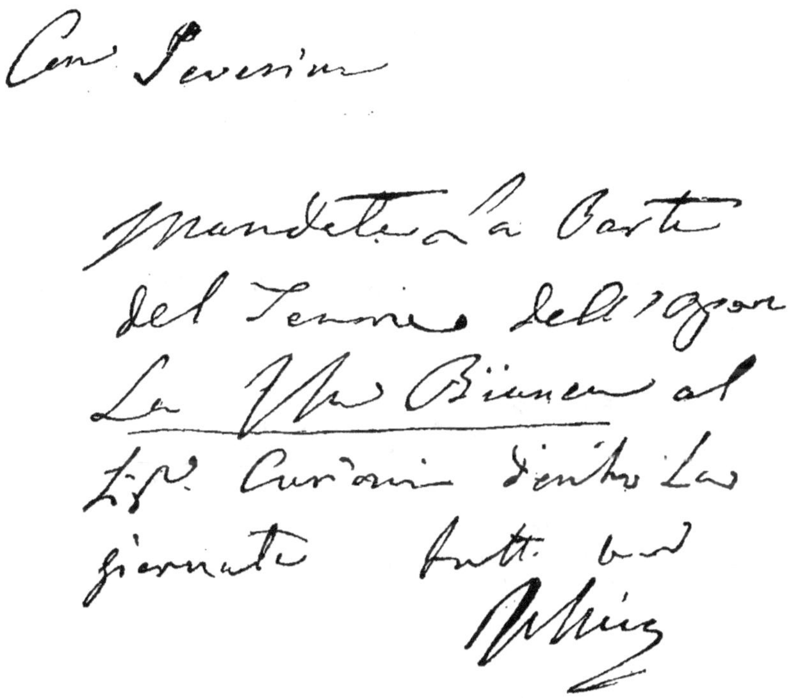

Fig. 475.

avant sa mort. A quatorze ans, Paër avait fait représenter avec succès, à Venise, son opéra de *Circé*.

Ces quelques mots du maestro Rossini (fig. 475), placés à côté de ceux de Beethoven (fig. 476), ne rappellent-ils pas l'origine et le génie de ces deux grands compositeurs, nés, l'un sous le ciel de l'Italie et le second à Bonn, dans l'Électorat de Cologne ?

L'influence du sexe est sensible dès les premiers essais. Un professeur consciencieux donnera les mêmes leçons au frère et à la sœur ; on distinguera bientôt le sentiment de la virilité dans la manière du petit homme. La femme poindra sur la page de la petite fille, douée d'une précocité native.

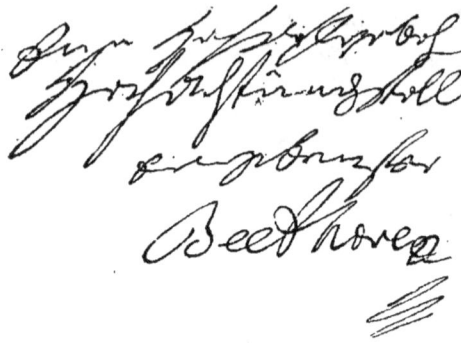

Fig. 476.

Une enfant de quatre ans a répété ici (fig. 477) son premier bégayement :

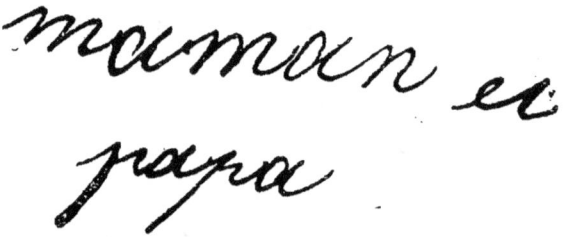

Fig. 477.

A quatre ans et demi, une autre débutante a écrit (fig. 478) :

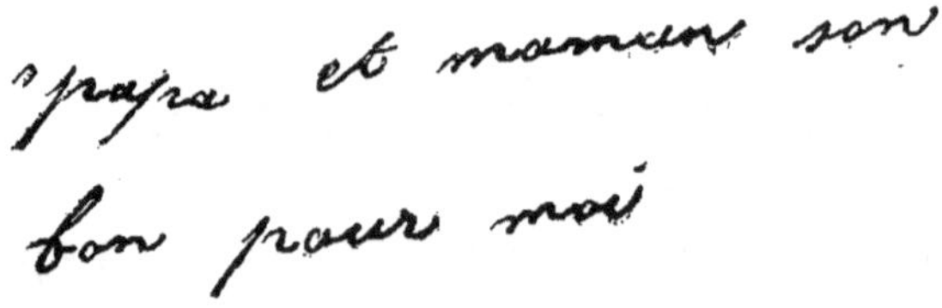

Fig. 478.

On remarquera la tendance à descendre des lignes de la plus jeune, faiblissant sous la difficulté. L'effet contraire se produit dans

DE L'ÉCRITURE.

le travail de la seconde, soutenue par le désir de surmonter son embarras et de montrer son savoir-faire.

A ce procédé (fig. 479), l'on reconnaît la main inhabile d'un garçon. Il est intelligent, résolu, plus affectueux que fort en orthographe. Il a près de sept ans. Disons, à sa justification, qu'un strabisme chronique, récemment et heureusement guéri, ne lui a pas permis de commencer plus tôt.

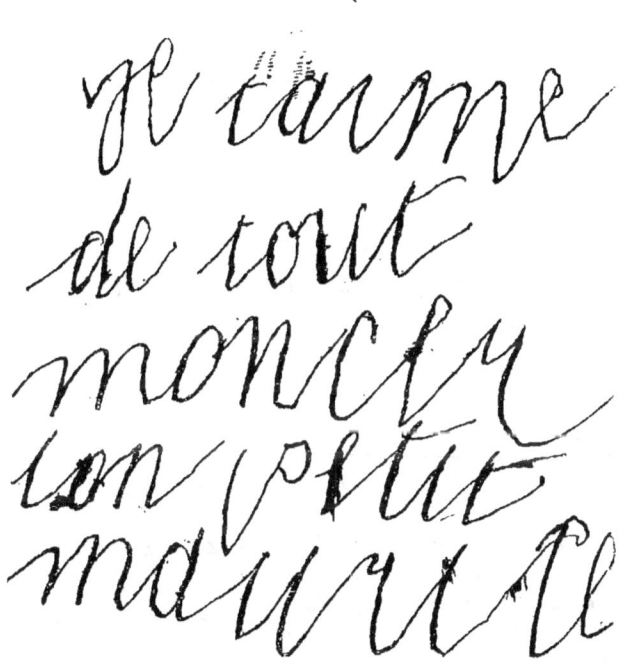

Fig. 479.

C'est une facture masculine. Elle est évidemment moins souple et moins fine que dans les deux figures précédentes.

Un caractère moral bien prononcé détermine le mode d'écrire dès les premières années d'étude.

Nous avons fait copier cette phrase par trois enfants de neuf, dix et onze ans, élevées ensemble sous les yeux clairvoyants d'une maîtresse de pension.

La plus jeune est lente à concevoir et à exécuter : son écriture (fig. 480) est traînante et sans accent.

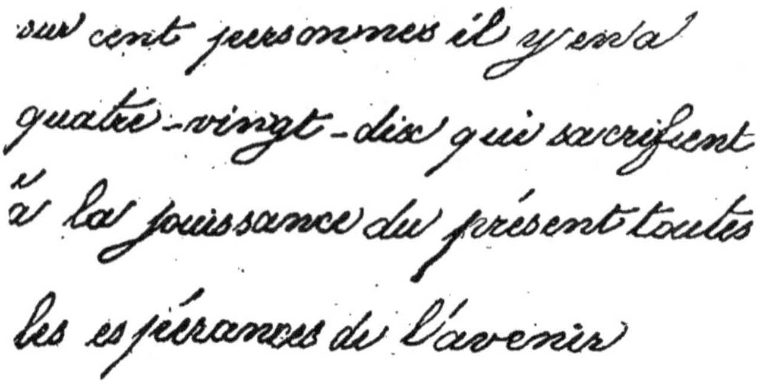

sur cent personnes il y en a quatre-vingt-dix qui sacrifient à la jouissance du présent toutes les espérances de l'avenir

Fig. 480.

L'écriture de la seconde (fig. 481) a des ressauts : ils attestent l'inégalité d'un esprit irascible, enclin à la méchanceté. L'éducation en sera le correctif.

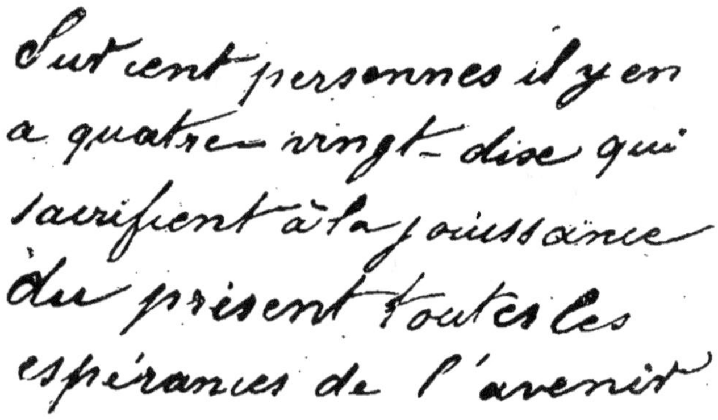

Sur cent personnes il y en a quatre-vingt-dix qui sacrifient à la jouissance du présent toutes les espérances de l'avenir

Fig. 481.

Il y a de la vivacité, sans l'accentuation précédente, dans la figure 482. Elle donne l'idée d'une intelligence prompte à se manifester. Cette qualité ressort surtout en comparant cette troisième copie à la première.

L'étude en commun explique l'air de famille de ces trois échantillons.

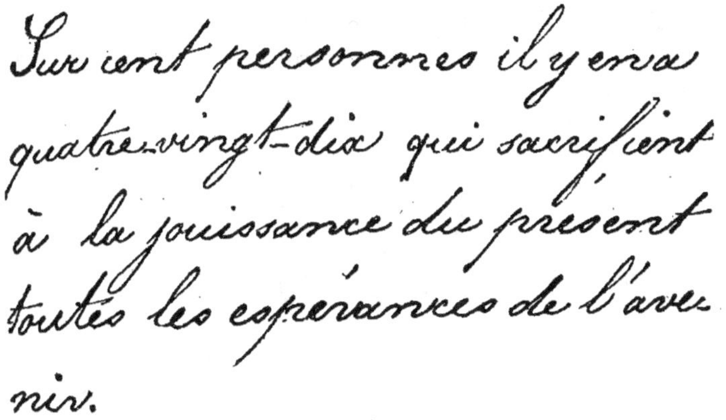

Sur cent personnes il y en a quatre-vingt-dix qui sacrifient à la jouissance du présent toutes les espérances de l'avenir.

Fig. 482.

La graduation des changements opérés chez l'homme a sa contre-épreuve dans la série des phases de son écriture. On y verra l'incertitude et le tâtonnement de l'enfant, s'essayant à reproduire des signes, dont l'habitude seule lui apprendra les combinaisons et la valeur.

L'adolescence, débarrassée du souci d'arriver à diriger une plume, n'a pas encore de parti pris. Il y a fluctuation dans l'écriture cherchant à s'ouvrir une voie moins longue. Ce spécimen (fig. 483) est d'une fillette de quatorze ans.

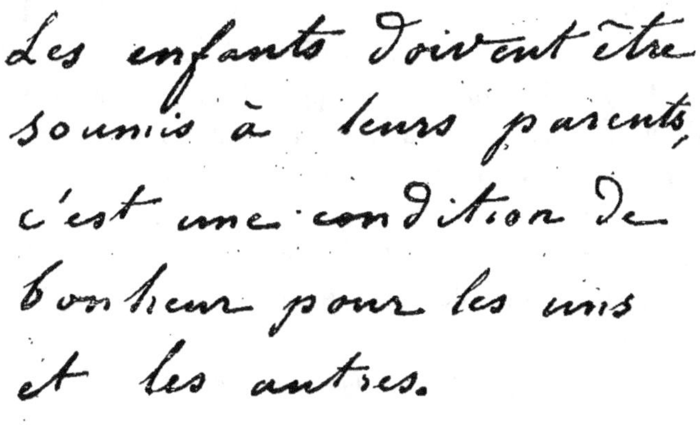

Les enfants doivent être soumis à leurs parents, c'est une condition de bonheur pour les uns et les autres.

Fig. 483.

L'adulte ne varie presque plus la forme de son écriture. Elle subit seulement la pression de la cause perturbatrice momentanée et le poids de l'âge, sans altérer le type normal.

L'énergique conventionnel Grégoire traçait, à l'âge de quatre-vingts ans, ces caractères encore fermes (fig. 484), mais où le poids du temps se fait sentir.

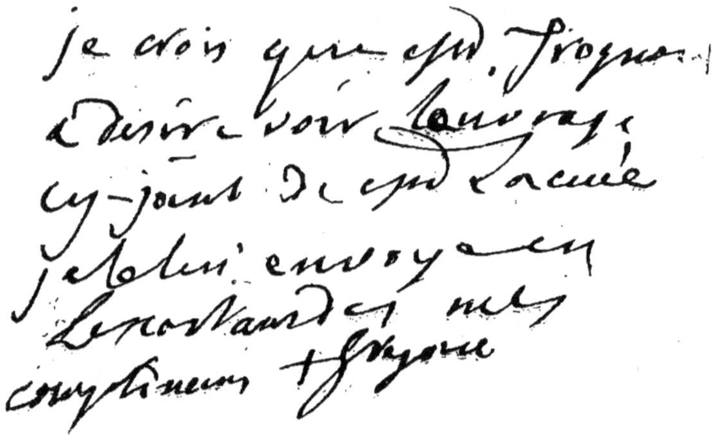

Fig. 484.

L'écriture du vieillard tend à redevenir hésitante et tremblée comme celle de l'enfant. L'impuissance arrête le premier. Le second ignore et cherche. Dans la vieillesse, l'écriture est chevrotante comme la parole. Elle est tumultueuse dans la vie agitée.

Je reçus un jour une lettre dont voici le début : « J'aurai tout votre sang ou vous aurez le mien. » La plume avait bondi sous l'aiguillon de la fureur. Les syllabes informes se heurtaient, en se précipitant par soubresauts, sur un papier froissé. Les lignes se soulevaient ou s'abaissaient, comme les flots d'une mer en courroux. En certains endroits, un mot manquait à la phrase, comme l'haleine au coureur. Dans d'autres, il y avait empêtrement de lettres illisibles, tracées pêle-mêle avec l'aveuglement de la passion en délire. De distance en distance, la plume s'était écachée en frappant la feuille.

Une erreur avait causé cette tempête. Elle tomba d'elle-même.

En comparant l'écriture habituelle du signataire avec celle de la provocation, on jugeait des tortures et de la rage d'un honnête homme bouleversé par une déplorable méprise.

L'écriture du distrait peut présenter une régularité automatique, mais elle est semée de négligences réparables seulement par des grattages difficiles.

Un ancien expéditionnaire vient demander un emploi de teneur de livres dans une maison de commerce. « Savez-vous manier un grattoir? lui demande le négociant. — Parfaitement, » répond le solliciteur. Il fut éconduit. Une rature atteste un manque d'attention et par conséquent un esprit léger, peu propre à la conduite des affaires contentieuses du commerce.

On suit l'élaboration de la pensée dans la copie remise à l'imprimeur. Il lit couramment la page éclose sous une inspiration facile. Il se heurte aux biffures multipliées, produites par l'indécision d'une imagination laborieuse. L'encre coule de source avec l'expression heureuse et limpide. Les mots et les lignes s'embrouillent avec le chaos de l'intelligence obscurcie.

C'est une bonne fortune pour le compositeur d'avoir sous les yeux l'œuvre d'un écrivain calme, méthodique et maître de son sujet. Il faut du temps pour se familiariser avec un texte hérissé de pattes de mouches, couvrant de ténèbres un morceau de papier, au grand désespoir du typographe chargé du compositeur.

La difficulté de trouver le terme propre apparaît dans les surcharges nombreuses du manuscrit. Elles témoignent aussi de la ténacité de l'auteur, jaloux de livrer un travail aussi parfait que possible. Un ancien doyen de la Faculté de droit de Paris, Blondeau, doué d'une érudition profonde, recommençait quatre ou cinq fois un livre sur épreuves ; il cherchait toujours à jeter de la clarté dans ses savantes et consciencieuses dissertations.

La pensée s'écrit comme elle se conçoit : lisible si elle est claire, indéchiffrable si elle est confuse ou si rapide que la main ne puisse la suivre. Il en résulte alors une sorte de sténographie où l'auteur peut se reconnaître, mais où le lecteur se perd le plus souvent.

Faites subir quelques variantes à l'*Art poétique* de Boileau, et vous aurez la loi calligraphique.

S'il n'y a pas d'hésitation, la pensée s'épanche et se fige sur la feuille sans tache. Le poëte au vers facile a une écriture cou-

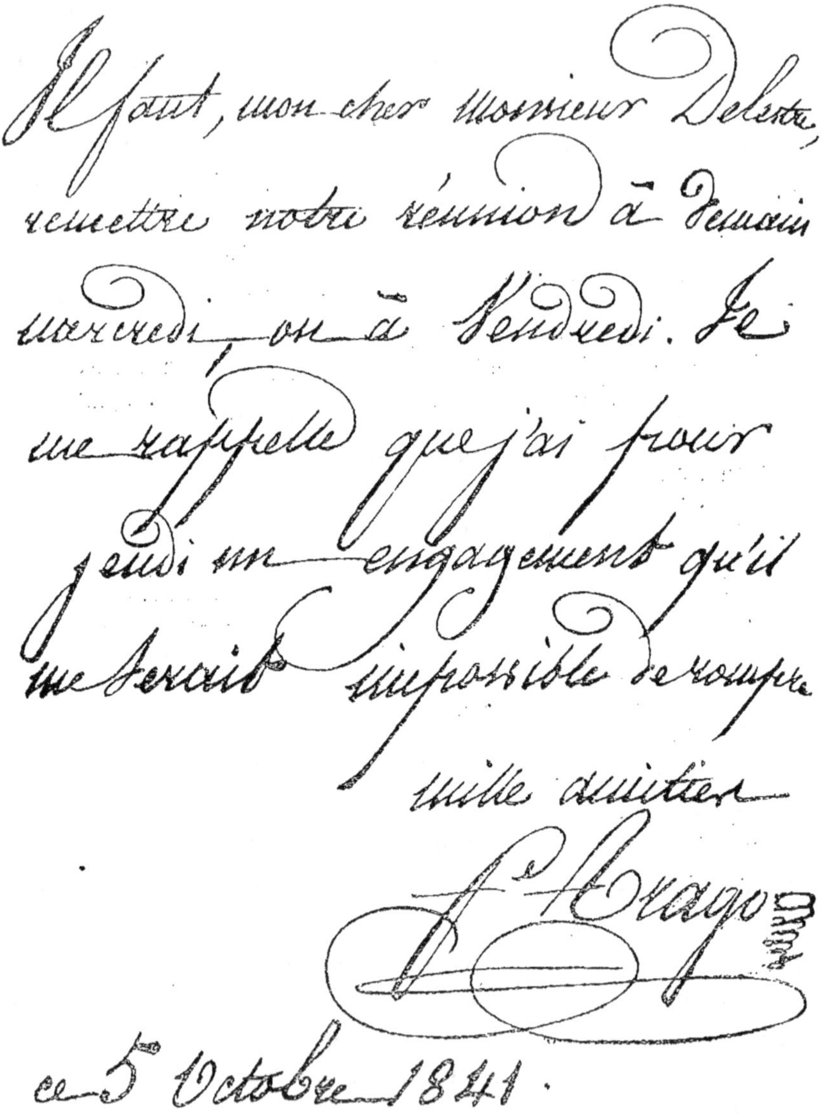

Il faut, mon cher Monsieur Deleste, remettre notre réunion à Demain mercredi, ou à Vendredi. Je me rappelle que j'ai pour jeudi un engagement qu'il me serait impossible de rompre

mille amitiés

F. Arago

ce 5 Octobre 1841.

Fig. 485.

lante. La main piaffe sur le papier, en y incrustant une poésie ardente et colorée. La phrase chaleureuse ne s'aligne que sous les doigts d'un copiste, incapable d'en sentir la verve et la puissance.

La personnalité déteint sur ses moindres produits.

Ceux qui ont étudié dans Arago l'homme, le savant et l'orateur, retrouveront son caractère distinctif dans la grande lisibilité, la rectitude et la forme de son écriture (fig. 485).

Napoléon écrivait d'autant moins lisiblement qu'il était plus pressé par les événements ou par la nécessité d'être immédiatement obéi. Il ne daignait pas perdre un temps précieux à dessiner des traits ou bien à s'épargner une faute d'orthographe.

Ces mots (fig. 486) serrés et hâtifs ont l'accent bref du com-

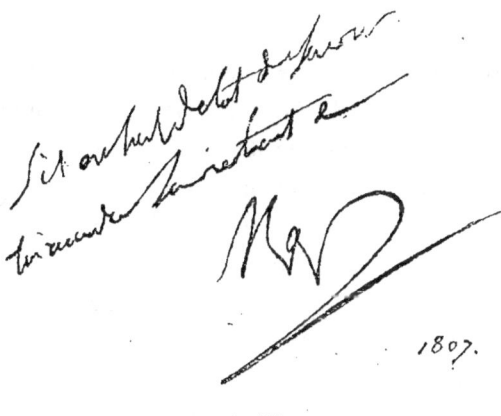

Fig. 486.

mandement souvent obscur à force de concision. La phrase peint l'homme. En voici la teneur : « S'il est hors d'état de servir, lui accorder la retraite. » Cette annotation est de 1807. Le maître absolu ne laisse aller l'esclave qu'après en avoir épuisé les forces vitales.

La même main ne conservera pas la même allure en formulant la prière et la menace. Une correspondance d'affaires n'offre pas l'abandon d'un sentiment franchement affectueux.

Une timidité respectueuse se lit dans une supplique à un protecteur influent. La déclaration, adressée à une femme élevée à la plus haute puissance par un adorateur aveugle, se ressent de l'agitation du cœur et de l'embarras du choix des expressions.

Un accoucheur distingué, le docteur Girardin, reconnaissait à la suscription d'une lettre l'urgence de l'ouvrir : il commençait par elle la lecture de sa nombreuse correspondance. Il se trompait rarement : la rapidité de la plume appelait à grands cris l'habile praticien.

Les cahiers d'une jeune pensionnaire sont des miroirs où se reflète, à chaque page, l'impression présente : l'ennui, l'attrait, la difficulté, la spontanéité du travail, le désir de bien faire, l'insouciance du résultat s'y manifestent clairement aux yeux exercés de l'institutrice. Les traits sont languissants et inachevés avec le dégoût, coordonnés avec l'application ; ils sont imparfaits et timides dans l'hésitation de l'ignorance ; ils s'épanchent naturellement avec un esprit lucide.

Comparez entre eux les feuillets de plusieurs élèves, vous pourrez désigner le degré de tenue et d'aptitude de chacune d'elles. C'est là que devrait se porter l'attention des inspecteurs chargés de surveiller l'instruction et l'éducation publiques.

Moins l'art de la calligraphie a été cultivé, plus on retire des renseignements utiles de l'écriture. Il en est du disciple, assujetti aux règles magistrales, comme du soldat soumis à des mouvements de précision et d'attitude : le caractère propre s'efface un peu sous l'aspect commun imposé.

En général, celui qui sacrifie tout à la perfection du tracé n'est pas sous le fouet d'une imagination féconde : elle procède par bonds et par élans, le joug lui pèse, elle le rejette.

Opposez l'une à l'autre des catégories tranchées, il en résultera des contrastes frappants et de curieuses remarques.

Mettez en parallèle le talent du peintre et son genre d'écriture, vous trouverez une conformité incontestable de procédé. Bien plus, lorsque l'artiste change sa manière avec l'âge, il modifie son écriture dans un sens analogue : la plume se met au diapason du pinceau.

Le soin de l'exécution pittoresque réapparaît en lignes correctes sur le papier. L'auteur d'*Énée racontant ses aventures à Didon*, Guérin, avait une écriture fine, serrée et régulière. Il était lui-même d'une stature grêle et moyenne, avec de petites mains et des doigts délicats.

Gros, enfant, ne pouvait s'astreindre à écrire soigneusement. Son écriture devient régulière avec finesse, à l'époque où il s'occupe de miniatures à l'huile. Le peintre de Jaffa, d'Aboukir et d'Eylau laisse rejaillir la fougue de sa palette dans l'ensemble de son écriture.

L'un des plus habiles sectateurs de l'école ingriste, H. Flandrin, rappelle dans son écriture (fig. 487) la correction de son pinceau.

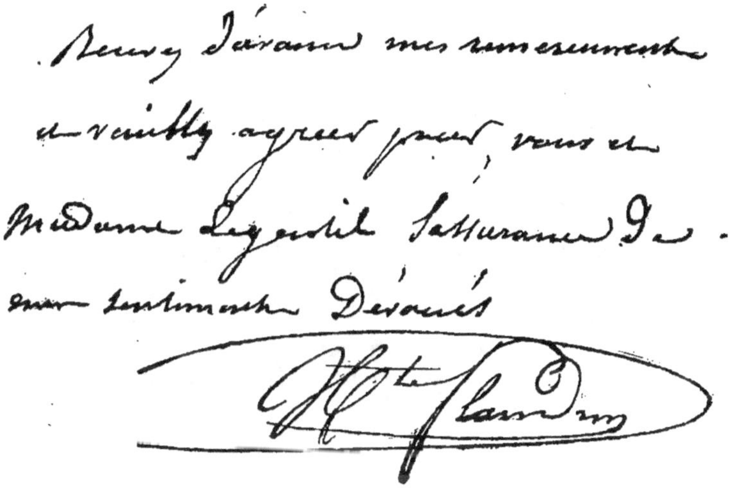

Fig. 487.

C'est un contraste frappant avec le maniement de plume d'Eugène Delacroix (fig. 488), analogue à la touche rapide et colorée du maître.

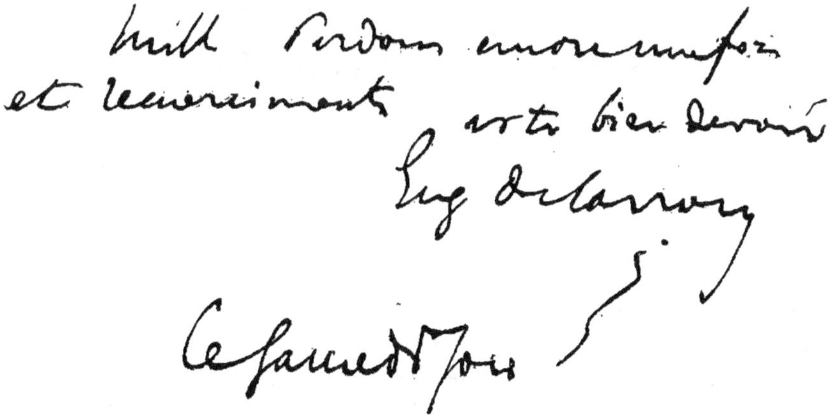

Fig. 488.

Voyez si la main de Rubens ne courait pas sur le papier (fig. 489) comme sur la toile.

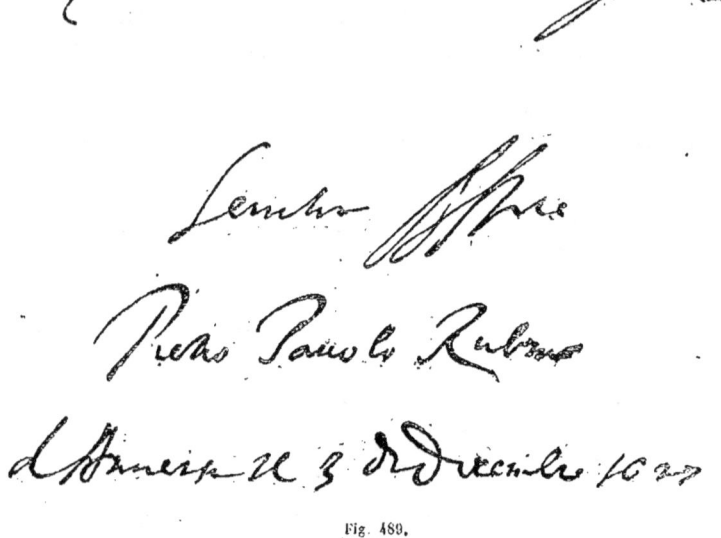

Fig. 489.

On sent le coloriste enthousiaste dans ces simples mots de Paul Véronèse (fig. 490) :

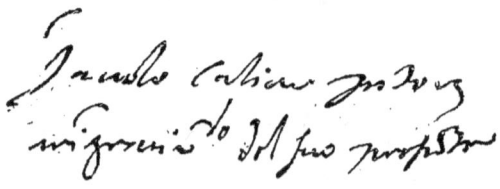

Fig. 490.

Le talent de Préault ne relève d'aucune école. Il a des allures propres, un cachet particulier. On connaît la soudaineté de Préault dans sa manière de voir et de rendre ses impressions, avec l'ébauchoir ou la parole. C'est un libre artiste, ayant son franc parler, en tout et partout. Vous savez de quelle façon il manie l'argile ou le marbre ; voici comment il fait galoper une plume (fig. 491) :

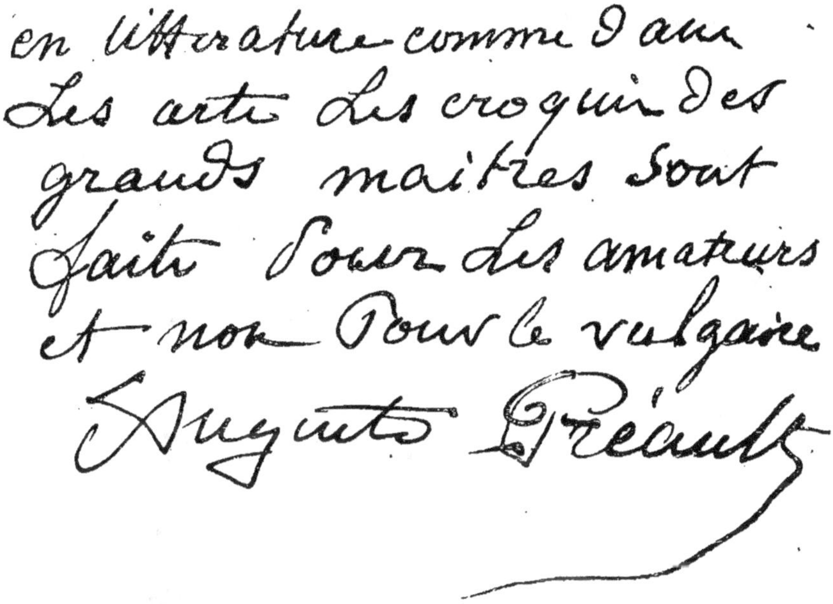

*en littérature comme dans
les arts les croquis des
grands maîtres sont
faits pour les amateurs
et non pour le vulgaire
Auguste Préault*

Fig. 491.

On n'est pas excentrique à demi dans la positive Angleterre. Nos Cham et nos Daumier ont un émule anglais, dont le crayon railleur se plaît à pousser aux dernières limites l'exagération des côtés faibles de ses compatriotes. Ce célèbre caricaturiste, Cruikshank, écrit et signe de cette façon (fig. 492).

La stimulation du génie accélère la prestesse de la main et lui fait négliger une ponctualité qui retarderait son élan.

On retrouve une évidente analogie de facture entre les vers et les manuscrits du vigoureux Corneille et ceux du correct et tendre Racine. La plume de l'auteur du *Cid* a la fermeté du burin ; l'écriture du second a la pureté et la douceur des vers qu'elle a recueillis pour la postérité.

Le génie éclôt à son heure. L'on a souvent été lancé dans une direction contraire à ses prédispositions. L'écriture d'Alexandre Dumas est maintenant cursive, mais l'entrain de la plume du grand improvisateur ne va pas jusqu'à l'illisibilité. Loin de là. Avant d'être lui, Alexandre Dumas, exercé dès l'enfance à la calligraphie, avait été employé comme expéditionnaire chez le duc d'Orléans.

Nous constaterons des résultats semblables chez nos grands poëtes contemporains.

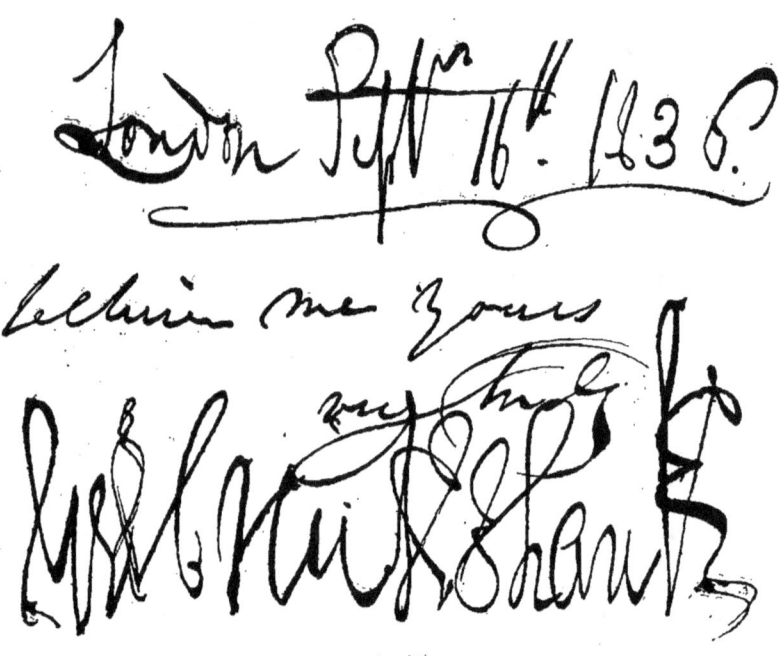

Fig. 492.

L'encre coule de la plume de Lamartine comme le miel de ses lèvres. On dirait une écriture de femme ; il y a beaucoup de la femme dans ses œuvres poétiques. Ce fragment de lettre (fig. 493) est du chantre des *Méditations*.

Une plume habituée à suivre une imagination fougueuse et poétique a effleuré cette page, comme le pied de la Muse glisse sur la terre en prenant son vol. Le nom mis au bas de cet extrait (fig. 494) est celui de l'une des plus grandes gloires de la France.

Nous avons eu la bonne fortune de pouvoir détacher le paragraphe suivant (fig. 495) d'une lettre de Béranger; nous ne saurions lui donner une meilleure place.

L'esprit fin du poëte revêt une écriture déliée; on y rencontre certaines fioritures, arrivant, comme un refrain, à des intervalles

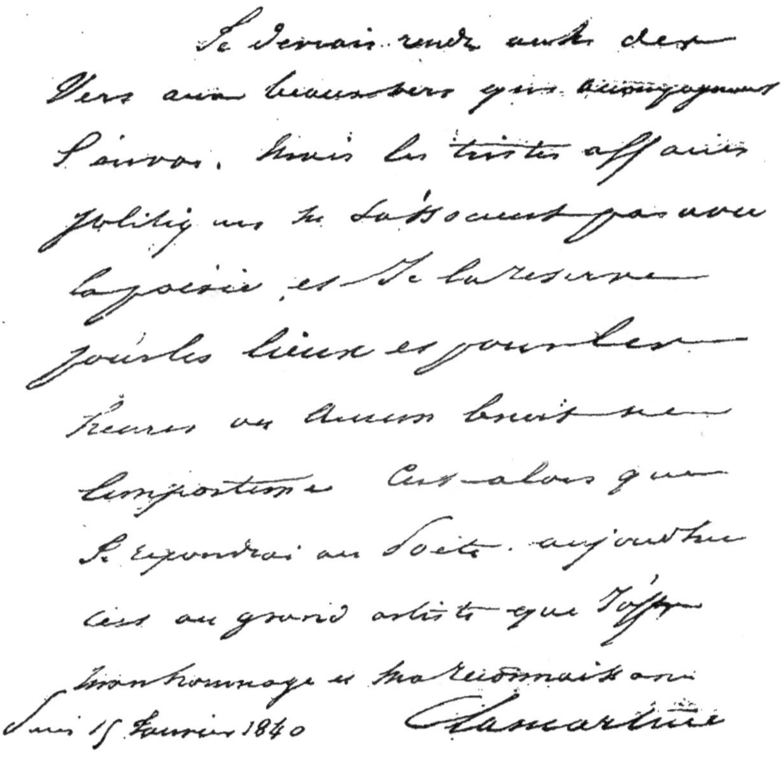

Fig. 493.

cadencés. Sa lisibilité tient à la netteté de conception du chansonnier, maître de sa pensée, même sous l'inspiration d'un vin généreux et d'une table bien servie.

Vienne maintenant le cortége des écrivains employant la raison philosophique de préférence aux inspirations de l'art, vous verrez l'écriture se mettre d'accord avec l'allure de l'idée asservie. Lamennais nous en fournit un exemple (fig. 496) d'autant plus frappant, que l'imagination est complétement étrangère à cette simple demande, adressée par l'auteur à son libraire.

Les œuvres de Lamennais ont eu un grand retentissement. On

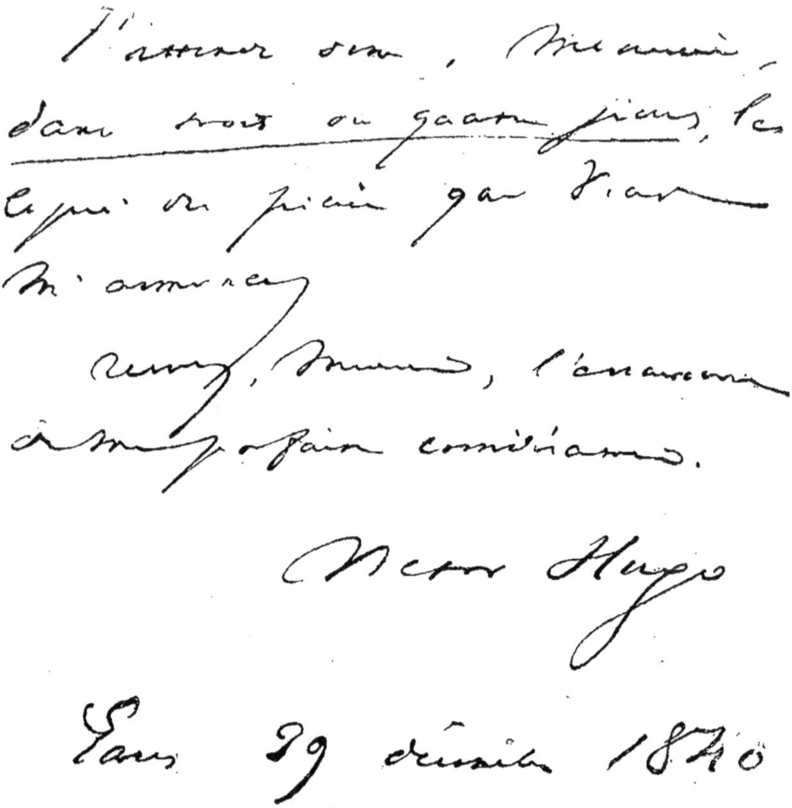

Fig. 494.

en connaît l'esprit logique et la concision. Lamennais était d'une petite stature et sobre de gestes.

Examinez la précision des notes prises par un savant, doué d'un esprit d'analyse applicable à la classification d'éléments scientifiques. Heureux les travailleurs de la bibliothèque possédant un tel homme-répertoire. Modeste et laborieux, il sacrifie sa vie à rendre celle des autres plus longue de tout le temps qu'il leur épargne, en les exonérant de recherches difficiles et indispensables.

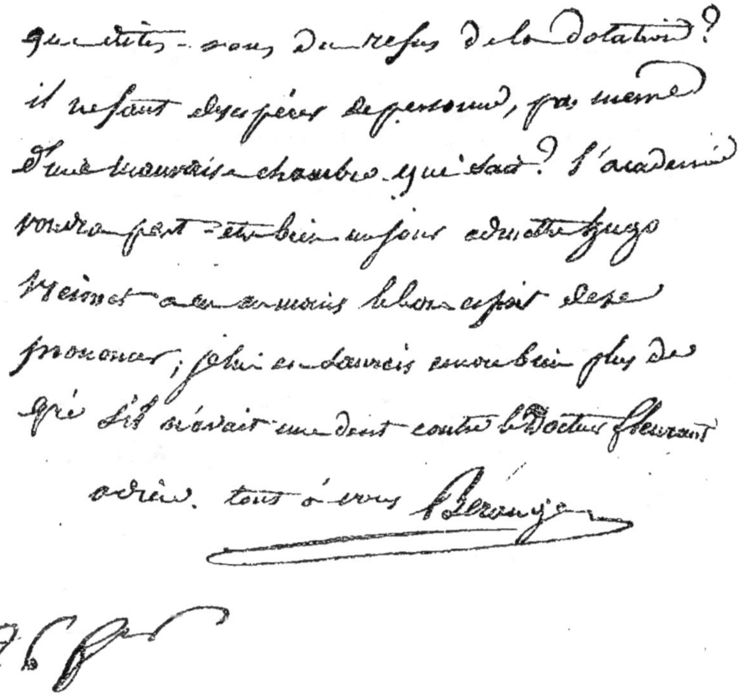

Fig. 495.

Dussions-nous blesser un sentiment de réserve, nous nous pla-

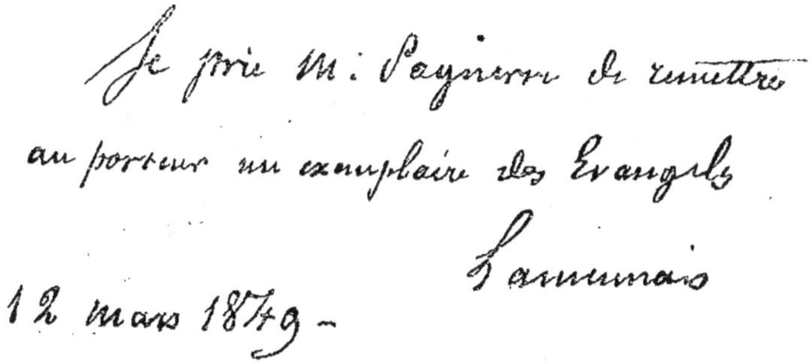

Fig. 496.

çons sous l'invocation de la justice en publiant cette réponse à une demande de renseignements (fig. 497); c'est aussi, de notre part, un remercîment, adressé, dans la personne, aux bibliothécaires de Sainte-Geneviève, auxquels nous sommes redevables de nombreux documents.

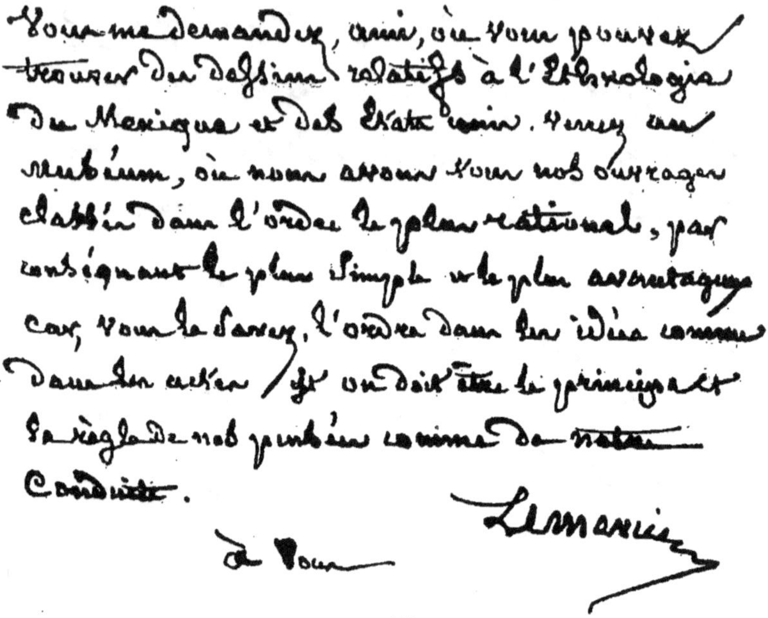

Fig. 497.

Un savant helléniste a consacré la plus grande partie de son existence professorale à faire un dictionnaire grec, avec le soin patient d'un érudit, comprenant la plus stricte probité parmi ses devoirs.

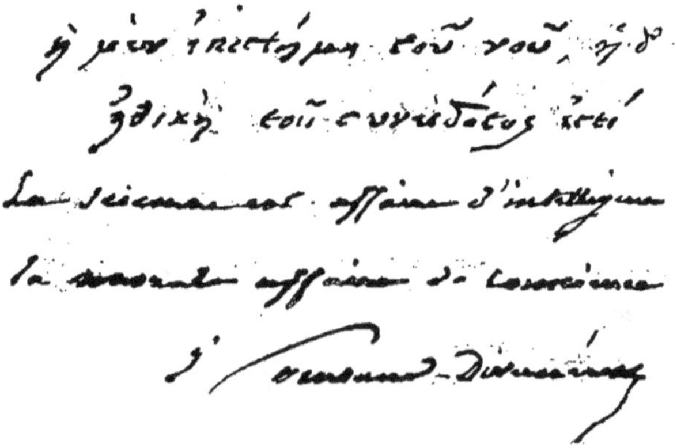

Fig. 498.

DE L'ÉCRITURE.

Il s'est peint dans cette maxime, tracée de sa main, en employant sa langue adoptive et la sienne propre dans la traduction française mise en regard (fig. 498).

Ses plus anciens amis le savent, il n'a pas plus dévié de la ligne droite en politique que sa plume sur ce papier.

L'écriture de la femme s'accentue de l'énergie de son intelligence et des qualités de sa constitution organique.

L'auteur de tant d'ouvrages pleins de grâce ou de puissance, et s'imposant toujours par la vérité du fond et la beauté de la forme, une femme célèbre a formulé, écrit et signé cette appréciation d'un génie un peu parent du sien (fig. 499) :

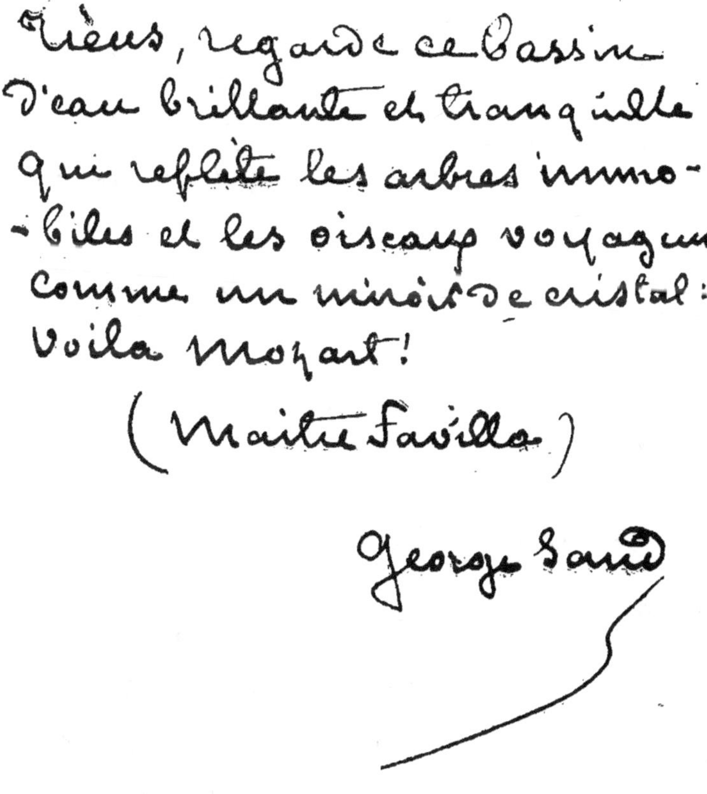

Fig. 499.

La signataire de ces lignes (fig. 500) a illustré le pseudonyme Daniel Stern, placé en tête de l'un des meilleurs aperçus historiques de la révolution de 1848; elles contiennent une allusion à la seconde édition de cet important travail :

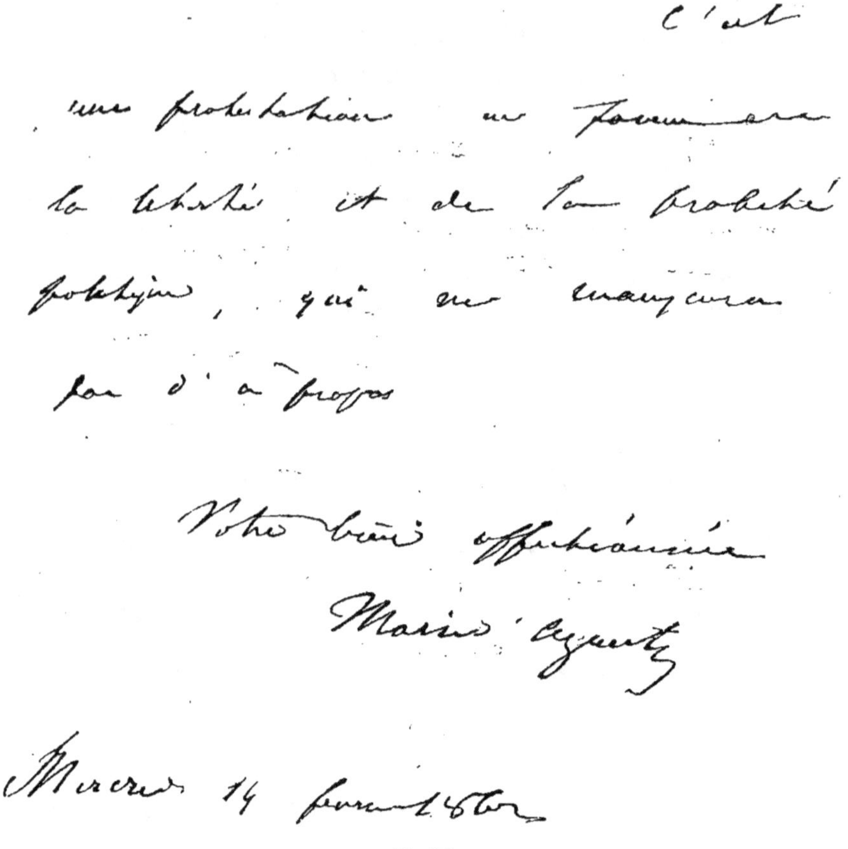

[signature manuscrite]

Fig. 500.

Nous avons reçu le billet suivant (fig. 501) :

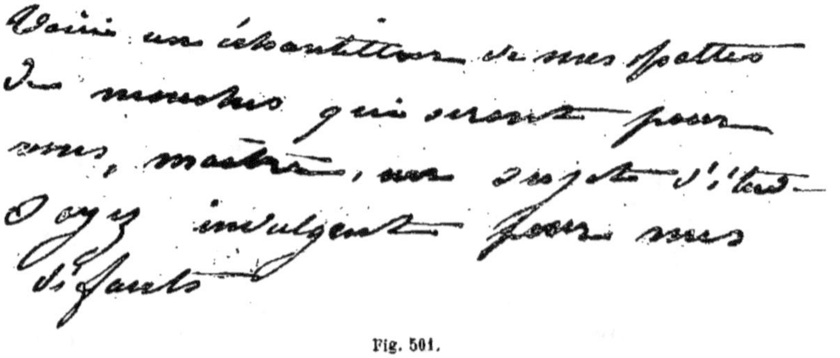

[billet manuscrit]

Fig. 501.

La question se trouve résolue par les soins mis à le composer et à l'écrire. Ne souriez pas, ma jeune correspondante. Aidez-moi. Un peu de poudre de riz n'est-il pas tombé sur l'encre encore fraîche?

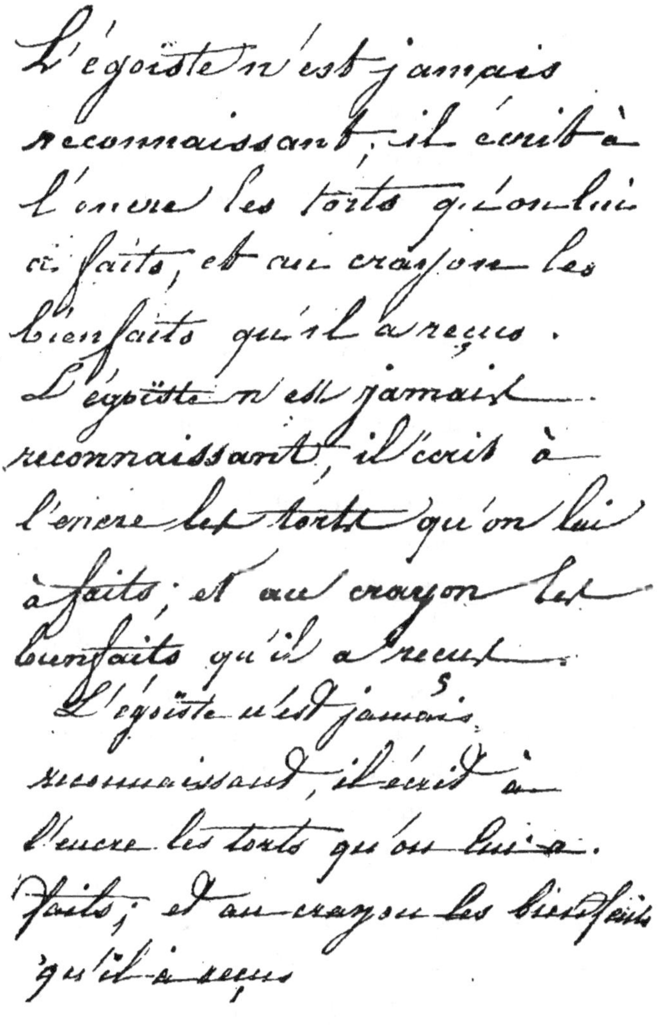

L'égoïste n'est jamais reconnaissant, il écrit à l'encre les torts qu'on lui a faits, et au crayon les bienfaits qu'il a reçus.

L'égoïste n'est jamais reconnaissant, il écrit à l'encre les torts qu'on lui a faits; et au crayon les bienfaits qu'il a reçus.

L'égoïste n'est jamais reconnaissant, il écrit à l'encre les torts qu'on lui a faits; et au crayon les bienfaits qu'il a reçus

Fig 502.

Par le fait d'une cohabitation prolongée, il s'établit un échange mutuel de manières. On s'abandonne à la propension de s'assimiler les gestes et les locutions de ses amis. L'écriture subit ces modifications. La vie en commun contribue à donner un air de famille aux écrits dictés par des sentiments sympathiques. Il n'est pas rare de trouver une analogie prononcée dans l'écriture de deux époux, en bonne intelligence depuis longtemps, bien que, au début de leur association conjugale, il y eût une différence remarquable dans leur façon d'écrire.

La même phrase a été retranscrite (fig. 502) par chacune des trois sœurs dont nous avons parlé pages 140, 141 et 142.

L'institutrice a pris d'abord la plume; elle l'a cédée à sa jumelle, qui, par un ancien sentiment de déférence, a copié, ligne par ligne, la dictée placée sous ses yeux. La plus jeune a terminé cet ensemble avec plus de liberté dans l'exécution, mais en conservant le type de la petite communauté.

On croirait ce triplicata tracé par la même main, si un examen attentif ne signalait quelques nuances bien faibles.

Dans les établissements où l'éducation et l'instruction sont communes, il existe une sorte de concordance générale dans l'écriture personnelle des élèves placés sous une direction unique.

Ces remarques sont plus sensibles dans les institutions de jeunes filles, plus impressionnables et plus disposées à se conformer aux principes de l'enseignement et à la discipline en usage, sans toutefois niveler les personnalités.

L'analogie classique se retrouve dans les trois transcriptions suivantes de la même maxime (fig. 503, 504, 505) : elles sont de la main délicate de jeunes personnes distinguées par une instruction supérieure. Cependant la couleur locale n'efface pas les particularités personnelles résumées ainsi :

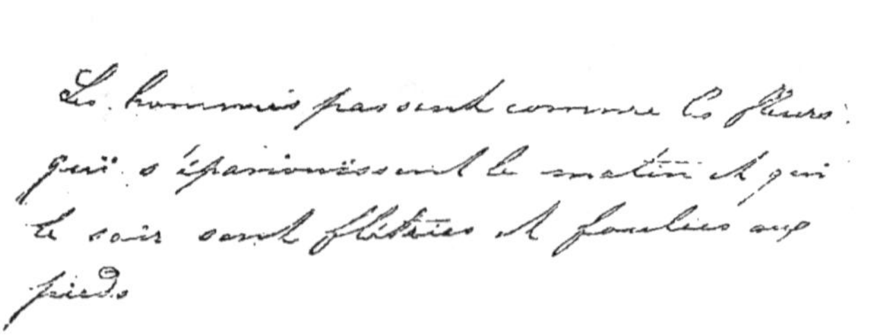

Fig. 503.

Grande rapidité de conception. Impressions mobiles, pas d'esprit d'ordre.

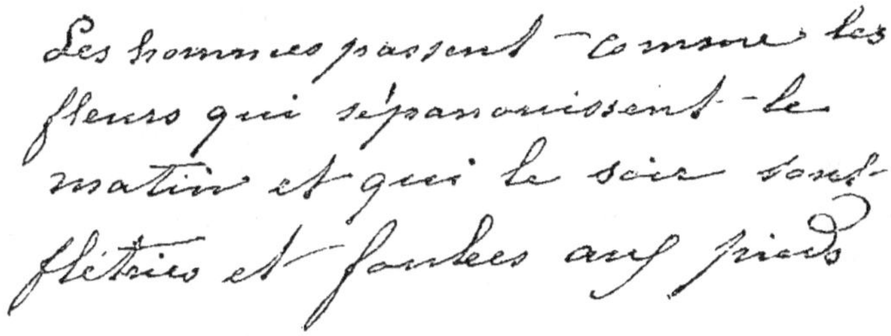

[Fac-similé d'écriture manuscrite]

Fig. 504.

Propre à prendre toutes les empreintes.

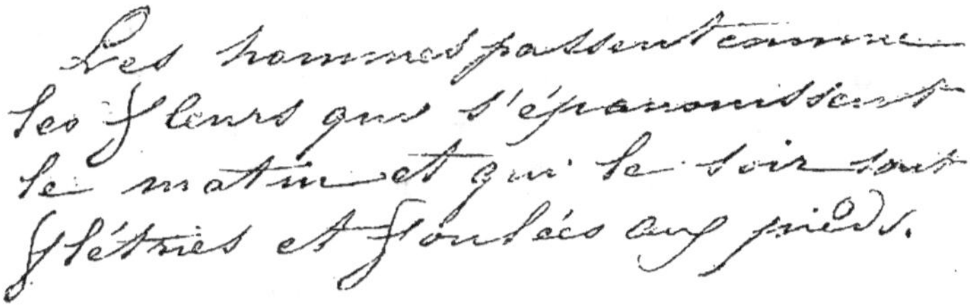

[Fac-similé d'écriture manuscrite]

Fig 505.

Caractère très-résolu, très-ferme, se possédant toujours.

Nous devons ces notes à la bienveillance d'une habile institutrice, appliquée au soin maternel de lire dans le cœur de ses élèves, et sachant se l'attacher pour mieux le former et le conduire.

Nous pourrions multiplier les exemples. Ils sont concluants quand il s'agit de personnages tout d'une pièce et signant leurs œuvres d'un cachet franc et distinct. Mais, nous ne saurions trop le répéter, on ne doit pas prendre au hasard un lambeau de correspondance; il faut en extraire une moyenne d'observations, et ne pas s'arrêter exclusivement à peu de mots, sans connaître sous quelle impression ils ont été fixés par le maître.

Il est une considération générale : l'état de la vue influe sur la dimension des caractères. Les myopes ont généralement une écriture rapetissée. Les presbytes écrivent plus en gros. La forme augmente à l'âge où la vision s'affaiblit.

Les débats des tribunaux ont révélé l'aptitude étonnante de certains escrocs à contrefaire les divers genres d'écritures, comme on exécute des pastiches, d'après les œuvres magistrales de la grande peinture.

Il y a pourtant cette différence à noter : le pasticheur a besoin de s'identifier avec le style et l'esprit du modèle à imiter, s'il s'agit, non pas de copier textuellement une œuvre connue, mais bien d'en produire une qui puisse passer pour un original du chef d'école. Le contrefacteur d'un écrit se borne au fait matériel de se conformer aux mouvements de la main, auteur des lignes à rendre en *fac simile*. La moindre défaillance, un rien suffit à l'expert pour établir la culpabilité sur un signe incontestable, comme, par exemple, une déviation de direction homogène, sous des doigts serviles et sans inspiration naturelle. Par-dessus tout, il y a le style littéraire à comparer. C'est le côté décisif de l'appréciation.

Il reste une dernière question à résoudre. Peut-on changer son écriture à son gré? Il y a des gestes étudiés. L'écriture est donc également modifiable en raison de l'empire de l'écrivain sur ses passions. On veille sur ses mouvements dans un milieu où la dissimulation est un moyen de parvenir; mais, dans le silence du cabinet, en l'absence de témoins intéressés, la plume agit librement; elle reproduit les vibrations de la pensée sans restriction, comme lorsque l'on se parle à soi-même. Dans ce cas, l'écriture a toute sa signification. Il faut la mettre à côté de celle dont on se méfie.

On s'aperçoit du mensonge de la plume à son manque d'assurance, comme on reconnaît, au timbre de la voix, la parole en dehors de la vérité. La phrase banale insérée à la fin d'une missive et le sentiment sincère exprimé par une main affectueuse n'ont pas la même physionomie calligraphique. Il y a raideur dans le premier tracé, abandon caressant dans le second.

Tout dépend du cerveau ; l'instrument est à ses ordres.

Nous avons parlé (p. 342) du talent de Ducornet pour les arts du dessin, bien qu'il fût né sans bras. Son pied maniait la plume avec autant de facilité que le crayon et le pinceau. Nous donnons cette terminaison de lettre (fig. 506) avec sa signature et son paraphe, dans lequel est inscrite la mention de son infirmité. Ce fut d'abord un appel à l'indulgence et plus tard un titre de gloire.

L'on a vu dans Paris, sur la place publique, un homme, privé de bras, écrire avec son ventre. Il se servait d'une plume introduite dans un fourreau fixé dans une ceinture entourant le corps. Il suppléait aux mouvements de la main absente par ceux des mus-

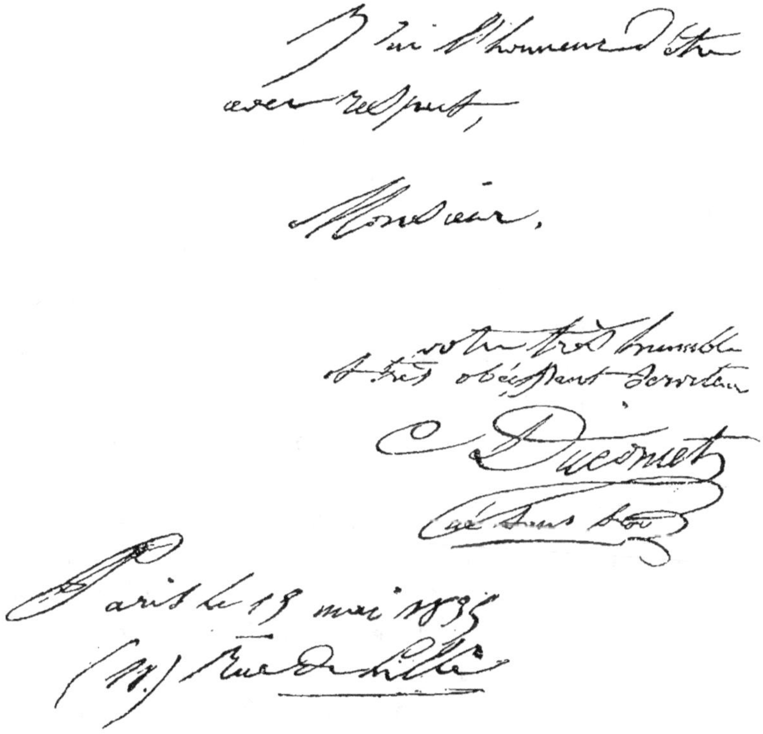

Fig. 500.

cles du tronc, communiquant à l'instrument toutes les ondulations nécessaires, avec un succès justifié par une exécution calligraphique remarquable. C'était le gagne-pain de ce pauvre diable trouvant dans cette industrie un moyen d'échapper à la mendicité : on se procurait un de ses autographes pour un sou.

DES MALADIES

Tout dérangement dans la substance ou dans les fonctions des organes se réfléchit sur le visage humain. Le praticien exercé ne s'y méprend pas; l'observateur inexpérimenté constate l'état de souffrance, sans pouvoir déterminer le point organique attaqué. L'indécision du docteur naît de la complication de plusieurs altérations pathologiques.

Nous esquisserons seulement ici le facies des lésions simples, en les dégageant de celles qui sont accessoires. La difficulté principale consiste à distinguer le fait primordial des conséquences secondaires et complexes.

On peut classer les signes pathognomoniques dans deux catégories : l'une comprend l'état de surexcitation, l'autre celui de sous-excitation ou déperdition de forces. Dans le premier cas, il y a turgescence des chairs, et dans le second, amoindrissement.

L'impressionnabilité de la peau du visage explique ses diverses colorations, sous l'influence des organes cachés dans les régions profondes, car elle se trouve en communication sympathique avec eux et devient un moyen révélateur externe.

Pour se rendre compte de ces variations de teintes, il est nécessaire de connaître le système de la circulation. Le sang rouge est poussé par la partie gauche du cœur vers la périphérie, en suivant les conduits artériels; le fluide arrive jusqu'aux vaisseaux capillaires, et revient par les veines à la partie droite du cœur et au poumon.

Le trouble apporté dans ce double mouvement circulatoire jette dans les vaisseaux réticulaires plus ou moins de sang artériel ou veineux; de là, rougeur ou bleuissement verdâtre, en se combinant avec le ton doré de l'épiderme. La pâleur survient, s'il y a concentration, resserrement du cœur et de la région épigastrique. Cet effet prolongé cause une syncope et quelquefois la mort subite.

La coloration du tissu dermique, ayant son siége dans le réseau capillaire, fournit des indications précieuses.

La chlorose se montre dans une teinte blâfarde et verdâtre.

La couleur pain d'épice d'un visage décomposé constate une affection cancéreuse.

Malheur à la jeune fille dont les pommettes seules sont empreintes d'un ton de carmin rougeâtre ! la phthisie est présente, traînant après elle la mort plus ou moins lente; elle est proche, si le regard est fébrile et brillant, au milieu d'un nuage sombre entourant la paupière. C'est le symptôme le moins douteux pour ceux qui assistent à cette lente et muette agonie. La malade se berce encore de chimériques espérances.

Certaines maladies aiguës s'annoncent par des teintes jaunâtres ou verdâtres. Celles qui marbrent la peau d'un jaune noirâtre et sont connues sous le nom de masque, se produisent pendant la grossesse et cessent avec elle.

Le visage est plus particulièrement attaqué par la petite vérole, les dartres, les érésipèles. Des boutons viennent souvent y signaler l'âcreté du sang et l'ébullition des fluides vitaux, excités par le développement des sens à l'époque de la puberté.

L'affaiblissement et la décomposition des traits sont les signes de la fièvre adynamique ; elle donne au malade une apparence cadavéreuse.

La bouffissure, avec rougeur et afflux du sang au visage, avertit de l'imminence de l'apoplexie.

L'hydropisie boursoufle aussi la face par une infiltration anormale, mais sans coloration sanguine.

Les maladies convulsives agitent violemment le système musculaire, comme on le voit dans le tétanos et la rage.

Les scrofuleux ont des glandes saillantes sous la peau.

Le front se couvre souvent de taches jaunâtres appelées *éphélides*. Les unes, irrégulières, indiquent une affection viscérale; les autres, isolées, lenticulaires et nommées *taches de rousseur*, proviennent d'une insolation sur une peau délicate : elles n'ont d'autre inconvénient pour les femmes que d'intéresser leur amour-propre et de leur faire payer très-cher de prétendus moyens d'effacer cette atteinte à la fraîcheur de leur teint, dont elles sont si jalouses.

A l'époque de la dentition, les joues de l'enfant rougissent et pâlissent alternativement; elles se colorent à l'endroit où la dent va percer. Les lèvres s'animent d'un vif incarnat.

La jaunisse apparaît d'abord dans la teinte safranée des conjonctives; elle se répand successivement sur toute la face et, en dernier lieu, sur l'extrémité du nez et sur le menton.

Dans l'ichthyose, l'épiderme épaissi se sèche et se fendille en écailles. Cette maladie n'envahit pas toujours le visage, mais elle l'affecte secondairement.

Une sueur froide suinte du front décoloré par les prodromes d'une indigestion, et précède les mouvements spasmodiques de la bouche, excités par le besoin de rejeter le trop-plein de l'estomac.

Le clignotement saccadé des paupières et la contraction subite et passagère des muscles du nez et de la lèvre annoncent une grande irritabilité du système nerveux. Les tics particuliers des membres et des extrémités ont la même signification.

Le resserrement et le tiraillement des traits se rencontrent dans la grippe.

L'état comateux du cerveau produit le laisser-aller des paupières et l'affaissement intermittent des muscles faciaux, caractère générique des maladies soporeuses.

La fatigue, par excès de certains plaisirs où la vie se dépense à flot, jette, avec l'atonie, des teintes livides sur la face et des tons d'un bleu noirâtre sous la paupière inférieure.

L'aspect de la langue aide singulièrement le médecin dans le diagnostic : il apprécie le ton propre de la langue, la nature et la coloration de son enduit. La rudesse de la langue sous le doigt qui l'interroge, la saillie des papilles, les gerçures, les crevasses qui s'y forment, les sérosités et le sang qui en découlent, son épaississement, sa contraction, son amoindrissement sont autant de prodromes ou de symptômes consécutifs, dont l'art de guérir se préoccupe.

Dans le rhumatisme articulaire, la langue blanchit vers le centre.

La langue dont la surface entière est rouge, sèche et lisse, atteste une vive inflammation abdominale.

La gastrite rougit les bords et la pointe de la langue, avec ou sans sécheresse.

Une longue abstinence de nourriture répand une teinte blanchâtre sur la langue, dont les bords conservent le ton rouge normal, mais un peu pâli.

Un enduit jaunâtre, tirant sur le vert ou le brun, indique l'état d'irritation de l'appareil biliaire. Le symptôme le plus effrayant est la persistance de l'enduit brun, croûteux, pulvérulent, fendillé.

Si la langue tremble et reste en dehors de la bouche, l'encéphale est atteint. L'hémiplégie se déclare quand la langue inerte dirige sa pointe de côté.

Des lèvres pâles signalent un ralentissement de la circulation sanguine. Elles sont aussi souvent un signe de faiblesse. Cependant on a constaté l'extrême pâleur des lèvres dans certains accès d'irritation intestinale et de congestion pulmonaire.

Les lèvres sont rouges dans la gastrite aiguë ; elles présentent une nuance bleuâtre au début de l'aploplexie : le bleuissement s'augmente encore dans l'anévrisme.

Les lèvres sont entourées d'un cercle jaunâtre quand il y a trouble dans la sécrétion de la bile. Les lèvres se gonflent dans le scorbut ; elles s'épaississent chez les enfants scrofuleux.

La fièvre dépose une matière visqueuse et fait naître des boutons sur les lèvres. Leur dessèchement irrite la soif.

Les lèvres subissent une déviation prononcée dans les affections cérébrales.

DE LA FOLIE

La folie est le terme le plus élevé de la surexcitation cérébrale. L'ivresse, qui dérange, en les exaltant, les facultés intellectuelles, est une folie passagère, durant autant que l'action des liqueurs alcooliques.

On naît idiot; on devient fou; on tombe en démence.

La conformation de la tête des idiots de naissance indique, au premier aspect, la petitesse du cerveau et, par conséquent, le peu d'idées qui s'y logent. On est frappé d'abord de la disproportion de la face et du crâne : la face, où se reflètent les sensations physiques, est allongée; le front est fuyant, bas, aplati latéralement, sans symétrie.

L'organisation cérébrale du fou favorise l'exaltation des idées, dont l'incohérence amène, comme résultat physiognomonique, le désaccord des muscles faciaux et leur expression désordonnée.

La figure des fous mélancoliques est dans un état continuel de concentration. L'ensemble des traits offre l'atonie et l'aspect stupide d'une absorption irréfléchie.

Dans l'état sain, l'on est impressionné par les objets extérieurs. Les fous se laissent influencer par leurs visions ou ce qu'ils croient être. La succession rapide de leurs hallucinations donne à leur physionomie une excessive mobilité. On y voit la crainte, la méfiance, l'anxiété se succéder vivement. Dans le paroxysme de la folie, le regard étincelle, la figure s'anime, les forces se décuplent, le système musculaire est secoué par des convulsions difficiles à modérer. La prostration suit l'accès.

La face du fou, quelle que soit la nuance de sa maladie, indique toujours l'état présent. C'est un kaléidoscope où, parmi beaucoup d'autres signes, il en est un particulier dominant, qui, tour à tour, se confond dans la masse, pour réapparaître encore et caractériser le genre de la monomanie.

Il y a de l'égarement dans l'œil du fou, quand il est tranquille. Dans l'instant de l'agitation, l'œil prend successivement l'expression de la mélancolie, de l'extase, de la joie, de la terreur, de l'exaltation, en un mot, de tout ce que la versatilité la plus grande lui suggère.

Cette cruelle altération des facultés intellectuelles ne se guérit jamais complétement; il demeure toujours des traces de la folie sur les traits qui ont subi longtemps l'effet de ses désordres.

L'idiotisme est incurable : il provient d'un vice de conformation cérébrale.

La folie est le résultat d'une lésion morale, consécutive des excès de toute nature.

ÉTAT PATHOGNOMONIQUE DES ANIMAUX

L'état pathognomonique des animaux se manifeste par des signes certains. Le degré de lustration du pelage, la démarche, la tension ou l'affaissement des oreilles et de la queue, le port de la tête, l'éclat ou l'aspect terne du regard, l'agitation et la coloration de la langue, sa sécheresse ou son humidité, la nature des sécrétions, ne laissent aucun doute au vétérinaire.

Les animaux eux-mêmes ne se trompent pas sur la portée de l'extériorité de leurs semblables et des autres races. Tous fuient épouvantés devant l'hydrophobie à son début.

Les oiseaux malades ont le coloris de leur plumage moins brillant; leurs ailes sont tombantes, leurs paupières s'abaissent, le regard s'éteint.

Les poissons inclinent à se coucher sur le côté; leurs nageoires ont peine à fonctionner.

Le règne végétal fournit des documents analogues au cultivateur vigilant et soigneux de ses plantes. Il reconnaît leurs maladies à des symptômes dont l'expérience lui fait connaître la gravité et le met à même d'y porter remède. La plante indique ses besoins par les altérations provenant de leur non-satisfaction. La feuille et la tige s'amollissent et se fanent faute d'eau. L'excès de la chaleur les dessèche; le manque d'air les étiole; l'épuisement du sol arrête la croissance. L'ombre ôte la teinte vigoureuse du feuillage. Les insectes parasites sont surtout des causes incessantes de détérioration : on constate leur présence invisible par les effets produits. Tout ce qui vit et souffre le témoigne par son extériorité.

DE LA COIFFURE NATIONALE

Chaque peuple a disposé sa chevelure selon ses besoins journaliers et les exigences du climat sous lequel il était contraint de vivre. Des considérations purement religieuses ont consacré la manière de se coiffer des adhérents au culte admis. Certaines populations, plus mobiles dans leurs vues, ont marqué les phases de leur existence politique par des changements de coiffure, en rapport avec les idées dominantes de l'époque. Tantôt on en a fait un signe de ralliement à une forme gouvernementale adoptée, tantôt un acte d'opposition envers le pouvoir.

Il y a des coiffures traditionnelles, sans autre raison d'être que d'avoir été.

Les sauvages cherchent dans la bizarrerie de leur coiffure le moyen de se rendre effrayants et terribles à leur ennemi, en augmentant l'aspect de leur stature. Leur expression prend aussi plus de férocité sous cet appareil monstrueux. Une chevelure est chez eux un trophée. Malheur au vaincu! sa tête est immédiatement scalpée, et l'horrible dépouille demeure un souvenir et un titre de gloire.

En Orient, la tête des hommes est rasée. Les femmes attachent un grand prix à leur chevelure. Dans le Nord, elle est maintenue dans la limite nécessaire pour éviter la gêne.

La longueur de la chevelure a été le privilége exclusif des anciens rois français. Elle était un signe distinctif du pouvoir souverain; la résection de la chevelure suivait la déchéance et la confirmait. Se couper les cheveux près de la racine était alors une marque de démission de membre de la société générale. On dépose encore aujourd'hui sa chevelure au seuil des maisons conventuelles, où le fanatisme et la stupidité vont parquer leurs tristes victimes. Là, chaque bribe d'existence s'use lentement sur les grains d'un chapelet, sans profit pour l'humanité.

L'influence des idées régnantes sur la coiffure nationale ressort des collections de coiffures aux étapes successives de l'esprit humain. On voit l'excentricité dans l'arrangement des cheveux, après de grandes commotions ou sous l'impulsion d'une cour dissolue; la simplicité avec des mœurs douces et honnêtes; la sévérité sous le régime républicain. Le plus bel ornement du citoyen est un nom pur et une réputation méritée d'abnégation personnelle et de dévouement à la chose publique.

Le type de la coiffure naturelle se conserve plus longtemps dans les campagnes éloignées des agitations sociales. Notre Normandie n'a pas changé sa coiffure ancienne. Le caprice de la mode a trop d'empire à la ville pour ne pas y varier à l'infini la manière de porter la chevelure, afin de se conformer aux goûts passagers du maître. Isabeau de Bavière ayant perdu ses cheveux par suite d'une maladie, on vit les femmes de son palais se défaire de leur chevelure, n'osant plus se parer d'un ornement manquant à leur souveraine. Louis XIV a imposé la perruque à ses flatteurs. Napoléon, après avoir porté la petite queue et les cheveux en *oreilles de chien*, dans sa jeunesse, a mis plus tard à l'ordre du jour les cheveux courts, adoptés par lui sous l'empire.

Quel contraste entre les têtes sévères de Brutus et de Cicéron et celles qui se surchargeaient des cheveux d'emprunt en usage sous le roi-soleil, et surtout avec celles écrasées sous l'échafaudage des mille fantaisies burlesques éditées par les coiffeurs des courtisans et courtisanes sous Louis XV!

Jetez les yeux sur la coiffure mâle des soldats de Léonidas et sur celle des Perses, vous désignerez aussitôt les vainqueurs dans la lutte engagée par une monarchie efféminée contre une république exercée à la fatigue et à la pratique des plus nobles vertus.

La diversité des coiffures dans les tribus indiennes est prodigieuse. On en trouve de curieux échantillons dans deux ouvrages très-remarquables. L'un, imprimé à Philadelphie, a pour titre : *Information respecting the history, condition and prospects of the*

DE LA COIFFURE NATIONALE. 431

Indian tribes of the United States of the bureau of Indian affairs.
1853. L'autre publication, dans la même langue, est intitulée :
*History of the Indian tribes of North America, with biographical
sketches and anecdotes of the principal chiefs.*

Nous y voyons :

Eshtahumteah, portant deux plumes allant du vertex au côté

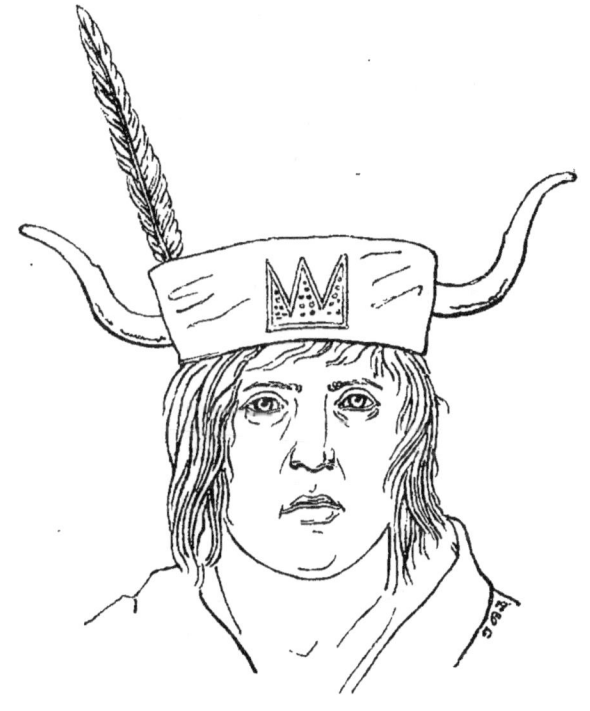

Fig. 507.

droit de la tête. Les cheveux des tempes descendent en nattes au-
dessous des clavicules.

Sequoyah est coiffé d'un turban rouge.

Nawkaw a deux plumes blanches et une noire.

Shaumone Karse a une couronne surmontée de plumes rouges
et deux cornes avec banderoles.

Le *Voyage dans l'Amérique du Nord, en* 1832, 1833 *et* 1834, par le prince Maximilien de Wied-Neuwied, est plein de documents du plus haut intérêt. Dans cet ouvrage, comme dans le précédent, on voit plusieurs têtes ornées de cornes, placées dans leur position normale et agencées avec différents accessoires, en raison de la condition sociale du chef. Nous empruntons au premier livre cité ce spécimen (fig. 507) à cause de sa simplicité, sans le proposer pour modèle.

Les plumes variées des oiseaux entrent en grande partie dans le mode d'ornementation choisi par les personnages importants des tribus indiennes. Ne pourrait-on pas expliquer, par cette appropriation des dépouilles des animaux aux insignes des commandements, certaines fables antiques, comme celles du Minotaure et de l'aigle de Jupiter enlevant Ganymède?

DE LA COIFFURE PERSONNELLE

Il est des hommes dont la coiffure est stéréotypée : les révolutions et les modes n'ont aucune prise sur elle. Ils témoignent ainsi de la stabilité de leurs principes. Les émigrés, par suite des grands événements de 89, sont revenus en France avec les mêmes ailes de pigeon et les mêmes idées politiques, sans avoir rien oublié ni rien appris. Il faut les classer parmi les partisans de la routine; il en reste peu maintenant.

Les puritains laissent leurs cheveux suivre la direction de la nature, en limitant leur longueur.

Le prêtre orthodoxe se fait un scrupule de rien innover en matière de coiffure, comme en toute autre chose. Les abbés mondains risquent de légères concessions. Ces derniers sont assez tolérants dans l'exercice de leur ministère. Les premiers sont inflexibles.

La coiffure est souvent une partie de l'uniforme ; elle doit être considérée alors à ce point de vue exclusif, si des modifications sensibles ne viennent attester le peu d'aptitude pour la carrière dont on est obligé de suivre les prescriptions. Le mauvais soldat se reconnaît à la négligence de sa coiffure.

Il y a tout un abîme entre la coiffure inculte du savant distrait et les combinaisons ingénieuses du petit maître, appelant le regard pour se faire admirer. L'homme aux distractions n'a jamais songé à dompter sa chevelure inextricable et à l'utiliser au profit de son amour-propre ; pour lui, les cosmétiques sont des mythes, et s'il possède un démêloir, c'est du superflu. Le fat aux prétentions ridicules a essayé de tous les ingrédients de la toilette ; il porte constamment un petit peigne dans sa poche. Il sait les noms et adresses de tous les habiles parfumeurs. Chaque matin, il s'arme du fer à friser; plus d'une papillote, abandonnée au balai du valet de chambre, fait remonter à la veille le commencement de cette grave opération.

L'excentricité intentionnelle de la coiffure tend à augmenter l'importance du personnage en évidence. Nous pourrions citer un ex-ministre littérateur, qui, selon l'expression de l'un de nos amis, semblait porter le monde sur un de ses cheveux. Il a, du reste, laissé de bons souvenirs à ses administrés.

L'aplatissement systématique des cheveux sur la convexité crânienne montre l'intention de s'amoindrir extérieurement. Combien de nos contemporains cherchent à dérouter les investigations, afin de marcher sans bruit à leur but!

Cherchez dans votre mémoire, vous avez dû rencontrer un de ces fauteurs de l'obscurantisme, allant, à pas de loup, recruter des prosélytes au sein de familles sans défiance.

Ce pourvoyeur de confréries mystiques, aux allures cauteleuses, et craignant d'éveiller une attention importune, n'avait-il pas une coiffure sale, plate et graisseuse?

Voici l'image d'un être tout en dehors. Il n'a pas besoin de voiler son front sous sa chevelure. Chacun peut lire à haute voix sur ce visage honnête. Un tel homme ne s'applique pas à soustraire une fille à l'influence maternelle pour s'en faire un titre de rémunération dans ce monde ou dans l'autre. C'est le père de famille, bon, généreux, humain sans égoïsme et sans ambition, ouvrant largement sa main au pauvre et à l'ami qui veut y poser la sienne. Ses cheveux sont libres comme sa pensée, sans apprêt comme sa conscience; ils ont l'abandon du cœur.

Les enfants ne s'occupent pas de leur chevelure; ils ont une incurie constante à cet égard, à moins d'en être tirés par la crainte de trahir une infraction aux règles d'une bonne conduite par le désordre de la coiffure. L'expérience leur apprend que l'agitation corporelle se répète dans ce signe irrécusable. Examinez l'état de la coiffure de l'écolier rentrant en classe, vous aurez une idée exacte des préoccupations rapportées à l'étude. La turbulence éclate dans les touffes inégalement ébouriffées. L'esprit de soumission à ses devoirs se remarque dans la disposition convenable des cheveux de l'élève studieux et réservé dans ses manières.

En voyant un chat humecter sa patte et la passer sur sa fourrure, on dit : Le temps va changer. Quand une jeune fille, insouciante jusqu'alors, porte discrètement son doigt à ses lèvres et l'en retire humide pour mieux lustrer et arranger sa coiffure, un changement va s'opérer dans son cœur : le temps des amours approche ; il est déjà venu, si la novice coquette rougit et se trouble en se sentant prise en flagrant délit de désir de plaire.

La force des prétentions est en raison directe des soins donnés à la coiffure. A seize ans, l'éclat naturel de la chevelure suffit à la mise en scène. Il faut recourir à des auxiliaires, en perdant ces avantages naturels. On arrache les premiers cheveux gris ; on teint ceux qui viennent ensuite envahir la tête. Lorsqu'à l'automne de la vie les cheveux tombent comme des feuilles mortes, on remplace les absents. Dans cette voie, on constate la croissance du chiffre de l'âge, par l'augmentation de la nuance et du volume de la coiffure. On ne se permet pas de vieillir, même aux yeux de ses contemporains. L'espèce humaine est ainsi faite : on ne veut pas être soi.

C'est un excellent commerce de vendre du postiche et de tenir en réserve des moyens de neutraliser les ravages du temps. Les mieux doués, les plus élevés par leur position et par leur propre mérite se laissent aller à cette faiblesse. Votre odorat est frappé d'une odeur suave d'essence de bergamote, vous croyez être auprès d'une sylphide. Erreur ; c'est un vieux général qui passe.

Les penseurs, dont la tête s'échauffe par l'effervescence des idées, éprouvent le besoin de repousser leur chevelure, lourde à leur front. Par un sentiment d'imitation vaniteuse, le sot reporte également en arrière ses cheveux, pour se donner les dehors d'une vaste intelligence. On discerne aisément le crâne fécond du front stérile, en comparant la forte expression du premier à la contrefaçon ridicule de l'autre.

Beaucoup de personnes se condamnent à une disposition invariable de coiffure, pour dissimuler un défaut de conformation ou les conséquences d'un accident irréparable.

Les borgnes ont l'habitude de laisser égarer une mèche de cheveux sur l'orbite vide. Des cheveux tombant sur le col servent à cacher des cicatrices, accusant un vice de l'organisation lymphatique. Le chauve dirige ses cheveux d'arrière en avant. La femme déplace du milieu la ligne blanche séparant sa chevelure, quand le vertex commence à se dénuder; la largeur de cette séparation s'accroît avec la perte successive des cheveux; on se résigne alors à voiler cette déperdition sous une étoffe officieuse.

Renoncer aux soins de sa coiffure est, de la part d'une femme, un acte d'abdication de ses droits aux hommages. C'est le dernier terme d'une lutte de tous les jours, de tous les instants, soutenue avec une ingénieuse ténacité, comme si porter de faux cheveux n'était pas avouer implicitement l'endroit faible.

Il est d'autres tricheries plus sérieuses. Des hypocrites simulent des qualités favorables à leur avancement, en affectant une précision inusitée dans l'ordonnance de leur coiffure, croyant ainsi paraître réguliers dans leurs mœurs comme dans leur manière de se tenir. On les reconnaît à leurs précautions trop vétilleuses.

Un diplomate a dit : « Si mon bonnet connaissait ma pensée, je le jetterais au feu. » Mais toute coiffure est dans le secret du porteur. Elle est confidente ou complice, et souvent victime. Le dépit la froisse, la rage la lance à terre et la piétine. Le chapeau se tient majestueusement sur la tête du fat et du sot. Ses bords s'abaissent sur le front de l'hypocrite; ils s'usent au contact réitéré d'une main obligée de le garder humblement devant un supérieur. On affermit son chapeau, s'il s'agit de bien se tenir. On se coiffe de travers quand l'esprit s'échauffe et menace. La coiffure dit tout, en dépit de l'assertion diplomatique.

DU COSTUME EN GÉNÉRAL

En considérant le costume au point de vue philosophique de l'histoire, on est frappé de ses rapports intimes avec les mœurs et l'esprit dominant de l'époque.

Nous le voyons persister dans les régions longtemps paisibles : il prend alors de l'ampleur. Il se rétrécit dans les temps de lutte. Le combat est la principale affaire ; on ne peut s'empêtrer dans les longs plis d'une étoffe à ménager ; le soldat doit offrir le moins de prise à l'ennemi et conserver toute la liberté de mouvement nécessaire.

L'Église, toujours soumise aux mêmes lois, n'a pas apporté de changements notables dans son costume : il n'a pas varié dans son principe. Les mouvements du prêtre sont compassés et non rapides. La magistrature a conservé la robe et les manches larges, parfaitement adaptées à la dignité du maintien et du geste.

La décadence de la moralité publique se montre avec le décolleté de la toilette des femmes et dans son exagération. Dans les pays où le sens moral ou le caractère religieux sont en honneur, les lois de la décence régissent la coupe des vêtements et leur simplicité.

La forme du gouvernement influe sur le costume ; il est modeste et sévère dans les États républicains. Sous une monarchie, il varie avec les goûts du monarque. On retrouve les modifications du caractère du souverain dans la série des habits dont il a fait usage. Pour votre édification, étalez la friperie du roi-soleil, depuis le Louis XIV enrubanné de la Vallière, jusqu'au Louis XIV-Maintenon, l'amant édenté de la veuve d'un époux difforme : le faste ouvre la série; il s'atténue avec la bigoterie des derniers jours du règne.

Au temps où Louis XV taillait son pavillon royal dans le cotillon de la Dubarry, le dévergondage des passions dirige les ciseaux des faiseuses d'atours. Le costumier de la favorite donne le ton à la noblesse, dont les modes passent à la bourgeoisie opulente. Ainsi la corruption s'infiltre; on copie la manière de s'attifer des excentriques, et l'on s'associe insensiblement à leurs principes dissolus.

La moindre fissure au corsage de la jeune fille est une brèche à sa pudeur.

DE LA MANIÈRE DE SE VÊTIR

La manière de se vêtir, prise dans son acception simple et large, est une question de température ; le vêtement est un préservatif contre l'excès du froid et de la chaleur. Il devient costume national, quand son type est généralisé dans la même région. La façon individuelle de le porter le rend accessoire du caractère de la personne. Il a donc sa raison d'être considéré comme signe extérieur. Dans ce cas, il indique ce que l'on veut paraître, puisqu'il est facultatif. Il dit la profession, s'il est d'uniforme. Les peuples amis des progrès tendent à s'affranchir de ces distinctions. Les gouvernants y tiennent d'autant plus qu'ils sont plus despotes. Ils ont besoin d'offrir un appât à la vanité ; c'est un point d'appui excellent pour eux. On étouffe le patriotisme en faisant surgir les passions égoïstes de la jalousie et de l'envie. L'uniforme hiérarchisé divise les masses, en les distribuant en classes. L'habit national réunit. Le premier rappelle le servage ; le second est l'emblème de l'égalité, sous la liberté.

L'uniforme a une action remarquable sur le soldat : c'est l'égalité dans la servitude. On conçoit l'importance attachée par un roi de Prusse quelconque à ne pas tolérer la moindre infraction à la tenue réglementaire. Occuper le soldat à conserver son fourniment dans un état irréprochable de lustre est un procédé facile pour le distraire de toute préoccupation politique. Il n'a rien à voir au delà de sa consigne. Plus l'uniforme est strict, plus la discipline est sévère sous la main compressive du pouvoir. Le jour où les armées permanentes ne seront plus de mise, la liberté aura fait un grand pas.

L'habit militaire plaît aux femmes. A leurs yeux, il signifie force et courage. C'est l'histoire de Mars et Vénus au petit pied. Tout est relatif. Les épaulettes de colonel ont fait fureur dans les hauts salons, pendant les douze premières années de ce siècle. Être au bras d'un sous-officier est le rêve de la grisette ; la bonne d'enfant se contente d'un sapeur et au besoin d'un conscrit.

La magnificence du costume produit sur les esprits faibles l'effet de la flamme de la bougie sur les petits insectes. L'espèce humaine est un peu moucheronne : elle se laisse piper par de faux brillants. Le catholicisme tire un grand parti de ses ornements pontificaux, pour impressionner et attirer les simples. L'apparat déployé dans les costumes de la cour a pour but de fasciner les regards du peuple : il paye ; les courtisans posent ; jusqu'au jour où, fatigué de voir constamment les mêmes parades, le parterre ne se contente plus de siffler les acteurs, et les chasse, sauf à les voir revenir, plus tard, sous d'autres déguisements.

Peu de personnes savent porter convenablement leurs habits. Certaines femmes ont le rare talent de faire valoir les robes les plus simples. Un grand nombre se mettent l'esprit à la torture pour aboutir à entraver les mouvements du corps ; le manque de naturel atteste alors des prétentions irréalisables, ou le défaut d'habitude. On s'aperçoit de l'emprunt fait par la cuisinière à sa maîtresse. Le valet grossier se trahit, par sa gaucherie, sous la coupe élégante du frac du chef de la maison. On sourit de la gêne éprouvée par le porteur d'un habit neuf exceptionnel.

La femme pudique et modeste s'abrite naïvement sous les étoffes sans éclat dont elle se couvre.

L'impudeur calcule la négligence de son costume : son désordre correspond à celui de la moralité.

La bonne tenue, des vêtements toujours propres, annoncent une existence rangée. L'inconduite se lit dans le débraillé de l'habillement.

Des habits étriqués révèlent une position restreinte. La misère et l'avarice portent cette livrée.

L'ampleur dans la manière de se vêtir convient aux caractères expansifs.

Le prêtre, serré dans sa soutane, est sec et froid.

Si vous avez commis la plus légère infraction aux arrêtés de la police urbaine, évitez prudemment le gendarme barricadé du haut en bas sous ses insignes. Il n'est point indulgent.

Il n'y a pas à se défier d'un homme n'ajustant jamais un bouton avec sa boutonnière correspondante : il est distrait, il n'est pas méchant.

L'intention perce dans la disposition des parties de la toilette. La femme allant en conquête s'attife en conséquence. Aux soins inusités de la parure, on sent le désir de plaire éclore au cœur de la jeune fille.

C'est un mauvais pronostic pour le créancier de trouver les habits de son débiteur jetés çà et là sur les meubles, exposés à la poussière.

Tout est solidaire dans les diverses pièces de l'habillement. Une seule contient l'enseignement répandu dans l'ensemble. La cravate empesée et raide, et la cravate en corde et lâche, expriment deux idées contradictoires : esprit gourmé d'une part, et, de l'autre, esprit communicatif.

La couleur des vêtements est à considérer. Les flegmatiques préfèrent les teintes sombres ; les amis de la gaieté recherchent les tons lumineux. Des oppositions crues et tranchées désignent la volonté de se faire remarquer. C'est un travers commun aux villageoises, dont le goût peu cultivé s'arrête aux choses voyantes.

La femme du monde passe une partie de son temps à combiner le choix et la coupe des étoffes. Cependant, elle se lance d'une extrémité à l'autre, au gré du caprice régnant.

Les peuples constants dans leur costume le sont aussi dans leurs mœurs.

Les êtres futiles s'abandonnent aux élucubrations fantaisistes de prétendus directeurs du suprême bon ton. « C'est la mode, » affirment-ils, et les moutons suivent.

La collection de nos costumes depuis 1787 n'est pas de nature à détruire le reproche de légèreté adressé à la nation française. Nous sommes tous plus ou moins complices de ces petites dérogations au bon sens. Il me sera tenu compte de l'aveu suivant. Je reléguais mes vieux chapeaux sur une soupente. Quand je m'avisai de vider la place, quatorze échantillons en sortirent. Leur rapprochement me stupéfia; je me demandai comment j'avais osé me promener avec cela sur la tête. J'étais arrivé de la forme extravasée d'un fond surélevé à la coiffe basse et pointue. La collection comprenait un chapeau à bords démesurément larges et un autre où ils étaient à peine indiqués. O honte !

Dans l'état de sujétion, la tournure de l'habit accuse la prétention de celui qui l'impose et non les aspirations du costumé. L'économie des parents se reflète sur l'enfant hâtif, débordant d'une veste et d'un pantalon longtemps ménagés. Le ridicule de l'accoutrement des domestiques au service d'un haut et puissant seigneur retombe, de droit, sur celui-ci, et non sur les pauvres diables obligés de se soumettre à d'absurdes caprices.

On rencontre à chaque pas, dans le jardin des Tuileries, une nourrice portant majestueusement dans ses bras un enfant de grande maison paré comme une châsse. Je plains de tout mon cœur ce petit être enfoui sous une avalanche de plumes et de broderies, écrasant son front ingénu, comme certificat de la richesse de sa race et de la vanité de ses parents.

COSTUMES ANCIENS

L'important ouvrage de Camille Bonnard et de Mercuri renferme un grand nombre de costumes des treizième, quatorzième et quinzième siècles. Nous en extrairons plusieurs coiffures pour justifier notre appréciation du rapport de la façon des vêtements avec les mœurs des époques où elle s'est produite. Le lecteur mettra, par la pensée, ces ajustements en regard des faits historiques.

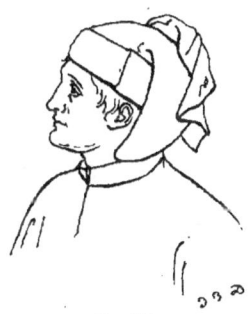

Fig. 508.

Cet agencement italien (fig. 508) appartient au treizième siècle. Il est inséré dans un manuscrit latin de la bibliothèque du Vatican.

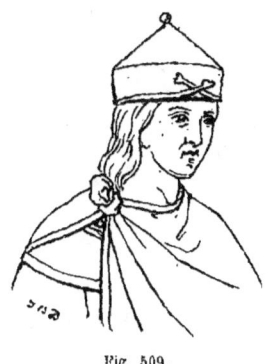

Fig. 509.

Ce noble vénitien (fig. 509) est le contemporain du précédent. Il porte un bonnet de teinte violette, surmonté d'une perle et brodé d'or ; il rappelle le style grec d'alors.

Les deux coiffures de femmes suivantes sont du même temps. Une mosaïque de la porte de l'église Saint-Marc, à Venise, nous fournit ce genre de coiffure.

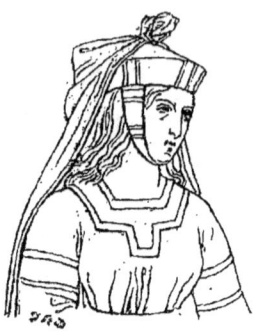

Fig. 510.

Ces figures représentent deux nobles vénitiennes. Le diadème de celle-ci (fig. 510) est blanc ; un voile, d'un ton violet, est jeté sur la coiffure de l'autre (fig. 511).

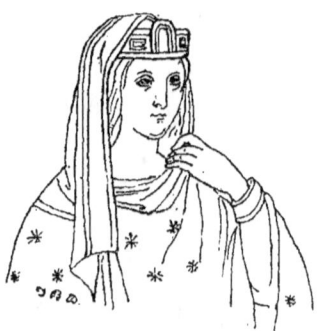

Fig. 511.

Nous entrons maintenant dans le quatorzième siècle. Laissons passer les dames en premier.

Cette coiffure simple et gracieuse (fig. 512) se trouve sur une peinture de Simon Memmi, dans le Campo-Santo, à Pise.

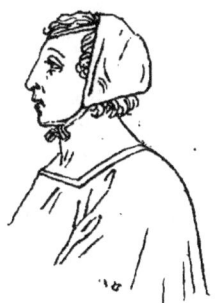

Fig. 512.

Cette tête anglaise (fig. 513) a été dessinée d'après la pierre sépulcrale de lady Joyeuse Tiptoft, dans l'église d'Enfield, en Angleterre. Ce type a été longtemps en usage.

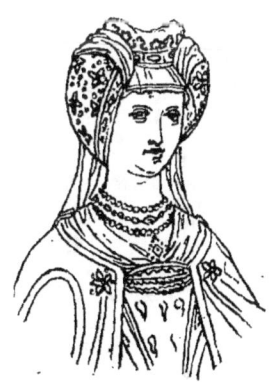

Fig. 513.

Cette noble française (fig. 514) porte un turban tissu d'or et recouvrant un petit bonnet jaune, orné de boutons en or.

Le tombeau de la femme de Luc Savelli, dans l'église de Sainte-Sabine, à Rome, a fourni cet ajustement d'une noble romaine (fig. 515). Il est original et sévère.

Celui-ci (fig. 516) affecte plus de coquetterie. Il appartient à une

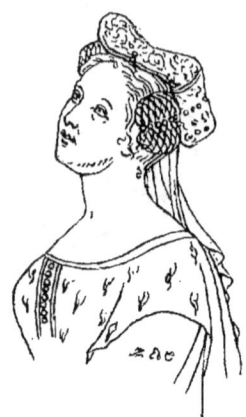

Fig. 514.

noble italienne, faisant résonner une harpe sous ses doigts délicats.

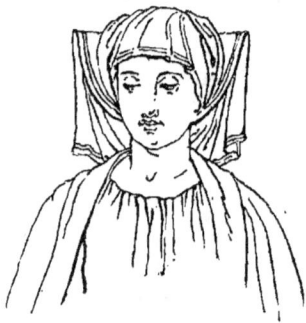

Fig. 515.

Une miniature du roman de la *Rose* reproduit une vieille femme

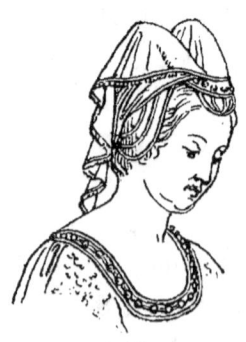

Fig. 516.

du peuple (fig. 517), avec un capuchon bleu sur un voile blanc.

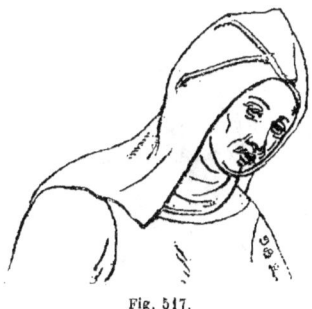

Fig. 517.

Quelques exemples de coiffures masculines compléteront cette série séculaire.

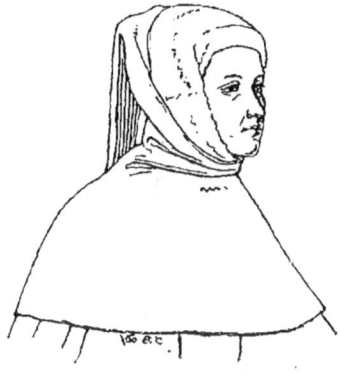

Fig. 518.

Pétrarque (fig. 518) apparaît d'abord dans nos souvenirs poétiques, avec son capuchon doublé d'hermine.

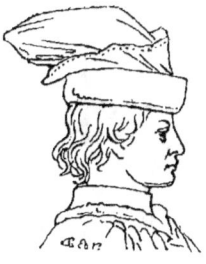

Fig 519.

Ce jeune Italien (fig. 519) montre son bonnet écarlate dans un tableau de Vanni, placé dans l'Académie des beaux-arts, à Sienne.

Voici un autre bonnet (fig. 520). Il est verdâtre ; il se groupe

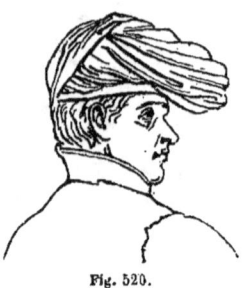
Fig. 520.

avec un petit voile blanc et s'abaisse sur le front d'un jeune Florentin.

Fig. 521 : Capuchon à queue, commun à la France et à l'Italie.

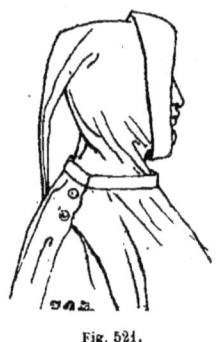
Fig. 521.

Il est tiré d'un manuscrit de Tite-Live, à la bibliothèque Ambrosienne de Milan.

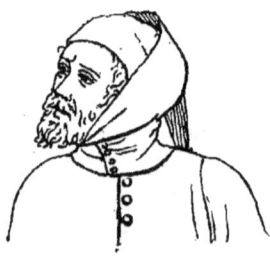
Fig. 522.

Cette autre variété italienne (fig. 522) est dans l'une des peintures de Simon Memmi, à Florence. Elle désigne un plébéien.

Un bonnet d'un ton écarlate et un manteau bleu, couleur de plomb, composent le costume officiel d'un sbire (fig. 523). Une

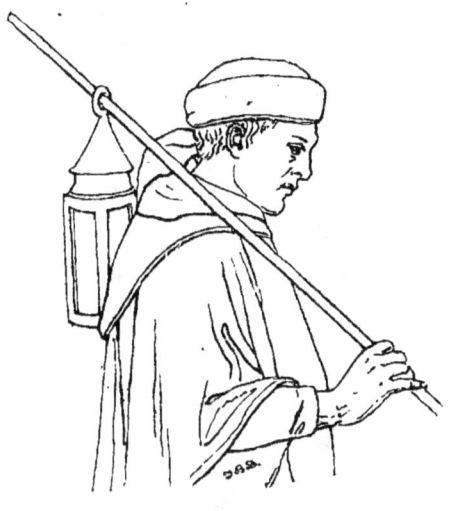

Fig. 523.

lanterne, au bout d'un bâton, indique ses fonctions de surveillant de nuit. C'est le sergent de ville en 1300.

Ce valet (fig. 524) est coiffé d'un capuchon rouge, bordé de blanc

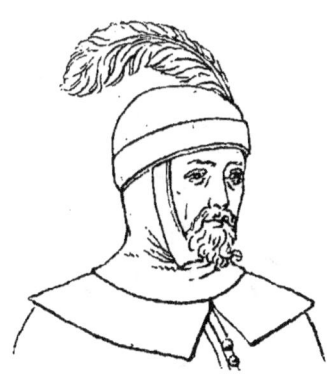

Fig. 524.

sur la poitrine. Il provient d'un manuscrit du roman de Lancelot du Lac.

450 PHYSIOGNOMONIE.

Nous sommes, pour ce qui va suivre, dans le quinzième siècle.

Un ajustement des plus répandus en France est celui-ci (fig. 525) ; nos Cauchoises actuelles en ont conservé le principe.

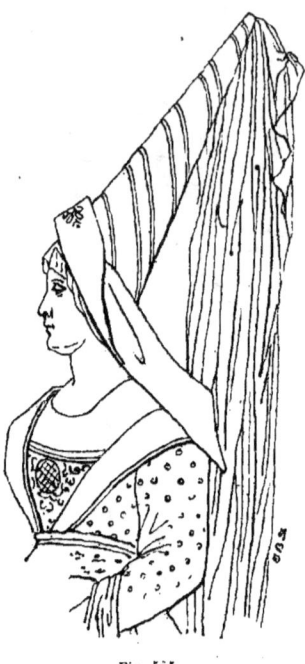

Fig. 525.

Dans ce spécimen, une bande de velours noir, placée sur le front, est enrichie d'une broderie d'or.

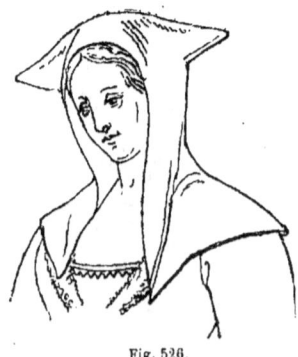

Fig. 526.

Encore une noble dame française (fig. 526). Une miniature

ancienne donne une couleur noire à cette coiffure, écrasée et large, contrastant avec la précédente, toute en hauteur.

Le manuscrit du roi René de Provence contient cette image (fig. 527) d'un seigneur de ce pays. Le bonnet a le ton de la laque

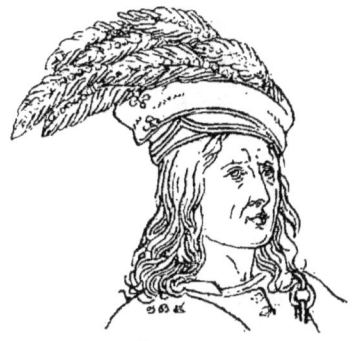

Fig. 527.

et un liséré blanc. Ce bonnet est recouvert d'une fourrure grisâtre, semée de boutons d'or. Des paillettes de même métal ornent les plumes rouges placées au-dessus.

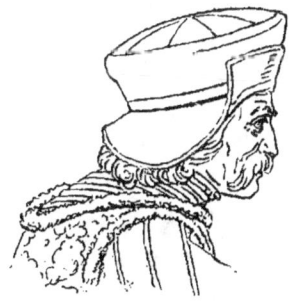

Fig. 528.

Ce noble allemand (fig. 528) se voit sur la porte de bronze de la basilique de Saint-Pierre.

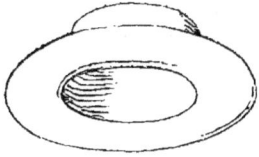

Fig. 529.

Le chapeau (fig. 529) commence à se généraliser en France.

Ce simple bonnet (fig. 530) est également commun.

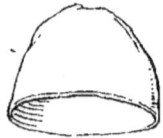

Fig. 530.

La coiffure des paysans de ce siècle se composait d'étoffes grossières.

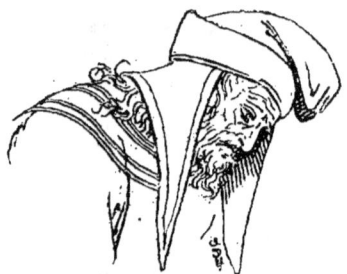

Fig. 531.

Dans la figure 531, un bonnet couleur de laque en recouvre un second blanc.

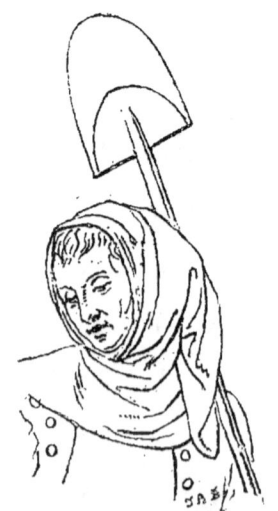

Fig. 532.

La figure 532 est habillée de gris.

Ces deux échantillons sont très-pitttoresques. On peut les considérer comme adoptés en principe, à peu près, en Europe. On en rencontre d'analogues dans le manuscrit de Virgile, conservé dans la bibliothèque Ambrosienne, à Milan, et dans d'autres appartenant à notre collection de Paris. Le Giotto a peint des vêtements presque semblables dans le Campo-Santo de Pise.

La Renaissance imprime son cachet sur le goût dominant du seizième siècle. Il est assez connu, ainsi que les deux suivants, pour ne pas prolonger notre examen des coiffures. Nous passons aux excentricités de la fin du règne de Louis XVI, au sortir des frivolités de la cour de son prédécesseur.

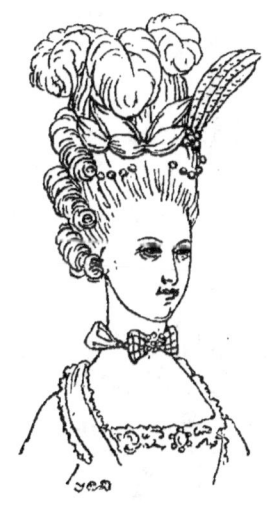

Fig. 533.

Voici la femme du grand monde avec son attirail léger, sur une tête plus légère encore (fig. 533).

L'on a vu, sous Louis XVI, porter de pareils chapeaux (fig. 534), dont le spirituel crayon de Debucourt nous a transmis les incroyables dispositions.

Ce genre de coiffure (fig. 535) était en vogue quand la grande révolution de 89 éclata.

Il faut parcourir le *Journal des Modes* depuis ce temps jusqu'à

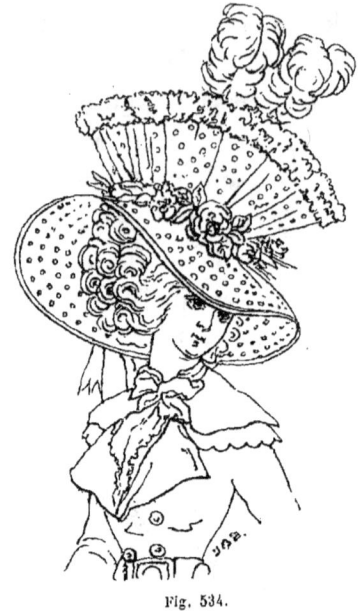

Fig. 534.

nos jours; on y trouvera le reflet des conditions successives de la

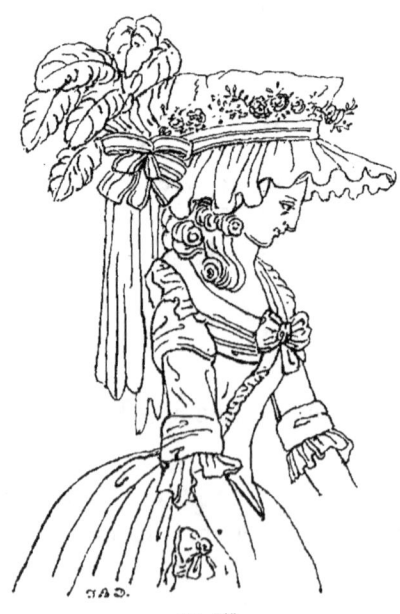

Fig. 535.

société parisienne. Aujourd'hui, l'extrême mobilité de la coiffure répond à l'instabilité des choses et à la dégénérescence morale. Nous retournons au Louis XV. Devons-nous reprendre, à ce point de départ, le chemin ouvert devant nous?

Le bel ouvrage de Camille Bonnard et Mercuri, celui des frères Pauquet, récemment publié, résument très-bien les données européennes. D'autres travaux importants, dus à des voyageurs anglais et américains, nous représentent la variété infinie des vêtements de l'Inde. Notre grande Bibliothèque Nationale contient des richesses immenses en costumes de toutes les contrées du monde; c'est un voyage scientifique à la portée de tous les amis des arts. Nous invitons nos lecteurs à l'entreprendre.

DE LA CHAUSSURE

Si le lecteur veut prendre la peine d'entrer dans une humble échoppe, nous suivrons ensemble la clinique du médecin en chef de ce petit hôpital, où les malades attendent patiemment le secours d'une main réparatrice ; elle viendra les remettre en état de supporter d'autant plus de fatigues qu'ils en ont éprouvé davantage. Le pauvre ne se sépare pas de sa chaussure aussi promptement que le riche. Remarquez cette justice distributive dans les soins apportés par l'honnête réparateur : c'est aux souliers les plus délabrés qu'il s'attache à rendre plus de force et de solidité.

Il commence par palper les bosses et les creux du vieux serviteur, comme le fait un phrénologue sur le crâne d'un client. Il existe seulement cette différence entre les deux examinateurs : Le premier procède judicieusement à ses investigations, pour s'assurer du meilleur emploi possible de la matière. Le disciple de Gall est consulté quand le mal est sans remède. Il eût été plus logique d'agir avant, afin d'en avoir le bénéfice ; mais il est d'usage de disposer d'une tête humaine sans en avoir constaté les facultés prédominantes. Ce serait cependant un moyen de les utiliser, au double profit de l'individu lui-même et de la société, dont il doit devenir un membre actif.

Commençons.

Voici un soulier dont la largeur est trop grande en raison de sa longueur. Il est *avachi*, selon l'expression technique. Il reproduit les saillies des orteils. Sa couture a cédé sous de puissantes pressions. Il est propre et soigné. Il chausse une dame d'un embonpoint remarquable. Elle est encore jeune et coquette, car elle s'efforce de rendre son pied moins épaté. Elle se tient debout au prix de mille tortures : la semelle est à peine effleurée. Cette victime volontaire d'un sot amour-propre se condamne à demeurer assise : cet état stationnaire augmente son obésité.

Un pied alerte a vécu sans trop de gêne dans ce brodequin. A l'usure de sa pointe on juge que le talon n'a pas souvent touché le sol. C'est la propriété d'une fringante soubrette, à la mine éveillée, cherchant à diminuer le bruit de ses pas. Est-ce pour ne pas se rendre importune? est-ce parce qu'étant un peu curieuse, il lui est ainsi plus facile de se rapprocher ou de se retirer, avec moins de risques, de la porte close sur laquelle s'applique parfois son oreille indiscrète?

Le dessus de l'extrémité de cette chaussure modeste est régulièrement usé; son propriétaire a l'habitude de s'agenouiller. Il serait bon de voir son visage, afin de résoudre cette question douteuse : est-ce un hypocrite ou un pieux personnage? J'inclinerais, *à priori*, pour la première de ces suppositions.

Ce soulier d'enfant est aussi détérioré par le bout et en dessus ; mais ici la blessure est à l'état aigu, et non chronique. L'enfant est joueur; il se traîne par terre, et, tout entier à ses ébats, il n'apporte aucun soin à conserver ses vêtements, qui sont toujours en désordre.

Les grosses boursouflures correspondant aux articulations des orteils, la qualité du cuir, l'aplanissement de la semelle, la forme sans prétention, rappellent la prudence, l'économie et l'âge avancé du maître. Cette chaussure est un peu décousue. Elle a été immédiatement soumise à une légère réparation, dans la crainte de laisser augmenter le dommage.

Comment cet escarpin, d'une coupe élégante, se trouve-t-il dans cette collection roturière? Il n'a pas fourni sa carrière aristocratique. Écoutez! Son possesseur est loin de disposer d'une fortune à la hauteur de sa manière fashionable de se vêtir. Il est superbe devant le monde, il est humble devant son cordonnier, qui tient en réserve plus d'un mémoire à réclamer dans l'occasion. L'œuvre émérite aurait dû lui être reportée et recourir à l'aiguille maternelle; mais il ne faut jamais raviver les souvenirs d'un créancier. Il est moins scabreux et plus facile de payer un raccommodage isolé.

Il est dur, et souvent impossible, de solder un arriéré de fournitures.

Cette botte vernie va subir l'outrage d'un rapiècement ignoble. Elle est déchue de sa grandeur : elle passe du pied d'un petit maître à la jambe amaigrie du groom, dont il rémunère ainsi les services.

Cette semelle épaisse vient échanger contre des neufs ses gros clous, mis à niveau par un frottement ménagé sur le pavé municipal. Elle atteste la régularité de mœurs d'un travailleur infatigable, économe. Le cirage ne masque pas les défauts de cette espèce de cuirasse; elle est enduite d'une graisse protectrice. La solidité de sa confection exclut la beauté plastique.

Je reconnais l'ivrogne et le paresseux dans le délabrement de cette savate. Elle s'est heurtée à la pierre du chemin conduisant du taudis de son traîneur au cabaret, tripot infect où il a élu domicile. L'excoriation de l'empeigne a eu lieu sous les trépignements convulsifs de l'anxiété du joueur. La portion postérieure s'est éculée sous le poids du talon alourdi par l'ivresse. L'amincissement des parois externes résulte du croisement des jambes du flâneur, assis sans rien faire. Cette pièce dépose de tous les vices dont l'oisiveté fait éclore les germes et mûrir les fruits véreux.

L'impatience a contracté les orteils; leur pression, répétée journellement, a rendu convexe la partie antérieure et externe de la semelle. L'usure a nécessité le remplacement de la matière, enlevée par un contact forcé avec le sol. Cette opinion se fortifie par l'aspect du reste de la surface plantaire; elle n'a pas souffert. Un long usage de la marche n'a pas produit ces trouées précoces.

Nous avons maintenant sous les yeux un autre sujet d'observation. Ici le talon seul a besoin d'être réédifié. Celui dont la petite stature a son centre de gravité sur ce point, se rejette évidemment en arrière et porte la tête droite. L'estime de soi-même, la vanité, l'orgueil, prennent cette allure. Le vaniteux marche sur les talons et fait résonner le terrain sous ses pas. La hauteur du cuir à remplacer est l'échelle de proportion du désir de paraître et de se donner de l'importance.

Le contraire a lieu chez les timides, évitant de se produire et d'attirer sur eux les regards. La projection de leur corps en avant reporte le centre de la pesanteur vers la moitié antérieure de la semelle et la détériore davantage.

Voici une chaussure digne d'une attention particulière. Sa légèreté n'annonce pas de coquetterie ; son choix a été déterminé par la modicité du prix. On le juge à la négligence du confectionneur. Déjà les bordures sont élimées. Ce ruban, jadis noir, a été plus d'une fois raccourci pour en renouer les morceaux déchirés. Il vient en aide au quartier auquel il est cousu et dont le long usage a ramolli le faible tissu. Ce ruban n'entoure plus d'un triple repli l'articulation du pied avec la jambe. Il a pris un ton roussâtre et tient par artifice. Le cirage n'apparaît pas luisant sur toute la surface de cette peau, flasque et dédoublée en certains points. L'humidité des parties exposées à la boue n'a pas été absorbée par la chaleur du frottage obstiné d'une brosse à crins réduits et gagnant en dureté ce qu'ils perdent en souplesse. Il y a un poëme de douleurs dans les révélations de ce soulier propre et soigné comme un ami, dont la perte serait cruelle à subir. Ce soulier féminin est l'emblème de la lutte contre la misère respectable ; un témoignage d'ordre et d'honorabilité. Celle qui a trop de soin de sa manière de se chausser n'offre pas autant de garanties contre les séductions du luxe et ses conséquences funestes.

La chaussure en exercice a son enseignement. Cette enveloppe satinée et gracieuse dessine un pied mignon, délicat et doucement cambré. Elle n'est pas façonnée pour se souiller au contact de la voie publique ; cette œuvre d'art se pose mollement sur le tapis moelleux d'un salon ou sur les coussins d'un brillant équipage.

Un bourgeois s'adresse à un confectionneur qui élève le prix de ses fournitures à la hauteur de sa renommée sans rivale. La somme à payer est forte. Après trois jours d'usage, les bottes sont hors de service. L'acheteur va, pièces aux pieds, faire des reproches à l'éminent artiste. « Pardon, dit celui-ci, marchez-vous ? — Oui, certes ! répond le réclamant. — Monsieur, s'écrie alors le vendeur froissé, je travaille exclusivement pour les clients ayant voiture ! »

Cette botte (fig. 536) raide, montante, astiquée militairement, fait partie d'un tout appelé gendarme. Elle a la rigidité, la prestance de ce fonctionnaire et peut-être aussi d'autres qualités, non énumérables et pour cause.

La botte du gendarme reflète ses actes. Brillante et lustrée, elle

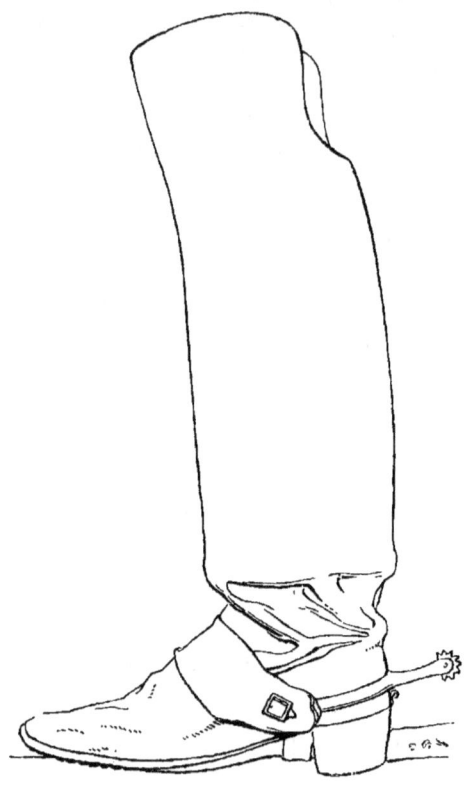

Fig. 536.

nous le montre ponctuel observateur des règlements et veillant à la sûreté publique comme sur lui-même. La chaussure mal soignée est un signe de négligence personnelle, indiquant plus de mollesse dans l'exécution des devoirs du gardien de l'ordre social.

Ce soulier plat, large, sans talon, habite le Marais. Aux derniers temps de la monarchie bourbonienne, il eût été décoré de la boucle d'argent. Il est placide et calme dans sa marche, comme le rentier dont il empaquette le pied.

Une chaussure ample, sans prétention à la mode du jour, appartient à l'homme ennemi de la gêne et se mettant à son aise, dans ses relations avec le monde et les choses. On reconnaît l'esclave aux entraves du pied.

Il y a des chaussures spéciales, dont les altérations proviennent de l'exercice de la profession. Mettons tout de suite à l'écart ces bottes pesantes et sales, d'où suintent les miasmes putrides des égouts.

Voici des bottes à tige élevée, raides, lourdes et évasées à leur ouverture, pour permettre au genou de s'y mouvoir. Un postillon l'emboîte. Ce type s'efface avec le prolongement des voies ferrées. La botte à l'écuyère en est une variante plus durable. Elle distingue la cavalerie des autres corps de l'armée. Dans le premier de ces échantillons, la forme ne sert pas seulement à garantir le pied des aspérités du sol, elle isole les membres inférieurs des eaux fangeuses, où les récureurs d'égouts se tiennent pour exercer leur pénible métier. La force donnée à la chaussure des cavaliers les aide à se maintenir en équilibre sur leur monture, sans les empêcher de marcher. Le courrier de la poste a des bottes fortes, devant lui servir seulement à cheval.

Le danseur porte des souliers fins, souples et découverts, n'ôtant rien au jeu des articulations multiples du pied.

Les sandales en usage dans les salles d'armes dégagent les orteils, en protégeant la face plantaire.

Le bon écuyer se reconnaît à l'effet produit sur la semelle de sa botte par l'étrier servant de point d'appui au pied, qui ne doit jamais s'y empêtrer ; dans ce cas, la semelle s'use transversalement vers la pointe ; les faces latérales de l'empeigne ne sont pas altérées.

Des ouvriers passent leur vie sur les barres d'une échelle, ou rivalisent de patience avec les écureuils sur la roue d'une carrière : ils abiment leur chaussure vers le milieu du dessous.

Les porteurs de fardeaux sur la tête détériorent la partie correspondant au talon, au pouce et au petit doigt.

La flexion en avant des forts de la halle, chargeant leurs épaules d'un poids énorme, fait une pesée sur le talon et un peu au delà du milieu de la semelle, et plus loin si la projection est plus marquée.

Le marchand, attelé à sa voiture, fait principalement effort sur la portion interne, placée sous le gros orteil et le talon.

Le carreleur agenouillé sur le plancher troue ses souliers à la pointe de l'empeigne. La partie avoisinante de la semelle est amincie, quand le reste est assez bien conservé. Chaque profession a son genre d'usure.

La forme et la contexture primitives de la chaussure sont en raison de la fatigue à essuyer. L'épaisseur générale des tissus convient au travailleur constamment debout, sous une charge pesante, ou contraint à de longues courses. L'artisan assis n'alourdit pas inutilement son pied.

Le soin apporté à l'entretien de la chaussure donne une idée favorable de l'homme. Ceux qui se placent en dehors de toutes considérations livrent complétement leur chaussure à toutes les péripéties d'une existence irrégulière. Voyez, par exemple, les souliers-savates d'un voleur de profession : ils sont parfaitement négligés ; aucune précaution ne vient retarder le moment où ils quitteront forcément les pieds auxquels ils sont annexés par la paresse.

Les remarques faites sur la chaussure de cuir s'appliquent à toutes les autres matières employées, avec les variantes propres à leur nature. Le sabot, dans des conditions identiques, reçoit les mêmes atteintes : les déchirures du tissu élastique se traduisent sur le bois par des fentes ou des éclats.

En s'attachant seulement aux particularités de l'âge, nous verrons les enfants détruire surtout l'extrémité antérieure de leur chaussure ; le sabot de l'enfant est mis promptement hors de service. L'adolescence étend son action au premier tiers. L'âge viril agit diversement sur une plus grande surface, en comprenant les trois points d'appui du pied. De l'âge mûr à la vieillesse, l'usure devient de plus en plus uniforme ; au delà de cette époque, la courbure du corps porte la pesanteur vers la partie moyenne antérieure de la semelle et l'affaiblit davantage, avec égalité dans sa ligne transverse.

Il est curieux de visiter, dans un grand établissement d'instruction publique, l'endroit où les souliers des élèves sont mis en ordre dans des cases numérotées ; c'est une espèce de bibliothèque, dont chaque volume peut être consulté avec fruit.

La dissipation, la modération dans le jeu, l'aptitude au travail, le caractère mélancolique ou ardent, se lisent couramment dans les résultats survenus.

Sans crainte de prêter un motif au sourire de réticence des incrédules, nous leur dirons : Faites cette expérience, vous serez étonnés des rapprochements singuliers qui existent entre les notes mensuelles fournies par le directeur et celles tirées de l'examen des souliers des élèves. Consultez l'état de la chaussure dans une caserne, dans une prison, dans un hôpital, vous retrouverez partout une analogie frappante entre l'aspect du soulier et les traits principaux du caractère de celui qui le chausse.

Encore un exemple, c'est de l'histoire :

L'on s'est entretenu longtemps des souliers larges, à semelle ferrée et narguant la mode, d'un avocat très-connu : ils sont devenus légendaires. Le caractère de l'homme, qui savait se plier aux circonstances, était, au fond, brusque et rude. Il avait l'esprit gaulois ; ses boutades, toujours accentuées, passaient souvent par-dessus les convenances du monde pour frapper juste au but. Il lui eût été impossible d'emprisonner son pied sous l'étreinte d'un escarpin.

DE LA PARURE

On porte des vêtements pour se couvrir. Certaines femmes s'habillent pour se parer et laisser le plus possible de leurs formes à découvert : elles sacrifient la pudeur à leur envie d'attirer l'attention.

Allons au fond des choses :

La parure sert moins à faire ressortir un agrément qu'à dissimuler un défaut. Se montrer riche, c'est se déclarer impuissante à paraître belle. Une coquette savante dans son art voile un charme tout juste assez pour attirer la convoitise. La parure devrait seulement être un cadre. Le beau s'amoindrit de la somme des éléments hétérogènes ; sa première condition est la vérité. Une mise simple accompagne bien la sincérité du caractère moral et des formes et l'harmonie des proportions. L'importance de l'accessoire nuit au principal. L'éclair des diamants fait perdre à de jolis doigts leurs lignes gracieuses ; il appelle l'attention sur une vilaine main. Farder le dehors, c'est chercher à tromper sur la qualité réelle. On éblouit à l'aide d'un scintillement factice, afin d'arrêter le regard à la surface.

Une femme est assez parée de sa jeunesse et de sa grâce ; elle va contre son but en prétendant mettre la dernière main au travail de la nature, la grande maîtresse des maîtres.

S'agit-il de réparer les ravages du temps ? l'on n'induit personne en erreur. Le recrépissage d'un fragment de muraille en accuse mieux la vétusté totale. De faux cheveux n'empêchent pas la calvitie de s'accroître ; leur teinte juvénile rend plus évident le dépérissement des traits du visage : l'antithèse est ridicule. N'est-ce pas un scandale d'emprunter des dents d'une blancheur immaculée pour servir de fond à des lèvres flétries? Est-il rationnel de changer la couleur de la chevelure, au mépris des lois naturelles de la concordance de toutes les parties de l'ensemble humain? Pourquoi sacrifier la souplesse de la taille à une finesse destructive de la santé? Pourquoi s'imposer le supplice du corset? Pourquoi rétablir la torture du brodequin, afin de *mignonner* le pied aux dépens de la démarche? Le tout pour obéir à ce mythe nommé *la Mode,* ce régisseur invisible, qui traite l'espèce humaine comme une matière passible du rabot et de l'étau. On abîme le tableau pour le faire entrer dans la bordure.

Le prétendu correctif est, nous l'avons déjà dit, le révélateur du défaut. Vous, homme, vous portez moustache et vous retenez l'essor de vos lèvres : vous craignez de montrer des dents malsaines. Vous, femme, vous désirez éteindre sous la poudre de riz les boutons et les taches de rousseur déshonorant votre front. Vous étalez du rouge carminé sur vos joues, sans y rappeler la vie. Vous adoptez avec enthousiasme l'affreuse crinoline, afin de suppléer des formes absentes. Vous portez pantalon, si votre jambe pudique manque de rondeur. Assez. Ne trahissons pas une foule de petits expédients. Il doit être beaucoup pardonné à qui pèche en s'efforçant de plaire.

La parure n'est pas seulement mise en œuvre pour rehausser la beauté ; on se pare aussi par gloriole. Dans l'impossibilité de régner par la supériorité de ses avantages personnels, on tient à écraser ses rivales sous le poids de ses richesses. La maréchale X***, sevrée de ses attraits propres, se surchargeait de bijoux et de dentelles. Exciter l'envie est un régal de femme vaniteuse. Si du moins elle reculait devant le prix de la carte à payer !

La parure impressionne étrangement l'esprit féminin. Une petite fille épelle, sur ses poupées, des combinaisons d'étoffes, de rubans, de couleurs : elle saisit au passage tous les détails d'une toilette ; elle les décrit à ses camarades, sans oublier une épingle : Balzac n'aurait pas mieux vu.

Les excentricités de la parure se produisent aux époques de décadence des mœurs publiques. On rivalise de luxe aux dépens de la moralité. Combien de malheureuses ont passé par les sentines du vice pour arriver aux sommités du luxe et contenter leur amour effréné de la parure !

De la parure à la coquetterie, il n'y a pas d'intervalle. Elles sont sœurs. La première est au corps ce que la seconde est à l'esprit.

La coquetterie est une variété féminine du mensonge. Le titre de jolie personne ne donne pas le droit de jouer avec l'amour, comme un enfant avec un joujou. L'une est coquette, afin de se composer une cour, sans vouloir répondre aux désirs habilement et traîtreusement excités, dans le but de s'en faire un mérite et un passe-temps récréatif. C'est la pire espèce. Une autre cherche uniquement à être encensée. Dans le premier cas, on commet sciemment une indignité. Dans le second, il y a au moins une grave imprudence. Pour plusieurs têtes folles, c'est une simple distraction : on s'amuse à secouer des étincelles dans l'obscurité, sans s'informer s'il n'y a pas auprès des matières inflammables. Il est cependant plus aisé de faire la part de l'incendie des substances inertes que d'éteindre la passion dans le cœur fortement épris. Puis, quand l'amoureux veut cesser d'être un simulacre et se placer sur le terrain de la réalité, l'inconséquente le repousse ; la pudeur le tient en respect. Malheur à l'homme subjugué par de faux dehors ! il paye cher la faute d'avoir fait, de pareilles relations, une question d'avenir.

Il faut expliquer par l'insensibilité de la femme la raison de sa conduite, si elle est assez maîtresse d'elle-même pour ne point dépasser une limite donnée. Une femme affectueuse n'aurait pas la force de résister, sans le secours de l'éducation, à l'expression de sentiments vrais.

L'amour platonique est le rêve d'une âme candide ; il cesse d'être possible au moment où les sens s'éveillent. La coquette de sang-froid n'est ni dans l'une ni dans l'autre de ces conditions. La femme inexpérimentée souffre du mal dont elle est la cause involontaire. Le compte de la coquetterie provocatrice se solde en mépris. Il reste au moins l'indulgence à celle qui s'est laissé aimer sans préméditation.

DU PRÉNOM DE LA PERSONNE

Que le lecteur ne nous accuse pas de tomber dans des puérilités. Le prénom est un indice dans la voie des explorations. Le prénom de l'enfant fait connaître la préoccupation des parents au moment de la naissance du petit héritier. Cette préoccupation s'est manifestée dans le choix de la désignation nominale. Or, on ne nie pas l'influence de la première éducation, presque toujours dirigée par le père et la mère. Dans cette hypothèse, le prénom se trouvant en harmonie avec la pensée dominante de ceux qui l'ont préféré, il peut, à un certain point, signaler la direction des premiers pas du porteur.

Les prénoms doivent être considérés sous plusieurs acceptions. Ils marquent une époque.

Les Régulus, les Hercules, les Brutus sont issus de notre révolution de 1789. Ils rappellent le sentiment de la probité, de la force, de la rigidité des principes républicains.

D'autre part, des parents, dans l'enthousiasme d'un succès populaire, ont adopté le nom du héros ou de l'héroïne du livre pour en décorer leur progéniture.

Le prénom d'Emile a sa filiation dans l'immortel ouvrage de Jean-Jacques Rousseau. René tire son origine d'*Atala*; Chateaubriand l'a inscrit sur le grand calendrier des célébrités de la littérature contemporaine.

Les enfants nés sous un règne puissant reproduisent dans leurs prénoms, soit l'adhésion sympathique, soit la courtisanerie de leurs auteurs.

L'empire nous a légué surabondamment le nom de Napoléon,

imposé, sinon de fait, mais par raison d'avancement, aux descendants des fonctionnaires créés par le chef de l'État.

Les affections de famille se retrouvent dans une modeste dénomination. Le nouveau-né a été placé sous l'invocation pure et simple du saint patron de l'un des ascendants ou des parrain et marraine.

Nous avons eu la curiosité de feuilleter quelques-uns de ces énormes in-folio où le maire enregistre, au nom de la loi, la naissance de ses administrés. Sans lire la date inscrite au bas d'une moyenne de pages, on peut très-approximativement fixer le chiffre ultérieur des années de l'inscription matriculaire.

Les prénoms de Jacques, de Pierre, de Jean, de François et d'autres aussi peu brillants, indiquent une famille vivant loin du monde politique et littéraire.

Thaïs, Julie, Lodoïska, Arthur, nous donnent une idée de l'esprit romanesque de ceux qui ont tenu le néophyte sur les fonts de baptême, en dépit des convenances religieuses. Dieudonné fait présumer une longue attente et des soins attentifs et obséquieux au nourrisson tant désiré ; son caractère a dû conséquemment se transformer en celui d'enfant gâté, et produire les fruits moraux qui en sont le résultat logique.

Il y a des prénoms roturiers. D'autres sentent leur prétentieuse origine. Ces derniers ont une euphonie cherchée ; ils réveillent d'aristocratiques souvenirs. Les premiers ont la bonhomie du langage ordinaire.

Un modeste petit saint suffit au fils du paysan. Le noble espagnol rehausse le nom de son successeur par un long cortége de protecteurs, laborieusement et systématiquement extrait des légendes du catholicisme romain.

Les enfants voués au blanc, à leur entrée dans la vie, ont généralement des prénoms dont le parfum mystique atteste une sollicitude craintive et une foi aveugle.

Les prénoms des enfants de troupe se ressentent des agitations au milieu desquelles ils ont reçu le jour, surtout si le tonnerre du canon remplaçait la parole du prêtre et si l'éclair de la poudre servait de luminaire à ce baptême de sang et de feu.

Bien des discussions s'élèvent dans le foyer domestique sur la préférence à donner au prénom le mieux approprié à la manière de voir et de sentir des juges en dernier ressort.

Ajoutons : les anciens diseurs de bonne aventure, ayant de l'expérience, ne manquaient pas de s'enquérir des prénoms du consultant, pour en utiliser les inductions applicables à leur horoscope.

Ces faits ne sont-ils pas assez concluants pour nous faire absoudre de toute exagération méticuleuse sur ce sujet?

Nous formulerons donc ainsi cette donnée : le prénom de l'enfant, étant souvent un reflet du caractère du premier éducateur, cette simple désignation peut éclairer d'une faible lueur le milieu dans lequel a été dressé le berceau.

CROQUIS

Nous supposons le lecteur familiarisé avec nos principes iconographiques. La question physiognomonique va se poser maintenant dans ces termes : D'après la description écrite, se figurer l'image du modèle.

Notre façon de procéder dans nos recherches nous fournira les matériaux de cet appendice.

Tout individu à étudier avait, dans nos cartons, un bulletin comprenant l'énumération des signes extérieurs, en regard des particularités du caractère moral et des actes du sujet. Nous en extrayons plusieurs notes, à titre de croquis, sans leur donner un ordre systématique.

QUERELLEUR

Cette tête a beaucoup d'analogie avec celle du bouledogue. L'enseigne ne promet rien que ne tienne le caractère annoncé par cette conformation.

Un front écrasé, des yeux saillants sous un réseau de filaments sanguins, un nez épaté, des narines haletantes, une bouche épaisse, la prédominance de la mâchoire inférieure sur la supérieure, sont autant de points de rapprochement avec la brute.

Cet homme trapu a les instincts de l'animal : il est hargneux, querelleur, entêté, cherchant une dispute comme un élément de son existence. Il a les bras robustes, le tronc allongé, les jambes courtes et osseuses. Ses mains sont deux étaux : elles mordent et ne lâchent pas.

DÉBUT

Nous faisons poser un adolescent récemment affranchi du collège. Ses facultés affectives ont été comprimées entre les murs étroits d'une classe; elles tendent à poindre à l'air libre. La vapeur commence à se former au fond du vase; elle monte en bulles légères à la surface, sous l'action progressive de la chaleur, avant de bouillonner : l'amour est à l'état d'intuition dans cette âme neuve. Il est plus dans l'imagination que dans le cœur. Le novice est trop embarrassé pour formuler ses premiers sentiments par la parole. Une épître ampoulée lui sert d'interprète. Assez souvent les familiarités d'une jeune tante éveillent en lui ces prodromes amoureux. Règle générale : une femme expérimentée obtient ses premiers hommages.

Nous trouvons sur ce visage en transformation l'hébètement, accessoire d'un esprit sortant d'un milieu de convention et transporté tout à coup sur le terrain de la réalité. Une sorte d'étonnement retient le regard d'un œil grand et limpide; les narines ont peu d'agilité. Des lèvres fortes donnent un aspect de niaiserie à la bouche; elles n'ont pas assez de finesse dans leurs mouvements pour accuser la sensualité. L'arrangement des cheveux dénote des prétentions anticipées. Les manières sont gauches. Les mains ne savent où se placer; elles sont grosses et, par leur coloration, elles semblent rougir de leur manque de tenue.

Les vêtements ont conservé la tradition universitaire. L'habit est mesquin. Les manches, trop courtes, laissent voir l'articulation d'un poignet sans grâce. Le pantalon n'a pas assez d'ampleur et n'atteint pas le dessus du pied. L'épaisseur de la semelle et la forme de la chaussure rappellent une idée persistante d'économie. La cravate et le linge gardent quelque chose de l'écolier insouciant.

Au sortir des bancs scolaires, on ne sait pas causer. On fait péniblement un thème sur un sujet souvent absurde et toujours ennuyeux. Ce fumet soporifique est l'indice de la cuisine littéraire à laquelle le jeune cerveau a été impitoyablement soumis.

Signe constant du genre : un cigare aux lèvres et plusieurs dans la poche, à offrir, pour montrer que l'on fume et beaucoup.

TÊTE ET CŒUR

L'honneur, la probité, le courage brillent dans ces traits nobles et dignes, harmonisés par le sentiment d'une bienveillance fraternelle. L'attitude de la tête indique l'élévation du caractère ; le regard est empreint de sollicitude ; la bouche est sobre de paroles ; le menton accuse une inébranlable fermeté ; la narine ouverte est un signe d'excentricité généreuse.

Si vous demandez quel est cet homme ; je vous dirai : Du temps de la chevalerie, il eût été le soldat sans peur et sans reproche. Il ne se nomme pas aujourd'hui ; une loi politique l'a frappé de mort civile. Elle a biffé son nom du registre des citoyens actifs ; mais ce nom vit dans le cœur de ses nombreux amis et dans l'estime de ses adversaires.

SOUFFRANCE PHYSIQUE

La souffrance a terni ce jeune et beau visage. Il captive le cœur avant de séduire les yeux. On prend un douloureux intérêt à suivre les traces d'une maladie ayant pour limite un tombeau.

Un doux regard, un sourire sympathique viennent, à de longs intervalles, rasséréner ces traits assombris avant l'âge. L'état habituel est une mélancolie où la résignation se mêle à l'espérance. La pauvre condamnée aime à rêver un bien-être prochain. Elle appuie son menton délicat dans sa main blanche et tourne vaguement ses regards vers les cieux. Elle pourrait oublier la terre, si, trop souvent, une toux sèche ne troublait ce calme apparent et ne faisait plisser un front dont la pâleur ressemble au reflet d'un linceul.

SOUFFRANCE MORALE

Complexion frêle et délicate de la plante élevée à l'ombre et dont le calice, amolli par la rosée, attend un rayon de soleil.

Ces traits fins et transparents, ces grands yeux voilés de longs cils, ce regard inquiet et doux, ce front pâle et s'illuminant parfois d'une lueur subite, ces lèvres sans incarnat et n'osant essayer un sourire, appartiennent à une jeune fille. Son sein a déjà recueilli bien des pleurs. Il ne s'est pas épanoui sous le rayonnement de l'amour.

Je m'attriste en étudiant ce mélancolique et beau visage. Sous un calme apparent, je pressens l'orage à venir. La pure essence des passions affectives va se condenser et fermenter dans cette âme naïve et chaste ; elles s'exhaleront fatalement, un jour, sous la pression du malheur. Pauvre enfant! elle aura le destin de ces fleurs étiolées, dont la suave odeur ne s'échappe que sous le froissement des doigts indifférents qui la brisent.

Si j'avais à placer un attribut auprès de cette simple et touchante figure, ce serait le bleu myosotis, dont le langage symbolique se traduit par ces mots du cœur : « Ne m'oubliez pas. »

SENSUALISME

Cette matrone, dont les formes exubérantes débordent son corsage, contient aussi difficilement ses passions que sa personne dans des limites convenables.

Elle descend en ligne directe de l'antique et célèbre Putiphar. Elle ne procède pas avec le sans-façon de cette ancêtre : sa ligne de conduite se ressent de notre état de civilisation. La dame du monde actuel prend des dispositions telles que le manteau ne lui reste pas vide entre les mains. Puis les Josephs deviennent rares aujourd'hui. Elle se trouve assez jeune encore pour s'occuper exclusivement de ses plaisirs. Plus tard ses instincts la porteront à seconder l'inexpérience de débutantes irrésolues, quand l'âge inévitable l'aura mise hors de cause. — Si nous la présentions de dos, on verrait un col gras, sur de riches épaules et garni de cheveux follets continuant ceux de la tête. Elle offre de face un ovale gracieux ; sa carnation est avivée par le désir. L'œil, un peu saillant et relevé par son angle externe, est adouci par de longs cils : il lance des éclairs quand les paupières se dilatent par un mouvement passionné. Le nez, mollement arrondi, agite ses narines. Les lèvres sont fortement colorées. De belles dents attestent une santé robuste. Le sang roséolant les joues les pousse vers le bas de l'orbite, où se forment momentanément des plis légers.

Il faut noter, dans l'ensemble, le manque de tenue, l'excentricité des manières et du costume; l'affectation d'appeler l'attention, soit en lui offrant l'appât d'une nudité devinée, soit par des étoffes d'un ton criard, une démarche et des allures hardies, un son de voix rauque et stridente, une liberté de langage où la pudeur ne trouve pas toujours son compte; ajoutons : l'habitude de se faire suivre ou entourer d'admirateurs, afin d'exciter leur émulation en distribuant à chacun une part de bonnes grâces, à titre d'encouragement. Les femmes de cette trempe choisissent de préférence, pour mari, un homme à occupations fixes et extra-domiciliaires.

VANITEUX

Il y a deux sortes de vaniteux : les uns imposent leur éloge et le revendiquent avec aplomb, comme une redevance légitime ; les autres le mendient naïvement. Les premiers pèsent de tout le poids de leurs prétentions sur leur entourage ; on lit dans le regard des seconds : « Pour les besoins de ma vanité, s'il vous plaît ! » Nous supportons impatiemment l'impudence; nous avons pitié du suppliant qui tend l'oreille à notre aumône.

Lorsque le célèbre Vandael eut cessé de vivre, Redouté, son émule, s'écria : « Le second peintre de fleurs est mort. — Qui places-tu donc le premier ? lui demanda son vieil ami Boilly, artiste distingué. — Moi ! » dit sans hésitation Redouté. Classons-le dans la première catégorie.

La vanité n'exclut pas les sentiments affectueux.

Fieschy vient d'entendre le réquisitoire du ministère public. Cet homme est plus vivement blessé dans sa vanité par la parole incisive du magistrat, que dans sa propre personne par l'explosion de sa machine infernale. Il dispute sa tête au bourreau et son nom à l'exécration publique.

Cependant il s'émeut encore en écrivant à Nina Lassave. La voix du cœur de l'assassin domine celle du procureur général. Il trace d'une main ferme la lettre suivante, dont nous conservons l'orthographe :

« Ma pauvre amie, toi la moitié de moi-me yer nous avons
« bue le calis jousque a la lie mais aujourdhui ; jespere que il nen
« serat plus le mème l'angage soit mes avocat soit le procureur
« general, il feront la part à chaque en, et peut ettre lon te prou-
« vera le contraire. Me complice se defende comme i peuve. Mais
« la nation nous joujera et la joustice. Car si lon mavait pas done
« la farrin je naurais pas pue faire du pain et si je navais pas crue
« ta mere, que elle me disait, que lon maurais condamne a 20 ans.
« Mais elle ettait pour me pousser au desespoire. Elle a réussi,
« brefe pour se?... je ten souplie jete un régard sour ton ami
« quil est hereus, lorceque il te voi en présence jadmire ton doux
« sourrire il nen men faut pas davantage, il faut du courage et de
« la resignation et non cesse jamais, de faire profession de la vertu
« car une circonstance comme la nottre le monde il nen trouve-
« rais pas si coupable, sil conessais les fait tel quil sont arrive,
« adieux ma pauvre amie nen te chagrin pas, ton ami pour la vie.

« Fieschy. »

« Je te prie de me faire savoir si ma lettre est entre te main. »

En marge de la feuille, on lit :

« Cette lettre m'a été écrite par Fieschi la veille de la replique
« du procureur général aux avocats des accusés je la donne a
« monsieur Charles Le Blond.

« Paris 17 février 1836.   Nina Lassave. »

La suscription de la lettre de Fieschi porte ces seuls mots :

« *Pour Nina.* »

JEUNE MÈRE

Cette jeune femme est tout amour. Son gracieux visage a l'expression naïve de la maternité se glorifiant dans son œuvre. Il faut la voir s'isolant de son entourage et s'abandonnant aux doux épanchements d'une sensibilité entretenue par de ravissantes extases. Son bel enfant est sa vie. Elle s'absorbe en avare dans ce trésor. Elle l'enveloppe de sa sollicitude. Elle le tient rapproché d'elle avec tant de délicatesse qu'il paraît céder à une attraction magnétique et n'être pas soutenu. La bienheureuse mère aime à l'endormir au balancement de deux bras arrondis en forme de berceau. Un chaste et doux regard cherche la place où butiner un baiser. Puis sa bouche souriante vient, comme l'abeille sur les fleurs, se poser sur les traits du petit ange. Elle les effleure les uns après les autres. Elle savoure à petite dose ce frais contact, pour le goûter dans sa plénitude.

NULLITÉ SERVILE

Si la servitude pouvait entrer dans les exigences de la nature humaine, nous dirions : voici la face d'un être né pour végéter de la vie des autres. S'il n'a pas reçu d'éducation, il se fera valet. Il comptera parmi les courtisans les plus obséquieux, dans le cas où il appartiendrait à une famille occupant une haute position sociale. Satellite obscur, n'ayant pas de lumière personnelle, il a besoin d'emprunter un reflet étranger. Il ne plie pas comme le roseau pour se relever droit : il s'aplatit. Il ne réagit pas contre la main compressive : il courbe la tête sous le joug et suit l'impulsion donnée. Il n'a rien à tirer de son propre fonds, il lui faut un maître.

Ce crétin ne connaît pas la valeur des mots : Patrie, liberté, honneur national. Il sourit niaisement en les entendant prononcer. Il est inutile de l'interroger sur ses opinions politiques. Il est pour ce qui est, parce que cela est. Peu lui importent les tendances du pouvoir. Il obéit au chef et s'incline devant les nécessités du moment. Il évite comme la peste le citoyen à la parole libre et au caractère indépendant. L'homme servile n'a rien à mettre en discussion. Il est invariablement du parti du plus fort.

Regardez autour de vous ; vous avez le choix du modèle. Il ne porte pas une tête sur ses épaules renfoncées, mais une boule, sur laquelle on voit briller deux verres de lunettes, à défaut de regards intelligents. Ce semblant d'homme doit être condamné au célibat, pour cause d'impuissance.

EN CAS

Ce petit rentier paraît chargé d'occupations sérieuses. Sa position sociale n'est pas nettement définissable. Il s'est attribué une spécialité comprenant un grand nombre de fonctions. Il joue, dans le monde, le rôle de ce poulet rôti, toujours prêt à satisfaire l'appétit du souverain, Louis XIV ou Napoléon, et qui retournait à l'office, assouvir la gourmandise des valets, au refus de l'estomac du maître. Le monsieur dont il s'agit ici est un *en cas*. Il se tient à l'état permanent de disponibilité.

Son premier soin matinal est d'approprier sa personne à tous les genres de services possibles. Avant d'ouvrir sa porte, il s'est rasé ; sa chevelure s'est assouplie et lustrée sous les caresses du peigne et de la brosse. Il a *fait* ses dents et ses ongles. Ses mains sont luisantes de propreté. Ses vêtements, purgés de poussière, sont disposés sur des chaises, dans l'ordre symétrique où ils seront repris. Ils sont de coupe et de couleur à servir également un jour de fête ou un jour de deuil ; des gants beurre frais ou noirs, à poste fixe, sortiront de la poche de l'habit et lui donneront sa signification momentanée. N'importe la saison, il est chaussé de souliers fins et cravaté de blanc.

Avez-vous besoin d'un témoin pour un acte de la vie civile ? convoquez-le : il sera à l'heure exacte au lieu où sa signature est réclamée. Il ne refuse jamais son assistance dans un duel. Il s'efforce de faire entendre raison aux adversaires et s'ingénie à les concilier.

Il servira de parrain, même à l'enfant du premier venu. Il a ses maisons attitrées, où il se rend à volonté, pour faire le quatorzième à la table de gens superstitieux. On l'utilise à compléter une partie de whist. En l'absence du Mentor officiel, il conduit les dames au spectacle et les ramène à leur demeure. On s'adresse à lui pour ne pas laisser sans emploi un billet de théâtre arrivant à la dernière heure; il conserve un vieux fonds de couplets pour baptêmes et noces. Il les ajuste à la circonstance, en y intercalant les noms des principaux intéressés. Il prononce l'oraison funèbre sur une tombe, si personne ne prend la parole au moment du suprême adieu.

Du reste, il faut lui rendre cette justice : il accepte, il offre, il ne s'impose pas; il aime le déplacement. Il n'est hostile à personne; il n'excite pas le sentiment de la jalousie. Sa petite agitation ressemble au bourdonnement du moucheron : on ne fait attention à son faible murmure que lorsque le silence règne autour de lui.

Il a les yeux à la chinoise, les pommettes proéminentes, les narines au vent, le menton fin, la bouche en cœur, le sourire aux lèvres.

LE MARQUIS DE B***

Nous nous garderons bien de supprimer la particule servant de préface au nom de ce personnage, ce serait lui ôter sa valeur. Il est *né* : c'est là son titre à la considération publique. Il se dit *né*, parce qu'il a un père de haute origine : voilà sa gloire rétrospective. Son orgueil égale sa stupide ignorance. Sa bêtise est proverbiale. Elle s'élève au carré du nombre de ses quartiers de noblesse. Avait-on besoin de développer son intelligence, d'exercer son jugement, de féconder son cœur? A quoi bon! Il est *né*, toutes les portes lui seront ouvertes. Il est riche : il payera des gens chargés de penser et d'agir pour lui dans les relations sociales. Il en sait assez pour lui : il connaît à fond sa généalogie.

Signes faciaux : Front étroit et fuyant. Yeux hébétés. Bouche dédaigneuse. Menton en retraite. Narines resserrées sous un nez droit.

AMOUR ET DÉVOTION

Certains traits du caractère féminin échappent à l'analyse. Ils sont comme les suaves contours du Corrége, toujours séduisants. Leur morbidesse permet au spectateur d'en achever le vague, au gré de son imagination. On s'assimile ainsi le côté sympathique d'une femme, où tout est indécis.

Celle-ci est aimante et dévote. Le calcul est complétement étranger à ses déterminations versatiles. Son tempérament indocile la pousse au plaisir ; la fatigue des sens la ramène à la dévotion.

Une moitié de sa vie est employée à racheter l'autre. Elle fait son possible pour arriver au pair, sans espoir d'être, un jour, en avance de bons points canoniques.

Elle est jeune et ne ménage pas les trésors de sa sensibilité. Les absolutions réitérées du prêtre ne suffisent pas à rétablir l'équilibre dans cette âme aventureuse et timorée. Elle escompterait volontiers, en punitions préventives, le droit de pécher plus tard en sûreté de conscience.

Elle se pare avec luxe, afin d'aller entendre le service divin à sa paroisse. Elle tire un double profit de sa toilette : en quittant la maison de Dieu, elle ira se glisser dans la chambrette d'un amant heureux, dont les désirs seront aussi bien remplis que les prescriptions du confesseur ont été sincèrement exécutées. C'est une lutte où le ciel aura le dernier mot, quand sonnera l'heure de renoncer aux joies de la terre.

Les étoffes chatoyantes, appelant le regard et réfléchissant la lumière, les rubans les plus longs et les plus frais, les robes les plus amples ont ses préférences. Elle eût inventé la crinoline, si l'on eût tardé de la produire au monde. Au temps de la mythologie grecque, elle eût supplié Jupiter de la transformer en l'un de ces astres passagers qui brillent un instant et sont suivis d'une traînée lumineuse.

Excellente femme au fond, poussant le dévouement à son extrême limite. Peut-être hésiterait-elle à sacrifier un ajustement propre à lui attirer de nombreux hommages; mais elle est capable d'acheter l'occasion de rendre un service, avec la monnaie dont sainte Marie l'Égyptienne dut payer un batelier, dans un moment de gêne, sans préjudice des félicités du paradis dans l'éternité.

Signes graphiques :

Visage oblong inférieurement, — front relativement bas, — nez court et arrondi par le bout, — lèvres fortes, — yeux bleus et légèrement en saillie, — chairs soutenues, — peau blanche et fine, — menton un peu lourd, — cheveux châtains avec leur ton naturel : ils commencent à tomber.

COQUETTE

Il n'y a rien de naturel dans cette femme, rien de spontané dans cette organisation froide et calculatrice. Le moindre de ses mouvements est le résultat d'une combinaison. Son visage est un champ de manœuvres, où viennent parader successivement les différents auxiliaires de la coquetterie cupide, s'armant en flibustier pour capturer des cœurs et les rançonner sans vergogne.

Voici le procédé :

La belle est sous les armes. Sa toilette est recherchée : elle permet d'en changer à vue l'ordonnance habile; la couleur et la coupe en sont appropriées au teint et à la conformation de la belligérante. Chaque ornement est à son poste : une épingle y joue un rôle. Ses cheveux sont arrangés avec goût : ils sont lissés et lustrés avec soin; la lumière scintille sur leurs tresses chatoyantes. Ce qui pourrait paraître une faute contre la symétrie, est un semblant de négligence; c'est souvent, aussi, un moyen d'amoindrir une imperfection ou de faire valoir une particularité favorable. L'œil retient, sous de longs cils abaissés, un regard prêt à jaillir de la prunelle : l'œil fait ici l'office du miroir à facettes de l'oiseleur. Il s'agit de fasciner et d'attirer la victime au piège. Les lèvres se meuvent finement, en laissant percer un sourire provocateur et tout à la fois bienveillant. La tête se balance comme la main du pêcheur s'apprêtant à jeter son filet. Une voix tour à tour émue et vibrante éveille l'attention et la soutient : c'est le clairon sonnant la charge. Les irradiations des yeux se cherchent, se croisent, se touchent, se pénètrent. La conversation s'anime ; on se compromet un peu, pour avoir l'occasion de se réfugier sous un éventail ; à défaut de la pudeur absente, il est adroit de cacher une partie pour faire désirer davantage.

Au moment propice, on découvre toutes les batteries : le col se dégage, les épaules rejettent en arrière un voile importun, la palpitation accélérée de la poitrine appelle d'indiscrètes investigations ; on les excite encore plus en rétrécissant l'espace offert d'abord à leur activité dévorante : la main, le bras, le bout du pied, les mille caprices de la désinvolture viennent en aide. On fait feu de son esprit et de ses charmes ; on agit à la fois sur l'imagination et les sens. On laisse au besoin tomber un mouchoir, un gant, une fleur, afin de juger de l'impression produite, par l'empressement mis à ramasser l'objet échappé d'une main distraite. Que d'inductions à tirer de la façon plus ou moins gauche ou dégagée dont la remise est opérée ! Puis, bien des incidents surgissent de cet acte, si simple en lui-même. Le plus léger contact des doigts officieux avec ceux qui reprennent, avance singulièrement la besogne ; un coup d'œil incisif l'achève : la brèche est ouverte, la place est rendue.

La belle victorieuse s'installe dans le cœur de sa conquête. Là, comme l'araignée au milieu de sa toile, elle surveille tous les points à la fois ; pas une vibration ne se produit sans qu'elle n'en ressente aussitôt la secousse et ne l'exploite à son profit. Mais un jour vient où les fils n'ont plus assez de force pour retenir les imprudents moucherons.

Si la reine déchue a dépensé sa liste civile, elle va se confiner dans un logement modeste, où elle essaye de prolonger l'illusion. Ses cheveux se teignent en noir ; son visage se couvre de blanc et de rouge : heureuse si elle a gardé en laisse un ancien adorateur édenté !

Puis elle change de théâtre. Elle s'occupe indifféremment de littérature ou d'œuvres pieuses.

Enfin un billet, pavoisé d'une bande noire sur le pourtour, apprend à ses voisins qu'elle est morte, munie des sacrements de l'Eglise. La pécheresse s'est ménagé cette circonstance atténuante, n'ayant pas à s'adjuger celle qui valut à Madeleine son pardon du Maître. Une coquette n'a jamais aimé.

SPÉCULATEUR

Voici l'homme d'affaires par excellence. Tout acte, pour lui, se traduit par un chiffre. Le mathématicien dirait : Qu'est-ce que cela prouve ? Notre spéculateur demande : Combien peut-on retirer de bénéfices ? Le jour de ses fiançailles est la date d'un marché à terme : une femme à livrer fin courant, avec la chance aléatoire d'une santé plus ou moins solide, mais avec stipulation, *ne varietur*, d'une dot, compensant, et au delà, la charge d'une épouse.

BIGOTE

Il ne faut pas tenir compte à cette dame de son renoncement à Satan, à ses pompes et à ses œuvres. Elle n'eût pas dédaigné le monde, s'il eût voulu l'admettre dans son tourbillon. Peu favorisée des dons de la nature, elle a pu cependant s'acheter un mari, plus soucieux de l'apport que de la femme. Il est mort sans enfants.

A défaut des plaisirs d'épouse et de mère, la veuve a déversé ses affections successivement sur un chien, un chat, un perroquet. Elle cultive aujourd'hui la race des oiseaux des Canaries. Bientôt elle se jettera exclusivement dans le giron de l'Eglise.

Cœur sec et parcheminé comme son visage terne et froid, où le temps a creusé l'aride empreinte de l'égoïsme et de la fausse humilité chrétienne.

VIEILLE FILLE

Laide, vieille et fille : ces trois circonstances aggravantes se rencontrent ici. La demoiselle prétend que sa piété l'éloigne du monde. Cet isolement peut provenir aussi du vide fait autour d'elle par un caractère revêche et l'aspect très-peu sympathique d'un visage anguleux et compassé. Les sentiments véritablement pieux sont essentiellement modestes dans leur extériorité. Ils ne s'affichent pas; ils s'épanchent naïvement, sans ostentation et sans bruit. Notre modèle n'y met pas cette humilité : elle tient à être vue, pratiquant sa religion et confessant sa foi. Elle ne se contente pas d'être, elle veut surtout paraître dévouée à son culte. Elle est passée dame de charité; elle fait partie de la confrérie de la Vierge, dont elle a l'insigne honneur de porter le guidon, dans les grandes solennités de l'Église. Elle doit ce privilége à son âge respectable; elle n'a pas de concurrence possible à ce titre.

Elle entend chaque matin la messe à sa paroisse. Elle ne manque pas deux dimanches de suite de communier en présence des fidèles, auxquels elle est offerte en exemple par M. le curé et ses auxiliaires. Le bedeau la salue. Le donneur d'eau bénite se lève pour apporter le goupillon sous les doigts osseux de la dévote.

Il faut la voir entrer à la sacristie ou bien en sortir, avec la conviction de son importance et la certitude d'exciter la jalousie des moins favorisées.

Elle s'arrête complaisamment dans la rue, pour faire de saintes exhortations aux pauvres confiés à ses soins. Elle réchauffe leur tiédeur, en les menaçant de leur retirer les secours du bureau de bienfaisance s'ils négligent leurs devoirs religieux. Dieu lui a fait ces loisirs; elle oublie que la misère ne les a pas. Elle règne en despote sur ses clients. Les paresseux deviennent hypocrites. Elle va quêter pour les pauvres. Son nom seul apparaît dans la distribution des aumônes de plusieurs. Elle se constitue l'être collectif des donateurs associés dans la bonne œuvre.

Mais toute gloire a ses détracteurs. On reproche à la femme bienfaisante de s'obstiner à chanter faux, en accompagnant la voix des chantres. On regrette son immixtion aux secrets des familles, pour en tirer des inductions peu charitables. On l'accuse d'avoir accéléré les derniers moments d'un moribond en l'effrayant des peines éternelles, au lieu de l'entretenir de la bonté infinie du Tout-Puissant.

Nous n'attachons pas la même importance aux griefs des sectaires de la mode. Nous excusons volontiers la singularité du costume demi-monastique et demi-mondain, en faveur du soin mis à neutraliser l'effet du visage sous un voile pudique. Nous lui savons gré de cacher les pauvretés du col sous une masse de rubans ; nous la remercions d'ensevelir une poitrine trop plate sous une robe aussi montante qu'un œil d'artiste puisse le souhaiter en pareil cas.

Nous rappellerons, comme attribut de l'emploi, l'énorme paroissien incrusté, par l'usage, entre un bras maigre et un corps sec. Ce livre caractéristique est recouvert d'un velours bleu, orné d'une grosse croix d'or : les angles, le fermoir sont du même métal. Des sinets multicolores s'échappent en voltigeant des feuillets, dont la tranche est dorée.

PHILANTHROPIE

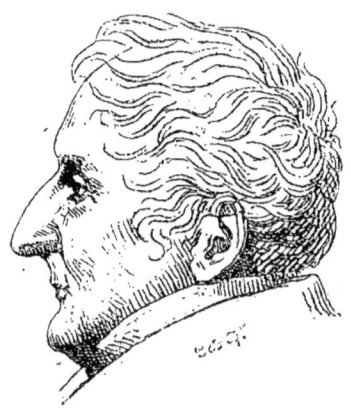

Fig. 337.

Supposons la postérité venue pour cet homme de bien, simple et modeste, et parlons de lui comme s'il ne devait pas nous entendre.

Le premier tableau de cet artiste contient sa vie en germe. Il rencontre, se dirigeant vers le cimetière du Sud, un corbillard sans ornement; sa nudité l'annonce, le corps transporté est celui d'un indigent. Pas un seul ami ne l'accompagne.

Le peintre s'émeut; il rentre à son atelier; il reproduit ce triste spectacle dans une rapide esquisse. La vérité lui fait honte : son cœur lui suggère de placer un chien, là où l'humanité fait défaut. Cette petite toile, pleine d'âme et de sentiment, eut un grand succès. Elle fut gravée avec talent. La vente produisit 70,000 francs au graveur-éditeur. Le compositeur avait reçu pour sa part la somme de 500 francs !

Les traits de l'auteur du *Convoi du pauvre* expriment la bienveillance; le front est intelligent; l'œil est observateur; le nez indique la persévérance; la bouche atteste une bonté native, que le scepticisme du temps présent n'a pas altérée.

Après cette appréciation, son nom n'est plus un mystère. Il s'agit de Vigneron (fig. 537).

ZÉRO

Cet être malsain sent le renfermé; il s'étiole dans son individualité mesquine. Il n'a pas de force attractive pour profiter du milieu, où les autres se fortifient. Il s'amoindrit par le frottement favorable aux facultés expansives.

Le côté poétique des choses lui est inconnu; ses regards se heurtent seulement aux saillies matérielles.

Cet avorton remplit un office négatif dans la vie sociale; il se prête une valeur fictive en se mettant à la suite. Il n'augmente pas la quotité morale d'un groupe d'hommes, mais le nombre. En tête ou isolé, il n'est rien; c'est une nullité complète. Réduit à lui-même, c'est un zéro.

ÉGOÏSME

Caractère froid, impassible, ne donnant aucune prise aux émotions généreuses. Peu de personnes ont pu surprendre un simulacre de sourire sur ces lèvres plates et sèches. Quand ce phénomène se produit, il se passe, dans le déplacement des muscles faciaux, quelque chose de semblable au détraquement inharmonique d'une machine, inutilisée depuis longtemps et fonctionnant par hasard. Les mots sortent de la bouche, un à un, comme un nombre déterminé de prisonniers franchissant le guichet de leur geôle, sous le regard vigilant d'un agent responsable.

Tout est méticuleux dans cet être glacial : la poésie en est absente. Son culte est celui du veau d'or. Son oreille est sourde au cri de la misère et tressaille au moindre tintement métallique. Ce n'est pas un avare proprement dit. Il use de sa fortune ; il est ménager de sa personne ; il ne se dépense pas.

L'ordre le plus parfait règne dans son intérieur et sur lui. Il ne souffre aucune poussière sur ses meubles, qui ont leur place assignée. Il suit avec inquiétude le pied d'un visiteur sur le tapis. Il aime le confortable et ne le fait pas partager.

Il s'abstient de mouvements précipités. Il est tout d'une pièce. Sa marche est raide et compassée. Il semble occupé d'un double soin : s'écarter de la boue et conserver l'équilibre de son corps, épais et sans souplesse. Il veille sur lui comme sur un objet friable. Il ne s'anime pas dans la conversation : une discussion lui est insupportable. Il manifeste la part qu'il prend à un récit par un écarquillement d'yeux, grandissant avec la péripétie, en signe d'étonnement. Il personnifierait complétement l'auditoire des tribunaux, auquel on ne permet aucune marque turbulente d'approbation ou d'improbation. Son thème favori est la justification de sa façon de penser et de vivre ; sa conscience ne serait-elle pas toujours complice de sa réserve systématique ?

SANS TACT

Il s'agite sans cesse et n'aboutit à rien. Il n'a jamais connu la valeur du temps présent. Il a passé sa vie à donner des rendez-vous au bonheur, au lieu d'en jouir, quand une bonne chance s'est offerte.

Il n'admet pas la spontanéité de la décision. « Pas aujourd'hui, » voilà son premier mot; « nous verrons, » est sa formule stéréotypée. Or, la fortune tient de la femme, dans laquelle elle se personnifie : elle fait défaut au niais ignorant le prix de l'occasion. D'où cela provient-il? Il manque de tact et de jugement.

MAJESTÉ

La majesté tient en grande partie à l'immobilité des traits ; ce qui ne se meut pas impose. Un cadavre a particulièrement ce caractère. Il s'annonce déjà sur le facies de ceux dont la mort a pris possession, avant que la vie en soit complétement retirée.

L'on s'incline devant le front calme du vieillard. Le juge, impassible sur son siége, dans le recueillement de sa conscience, produit une impression profonde, par la dignité inhérente à l'abstention de gestes et à une attitude froide et réservée.

Le signe passionnel indique la fissure par où pénétrer au cœur. L'inactivité complète des muscles ne permet pas de soupçonner le point vulnérable ; de là le sentiment de respect qu'elle inspire, au contraire de la dissimulation.

Le diplomate habile ne se laisse pas entamer, il ne montre pas la moindre émotion; cependant l'excessive prudence du négociateur avertit de l'importance de ses restrictions, en en cachant le pourquoi.

On a dit d'un grand trafiqueur de politique : « S'il recevait un coup de pied dans le dos, sa face n'en témoignerait rien. » Il avait l'art de se contenir; il manquait de majesté.

AUTOMATE

A la précision des gestes de ce rentier, on le croirait mû par un ressort, dont il faut remonter le système à des intervalles réguliers. Il n'a pas de repos : il a des intermittences. Il fait toute chose en un nombre déterminé de temps et de mouvements. Exemple : veut-il prendre une prise de tabac, il extrait, lentement et méthodiquement, de sa vaste poche, une large et lourde tabatière en argent ; quand elle est assujettie horizontalement dans sa main gauche, il frappe de la droite la paroi, dont le bord supérieur s'articule avec la charnière du couvercle. Deux coups de même force et distancés également ont ramené de ce côté la poudre odorante ; alors il ouvre le dessus sans crainte de perdre un seul grain. Il saisit discrètement une pincée de tabac et l'introduit gravement dans l'une et l'autre narine, en regardant fixement devant lui. Après deux aspirations, deux fois répétées et secondées par quatre pressions successives du pouce, il essuie, avec la face dorsale du doigt indicateur, l'excédant de l'absorption. Avec le même cérémonial compassé, il referme et réinstalle la boîte dans le compartiment spécial de l'habit.

Ce brave habitant du Marais sert d'horloge à ses voisins. Il sort et rentre à heure fixe. Il y aurait scandale dans le quartier, s'il se trouvait en avance ou en retard de quelques minutes.

Cet autre est un paysan. Il est moins qu'un animal domestique : c'est une machine organisée pour l'exécution, mais n'ayant aucune initiative personnelle. On lui commande une besogne ; il la fait, sans se rendre compte du motif et sans prévision du résultat. Il faut lui indiquer soigneusement chaque phase de sa tâche, sans rien laisser à deviner à son intelligence inculte. Il ne raisonne pas son affaire ; il ne la dirige pas : il la suit. Il est au plus haut point l'expression de l'obéissance passive. C'est une machine aux mains d'un exploiteur ; c'est le type du soldat à qui l'on peut dire : « Obéis et tais-toi ! » On lui a fourni, bien jeune, une pioche et jamais un livre. C'est une roue attendant un moteur.

RICHE ET SOT

Ce personnage inutile ne fait qu'endosser la livrée de sa fortune. Il en est le valet orgueilleux, non le maître ; il ne sait pas en user. Le hasard de la naissance lui a donné la richesse ; la nature lui a refusé l'intelligence. Son éducation a été négligée ; son instruction est nulle. Le contact du monde ne lui a rien appris. Il est incapable de porter convenablement les vêtements somptueux dont il s'affuble gauchement. Il ressemble à la statue idiote d'un saint de village, incrustée dans sa niche, et plus propre à exciter la convoitise que la vénération des fidèles.

MISANTHROPIE

Si l'on admettait qu'en s'assimilant la substance des animaux, on leur emprunte aussi leurs attributs conventionnels, nous dirions : Cet homme mange des couleuvres le matin; il compose son repas du soir de chauves-souris.

Il voit d'abord le mauvais côté des choses. Il sent le fumier sous la fleur; la chenille lui cache le papillon. Son cœur droit est plus ému d'une injustice que d'une bonne action; il en suspecte la cause. L'acte ne lui apparaît pas isolé du motif déterminant. Il a peu d'estime pour l'espèce humaine. Il rapproche les deux termes de la question : l'intérêt personnel du donateur et le service rendu, pour en déduire la moralité douteuse. Il dépoétise les sentiments considérés comme les plus nobles. Il ne croit pas au désintéressement; c'est, selon lui, le fait d'un niais ou d'un égoïste, en tirant un profit caché, mais certain. Il rejette *à priori* ce qui ne s'appuie pas sur une démonstration absolue. Il lui faut des preuves palpables; il en discute, en outre, la véracité, point par point.

Au fond, il est honnête et l'homme du libre examen. Il ne courbe pas la tête devant une puissance équivoque ni devant une idée non basée sur une vérité incontestable. Cette probité fait pardonner son âcreté d'appréciation, en faveur de la rigidité de ses principes.

Ce désillusionné est l'un de nos artistes distingués. Ses œuvres attestent une imagination féconde, à côté d'une exécution consciencieuse. Conséquent avec lui-même, il n'a jamais voulu consentir à représenter un héros moderne autrement qu'avec le costume exact de l'époque. Son ciseau n'eût pas représenté Louis XIV en perruque et drapé en Romain.

Nous professons une admiration et une affection sincères pour ce misanthrope au caractère indépendant et fier. Nous préférons l'ours mal léché au poltron répondant au : Qui vive? — Ami de tout le monde.

LE CAPITAINE

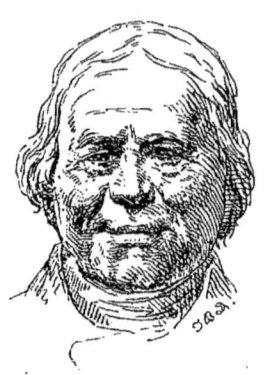

Fig. 538.

Nous le nommions *le Capitaine*. Il en portait les épaulettes à l'époque où il rentra dans la vie civile. Il est né le 6 juin 1769. En sortant de l'École polytechnique, il fut admis, comme élève de première classe, sur un bâtiment de l'État. Fait prisonnier de guerre, il demeura pendant treize ans sur les pontons anglais. Il fut rendu à la France en 1814. Son nom, comme celui de beaucoup d'autres absents, avait été rayé des contrôles. Il se fit incorporer dans l'artillerie de marine; puis, après avoir servi pendant dix années au delà du temps légal pour être pensionné, il voulut jouir du *far niente* de la retraite.

Le Capitaine a trouvé dans une inaltérable gaieté le moyen de traverser des jours difficiles, sans se préoccuper du lendemain. Il a dépassé soixante-douze ans sans avoir éprouvé de regrets. Lui seul sait son âge; il étonne en le révélant. Son regard a conservé sa finesse; son sourire est jeune encore; il ne lui manque pas une dent.

Homme d'esprit et de cœur, le Capitaine est d'une loyauté rigide ; il pousse la franchise et la naïveté jusqu'à l'abnégation la plus complète de tout amour-propre, son honneur ne pouvant être compromis par l'ingénuité de ses aveux. Il a partagé son existence entre l'amour, la table et le jeu. Son culte du beau sexe se réduit maintenant à de doux souvenirs. Il sourit par réminiscence en voyant passer un gracieux visage ou une jambe bien faite, sous un bas bien blanc. Assuré contre toute tentation de retomber dans ses péchés de jeunesse, il a reporté ses plus chères affections sur les plaisirs possibles d'un repas fin, sans épuiser sa bourse et sans nuire à sa santé. Voici comment le Capitaine concilie ces deux obligations. Il se contente d'un modique ordinaire pendant la semaine ; le dimanche, il ajoute à des mets succulents une bouteille de vin vieux. Le surplus des économies mensuelles forme deux masses : l'une pour la petite orgie conseillée par Hippocrate ; la seconde pour tenter la fortune dans une maison de jeu. Jusque-là, le Capitaine joue aux échecs, de sa main droite contre la gauche ; il ménage ainsi la part aléatoire. Y a-t-il un excédant, le Capitaine prend le chemin de fer, et va risquer à la roulette de Baden-Baden ce dont il peut disposer, sans entamer la stricte réserve, destinée aux frais de transport, de nourriture et de logement pendant le voyage, aller et retour compris.

Ceci est littéralement de l'histoire. Les petits impôts prélevés sur l'estomac du Capitaine montaient à une assez forte somme : le moment était venu de la semer sur un tapis vert. Sur le carnet de dépenses on lisait : Tant pour les billets de wagon, tant pour le séjour, tant pour attirer les faveurs de la fortune. A la première séance, ce dernier article dut être biffé. A quoi bon rester huit jours? Ne vaut-il pas mieux en employer le prix à rétablir la chance? Elle continua d'être contraire, l'enjeu suprême fut absorbé par l'impitoyable râteau du banquier. Le Capitaine prend tranquillement son chapeau, remonte dans le coupé dont il vient de sortir; il reprend la route de Paris et ses anciennes habitudes.

La physionomie du Capitaine reflète son regard plein de finesse, un sourire bienveillant et un peu narquois. Il y a un accord parfait dans l'ensemble : la sérénité du front, la rondeur des formes attestent le laisser-aller d'un caractère franc, loyal, honnête et réglé dans ses petites dissipations (fig. 538).

ESPRIT CHAGRIN

Cette disposition concentrique des muscles du visage tient à l'affaissement, et non à une contraction énergique. L'inquiétude jette un voile sur ces traits débiles. Le front est plissé; les narines n'ont pas de souplesse; les lèvres sont molles et décolorées; le menton est petit et fuyant. Les oreilles et les yeux sont les seuls organes en activité dans cette tête aux cheveux rares, au teint jaunâtre et terne. C'est la triste enveloppe d'un esprit chagrin, craintif et sans velléité réactive. Il vit dans la défiance des autres et de lui-même. Il se voit entouré d'embûches dans sa marche incertaine; il rêve au moyen de les éviter et non de les combattre. Il hésite en toutes choses. Il a peur de se compromettre par un acte ou une simple intonation. Il ne sait pas s'affranchir des embarras présents; il se préoccupe avec épouvante de l'avenir. Son imagination reconstruit son passé comme un nuage obscur, prêt à crever sur sa tête. Il n'envisage pas une question au point de vue favorable : le côté défectueux le frappe d'abord. Il ne considère pas l'effigie, mais le revers de la médaille. Il est la voix murmurant le mot : malheur! quand des airs joyeux retentissent au milieu d'une fête. Il projette l'ombre et ne reflète jamais la lumière.

BAVARD

Si vous êtes pressé, si votre esprit se préoccupe d'une affaire urgente, fuyez ce bavard comme la peste. Malheur à vous, s'il vous harponne au passage, ou s'il vient peser de sa lourde faconde sur votre intelligence en travail. Gardez-vous de prononcer devant lui une parole imprudente, elle le mettrait sur la piste de votre demeure. Si cette fatalité vous incombe, consignez-le formellement à votre porte, barricadez-la au besoin; sinon votre domicile serait envahi et traité comme province conquise; vous verriez bientôt le visiteur obstiné s'emparer du siége le plus confortable et s'asseoir à votre foyer domestique avec une assurance imperturbable.

Si vous n'improvisez pas immédiatement un prétexte pour l'éconduire, attendez-vous à sentir un nombre infini de syllabes tomber sur votre cervelle, comme la goutte d'eau frappant, de seconde en seconde, la tête d'un malade forcé de rester sous le robinet d'une maison de fous. Vous devenez la chose à oreilles de cet intarissable parolier. Il vous débitera, sans interruption, des puérilités sur un thème banal. Il vous en offre la centième édition, avec le charme soporifique d'un récit lent et monotone. Si Dieu vous abandonne assez pour vous livrer à ce Philistin, ne cherchez pas une occasion de prendre la parole à votre tour, afin de revendiquer votre droit d'être seul; il évite trop bien les temps d'arrêt. Priez la Providence de lui envoyer une toux opiniâtre, et ne vous dessaisissez pas de l'avantage : parlez, parlez, parlez toujours. Il ne cédera jamais, s'il n'est pas bien convaincu de l'impossibilité de replacer un mot. Ce moyen est votre dernière ressource; il faut l'employer, sous peine d'avoir à subir d'autres assauts. Aux grands maux, les grands remèdes. Hésitez, vous êtes perdu.

Cet être, insupportable dans le tête-à-tête, a pourtant son utilité dans les salons, où l'on ne saurait se dispenser de le recevoir. Il a pour fonction de débarrasser la maîtresse du logis d'un provincial obséquieux. Elle l'accroche avec grâce à notre bavard, comme à un remorqueur. Une femme galante s'en sert pour clouer sur place un mari jaloux.

En présence d'une pareille loquacité, l'on se demande anxieusement comment détourner son cours.

Voici deux faits :

Une dame, ayant eu le bon esprit de le caser à une table de jeu, lui fit comprendre qu'il était condamné au whist à perpétuité. Le succès a été complet et rapide : il n'a plus remis les pieds dans la maison.

Dans une autre circonstance, il a juré de ne jamais retourner dans un hôtel où l'on s'était donné le malin plaisir de lui procurer une interlocutrice fort sourde et très-peu muette.

Son passe-port doit contenir les annotations suivantes : Figure longue; front petit; yeux à courte vue; lèvres mouvementées et dont l'inférieure avance; menton lourd; cheveux noirs et plats.

Sa main va régulièrement, de cinq en cinq minutes, de sa tabatière à son nez.

CURIEUX

Il diffère du bavard proprement dit par un signe caractéristique : celui-ci parle pour parler; notre curieux fait de sa langue un agent provocateur. Il ne cause pas, il fait jaser; il emploie un moyen, il ne satisfait pas un besoin; il sait écouter patiemment.

Il se faufile avec une adresse extrême dans les endroits où le commérage se pratique en grand. Il collectionne des faits; il en tire des inductions, de nature à le mettre sur la voie de nouvelles découvertes. Il s'ingénie à dépister un secret avec autant de ferveur qu'un astronome cherche la queue d'une comète, afin de s'en fabriquer une auréole. Éventer un scandale est un triomphe. Il est malheureux et dépité, s'il perd le bénéfice d'un indice révélateur. L'araignée ne tisse et ne dispose pas plus habilement sa toile qu'un curieux le réseau dans lequel il espère attraper l'indiscret au passage.

Le curieux est-il obligé de rester au logis, il entre-bâille sa porte de manière à voir et à entendre. Sa chambre est à la fois un observatoire et un cornet acoustique. Si le piége tendu n'offre pas assez d'éléments à sa curiosité, il improvise un procédé pour aller sur le lieu même de la scène : il s'y constitue acteur, s'il est possible, ou du moins spectateur accidentel.

Signalement : tête fine et *museautée;* front petit, nez au vent, œil aux aguets, oreille érigée, bouche entr'ouverte, menton en retraite, lorgnon à la ville, longue-vue à la campagne.

Il fréquente plus particulièrement les portières et ne dédaigne pas les sergents de ville. Un groupe de commères, en train de caqueter, a pour lui un attrait invincible. On le dirait cloué sur le sol, quand il écoute et regarde. Il court, comme le vent sème des graines, colporter ses nouvelles, en augmentant leur portée à chaque édition.

FEMME FACILE

Cœur excellent, toujours ouvert à la pitié, ce sentiment affectueux qui sert souvent de préface à l'histoire de l'amour. Il occupe une grande place dans cette existence, trop sans doute ; la raison éclaire peu sa marche aventureuse.

La spontanéité des émotions explique, sans la justifier aux yeux du monde, une excentricité singulière. La source en est dans la loi de la solidarité humaine ; elle est plus ou moins bien interprétée par une femme sympathique à tous les besoins, précédés du désir et suivis par la douleur s'ils ne sont pas satisfaits. Elle abuse du principe dans l'application. Elle est trop encline à la tendresse pour savoir refuser ; elle est trop mobile dans ses impressions pour se fixer sur le même objet.

PERSONNALITÉ

La devise de ce pédagogue pourrait être : *Argumentabor*. Il se complaît dans la discussion et la recherche des causes. Il y a en lui du professeur, du juge d'instruction et de la portière. Il a l'œil rond du chat, l'oreille au vent du chien de chasse. Sa parole mielleuse s'encadre dans un sourire prétentieusement câlin. Il en attend un succès immédiat ; il s'écoute lui-même avec l'attention d'un auditeur satisfait.

L'ensemble de la tête est ramassé. Le front accuse de l'intelligence par sa largeur ; son peu d'élévation dénote des facultés applicables à des questions matérielles et non à de hautes idées spéculatives. Les pommettes ont la rondeur saillante de la race féline.

La bouche est moyenne ; le menton est fort. Le développement du ventre indique d'autres passions que celle de la gourmandise : la finesse des lèvres exclut cette disposition prise dans son acceptation absolue ; elle admet la friandise savante. Dans ces conditions, on se tient plus près de Vénus que du dieu des vendanges. On se rit agréablement du dévouement à la chose publique. On se rend le but des soins que l'on est censé prendre pour les autres. Il n'y a pas là l'étoffe d'un Pylade et encore moins d'un Decius. On a dit : « Un ami, c'est encore soi. » C'est lui qu'il aime dans les autres.

Il ne tient pas à se montrer robuste. Il n'engagera pas une lutte corporelle pour repousser un affront. Il se vante d'avoir un pied, une main, un bras de femme, et il compare sa jambe à celle du divin Apollon du belvédère. Voilà l'homme. Ténacité pour ce qui le concerne; manque d'énergie dans les grandes résolutions à prendre, s'il n'est plus le point convergent. Il s'esquive, s'il s'agit de se rattacher à un principe d'utilité générale et d'en subir les conséquences. Il ne fera jamais abstraction de son individualisme ; il exploitera sa position à son profit personnel, s'il peut lui en advenir richesse ou satisfaction d'amour-propre. Entre un héritage à recueillir ou la décoration qu'il ambitionne, il choisirait l'un et l'autre.

COURTISANES

La misère a jeté cette fille dans la rue. Elle se couvre de son opprobre pour ne plus être atteinte par le remords et la conscience de son abjection. Le vice a sillonné de rides prématurées et il a fait pâlir ce front que la pudeur rougissait aux beaux jours de l'adolescence. Ces lèvres se sont flétries sous des baisers impurs. Ces yeux ne s'animent plus que sous l'excès des liqueurs corrosives, auxquelles elle va journellement demander l'oubli de ses préoccupations du présent et des prévisions de la triste existence à subir encore. Celle-ci devra mourir dans l'impénitence finale. Quand elle ne pourra plus vivre d'elle-même, elle spéculera sur l'ignoble trafic des autres.

Signes dominants : front bas; pommettes saillantes.

Autre exemple :

A l'excentricité cynique de ces traits, au décolleté de cet ensemble, on reconnaît la femme que le défaut d'éducation a livrée à ses penchants. Sa profession est une question de tempérament. Elle cessera d'exercer, en perdant la faculté de sentir. Elle pourra finir convenablement une vie orageuse à son début. C'est la Madeleine au petit pied, ayant toutes les qualités bonnes et mauvaises de son organisation vicieuse.

Elle n'a rien en propre; son argent est, comme sa personne, à la disposition du premier venu, s'il sait l'intéresser. Elle connaît au juste sa valeur intrinsèque. Sa charité l'absout. La fille de joie est naturellement portée à se régénérer par la bienfaisance.

Signalement : Front moyen ; nez à bout rond et à narines ouvertes et mobiles; yeux brillants; lèvres fortes, surmontées d'un duvet léger; menton en arrière; joues arrondies; constitution sanguine.

Une commotion profonde amène parfois une déviation salutaire dans la marche déclive d'une nature dépravée; mais si le pli s'est creusé lentement, on dompte difficilement sa tendance à reprendre la première direction.

N*** a débuté dans la vie par la prostitution ; une mère infâme l'a initiée à d'ignobles mystères. N*** pratiquait la débauche; elle ignorait l'amour. Enfin, son cœur s'éveille; il s'épanche dans ce billet :

« Monsieur,

« C'est en vain que j'ai voulu combattre le sentiment que vous
« m'avez inspiré. Je vous en fais l'aveu : je vous aime de toutes
« les forces de mon âme. Mon esprit est toujours occupé de vous.
« Je me plais à me rappeler vos moindres paroles, et parfois
« j'éprouve un frisson de bonheur que je ne saurais dépeindre.
« Enfin, depuis que je vous connais, je connais le prix de la vie.

« Toute à vous,

« N***. »

La signature est entière.

La suscription porte un prénom d'homme seulement.

Il n'y a pas eu la moindre hésitation dans cet acte instantané. La contre-épreuve, provenant du ploiement de la feuille, montre qu'il a eu lieu avant la dessiccation de l'encre. L'absence de timbre postal et de cachet l'indique assez, cette déclaration a été remise directement à l'intéressé par l'auteur même. Une liaison intime s'ensuivit. Pendant sa courte durée, N*** resta pure de toutes relations honteuses. Puis, l'oisiveté ramena la misère, et le désordre reprit le dessus.

Nous avons enfin devant nous la courtisane de haut parage, la femme savante dans l'art de se produire. Elle a sucé le mauvais lait de la civilisation; elle s'en est assimilé les principes corrupteurs. Elle est arrivée à ce point d'être assez maîtresse d'elle-même pour ne s'adjuger qu'au plus offrant enchérisseur. Elle sait amuser le tapis par des excentricités agaçantes. Puis, vienne l'occasion décisive, elle gagne résolûment la partie par un coup d'audace. Son va-tout lui réussit, tant il est bien préparé.

Son regard, soutenu par le feu de la concupiscence, frappe fort et loin. Ses traits sont fins. Sa bouche palpite de sensualité; cependant elle retient ou lance un sourire avec la même sûreté d'exécution. Un sang plantureux circule dans ses veines; un froid calcul en modifie l'expression extérieure.

Elle fait de l'église un vestibule conduisant au palais où sa vanité la pousse. Elle salue la madone en plein jour, et ne la voile pas la nuit. Les fumées du vin de Champagne suffisent alors pour en intercepter la vue. Le petillement de la mousse gazeuse a dominé la voix de la superstition, quand la bacchante solde en caresses le prix de l'orgie. A-t-elle du cœur? Nul ne saurait le dire. A-t-elle des sens? Plus d'un pourrait répondre. Elle sait la vie; elle l'exploite au profit de ses besoins du moment, mais de façon à ne pas engager l'avenir rêvé.

AFFECTUOSITÉ

Celle-ci n'a pas fait métier et marchandise de ses avantages personnels. Elle n'a tarifé ni son sourire ni ses larmes. Elle a aimé parce qu'elle était faible ; elle a été aimée parce qu'elle était douce et affectueuse. Elle s'est attachée à l'ami de son choix, comme le lierre au chêne et la vigne à l'ormeau. Elle a paré de l'éclat de sa verte jeunesse et des fruits de sa beauté l'homme dont elle a rencontré l'appui. Son cœur s'est épanché comme la source, allant unir son onde au flot du fleuve que l'Océan attire à son tour.

Ses traits sont sympathiques. Ils ont l'expression pure et simple d'une candeur native. Aucun effort violent ne les a déplacés ; nul sentiment hypocrite n'en a terni la transparence. Le front est calme ; le sourcil est sans ondulations. L'œil est grand et limpide. Les paupières, enrichies de longs cils, se meuvent sans contraction. Le nez est droit, les narines respirent facilement. Les lèvres, soutenues et roses, empruntent leur forme gracieuse au sourire qui les épanouit. De rudes paroles n'ont jamais passé par là : le mot amour a dû s'y frayer souvent un passage. Le menton est arrondi et fin. Les cheveux sont doux et blonds.

HYPOCRISIE

N'ayez aucune confiance dans ce regard : il tournoie comme l'épée du jongleur, s'appliquant moins à frapper qu'à ne pas être touché lui-même. L'hypocrisie seule évite aussi opiniâtrément de se laisser pénétrer.

Ce masque composé offre les signes caractéristiques d'une dissimulation habituelle. Des cheveux plats et gros tombent sur le front, pour le soustraire à l'examen. Des sourcils incultes viennent rétrécir l'orbite, et voiler, sous une pénombre officieuse, des yeux à direction oblique : la vision s'opère en ricochet ; les narines sont immobiles ; l'impassibilité des traits montre la suspension de leur rapport avec la pensée. L'homme extérieur ne marche pas d'accord avec l'homme interne. Ne cherchez pas un sourire sur ces lèvres, il les assouplirait. La bouche doit rester close : rien n'en doit sortir spontanément. L'opacité de la surface ne laisse rien voir au delà. L'aiguille n'est plus en communication avec le ressort ; le mouvement de l'horloge va toujours, mais son jeu ne se manifeste pas; il nous échappe.

Voulez-vous avoir raison de cette duplicité? ne jugez pas de la cause par l'effet apparent; voyez-y seulement un temps d'arrêt superficiel. Rattachez habilement les deux rouages extrêmes par une voie de transmission commune. Vous embarrasserez l'imposteur dans ses propres filets, en ayant l'air de prendre au sérieux la fausse expression de sa physionomie. Il se surveillera moins. Un petit coin levé du rideau vous aidera certainement à découvrir le dessous. En brisant la couche de glace, on voit aussitôt ses débris s'associer aux fluctuations du liquide mouvant au fond du ruisseau et en indiquer le courant.

En résumé, il faut réduire à son expression la plus simple la manifestation dont on doute, en l'amenant à se produire par un signe involontaire, comme le rire et le pleurer, la rougeur ou la pâleur du visage, et surtout une contraction du diaphragme, élevant ou abaissant la poitrine. Le grand talent de l'hypocrite consiste, au contraire, à se poser sur le terrain des démonstrations dépendantes de la volonté ou faciles à modifier par elle. En le déplaçant, on lui ôte son assurance et l'on constate le flagrant délit du mensonge.

INDÉCISION

Type de l'indécision permanente, ce personnage emploie la fin de sa journée à défaire les projets éclos, le matin, dans sa pauvre cervelle.

Il vient de prendre enfin une détermination; il en a déduit les raisons avec une chaleur inaccoutumée. Chaque argument paraît, comme à lui-même, irréfutable; il a parcouru l'échelle ascendante de son imaginative. Vous le croyez fermement résolu à exécuter sa conception : il fait brusquement volte-face; il redescend des hauteurs où il s'était élevé, plus rapidement qu'il ne les avait atteintes dans son enthousiasme. Il est curieux de le voir renverser pierre à pierre son superbe édifice. Alors il plaide si bien le pour et le contre, les deux plateaux de la balance sont tellement en équilibre, qu'il se croit obligé de s'abstenir et de chercher une autre issue.

Sa tête est un chaos où tout fermente, se heurte dans les ténèbres. Si parfois une étincelle jaillit de ce choc incessant, c'est pour rendre plus intense la nuit qui se reforme à nouveau. Ne comptez pas plus sur l'exécution de ses promesses que sur la stabilité des nuages. Il est cependant de la meilleure foi du monde; mais, par cela seul qu'il s'est lié par une affirmation absolue, vous pouvez être assuré de son inexactitude. Voulez-vous mettre la chance de votre côté? attendez tout de l'imprévu.

Les traits faciaux n'ont pas de plans déterminés; ils passent les uns dans les autres, comme des vapeurs glissent devant d'autres vapeurs, en composant une intensité commune momentanée, pour se résoudre bientôt sans laisser de traces. Rien d'anguleux sur ce visage. Sa forme s'émousse par des transfigurations successives. Ce n'est pas la mobilité de l'esprit en verve, mais le vague insaisissable de contours inarrêtés. On y chercherait vainement un signe caractéristique constant : il échappe au moment où l'on croit le saisir.

CONCLUSION

Il était difficile de ne pas éveiller la malignité publique en éclairant certaines physionomies avec le flambeau de l'analyse. Cette considération ne nous a pas arrêté; nous nous sommes placé au point de vue exclusif de la science. Il faudrait d'ailleurs ne pas compter sur la vanité de l'espèce humaine pour redouter aucune protestation personnelle à cette occasion. On ne se reconnaît jamais dans un portrait peu flatteur. Quant aux favorisés, ils ne réclament pas.

Cependant, après avoir interprété les traits de plusieurs de ses contemporains, l'auteur se croit obligé, par esprit de justice et de pénitence, de livrer sa tête à ses lecteurs, en signant de son profil la fin de son modeste ouvrage.

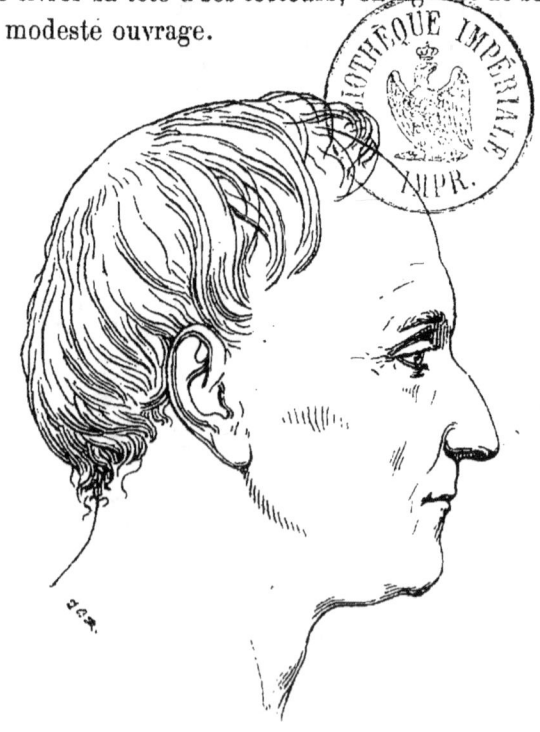

Fig. 589.

TABLE DES MATIÈRES

	Pages.
INTRODUCTION	1

Exposé général. — Rapports corrélatifs des besoins et de la *conformation*. — L'homme, — le chien, — l'éléphant, — le singe, — le kanguroo, — le lièvre, — le lion, — l'épervier, — le dronte, — le buffle, — le tapir, — le taureau, — le cheval, — le daim, — l'ours, — le chat, — le vautour, — l'abeille, — la libellule mante, — le scarabée gédéon, — le lucane. — Comparaison de deux têtes de criminels avec celle de Franklin. — Denise.

NOTICE HISTORIQUE.. 23

Chiromancie de maître Andrieu Corum. — Michel Scot. — Andrea Corvo. *Enchiridion physiognomiæ*. — Chiromancie de Tricasse; sa topographie planétaire de la main. — *Geomantia di Pietro d'Abano*. — Antonius Molinius. — Bartolomeo Cocle. — Annibale Raimondo Veronense. — Geber. — Antiochus Tibertus. — Thadée Hegèce. — Antonius Picciolus. — Rizzacasa. — Jean-Baptiste Porta; ses comparaisons de l'homme avec les animaux. — Georgius Raguseus. — Georgio Gennaro. — Ingegneri. — Samuel Fuchsius. — Invernay. — Ludovicus Septalius. — Philippe Phinella; sa classification des signes du front. — P.-F. de Benoît. — H. Cardanus; son appréciation des signes frontaux chez l'homme et la femme. — Philippe May. — Ronphile. — Adrien Sicler. — Le Baillif.

DES RACES HUMAINES.. 65

Crânes: corse, — mongol, — nègre. — Races: blanche, — jaune, — rouge, — brune, — noire.

PROPORTIONS DU CORPS HUMAIN....................................... 99

Figures extraites du *Traité* d'Albert Durer. — Homme, — femme, — enfant. Gérard Audran. — Prisse d'Avennes.

DE LA FORME EN GÉNÉRAL.. 109

Deux types: ramassé, oblong. — La biche. — L'hyène. — L'axis. — Philippe II. — Charles II. — Descartes. — Jean de Muller. — Un savant. — Drake. — Ambroise Spinola. — Marlborough. — Kléber. — Hadji Petros. — Abd-el-Kader. — Raphaël. — Michel-Ange. — Rubens. — Paul Véronèse. — Rembrandt. — Charles Ier. — Cromwell. — Robespierre. — Mirabeau.

TABLE DES MATIÈRES.

	Pages.
DE LA FORME APRÈS LA MORT	125

François Arago. — Cuvier. — Béranger. — Gros. — Lamennais. — Casimir Périer. — Dupré. — Géricault. — Delille.

CONCORDANCE DES TRAITS DU VISAGE 131

Trois têtes de jeunes femmes. — Mme de Pompadour. — Face flamande. — Joseph Scaliger. — Gaspard Barleus jeune; le même, devenu vieux. — Profil défectueux. — Trois conformations de têtes, d'après Albert Durer.

RESSEMBLANCES DE FAMILLE 140

La femme Legoff et son fils. — Famille de Charles-Quint.

RESSEMBLANCE ENTRE ÉTRANGERS 144

Deux parricides. — Deux assassins de grande route. — Jean-Jacques Rousseau et l'abbé X***. — Un ouvrier serrurier et Louis XVI.

DU CERVEAU 149

Portion supérieure. — Portion latérale. — Hydrocéphale. — Anencéphale. — Actes du cerveau. — Système de Gall.

DU CRANE 159

Négresse. — Peau-rouge. — Naturel du Mexique. — Bengali. — Imar ou Guicha. — Caraïbe. — Tête trouvée dans un ancien tombeau de la Bolivie. — Crâne grec.

DU CRANE DES SINGES 165

Orang-outang. — Gorille mâle. — Gorille femelle. — Chimpanzé.

DE LA FACE 168

Barneveldt. — Vincent de Paul. — Poulman. — Soufflard. — Néron. — Tristesse. — Le Tasse. — Voltaire. — Débauche. — Victor Hugo jeune; portrait récent de Victor Hugo. — Cicéron. — Brutus. — Vitellius. — John Dryden. — Tavernier. — Idiot. — François de Malherbe. — Pascal.

DU FRONT OSSEUX 180

Aptitude pour la mimique. — Enfant intelligent. — Front à imagination. — Positivisme. — Absence de lucidité d'esprit. — Propension à l'emportement. — Richard Cobden. — Sieyès. — Christine. — Ulrique-Éléonore. — B. West. — Girodet. — Masque de Voltaire. — L'Arioste. — Le cavalier Marin. — J.-B. Legouvé. — E. Dupaty. — Paillet de Plombières. — Jeune poëte. — Fronts de Voltaire, de Napoléon et de Lamennais.

DU FRONT MOBILE 195

Front sans rides. — Hugues Donneau. — Cujas. — Caractère vif.

DES RIDES DU FRONT 199

Bronchorstius. — Raphelingius. — Charles de l'Écluse. — Grotius. — Galilée. — Juste Lipse. — Poussin. — Lesueur.

TABLE DES MATIÈRES.

DE L'ŒIL... 205

Myologie. — Yeux de Voltaire. — Pierre le Grand. — Ruse. — Candeur. — Charles II d'Angleterre. — La Fontaine. — Penchant à l'amour. — Mme Dubarry. — Arétin. — Cureau de la Chambre. — Ambroise Paré. — Haut fonctionnaire de la police.

DU REGARD... 218

H. Rigaud. — Vandaël. — Le Titien. — J. Traviès. — Corneille. — Racine.

DU NEZ... 223

Myologie. — Nez droit, — aquilin, — retroussé, — épaté. — Apollon du Belvédère. — Vénus de Milo. — Juif. — Nègre. — Enfant. — Lamennais. — Napoléon. — Gustave-Adolphe. — Guillaume III. — Supplicié politique. — Lacenaire. — Fieschi. — Cartouche. — Freher. — Savonarola. — Calvin. — Diverses constructions du nez. — Jeune femme. — Henri IV. — Vitellius. — Rude-aux-poules. — Narines mobiles.

DE LA BOUCHE... 244

Myologie. — Voltaire. — Enfant. — Sensualisme. — Classification. — Jeune Égyptienne. — Anglaise. — Caractères divers de la bouche. — Israélite. — Femme dévouée. — Dussek. — Expressions distinctes.

DES DENTS.. 260

DE LA LANGUE... 262

DU MENTON.. 263

Thomas Morus. — Fermeté. — Douceur. — Faiblesse. — Tristan l'Ermite. — Significations du menton. — Daniel Manin.

DES JOUES.. 271

Enfant. — Vieillard. — Henry VII d'Angleterre. — Boccace. — Le Dante. — Un ouvrier. — Assassin de grande route. — Aymé l'empoisonneur. — Meurtrier monomane. — Meurtrier lâche. — Papavoine. — Suppliciés politiques : Pleigner, — Tolleron, — Carbonneau. — Assassin de Kléber. — Olivarès. — Richelieu. — Mazarin. — Jean de Witt.

DE L'OREILLE.. 283

Sa myologie externe. — Nouveau-né. — Enfant de cinq ans. — Poppée. — Faune antique. — Géricault. — Gros. — F. Arago. — Nègre.

EXPRESSION GÉNÉRALE DE LA FACE.. 290

J. B***. — V***. — E. P***. — J. B***. — Gustave Jourdan. — C***. — R***. — F. M***. — E. D***. — A. de l'A***. — Collins. — Bocage. — Michel Montaigne. — Marivaux. — L'abbé Prévost. — Jeanne Seymour. — Jane Grey. — Marie Stuart. — Henriette-Marie de France. — Léonard de Vinci. — Van Ostade. — Callot. — Evariste Gherardi. — Molière.

TABLE DES MATIÈRES.

Pages.

DE LA CARICATURE... 304

Quatre dessins, d'après Léonard de Vinci. — Aloysius de Souza. — Une charge, par Gros. — Improvisation graphique d'un écolier.

DU COL.. 310

DU TRONC.. 312

DES BRAS.. 317

DE LA MAIN... 319

Enfant. — Lamennais. — Jeune fille. — Homme colère. — Indolent. — Expressions de la main.

DES JAMBES.. 333

DU PIED.. 335

Normal; ses différentes significations. — Ducornet, né sans bras.

DES ARTICULATIONS... 343

Immobiles; — mobiles. — Leur valeur physiognomonique.

DE LA PEAU... 345

Sa contexture; — sa couleur; — sa porosité.

DU SYSTÈME PILEUX EN GÉNÉRAL................................... 347

Inductions tirées de son développement et de sa teinte.

DE LA CHEVELURE... 349

Sa couleur; — fine, — rude, — lisse, — crépue. — Contexture. — Qualités.

DES SOURCILS.. 353

Épais; — saillants; — buissonneux; — rapprochés l'un de l'autre; — portés en haut vers la ligne médiane; — abaissés par leur extrémité nasale; — fins; — élevés par leur milieu. — Signes fournis par leur couleur.

DES CILS.. 359

DE LA BARBE.. 360

Inculte; — soignée; — considérée au point de vue de sa nuance et de la façon dont elle est portée.

DE LA MOUSTACHE... 364

Manière de la diriger sous Louis XIV; — de nos jours.

DE LA VOIX... 369

Ses acceptions multiples comme indice du caractère. — Du chant. — Signes pathognomoniques. — Formation de la langue des peuples.

DU LANGAGE... 380

Ses variétés caractéristiques.

TABLE DES MATIÈRES.

Pages.

DE L'ODEUR. 382
    Ses indications.

DE L'ATTITUDE. 384
    Vraie; — simulée. — État concentrique; — excentrique; — dans les principaux actes de la vie.

DE LA PROFESSION. 387
    Son influence sur les habitudes. — Jacques III.

DE LA POSITION SOCIALE. 390
    Bonaparte en Italie. — Napoléon empereur. — Napoléon mourant à Sainte-Hélène.

DE L'ÉCRITURE. 394
    Rapports de l'écriture avec l'âge, le sexe, le caractère, le genre de talent, le génie, la nationalité. — *Fac simile.* — Paër. — Rossini. — Beethoven. — Enfants. — L'abbé Grégoire. — F. Arago. — Napoléon. — H. Flandrin. — Eugène Delacroix. — Rubens. — Paul Véronèse. — A. Préault. — Cruikshank. — Lamartine. — Victor Hugo. — Béranger. — Lamennais. — Lemercier. — Courtaud-Divernéresse. — George Sand. — Marie d'Agout. — Écriture comparée de trois jeunes pensionnaires. — Analogie d'écriture. — C. Ducornet.

DES MALADIES. 422
    Surexcitation. — Sous-excitation. — Symptômes.

DE LA FOLIE. 426

ÉTAT PATHOGNOMONIQUE DES ANIMAUX. 428
    Signes.

DE LA COIFFURE NATIONALE. 429
    Généralités. — Civilisation. — État sauvage. — Coiffures américaines.

DE LA COIFFURE PERSONNELLE. 433
    Agencement volontaire. — Uniforme. — Tradition.

DU COSTUME EN GÉNÉRAL. 437
    Influence du climat. — Sectes. — Gouvernements. — Époques.

DE LA MANIÈRE DE SE VÊTIR. 439
    Uniforme. — Pauvreté. — Magnificence. — Arrangement. — Couleur. — Livrée.

COSTUMES ANCIENS. 443
    Quatorzième, quinzième et seizième siècles. — Italiens. — Anglais. — Français. — Allemands. — Français, des dix-huitième et dix-neuvième siècles.

TABLE DES MATIÈRES.

Pages.

DE LA CHAUSSURE.. 456

Usure correspondant au caractère. — Conformation. — Botte de gendarme. — Confection. — Souliers ferrés d'un avocat.

DE LA PARURE... 464

Son usage. — Son but.

DU PRÉNOM DE LA PERSONNE.. 467

Marquant une époque. — Résultant des préoccupations des parents. — Modeste. — Prétentieux.

CROQUIS.. 470

Querelleur. — Début. — Tête et cœur. — Souffrance physique. — Souffrance morale. — Sensualisme. — Vaniteux. — Jeune mère. — Nullité servile. — En cas. — Le marquis de B***. — Amour et dévotion. — Coquette. — Spéculateur. — Bigote. — Vieille fille. — Philanthropie. — Zéro. — Égoïsme. — Sans tact. — Majesté. — Automate. — Riche et sot. — Misanthropie. — Le capitaine. — Esprit chagrin. — Bavard. — Curieux. — Femme facile. — Personnalité. — Courtisanes. — Affectuosité. — Hypocrisie. — Indécision.

CONCLUSION.. 502

Simple observation. — Profil de l'auteur.

ERRATUM

Page 121, ligne 9, *lisez* Charles, *au lieu de* Jacques.

Paris. — Typographie HENNUYER ET FILS, rue du Boulevard, 7.

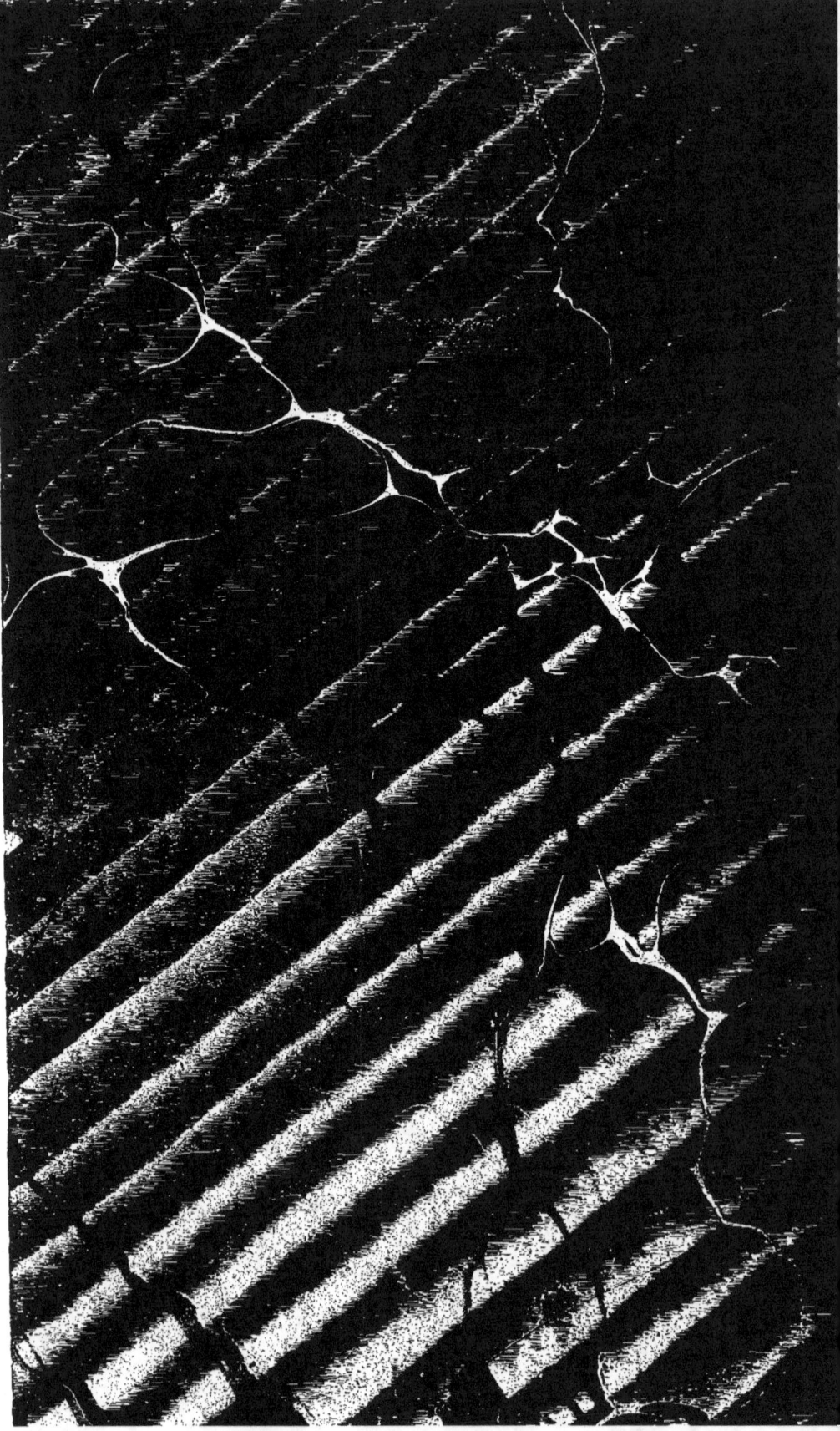

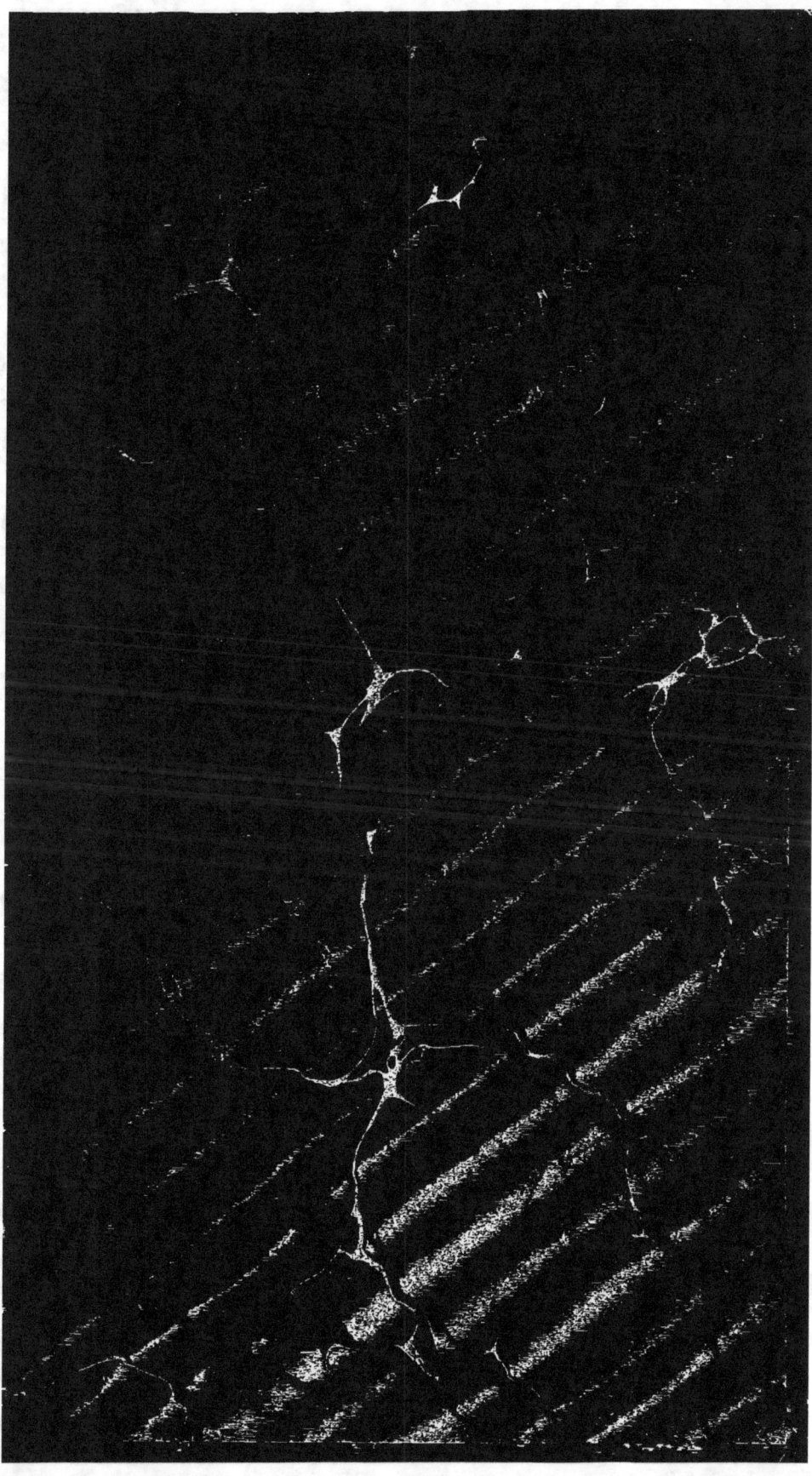

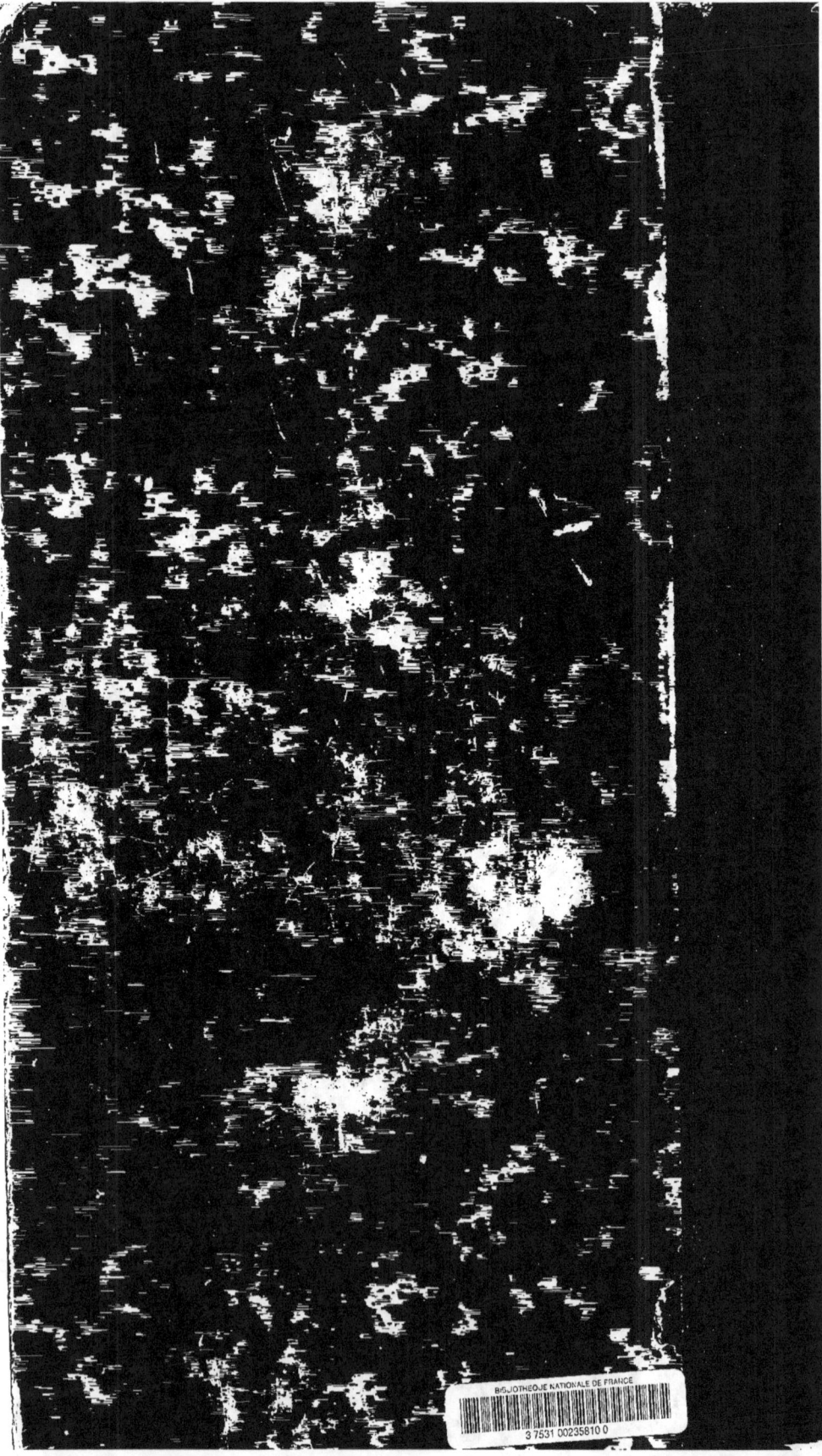

www.ingramcontent.com/pod-product-compliance
Lightning Source LLC
Chambersburg PA
CBHW071041240526
45471CB00014B/16